国学大师

钱基博评传

王玉德 著

长江出版传媒

湖北人民出版社

图书在版编目(CIP)数据

钱基博评传 / 王玉德著. — 武汉：湖北人民出版社，2024.7
ISBN 978-7-216-10778-5

Ⅰ.①钱… Ⅱ.①王… Ⅲ.①钱基博（1887—1957）—评传 Ⅳ.①K825.6

中国国家版本馆CIP数据核字（2023）第255219号

责任编辑：朱小丹
封面设计：董　昀
责任校对：范承勇
责任印制：蔡　琦

出版发行：湖北人民出版社	地址：武汉市雄楚大道268号
印刷：湖北新华印务有限公司	邮编：430070
开本：787毫米×1092毫米　1/16	印张：28
字数：403千字	插页：3
版次：2024年7月第1版	印次：2024年7月第1次印刷
书号：ISBN 978-7-216-10778-5	定价：98.00元

本社网址：http://www.hbpp.com.cn
本社旗舰店：http://hbrmcbs.tmall.com
读者服务部电话：027-87679656
投诉举报电话：027-87679757
（图书如出现印装质量问题，由本社负责调换）

湖北国学大师评传丛书

编　委　会

名誉主任　蒋祝平

主　　任　韩忠学

副 主 任　郭齐勇　王玉德

委　　员　（以姓氏笔画为序）

　　　　　于　亭　王玉德　刘传铁　孙劲松

　　　　　邹贤启　张良成　陈明江　周国林

　　　　　周积明　姚德海　骆郁廷　郭齐勇

　　　　　韩忠学

主　　编　郭齐勇　王玉德

总　序

郭齐勇

"国学"是颇有争议的复杂概念。在清末以前，古人不必使用这一概念。在国势日颓、民族危亡之时，流亡在日本的志士仁人开始使用这一名词，表述中国古代的学术文化。章太炎说："夫国学者，国家所以成立之源泉也。吾闻处竞争之世，徒恃国学固不足以立国矣。而吾未闻国学不兴而国能自立者也。吾闻有国亡而国学不亡者矣，而吾未闻国学先亡而国仍立者也。故今日国学之无人兴起，即将影响于国家之存灭，是不亦视前世为尤岌岌乎？"[1]

邓实说："国学者何？一国所有之学也……有其国者有其学。学也者，学其一国之学以为国用，而自治其一国者也。国学者，与有国而俱来，因乎地理，根之民性，而不可须臾离也。君子生是国，则通是学，知爱其国，无不知爱其学也。"[2] 也就是说，国学不仅仅是学问或学术的概念，而且还是民族性与民族魂的概念。国学的内核主要指国家民族历史文化的根本精神价值。

梁启超积极引进西学，然而对于国人鄙薄自己的民族文化传统却心怀忧虑。他说："吾不患外国学术思想之不输入，吾惟患本国学术思想之不发明……凡一国之立于天地，必有其所以立之特质。欲自善其国

---

[1] 章太炎：《国学讲习会序》，原载《民报》第7号。转引自汤志钧《导读》，《国学概论》（章太炎讲演、曹聚仁整理、汤志钧导读），上海古籍出版社1997年版，第6页。

[2] 邓实：《国学讲习记》，原载《国粹学报》第19期。转引自汤志钧《导读》，《国学概论》（章太炎讲演、曹聚仁整理、汤志钧导读），上海古籍出版社1997年版，第7页。

者，不可不于此特质焉，淬厉之而增长之……不然，脱崇拜古人之奴隶性，而复生出一种崇拜外人、蔑视本族之奴隶性，吾惧其得不偿失也。"① 也就是说，我们一定要把握自家文化的真精神、主体性与特质，并加以锻造、锤炼，不能从盲目崇拜古人转向盲目崇拜洋人，以为自己的文化传统都是糟粕、中国百事不如人。

文化的差异不仅有时代性的差异，也有民族性的差异。在一定意义上，我们又可以说，"国学"即是中国的古典学，它以古代中国的语言文字、终极信仰、学术思想和民俗文化为中心。按传统图书与学术之分类有经、史、子、集四部，或义理、考据、辞章、经世之学的诸路向。

其实，国学是开放的，包含了历朝历代消化吸收了的外来各种文化。我们不能把国学狭隘化。第一，国学不只是汉民族的学术文化，它还包含了历史上各少数民族的语言、文字、学术文化及其与汉民族的交流史。第二，国学不只是上层精英传统，还包括小传统，如民间民俗文化，各时段各地域各民族的传说、音乐、歌舞、技艺、建筑、服饰、礼仪、风俗、宗族、契约、行会、民间组织等，有如今天的某些物质与非物质文化遗产。第三，国学还包括历史上中外地域文明的交融，如外域文明的传入，西域学、佛学及其中国化，西学东渐与中学西传的内容与历史过程等，都属于国学的范围。

必须明了，国学、经史子集等，并不是汉民族的专利，其中包含、汇聚了中华各民族的智慧与文化，是各民族共同创造、共同拥有的文化精神资源，正所谓"一体多元""和而不同"。古今很多少数民族文化也以汉语言文字为媒介。

前面我们说过，在国学的多层面中，最高的层面还是国魂，即中华民族的主要精神的方面，那是中国人之所以为中国人、中国文化之所以为中国文化的根本特质处。国学是生命的学问，儒、释、道三教是具有

---

① 梁启超：《论中国学术思想变迁之大势》，原载 1902 年 3 月 10 日《新民丛报》第 3 期，又载胡道静主编《国学大师论国学》（上），东方出版中心 1998 年版，第 23 页。

精神性的人文主义，肯定世界的神圣性。三教认为人性的最高体现，就是达到人生的最高境界，是天人合一，希望与自然保持和谐。对宇宙的敬畏感来自我们回应最终实在的渴望，而最终实在为我们的生活指示了方向并赋予意义。我们的存在受惠于天地万物，为了报答这一份恩惠，我们必须加强自我修养，以便在存在的奇迹中完全实现人性，达到天、地、人三才同德。学习国学更重要的是把握中华人文精神与价值理念，了解中华民族与中华文化融会的过程，及其可大可久的所以然，堂堂正正地做一个中国人。

其实，提倡国学与拥抱、吸纳包括西学在内的外域文化并不矛盾。陈寅恪说："一方面吸收输入外来之学说，一方面不忘本来民族之地位。"① 任何民族的现代化都不可能是无本无根的现代化。对于自家传统文化的价值理念、生存智慧、治国方略，我们体认得越深，发掘得越深，我们拥有的价值资源越丰厚，就越能吸纳外来文化的精华，越能学得西方等外来文化之真，这才能真正使中西或中外文化的精华在现时代的要求下相融合，构建新的中华文明。

湖北的国学传统源远流长，历史上涌现了一批学养深厚的国学大师。他们为中华文化的发展做出了卓越的贡献，也成为国学发展不同阶段的典型代表。宋至清末，全国的大学者大多到过湖北，湖北学人在全国也享有盛誉。明清以来湖北理学与经学的特点是有独创性、开放性，倡导实学。湖北自古就有儒家重教兴学的深厚传统，清末张之洞督鄂期间尤重视文教，开放教育，对湖北文人与文化有深刻的影响。

湖北地区水陆交通方便，资讯较发达，在清末以来呈现出古今中外思想文化碰撞交流的状态，这就促使当地的或旅鄂的一些有思想的文化人批判、离异传统，而后又从高层次回归传统。现代多数鄂籍或来鄂的学人有一个共同特点，即既开放，又有根柢，多数人最终融会中西文化，强调中国文化的根源性，创造性地弘扬、发展中国文化的优长，经

---

① 引自冯友兰《中国哲学史》下册附录的陈寅恪《审查报告三》，中华书局1961年版，第4页。

世致用。

湖北省国学研究会是本省从事国学研究的专家学者及爱好者自愿组成的全省性、学术性、非营利性的学术文化类社团组织，旨在研究、传承、推广国学，以冀绍继和发扬中华优秀传统文化。

为了全面而精要地展示湖北国学史丰富多彩的画卷，为了纪念先贤不凡的人生与独特的学术造诣，也为了扩大湖北国学的影响，本会2014年2月甫一成立，就确立了编撰一套较高水准的"湖北国学大师评传丛书"的计划。本计划拟先从近现代开始，行有余力再由近及远地全面涉及湖北籍的，或者在湖北曾长期居留、工作并产生重要学术影响的国学专家。

本丛书拟以每位国学大师为一本专书的传主，采取人生传记与思想阐论相结合的形式，一方面纵向追溯其人生经历与学问成长过程，一方面横向揭示其思想与学术之体要。每一本专著力求做到学术原创与通俗表达的完满统一。

经学会同仁研究，并请教了前辈专家，我们确立了本套丛书第一辑的传主为：王葆心（1867—1944）、熊十力（1885—1968）、黄侃（1886—1935）、钱基博（1887—1957）、刘永济（1887—1966）、刘赜（1891—1978）、汤用彤（1893—1964）、徐复观（1903—1982）。以上八位大家的学问专长与路向各不相同，有的偏重经学，有的偏重小学（文字、音韵、训诂），有的偏重方志学，有的偏重哲学、佛学或思想史，有的偏重古代诗词，但都是中国学问。他们的旧学基础很好，功底很深。由于他们都生活在新旧交替的时代，其中一些学者有很好的西学背景，做到学贯中西，或在一定程度上借鉴了西方学术的理论或方法。这也是晚清、民国以来国学的特点。

湖北地区素来教育与学术资源丰厚，人才济济。有一大批长期从事中华传统文化研究并卓有成绩的专家学者，其中不乏在全国乃至国际学术界享有盛誉之人。这是本丛书计划得以拟定与高水平完成的基本保障。

本丛书的作者也以湖北学人为主，当然也不限于此。为保证质量，我们在全国范围内物色了学有专攻的有实力的专家。作者们十分投入，克服了重重困难，为读者奉献了智慧与心力。我们诚挚地感谢各位作者集文字、思想、学术于一途的努力。

在当前国人文化自觉意识日增与国学复兴的背景之下，推出这套丛书可以将湖北国学系统地展现出来，增进人们对于国学本身，尤其是湖北国学的了解；可以使大师们的思想与学术结合其鲜活具体的人生真切地呈现出来，培育人们对大师人格与学问的景仰以及对国学的热爱；另外，这套丛书亦将代表湖北国学研究会和湖北国学界，为全国范围内正在兴起的国学热做出正能量的贡献。

本会会长韩忠学先生极为关心丛书工作，亲自指导，确定编写主旨，筹措资金，联络出版单位，敦促写作计划的完成。丛书主编之一的王玉德教授为确立传主名单、物色作者、落实写作计划做了大量的工作，并亲自撰著了一书。王巧生博士为制定体例、联络作者做了一定的工作。

我们要特别感谢湖北人民出版社的领导与各位编辑为本丛书所做的贡献。

是为序。

丙申年初夏于武昌珞珈山麓

目 录

绪　论　钱基博的一生 …………………………………………… 1
第一章　钱基博的国学背景 ……………………………………… 23
　　第一节　时代与社会 ………………………………………… 23
　　第二节　家族与家学 ………………………………………… 27
　　第三节　钱基博的交谊 ……………………………………… 49
第二章　钱基博对国学的基本看法 ……………………………… 76
　　第一节　国学观 ……………………………………………… 76
　　第二节　国学与西学 ………………………………………… 92
　　第三节　国学与人文精神 …………………………………… 103
　　第四节　推崇的国学人物 …………………………………… 111
第三章　钱基博论国学学习与研究 ……………………………… 123
　　第一节　介评国学的基本书目 ……………………………… 123
　　第二节　学习国学的方法 …………………………………… 134
　　第三节　不同层次的国学学习 ……………………………… 139
　　第四节　研究国学的方法 …………………………………… 149
　　第五节　教师如何教国学 …………………………………… 162
　　第六节　钱基博的主要弟子 ………………………………… 170
第四章　钱基博的经学 …………………………………………… 177
　　第一节　综合性的经学研究 ………………………………… 178
　　第二节　具体的经典考述 …………………………………… 184
第五章　钱基博的史学 …………………………………………… 215
　　第一节　史学论著 …………………………………………… 215

第二节　历史教学…………………………………………225
　　第三节　学术史……………………………………………229
　　第四节　为当代人作传……………………………………234
第六章　钱基博的子学………………………………………241
　　第一节　子学论著及思想…………………………………241
　　第二节　对道家的研究……………………………………244
　　第三节　对墨家、法家、名家的研究……………………262
第七章　钱基博的集部之学…………………………………283
　　第一节　集部论著与思想…………………………………283
　　第二节　对文学史的研究…………………………………287
　　第三节　对韩愈的研究……………………………………303
　　第四节　文章写作…………………………………………306
　　第五节　小说中的"中国功夫"……………………………321
第八章　钱基博研究的其他学问……………………………332
　　第一节　文字学……………………………………………332
　　第二节　版本目录学………………………………………339
　　第三节　地理与区域学……………………………………345
　　第四节　佛学………………………………………………354
　　第五节　博物学……………………………………………367
第九章　钱基博的最后二十年………………………………387
　　第一节　钱基博在湖南的日子……………………………387
　　第二节　钱基博在武汉的日子……………………………406
第十章　对钱基博国学的研究与评价………………………415
　　第一节　名副其实的国学大师……………………………415
　　第二节　钱基博国学的当代价值…………………………419
　　第三节　有关钱基博的研究综述…………………………422
附　　录…………………………………………………………427
后　　记…………………………………………………………434

绪　论　钱基博的一生

钱基博（1887—1957），字子泉，又字哑泉，别号潜庐，晚号老泉，江苏无锡人，我国近代杰出的教育家、古文学家。

一、时间轴线上的钱基博

1887 年，即清光绪十三年，农历丁亥年，在二月初二这天，江苏省无锡县（今无锡市）城内连元街的一个书香宅院，传出了一对孪生婴儿的哭声，38 岁的钱福炯喜添双子。哥哥钱基博，弟弟钱基厚，这两兄弟后来成为民国年间无锡的"双子星座"，在近现代的历史天空划出了两道流光溢彩的亮迹。本书所要集中注目的就是哥哥钱基博。钱基博在《孟子约纂》一书曾说："伏念孟子以周安王十七年四月二日生，说者谓即夏历之二月二日也。博生后孟子二千二百八十有三年，而适以同月同日生。意者天之启予？孟子之学，将待予小子而昌明矣乎！"孟子是儒学亚圣，以天下为己任的人杰。钱基博对自己的出生日与孟子的出生日相同而感到自豪，自觉不自觉地以孟子为人生榜样，有志成为"20 世纪的孟子"。钱基博 1 岁时患天花，险些丢命。4 岁时被拐数日，幸免于失。

1891 年，钱基博 5 岁。跟着长兄钱基成发蒙。读《孝经》，能背诵。从此，钱基博开启了国学人生。

1892 年，钱基博 6 岁。读《大学》《中庸》《论语》，能背诵。

1893 年，钱基博 7 岁。读《孟子》《礼记》，能背诵。

1894 年，钱基博 8 岁。读《尚书》，能背诵。

1895 年，钱基博 9 岁。开始学习《尔雅》、《易经》、《毛诗》、《周礼》、《春秋左氏传》、《古文翼》①等。从现在的眼光看，《易经》是很难读的经典，不适合9岁的少年学习，还有《周礼》，读起来枯燥无味。

1896年，钱基博10岁。跟着二伯父钱福烔在私塾学习《战国策》，读《史记》、唐宋八大家文。钱基博在《自传》中称钱福烔为仲眉公。钱福烔，又字颂眉，江南乡试副举人，文林郎，对基础教育非常热心。那时的学生都要读唐宋八大家文章，八大家即唐代韩愈、柳宗元和宋代苏轼、苏洵、苏辙、欧阳修、王安石、曾巩。明朝中叶的茅坤编有《唐宋八大家文钞》共160卷。

1897年，钱基博11岁。钱基博在《自我检讨书（1952）》中说："我11岁，读完四书五经不算，加上《周礼》《尔雅》及《古文观止》《唐诗三百首》《纲鉴易知录》，自己当小说看过一遍。"②《尔雅》是一部按照词义系统和事物分类来编纂的词典。"尔"是"近"的意思，"雅"是"正"的意思，引申为官方规定的规范语言。儒家把《尔雅》列为十三经之一。《古文观止》是清人吴楚材、吴调侯叔侄两人选编和注释的一部文言散文选集，12卷，收录上自先秦、下至明末文章222篇，以散文为主，兼收骈文。编选的目的是"正蒙养而裨后学"。③由所读的《尔雅》《古文观止》《唐诗三百首》《纲鉴易知录》可知，钱基博在11岁时已经在文字、唐诗、散文、历史等领域储备了较为丰厚的知识。

1898年，钱基博12岁。这一年发生戊戌变法，康有为、梁启超的

---

① 《古文翼》是清代人唐德宜专门为学生所编，其中都是一些名篇，如《太史公自序》等，读起来要轻松些。唐德宜还编过《昆新志稿》。

② 钱基博：《自我检讨书（1952）》，《天涯》2003年第1期。又见于傅宏星主编《钱基博集》之中的《精忠柏石室教育文选》，华中师范大学出版社2014年版，第262~284页。本书页末注凡引《钱基博集》中的分册，一概省略校订者名字，特作说明。

③ 吴楚材（1655—?），名乘权，字子舆，号楚材，浙江清山阴州山（今绍兴）人，曾在家设馆授徒。他还编著了《纲鉴易知录》，这是一本简明中国通史读本。此书107卷，180多万字，上起盘古开天辟地的神话时代，下迄明王朝灭亡。钱基博曾经以《纲鉴易知录》作为教材。

思想成为时代风向标，钱基博开始接受"新学"。所谓新学，在清代末年主要指西学，包括社会政治学说和自然科学。钱基博在《自我检讨书（1952）》中说："年12岁，碰到戊戌变法，我父亲要我知道一些时务，定《申报》一份，每日晚上，督我自己用朱笔点报上论说一篇，作余课。"

1899年，钱基博13岁。向同邑许国凤①学习写作。读司马光《资治通鉴》、毕沅《续资治通鉴》、顾祖禹《读史方舆纪要》。古代，对15岁以下的儿童教育称为蒙养教育，然而，钱基博在15岁之前受到的教育远非蒙学所能包容。他对古代汉语、中国历史、古籍与传统文化的了解，绝不亚于如今大学历史系的一名本科生水平。

1902年，钱基博16岁。参加县学复试，作《李忠定上十事论》，语多伤时。

这年，钱基博还模仿陆机《文赋》撰《说文》一篇，"以己意阐发文章利钝"，刊于刘光汉主编的《国粹学报》，"意气甚盛"。② 16岁的钱基博正是在模仿前贤的过程中，逐渐走向了成熟。

1904年，钱基博18岁。无锡的钱业公所办演讲会与商业补习学校，钱基博多次前往演讲。

1905年，钱基博19岁。与朋友组织理科研究会。《新民丛报》发表钱基博《中国舆地大势论》。该报于1902年由梁启超创办，并刊载过由梁启超撰写的《中国地理大势论》（1902）。这篇大作在当时造成一定的影响。时隔4年，梁启超提携后学，竟然发表了钱基博撰写的题目相

---

① 许国凤（1876—1963），江苏无锡人，在百岁坊巷办私塾，先后收授百余名学生。
② 钱基博：《自传》，曹毓英选编：《钱基博学术论著选》，华中师范大学出版社1997年版，第2页。陆机（261—303），字士衡，吴郡吴县（今江苏苏州）人，西晋文学家。陆机《文赋》开篇云："余每观才士之所作，窃有以得其用心。夫放言遣辞，良多变矣，妍蚩好恶，可得而言。每自属文，尤见其情。恒患意不称物，文不逮意。盖非知之难，能之难也。故作《文赋》，以述先士之盛藻，因论作文之利害所由，它日殆可谓曲尽其妙。至于操斧伐柯，虽取则不远，若夫随手之变，良难以辞逮。盖所能言者，具于此云尔。"

近的文章。钱基博的文章显然是模仿梁启超的风格，在观点上却与梁启超有所不同，提出了"东南文化，受之西北，当还以灌溉西北"等新观点，显示出卓尔不凡的气度与锋芒。

1906年，钱基博20岁。他应薛南溟之聘，任家庭教师，为其子薛汇东教算学。薛南溟乃晚清著名外交家和维新思想家。①

1909年，钱基博23岁。他入江西提法使陶大均幕府。陶氏很欣赏钱基博的文采，称其为龚自珍复生。陶大均早年受业黎庶昌，乃曾国藩再传弟子，好古文词。钱基博入幕，筹办司法改良，主张停止刑讯，改良监狱。不到一年，陶大均得疾暴亡，钱基博离职回乡。是年，钱基博与通俗小说家王蕴章②之妹结婚。王氏为人谨慎、祥和，精于家务。

1910年，钱基博24岁。长子钱锺书出生。因长兄基成（字子兰）无子，锺书出生后即出嗣给长兄基成。钱基成比钱基博年长14岁，他实为钱锺书的养父。从《潜庐集》可知，钱基博在2月写了《代陶平龛按察〈明赠都督佥事副总兵邓子龙祠碑文〉》；3月写了《代陶平龛按察〈且园记〉》；秋，钱基博在无锡竞志女学担任国文教员。

1911年，钱基博25岁。这一年发生辛亥革命。11月5日晚，同盟会会员秦毓鎏在私邸中密召吴千里、孙保圻、吴廷枚、许嘉澍、钱鼎奎、钱基博等数十位进步人士漏夜计议，在无锡起事，建立了锡金军政分府。之所以称为"锡金"，是因为无锡以运河为界有无锡、金匮二县。运河之西为无锡县，运河之东为金匮县。军政分府存在了178天，是无锡历史上第一个具有资产阶级民主革命性质的政府。钱基博任锡金军政分府秘书，并撰《光复志》。

---

① 薛南溟，名翼运，以字行，生于清同治元年（1862），祖居无锡县西漳寺头，后迁城内前西溪，是薛福成长子。光绪十四年（1888）中举，入李鸿章幕府。李鸿章任直隶总督时，他以候补知县衔任天津县、道、府三署发审委员会委员，专理华洋讼事。光绪二十年（1894）因父丧丁忧回家，从此弃官经商。曾任永泰洋行买办，并在无锡南乡开办茧行，为上海意大利洋行收购蚕茧。

② 王蕴章（1884—1942），字莼农，金匮（今无锡市）人。南社社员，"鸳鸯蝴蝶派"代表作家之一，喜欢收藏文物，曾任《小说月报》主编。

从网上得知，1984年年底，广西柳州市图书馆历史文献部整理历史文献时，在已封存多年的古籍书柜里，抖落出几包散件，打开后发现是"锡金军政分府"文书档案。原来，1956年柳州市图书馆成立之初，派员到江浙等地征集档案时无意中得到了这批档案。这批档案汇集了1911年9月20日至1912年3月10日锡金军政分府成立前后的原始资料，总共约13万字，500则档案史料。其中，《锡金军政分府起义檄文》行文气壮山河，如"清朝爱新觉罗氏……神州陷没……草木为之怒号……乾坤摇荡"。该檄文是当时革命志士冒着生命危险，在大街小巷张榜公布的讨伐清政府的文书，是当时中国人民反帝反封建斗争的一个缩影。这批档案中的一部分，是由时任锡金军政分府秘书的钱基博亲笔记写、誊录，是钱基博流传至今为数不多的墨迹中的重要一宗。到了2004年，在无锡市崇安区政府和无锡市档案局坚持不懈的努力下，柳州市图书馆正式向无锡移交7册锡金军政分府原始档案和18件散件。现在，这套锡金军政分府文书，已被列为国家重点档案抢救和保护规划项目，成为崇安区档案局的镇馆之宝。

这年，应苏浙联军总参谋顾忠琛之聘，钱基博到安徽任援淮部队总司令部少校参谋。顾忠琛，无锡人，早年毕业于安徽武备学堂，早期同盟会会员。不久，援淮部队改编为第16师，钱基博晋中校衔，任副官参谋，调江苏都督府，随部队驻守镇江。撰《参谋论》，在《民立报》发表。在此期间，钱基博撰《吴禄贞传》，一时传诵。[①]

1912年，钱基博26岁。当时革命新成功，同事"恣意声伎以歌舞升平"，而钱基博"独留守，挟册吟讽，中宵琅琅；卫兵值守门外，未尝不窥而怪焉，或指语以为笑乐"[②]。革命发生之后，钱基博认为社会并无根本改变。"革命虽然成功，人民并未抬头！一般国民党员，暴横

---

① 吴禄贞（1880—1911），字绶卿，汉族，湖北云梦人，辛亥革命功臣。民国成立后，孙中山颁第一号抚恤令，谥吴禄贞为大将军。

② 钱基博：《自传》，曹毓英选编：《钱基博学术论著选》，华中师范大学出版社1997年版，第2页。又见于《碑传合编》，华中师范大学出版社2014年版，第115~120页。

不可以理喻，视旧式绅士尤利害！"① "革命并没有像理想一般美妙，革命仍是以大众的痛苦，造就少数人的地位与煊赫，革命情绪，从此萎缩。"② 对革命后的这种认识，使钱基博对人生重新做出选择，立志以研究国学终其一生。钱基博在 1952 年撰写的《自我检讨书》中回忆说："恰巧我的朋友沈西园是我理科研究会同学，在无锡县立第一小学教国文兼理科，中途有人邀他到江苏高等审判厅去当书记官，学校的聘书须到暑期假满，要觅一人代课，每周授课二十四小时，兼一级任，月薪二十元，来和我商量。我欣然答应，从此做教书匠，回复我祖父三代老本行，其时为民国二年十二月。"

1913 年，钱基博 27 岁。在无锡县立小学担任国文教员，教国文、历史、理科。薪水比起以前的白银百两实在是少了，但是钱基博却不以为然。他常对人说："吾从前月薪二百，往往萧然块处，时有遐思；而今则哓口痦音，自朝至于日中昃不遑，乃益以此收放心焉。呜呼！吾知勉矣！"③ 这是钱基博人生中的一个重要转折点。从此以后，他由小学教到中学，由中学教到大学，把一生献给了国学教育事业。

1914 年，钱基博 28 岁。在无锡县立高小教书。二次革命后，直隶都督赵秉钧和江苏都督冯国璋均有意邀请钱基博任职。钱基博"自以奉职南方军府，丈夫立身，岂容反复；议论异同，只以救世难而非以图身利。又目睹世乱方兴，飞书走檄，不过以文字为藩府作口舌；文章不以经国，而莠言乱政，匪所思存"④，于是谢而不往。钱基博想："我当日只有两条路可走：一条路，在本地当个绅士，地方上亦尚有人信用。一条路，靠我笔下尚来得，外间也有人知道，投到北京去活动，做一小政客。不过我觉得我自己有点危险性！我身体不健康，胆气也不够；不过我有些小聪明，能用吾脑，碰到一些事，能够正反面看，不同普通人的只看表面；万一被人利用着我打歹主意，我将误用我的聪明害人！所以

---

①② 钱基博：《自我检讨书（1952）》，《天涯》2003 年第 1 期。
③④ 钱基博：《自传》，曹毓英选编：《钱基博学术论著选》，华中师范大学出版社 1997 年版，第 3 页。

我决定选择一环境，限制我的用脑，没有机会打歹主意；还是教书！"①

1915年，钱基博29岁。在无锡丽泽②女中（无锡第一女子中学）任国文教员。

1916年，钱基博30岁。回乡到侯鸿鉴（字葆三）创办的竞志女学（现为无锡市第十二中学）担任国文教员。③

1917年，钱基博31岁。到江苏省立第三师范学校（现为无锡高等师范学校）任教，这所学校模仿日本东京师范学院，虽是中学体制，实具大学规模。钱基博在学校提倡古文辞，教材用的是自编讲义。

1918年，钱基博32岁。兼任无锡县图书馆④馆长、《无锡县志》修志总纂。这年，钱基博完成《孟子约纂》，第二年即1919年由无锡辅仁中学刊印。

1919年，钱基博33岁。有志为祖父作传，陈三立有诗勉励钱基博"钱生契独行，立传追范史；吾褒美其文，缀咏亦赘耳"。

1920年，钱基博34岁。在无锡听杜威演讲，并撰文。

1921年，钱基博35岁。他在王蕴章主编的《小说月报》发表《技击余闻补》系列短篇武侠小说，以及《魏铁三传》《松窗漫笔叙》《先母孙宜人述》等系列散文、传记。《技击余闻补》为林纾《技击余闻》之补作，由此与林纾结怨。林纾是著名的古文家、翻译家，著有小说《京华碧血录》《巾帼阳秋》《冤海灵光》《金陵秋》等，笔记有《畏庐漫录》《畏庐笔记》《畏庐琐记》《技击余闻》等，传奇有《蜀鹃啼》《合浦珠》

---

① 钱基博：《自我检讨书（1952）》，《天涯》2003年第1期。
② "丽泽"之名，出自《易经·兑卦》"丽泽兑，君子以朋友讲习"。
③ 侯鸿鉴（1872—1961），无锡人。1902年留学日本，回国后，创办竞志女学等，又创设无锡县立图书馆、竞志图书馆。
④ 从网上查得：无锡县立图书馆1915年元旦开馆，由钱基博任首任馆长，仅比国家图书馆前身的"国立京师图书馆"晚3年，是全国五大县立图书馆中成立最早的一家、中国近现代图书发展演绎的见证者之一，也是当时县立图书馆中最大的一座。图书馆位于今无锡市崇安寺商业步行街，整栋建筑为中西合璧的白色楼房，楼顶有钟楼。底层壁上尚存钱基博撰《无锡图书馆碑记》石碑一通，钱基博撰文，俞复书丹，详记建筑始末。中华人民共和国成立以后，该馆改为无锡市图书馆。

《天妃庙》等，著作有《韩柳文研究法》《春觉斋论文》以及《左孟庄骚精华录》《左传撷华》等。传闻，友人介绍钱基博赴北京师范大学任教，因林纾作梗，而终未成行。此事是否属实，存疑。《技击余闻补》又名《武侠丛谈》，由商务印书馆出版。

1922年，钱基博36岁。从1917年至是年，一直在江苏省立第三师范学校教书。

1923年，钱基博37岁。担任上海圣约翰大学国文教授。[①] 著《周易解题及其读法》，由商务印书馆出版。其中考证了"周""易"二字、《周易》的作者、《周易》与先秦诸子的关系、汉代以后《周易》的研究、《周易》的版本，还介绍了《周易》的读法。撰《我之读经教学之旨趣及学程》，连载在《无锡新报·思潮月刊》中，对读经的旨趣、个人读经的经历、读经与其他学科的关系，作了介绍。11月16日在《无锡新报·思潮月刊》发表《"阿弥陀佛"之教育观为潘生进一解》。

1924年，钱基博38岁。在圣约翰大学教书。上海中华书局出版钱基博编著的《国学必读》，这部书主要是为中等学校学习国学提供基本读物。

1925年，钱基博39岁。上海发生五卅惨案。钱基博辞去圣约翰大学教职，与其他师生在上海另建光华大学，光华大学的校名取"日月光华之义"，校训为"格致诚正"。钱基博任中国文学系主任及文学院院长。[②] 暑假后，赴北京，任北京清华大学国文系教授。

1926年，钱基博40岁。在清华大学国文系教书。3月，他在《清华周刊》第2期发表《罪言——教育救国与教育自救》，说："教育不能自救，奚以救国；教育奚以自救，在师言师……师必自严其道，而后可

[①] 该校前身是创建于1879年的圣约翰书院，1905年升格为圣约翰大学，是中国近代最著名的大学之一，也是在华办学时间最长的一所教会学校。1952年，圣约翰大学被分拆至上海各大名校后解散，圣约翰大学原校址上重新组建了华东政法学院（现华东政法大学）。

[②] 参见刘桂秋《无锡时期的钱基博与钱锺书》，上海社会科学院出版社2004年版，第113~127页。

蕲人之严；师能自立于善，而后可立人之善。"他在《清华周刊》连续发表了《读太史公谈论六家要指考论》《读庄子天下篇疏记·叙目》。在《读庄子天下篇疏记·叙目》中，钱基博说："徒以强藩称兵，民政解纲，国且不国，何有于民？流离死亡者，百万不尽数。赤地千里，城门昼不开者三日。戎马生郊。天下汹汹，未知何时可已。而仆家居江南，蚕毁其室；方跻强仕之年，重冈有生之酷；即此足以刳心去智，齐得丧，一成毁，放乎自得之天，而不以梏我神明；宁必以梁元帝围城讲老子为大厉哉！斯固圣者之遂命，而为庄生之所许已。"钱基博还在《清华学报》第1期发表《汉儒显真理惑论》。

1927年，钱基博41岁。北伐军到达沪宁，锡沪交通受阻。因无法到光华大学授课，遂应唐文治之聘，任无锡国学专门学校教授，兼校务主任。这年，时任第四中山大学①校长的张乃燕和任中山大学秘书的孟宪承邀请钱基博去该校文学院任国文系主任。钱基博到任伊始，恰逢国文系改组，所有教授、副教授资格需重新认定。当时，各方面推荐教授、副教授的信已成堆。文学院院长梅光迪②告诉钱基博所需之人只要从中挑选，再呈校长聘任就行了。钱基博说："我不能以意去取！教授、副教授，有相当之资格；聘任有聘任之规则；不能随便听人推荐！我们须得东大从前教授、副教授及讲师助教聘任条例一看，斟酌起草国文系聘任条件，呈校长提教授会通过；然后拆推荐信，按照条例提名呈校长聘

---

① 1927年6月9日成立，全称"国立第四中山大学"，1928年2月学校改名为江苏大学。

② 梅光迪（1890—1945），字迪生、觐庄，安徽宣城人。1911年赴美留学，先在西北大学，后到哈佛大学专攻文学。1920年回国任南开大学英文系主任。1921年任东南大学洋文系主任。创办《学衡》杂志。1924年去美国讲学。1927年回国后任中央大学（即原来的国立东南大学）代理文学院院长。后又去美国哈佛大学工作。1936年任浙江大学文理学院副院长兼外国文学系主任。1939年文理学院分开，任文学院院长。1945年在贵阳去世。

任，乃无流弊。"① 有一天，梅院长带一位叫支伟成的携蒋介石的介绍信来见钱基博，被钱基博当面拒绝。又一日孟宪承递给钱基博一张蔡元培所写的"×××三人可国文系教授"的条子，被钱基博戏为"朱批上谕"，断难施行。

1928年，钱基博42岁。在上海光华大学任教，在正风文科大学兼职。

1929年，钱基博43岁。《文史通义解题及其读法》由中山书局出版。

1930年，钱基博44岁。《读庄子天下篇疏记》列入《万有文库丛书》，由商务印书馆出版。作于该年的《版本通义》亦于1931年由商务印书馆出版，1957年古籍出版社再版。

1931年，钱基博45岁。《国学文选类纂》由商务印书馆出版。《名家五种校读记》《文心雕龙校读记》由无锡国学专门学校印刷。

1932年，钱基博46岁。钱基博《韩文读语》载《光华大学半月刊》第1卷第1～6期。

1933年，钱基博47岁。因教授侄儿锺汉读陈澧《东塾读书记》，时有申论，随记成册，成《后东塾读书记》。该书成书于1930年，当年由上海书局出版，改名《古籍举要》。《明代文学》一书由商务印书馆出版。《古文辞类纂解题及其读法》由上海中山书局出版。《现代中国文学史》1933年由上海世界书局出版，后来有多个版本。这虽是一本讲文学史的著作，但介绍了许多国学家、经学家，述中有论，表达了钱基博的学术观点。《四书解题及其读法》，由商务印书馆出版。其中对《大学》《中庸》《论语》《孟子》分别作了论述，涉及四书的名称、作者、版本、读法。

1934年，钱基博48岁。撰《近代提要钩玄之作者》。《骈文通义》由上海大华书局出版。《明代文学》由商务印书馆再版。《老子道德经解

---

① 此事见之于钱基博在1952年写的《自我检讨书》（存于华中师范大学档案馆），傅宏星编《钱基博年谱》"1927年条"亦有相关资料。

题及其读法》由上海大华书局出版。《韩愈文读》由商务印书馆出版。《离骚讲话》《古诗十九首讲话》刊于《光华大学半月刊》。

1935年，钱基博49岁。《丧礼今读记》刊于《光华大学半月刊》。《史记之分析与综合》刊于《光华大学半月刊》。《周秦诸子聚讼记疏证》载《光华大学半月刊》。《韩愈志》《模范文选》由商务印书馆出版。《十年来之国学商兑》载《光华大学半月刊》，其中介绍了裘匡庐的《思辨广录》，表明钱基博对裘匡庐非常尊重与敬佩。《读礼运卷头解题记》载《光华大学半月刊》，其中对《礼运》的篇名、结构作了论述。年近五旬的钱基博撰写《自传》刊于《光华大学半月刊》，对自己的人生作了初步的总结："基博论学，务为浩博无涯涘，诘经谭史，旁涉百家，抉摘利病，发其闳奥。自谓集部之学，海内罕对。子部钩稽，亦多匡发。而为义初午学《战国策》，喜纵横不拘绳墨。既而读曾文正书，乃泽之以扬马，字矜句炼；又久而以为典重少姿致，叙事学陈寿，议论学苏轼，务为抑扬爽朗。所作论说、序跋、碑传、书牍，颇为世所诵称。碑传杂记，于三十年来民情国故，颇多征见，足备异日监戒。论说书牍，明融事理，而益以典雅古道之辞出之，跌宕昭彰。序跋则以生平读书无一字滑过，故于学术文章得失利病，多抉心发奥之论。"①

1936年，钱基博50岁。《经学通志》由中华书局印行。此书是钱基博在上海光华大学教书时完成的，是中国近现代以来研究经学的代表作之一。撰《读清人集别录》，载《光华大学半月刊》。

1937年，钱基博51岁。离开光华大学，在浙江大学国文系任教。抗日战争爆发，随浙江大学迁徙江西泰和，并在《国命旬刊》上撰文大声疾呼共赴国难，以尽匹夫兴亡之责。

1938年，钱基博52岁。至湖南安化县蓝田镇，担任国立师范学院教授、国文系主任。

1939年，钱基博53岁。钱基博身体渐衰，长子钱锺书自上海来侍

---

① 钱基博：《自传》，曹毓英选编：《钱基博学术论著选》，华中师范大学出版社1997年版，第4页。

并任外文系主任。《中国文学史》作为湖南蓝田国立师范学院教材，在蓝田印行。赴南岳讲说《孙子兵法》。《孙子章句训义》由商务印书馆出版。《读经问题》在《国师季刊》第2期发表，其中论述了读经与教育的关系。《周易为忧患之学》在《国师季刊》第2期发表，其中论述了《周易》中的变化思想、履险如夷的思想。

1940年，钱基博54岁。《近百年湖南学风》由湖南蓝田袖珍书店印行，1985年由岳麓书社改版重印。

1941年，钱基博55岁。在蓝田的国立师范学院任教。参与院务工作。与长沙文艺中学任教的张舜徽通信。不久，张舜徽受聘到蓝田国师任教。

1942年，钱基博56岁。在蓝田的国立师范学院任教。捐俸薪法币一千元，作为国文系学生的奖励基金。女儿锺霞与石声淮订婚，编《金玉缘谱》。

1943年，钱基博57岁。在蓝田的国立师范学院任教。兼任学院图书委员会委员。

1944年，钱基博58岁。长沙等地失守，蓝田国立师范学院西迁溆浦，钱基博自请留守，欲以身殉。后逢湘西雪峰山之役，中国军队大捷，寇退危解。

1945年，钱基博59岁。撰《孙子今说》，钱基博在该文的末尾说："民国三十四年一月，钱基博讲于湘中前线大庸军次，凡两日，每日两小时，听者五百余人。韩军长仲景、徐参谋长亚雄，咸不以余言为刺谬。"

1946年，钱基博60岁。受聘于教会大学——私立华中大学。作《读读史方舆纪要》《国语之古史今读》，刊于《武汉日报》的《文史》副刊。

1947年，钱基博61岁。《增订新战史例孙子章句训义》由商务印书馆出版。

1948年，钱基博62岁。编写《堠山钱氏丹桂堂家谱》。研究《金刚般若波罗蜜经》《般若波罗蜜多心经》，撰《解题及其读法》。身体欠佳，自称"老病侵寻，右臂僵痛延及腕指，不能运管"。

1950年，钱基博64岁。向所在的华中大学捐献图书5万册。

1951年，钱基博65岁。华中大学与中原大学教育学院合并，改制为公立华中大学。这年，《毛泽东选集》第1卷出版，钱基博以10天阅读完毕，写有"善败不亡""主义一定，方略万变"等评论。

1952年，钱基博66岁。写《自我检讨书》。华中大学与湖北教育学院、中华大学等院校合并，改制为公立华中高等师范学校。钱基博向华中高等师范学校捐献历代文物211件。学校领导王自申等积极支持办博物馆，校内其他老师也响应捐献，校财务部门出资在文物商店买了一部分文物。撰《华中师院历史博物馆陈列品研究报告》（油印本）。

1953年，钱基博67岁。学校改名为华中师范学院。筹办博物馆，研究历史文物。

1954年，钱基博68岁。在华中师范学院任教。

1955年，钱基博69岁。在华中师范学院任教。

1956年，钱基博70岁。从是年6月至1957年6月，钱基博给华中师范学院中国古代史教研室年轻教师崔曙庭等讲授中国古代史，共计34次课。以《通鉴辑览》为教材，各自标点，然后串讲。从传说到西周，讲了13次，春秋战国讲了18次，秦汉时期讲了3次。

1957年，钱基博71岁。因患重病，于10月病逝。

二、钱基博是个什么样的人

钱基博是个平凡而杰出的学人、20世纪的国学大家。了解他的人生，阅读他的书籍，会给我们留下以下几点深刻的印象。

（一）一个洁身自好的人

钱基博从年轻时就喜欢简朴的生活。1909年，他在江西提法使陶大均幕府做文职，月俸白银百两，月薪悉以奉父；宴会时"捧杯微饮，神志湛然"。虽在官场，他却"刻意为文章，日诵韩文，以为定程，声琅琅出户外","衣冠敝旧,不改于初"。①陶大均夜半召钱基博赏"花魁状头",钱基博回答说:"公以风宪官而长夜召妓,岂所以仪刑百僚?"同座哗笑以为迂腐。

1912年2月,蔡元培、吴稚晖等人发起"进德会",宋教仁等名流都参加了这个组织,相约以"不为"自律。26岁的钱基博在无锡加入了"进德会",以四"不为"自律,即不吸烟、不赌博、不狎妓、不纳妾。他一生自律,不曾犯戒。②他一生就一个夫人,称夫人为"拗荆",表示对妻子执拗,也是对老妻的爱怜。③

50岁时,钱基博为自己作一小传,即传于后世的《自传》。他在传中自评说:"生平无营求,淡嗜欲而勤于所职;暇则读书,虽寝食不辍,息以枕,餐以饴,讲评孜孜,以摩诸生,穷年累月,不肯自暇逸。而性畏与人接,寡交游,不赴集会,不与宴饮;有知名造访者,亦不答谢;曰:'我无暇也。'文章只以自娱,而匪以徇声气。学道蕲于自得,而不欲腾口说。不为名士,不赶热客⋯⋯饱更世患;又欲以宁静泯圣知之祸⋯⋯自以为节性之和,不如太仓唐文治⋯⋯而文事则差有一得之长。"

钱基博的孙子钱佼汝2007年在华中师范大学参加纪念钱基博学术会议,他说:钱基博的身体一向比较瘦弱,中年时便有严重的便血毛病和其他病痛。但他十分注重锻炼。一年四季,无论冬夏,他每天黎明即起,用冷茶漱口,润眼,用温水洗脸。然后做一套类似现在八段锦功的健身操。他生活十分俭朴,一辈子长袍在身,夏天则穿无袖短衫和宽腰长裤。他早晚都爱吃泡饭,佐以雪里蕻、毛豆米、酱黄瓜、咸鸭蛋等小菜。他没有什么嗜好,但喜欢养猫,觉得猫性情温顺,又活泼可爱。白天与猫同桌而食,夜里与猫同榻而眠,看书写作时也必定有猫陪伴左右。

---

① 钱基博:《黄仲苏先生朗诵法序》,刘梦溪主编:《中国现代学术经典·钱基博卷》,河北教育出版社1996年版,第926页。
② 刘桂秋:《无锡时期的钱基博与钱锺书》,上海社会科学院出版社2004年版,第56~57页。
③ 杨绛:《我们仨》,生活·读书·新知三联书店2003年版,第133~134页。

（二）一个爱国的知识分子

钱基博是一位书生，但不是两耳不闻窗外事的书生。他把国学分出了一个独特的类别——经世之学。经世之学与实学相近，就是把学术用于社会。国学不是束之高阁的空洞学术，而是需要实实在在运用于中华民族文化之中的学术。钱基博身体力行，一方面大力倡导经世致用的思想，另一方面把学术用到社会之中。诚如钱基博所云："想在中华民族古代文化中找出精神的新泉，而产生一种现代化的中国教育，以图整个民族的团结和统一。"① 他关心社会，议论时政；他研究历史，参与现实；他手不释卷，心系国运。他的书房里长期挂有清代书画家陈鸿寿的一副对联："课子课孙先课己，成仙成佛且成人。"这应当就是他立身处世的座右铭。做学问者，先要做人，做一名高尚的人。钱基博是"先课己"的士人，他有中国知识分子所具有的特立独行的高尚品质，他对民族有深厚的感情，对传统文化有无比的热爱，对祖国有强烈的情结。

辛亥革命中，钱基博积极参加无锡的社会变革，起草重要的文件，发表政治见解，是革命阵营的重要成员。

早在民国元年（1912），因"官盐滞销，私盐充斥"，面对无锡市民不得不"舍近而食远，舍贱而食贵，舍咸而食淡"的问题，年轻的钱基博上书盐政处和两淮盐政总理张季直，要求主管人和主管部门"以维民食，而恤民艰"。这种敢于谏言、直陈己见的作风贯穿钱基博的一生。

民国建立之后，军阀混战，钱基博对此颇为失望。他批评当时的社会"共而不和""有专无制""人将相食"。他认为学人只有"穷则反本"，"然后知圣人忧世之情深，仁民之道大也"。② 他认为，读书人面对失望的社会，力所能及的行为就是读圣贤书，继承国学，弘扬传统文化。青年要是成天只有抱怨，在抱怨中丧失自己，那是最可悲的。

1924年，钱基博任上海圣约翰大学国文教授，他谆谆教诲中国学

---

① 《华中师范大学学报·纪念钱基博先生诞辰百周年专辑》（1987年增刊），第104页。
② 钱基博：《序跋合编》，华中师范大学出版社2014年版，第67页。

生一定要学好国文，不要忘了自己是中国人。学者在大是大非面前，应当有鲜明的立场。1925年5月，上海日本纱厂枪杀中国工人顾正红等，激起上海各界人民群众的极大愤慨。钱基博当时任教于上海圣约翰大学。校长美国人卜舫济召开教授会议，以开除爱国学生相威胁，阻止学生在校内降半旗为死难者致哀。钱基博在会上痛斥卜舫济压制学生爱国运动的罪行，要卜舫济公开向中国人民谢罪。为了抗议卜舫济对我国的侮蔑，6月3日，圣约翰大学及附属中学学生553人，全体华籍教师19人，集体宣誓脱离学校。6月4日，离校师生集会，筹议自行设校，另行创办光华大学。在爱国人士王省三资助下，一批有识之士在上海建光华大学，收容圣约翰大学离校师生，钱基博担任文学院院长兼中国文学系主任，并撰《光华大学成立记》。钱基博是首批离开圣约翰大学的教师，也是光华大学的创建人之一。钱基博在《怎样做一个光华学生，送毕业同学》中强调："要以现代人的心理去了解古中华民族的精神；想在中华民族古代文化中，找出精神的新泉，而产生一种现代化的中华民国教育，以图整个民族的团结和统一……发挥我中华民族固有之精神；切实到社会上做去！"①

作为知识分子，绝不能媚俗，更不能趋炎附势。1927年暑期，钱基博受聘至第四中山大学担任国文系主任，仅过半月，钱基博就主动辞职。原因在于当时有人手执蒋介石书信来学校求职，钱基博要求公正审查其资格，但当时中山大学校长碍于权势，仍"朱笔御批"。钱基博毅然选择了辞职，以示抗议。② 钱基博说："我极爱护所在之学校，然而决不顾念自身在学校之地位和利益。苟其和我中国人的立场有抵触，我没有不决然舍去。"③

在民族危亡之际，作为中国士人，绝不能麻木与懈怠。九一八事变

---

① 钱基博：《怎样做一个光华学生，送毕业同学》，《华中师范大学学报·纪念钱基博先生诞辰百周年专辑》（1987年增刊）。
② 刘桂秋：《无锡时期的钱基博与钱锺书》，上海社会科学院出版社2004年版，第109～112页。
③ 钱基博：《自我检讨书（1952）》，《天涯》2003年第1期。

之后，钱基博于民国二十年（1931）12月发表《警告国民党巨头诸公快邮代电》，强烈要求蒋介石北上，督同张学良用武力收复东北失地；用实力援助马占山；坚持日本无条件撤兵；绝对拒绝日本在东三省自由剿匪的要求；绝对否认锦州中立区；不承认天津共管。他正告执政者如违反国民之公意，国民可不纳租税，不承销公债或诉诸罢课、罢市、罢工等手段。① 1935年，日军已经危及我华北地区，钱基博时任上海光华大学教授。12月，他与马相伯、郑振铎等283人联名发表《上海文化界救国运动宣言》，表达了一个中国文化人的爱国立场。

学校的文人与军营中的战士一样，面对国难，同样可以战斗。1937年，七七卢沟桥事变之后，中国进入全面抗战阶段。钱基博随浙江大学迁移到江西泰和。浙大同仁创办《国命旬刊》，钱基博写《发刊词》，呼吁国人戮力同仇，共赴国难。稍后，在《国命旬刊》第二期，钱基博发表《吾人何以自处》，指明中国知识分子及其自身的去从，钱基博大呼："国危矣！寇深矣！"他引用孔子语"志士仁人，无求生以害仁，有杀身以成仁"。他大声疾呼要焕发民族精神，"中华之精神不死，而后民族之复兴可期"。

在国家与民族危难之际，作为文人是可以付出生命的。据徐运钧等人回忆，1941年春，正值抗日艰难时期。一日，钱基博教习庾子山的《哀江南赋序》。当读到"岂有百万义师，一朝卷甲，芟夷斩伐，如草木焉"，则"怵然变容，喟然叹息：'执政匪人，邦国殄灭，何独萧梁？今日局势，岂异江淮无涯岸之阻，亭壁无藩篱之固耶？人民遭屠戮，及水火，化猿鹤，岂但如草木耶？'声腔哽咽，泪被面颊。余等莫敢仰视，唏邑相闻。既而又言：'天下兴亡，匹夫有责。尔等年富力强，责将奚贷！顾亭林先生提倡博学于文，行己有耻。耻之于人甚大，国耻实居首

---

① 此文原载《潜庐集》（1931），现载于《潜庐经世文编》，华中师范大学出版社2016年版，第89～91页。

位。士子而不思驱倭寇，复河山，雪国耻，博文焉为？诸君勉乎哉！"① 这，就是有个性、有情感的钱基博。

中华人民共和国成立之后，中华民族获得了勃勃生机，钱基博感到非常兴奋。然而，社会上难免有些旧社会残存的不良现象。20 世纪 50 年代初，钱基博曾说："我不愿自我腐化以腐化社会，尤其不愿接受社会之腐化以腐蚀我民族之本能。"② 此语体现了知识分子特立独行的士人精神。钱基博晚年在政治的高压下写过一篇《自我检讨书》，其中自陈："人家说我思想顽固；其实我的思想，多方面接受，从不抗拒任何方面的思想；不过不容许我放弃自己是一中国人的立场，这是无可讳言的，而且我自认为当然的。"③

（三）一个以国学安身立命的大师

人的一生，需要不断地调适。钱基博曾经参加过革命，甚至在政府中工作过。但是，经过一段时间的实践，他发现官场不是适合自己的场所，"革命"也不像自己期待的那么美好，于是他对人生进行了重新选择。最典型的一段实例，就是辛亥革命之后钱基博的调适。当时，无锡光复成功，成立了锡金军政分府。钱基博参与了政府的成立，在军政分府任职，写了《无锡光复志》。但是，他很快就意识到"革命虽然成功，人民并未抬头"④，仍然存在秩序的崩坏、人欲的横流、优良传统文化的丧失。"革命并没有像理想一般美妙，仍是以大众的痛苦，造就少数人的地位与煊赫。"⑤

钱基博治学循序渐进，教过小学、中学、大学。1923 年，他开始在大学任教，先后任职的学校有上海圣约翰大学、北京清华大学、上海光华大学、无锡国专、浙江大学、湖南蓝田师院、私立华中大学。自小学以至大学，一生从事教育事业 44 年。因为教学的需要，他坚持不断充实自己，一边教学，一边治学。他的一些著作就是在教学中撰写的讲

---

① 徐运钧、李蹊：《去德滋永，思德滋深——忆先师钱子泉先生》，《华中师范大学学报·纪念钱基博先生诞辰百周年专辑》（1987 年增刊），第 154 页。

②—⑤ 钱基博：《自我检讨书（1952）》，《天涯》2003 年第 1 期。

稿，如《古籍举要》《中国现代文学史》等。

钱基博一生都很勤奋。无论严寒酷暑，他都孜孜不倦地读书写作。每天清晨早饭前和黄昏晚饭后，他都要手捧典籍，在灯光下高声诵读一两个小时。天气炎热时，他一手摇扇，驱赶蚊虫，一手捧书，照样书声琅琅。每天上午、下午和晚上的其他时间他都用于写书或写信。

钱基博喜欢读书、借书、买书、抄书、著书。他年轻时，曾经抱怨有些文化人喜欢藏书而不让人借阅。1913年，无锡图书馆在原三清殿旧址落成，钱基博撰写了《无锡图书馆碑记》，说："仆少小好读书，日卒二三线装书，不以为苦，才苦无书读耳。迨弱冠，走四方，稍稍购储，逾两千卷，往往庋置焉，甚矣！已有之不可恃也。犹忆童年十二三借书读时，惴惴恐主人索太急，勿遑毕读，每得一册，辄穷昼夜不辍，心犹以为未足，纂钩元要，目存而手撮录焉，及得既也，书已烂熟胸中矣。惟藏书之家，邑无二三，秘不肯假人。"[1]

钱基博的一生，是把国学与生命融为一体的一生。钱基博治学的精神来自于诸多方面，其中之一就是孟子。钱基博的生日与孟子的生日是同一天，钱基博于是对孟子情有独钟，认为与孟子有某种说不清的缘分，有必要珍惜这种缘分。他在《孟子约纂》说："博于《孟子》一书，独有至好，以为发孔子之所未发。而其文之婉切笃至，尤足以警发人之善心，不使放心邪气得接焉。"[2] 这段文字中说到孟子"发孔子之所未发"，是赞赏孟子对孔子的创新。钱基博在此文中阐发得很清楚："孔子只言志，而轲则并言养气；孔子只言性相近，而轲则径言性善；孔子只言使民、临民，而轲则直曰民为贵；孔子只言百姓不足，君孰与足，而轲则曰民事不可缓也。"在钱基博看来，后人的思想与学问应当超过前贤。正因为钱基博以孟子为榜样，所以后来才能做出大学问。

---

[1] 钱基博：《方志汇编》，华中师范大学出版社2013年版，第105页。
[2] 曹毓英选编：《钱基博学术论著选》，华中师范大学出版社1997年版，第343页。

钱基博勤于笔耕，每天都要写读书笔记，计有五百余册的《潜庐日记》[1]，可惜在政治运动中被焚毁。

针对当时学术界之盲动，钱基博多有批评："呜呼！自我无意志，只随人脚跟为转移。而国人今日遂不忠于所学，以学术思想为投机；今日'国粹'，明日'新文化'。其实不过揣迎时好，弋猎声誉，作一种投机事业而已，非真有所主张有所研究云尔也。卒之随波逐流，而思想陷于破产，转徙流离怃乎如丧家之狗，莫适所屈……得一善而拳拳服膺而弗失之矣。此则硁硁之愚，以为忠于所学、忠于其主义者，当如是也。今日学者之大患，一言以蔽之，曰'不诚'而已矣。"[2]

勤奋加聪慧，还有精神，使钱基博成为一位学贯古今、文史兼治、渊博而会通的学者。他在《自传》中说："基博论学，务为浩博无涯涘，诂经谭史，旁涉百家，抉摘利病，发其阃奥。……所作论说、序跋、碑传、书牍，颇为世所诵称。碑传杂记，于三十年来民情国故，颇多征见，足备异日监戒。论说书牍，明融事理，而益以典雅古遒之辞出之，跌宕昭彰。序跋则以生平读书无一字滑过，故于学术文章得失利病，多抉心发奥之论。"

当代国学大师张舜徽主张学习钱基博的治学精神，他撰文称赞钱基博"学问的渊博，文章的雄奇，著述的宏富，举世皆知，足传不朽"，而"他的那学而不厌、诲人不倦的精神，在当代是罕见的"[3]。《论语·述而》记载孔子说"学而不厌，诲人不倦，何有于我哉！"《吕氏春秋·尊师篇》记载子贡问孔子："后世将何以称夫子？"孔子回答："吾何足以称哉？勿已者，则好学而不厌，好教而不倦，其惟此邪？"钱基博的一生，就是以孔子之道身体力行的一生。

---

[1] 潜庐，取意于"潜心讲学，隐德勿耀"，取日记名为此表明了钱基博为人治学的一种价值取向：不浮华，不张扬，扎扎实实治学。

[2] 钱基博：《我听杜威博士演讲之讨论》，转引自傅宏星编撰《钱基博年谱》，华中师范大学出版社 2007 年版，第 53~54 页。

[3] 张舜徽：《学习钱子泉先生"学而不厌、诲人不倦"的精神》，《华中师范大学学报·纪念钱基博先生诞辰百周年专辑》（1987 年增刊）。

钱基博的著述宏富。在任教光华大学、国立师范大学时期,钱基博出版的著作有《国学必读》(中华书局,1924年)、《文史通义解题及其读法》(上海中山书局,1929年)、《读庄子天下篇疏记》(商务印书馆,1930年)、《版本通义》(商务印书馆,1931年)、《现代中国文学史》(无锡国专,1932年)、《古籍举要》(世界书局,1933年)、《周易解题及其读法》(商务印书馆,1931年)、《明代文学》(商务印书馆,1933年)、《四书解题及其读法》(商务印书馆,1933年)、《老子道德经解题及其读法》(上海大华书局,1934年)、《骈文通义》(上海大华书局,1934年)、《模范文选》(商务印书馆,1935年)、《名家五种校读记》(无锡国专,1935年)、《文心雕龙校读记》(民生印书馆,1935年)、《经学通志》(中华书局,1936年)。

据傅宏星教授统计,钱基博生前出版学术专著29部,编撰各类教材11部,杂著14部,以及稿本、油印本等未公开发行的著作7部,约计63部。而他的大量学术论文、碑传杂记则散见于民国时期出版的地方报纸、学术刊物、乡贤著述和家乘谱牒中,无人问津,渐致湮没。其中,尚未结集者,更是不计其数。钱基博著述总数应当在1500万字上下。如果他撰写的日记没有被毁,如果他试译的书籍没有丢失,其存世的文字或许更多。

钱基博是一位有根柢与传承的学者,也是一位很有创新的学者,他曾说:"文在桐城阳湖之外,别辟一涂。""所著文章,取诂于《许书》,缉采敦《萧选》,植骨以扬、马,驶篇似迁、愈,雄厚有余,宁静不足,密于综核,短于疏证。文之佳恶,吾自得之。"[①] 他的学术成就很大,他对自己的学术成果很自信,曾说:"吾知百年以后,世移势变,是非经久而论定,意气阅世而平心,事过境迁,痛定思痛,必有沉吟反复于

[①] 钱基博:《自传》,曹毓英选编:《钱基博学术论著选》,华中师范大学出版社1997年版,第6页。

吾书，而致戒于天下神器之不可为，国于天地之必有与立者。"① 现在看来，钱基博预言已经应验了。当下确实有许多"沉吟反复"于钱著的国学后人。钱基博的全集已经由华中师范大学出版社出版，而钱基博的经学等著作反复由各个出版社出版，人们越来越认识到钱基博在国学中的地位！在当代学术界，能够经得起时间考验的学术著作是有限的，而钱基博的著作在沉寂若干年之后，重新被人们发掘，评价越来越高，殊为难得。

钱基博的人生就是一本大书，钱基博的国学成果更是一系列无限大的丛书，让我们慢慢品味钱基博及其国学，深挖其中的文化资源，把一直埋没的学术宝藏发掘出来，一定可以丰富21世纪的国学！

---

① 钱基博：《〈现代中国文学史〉四版增订识语》，刘梦溪主编：《中国现代学术经典·钱基博卷》，河北教育出版社1996年版，第564页。

第一章　钱基博的国学背景

任何一位国学大师的产生，都与特定的时代与社会有关，都受到地域文化的影响，都与家族状况有联系，都与人际交往有关联。钱基博正是在这些综合要素的互动中铸就的杰出人物。

第一节　时代与社会

一、钱基博的那个时代

清末民初，中国大地出现了国学热。当时有许多人谈论国学，许多书刊讨论国学，街头巷尾一夜之间突然出现了许多"国"字号的门面，如国术馆、国艺馆、国医馆、国乐馆、国文馆、国剧馆、国礼馆，我们把这种现象称为"国学热"。纵观中国历史，不难发现自有中华文明以来，未有如此之纷繁的"国"字号文化现象。哪怕是东汉末年佛教传进中国，明中期传教士把西方文化传进中国，都没有出现这样强烈的文化反弹——国学热。

1905年，民间人士成立了一个"国学保存会"，在上海创办了《国粹学报》。编辑者主要有邓实、章炳麟、刘师培、陈去病、黄侃、马叙伦、罗振玉等人。该刊以"发明国学，保存国粹"为宗旨，用文言文撰写稿件。主要栏目，前两年设社论、政篇、史篇、文篇、丛谈、撰录；第三年增设博物篇、学术篇；第四年又设了藏书志、地理篇；第六年设有通论、经篇、史篇、子篇、文篇、博物篇、美术篇、丛谈、撰录等。该刊共出82期。这个刊物具有国学导向标的作用，大凡有志国学的人，都会关注这份报刊，并受其影响。钱基博一生之中，喜欢用文言写作，喜欢谈论经史子集、博物、地理，可能与此刊有关。《国粹学报》在1911年9月就停刊了。钱基博那时还年轻，没有在《国粹学报》发表过文章。

国粹派国学的兴起，是一种居安思危的积极思潮。在吴雁南教授主编的《中国近代社会思潮》第1卷中，学者着重分析出国粹主义思潮兴起的原因在于：第一，国粹主义是对于帝国主义和买办阶级贩卖奴化思想的抗议；第二，鉴于西方资本主义制度弊病而产生的困惑，使一批知识分子转而寻找中国古代的传统；第三，民族危机的严重，中国学人希望通过仿效欧洲文艺复兴，在中国来一次古学复兴，振兴国家。① 钱基博就是在国粹学派思潮影响下脱颖而出的国学大家。

这一时期的国学，是相对于西学的国学。针对西学，人们称本国的学术与文化为国学。秦汉以后，很少有人用"国学"一词，只是到了清末民初，国家危亡之时，新国学才流行起来。新国学不是指学校，而是指中国传统的学术及文化，其中有创新的成分。钱基博的国学，建构在旧国学的基础之上，是新国学的一部分。

民国时期是文化变革的时代，有人泥古，有人扬外。钱基博从文学的角度有一番概括，他说："民国肇造，国体更新；而文学亦言革命，与之俱新。尚有老成人，湛深古学，亦既如荼如火，尽罗吾国三四千年变动不居之文学，以缩演诸民国之二十年间；而欧洲思潮又适以时澎湃东渐；入主出奴，聚讼盈庭，一哄之市，莫衷其是。权而为论，其弊有二：一曰执古，一曰骛外。"② 钱基博把执古与骛外都称为弊端，而自己就想方设法要避开偏执，自觉选择最佳的治学之路。

二、钱基博所处的吴地文化

钱基博出生于江苏。江苏，简称吴。吴地是指以太湖流域为核心，

---

① 引自吴雁南等主编《中国近代社会思潮》第1卷，湖南教育出版社1998年版，第664~667页。

② 钱基博：《现代中国文学史》，华中师范大学出版社2011年版，第6页。

包含西至南京，北至扬州、淮阴一线以南地区，东合上海，南括浙西地区。距今约3100年前，秦伯、仲雍兄弟离开黄河流域的周族部落，来到了长江下游的太湖流域，在江南建立了"勾吴"国。长江下游及太湖流域原有的土著文化与中原周文化逐渐进行融汇和整合，最终形成了吴地文化。吴人擅长接纳与吸收域外文化，先秦吴国的季札遍访中原诸贤，学习礼乐，表现出对华夏文化与典章制度的深刻理解。

吴地的商品经济发达。从明清时期开始，吴地就有较发达的商品经济。苏、松的粮食，松江的棉花，湖州的蚕桑，造就了吴地广阔的商品市场。江南商人活跃，士商融洽，出现大量的儒商。

吴地重视基础教育。明清时代吴地的一些书院不仅培养人才，而且成为学术与政治舆论的中心，在全国有举足轻重的地位。钱基博接受过两年私塾教育，还受业于乡贤许国凤，又曾向古文学家黎庶昌学习，打下了较好的古文功底。

吴地有复古之风。明代太仓（今江苏太仓）人王世贞（1526—1590）倡导文学复古运动，认为"文必秦汉、诗必盛唐"。许多学人都喜欢研读汉唐诗文，形成了古朴的风气。钱基博的论著，有老派风范，得自于复古之风的熏陶。

吴地有优秀的文化精神。无锡东林书院最有名的一副对联是："风声雨声读书声，声声入耳；家事国事天下事，事事关心。"钱基博对东林书院非常熟悉，在1942年写了《重修东林书院启》。文章讲述了东林书院历史、东林士人精神，赞扬了无锡主持捐资修书院的吴稚英、唐文治、顾彬生等人。钱基博身上体现的人文精神，深受东林士人的影响。

无锡是个产生学术人才的地方，先哲的事迹对钱基博有激励作用。他在《江苏省立第三师范学区纪念人物志》中概括说："五六百年来，论艺术，则无锡倪瓒辟写意画之别径，武进恽恪开写生画之生面。而地理，有江阴徐霞客，穷河沙，上昆仑，辨江源之非岷山，以正中国山河两戒之说。有无锡顾祖禹，据正史考订地理，著《方舆纪要》百二十卷，贯串诸史，出以所独见，宁都魏禧所谓'数千百年绝无仅有之书'

也。理学则有顾宪成、高攀龙之开东林学派焉。文学则有武进恽敬、张惠言之开阳湖派焉。下暨晚清，则有无锡徐寿之制器尚象，华衡芳之数学，皆能独开风气，尊闻行知，为于举世不为之日。声教所被，洋溢乎中国，炳焉蔚焉。"①

　　吴地有经世致用的社会风气。明末清初昆山（今属江苏）人顾炎武主张政治改革，提倡经世致用，反对空谈，《亭林文集》记载其主张"君子为学，以明道也，以救世也。徒以诗文而已，所谓雕虫篆刻，亦何益哉？"《日知录》卷13《正始》记载："保天下者，匹夫之贱，与有责焉耳矣。"冯桂芬主张学习西方变法图强，发展工商，提倡"以中国伦常名理为原本，辅以诸国富强之术"，用西人新式机器、武器，增强国力，学习西方的科学技术。无锡人荣德生（1875—1952），与钱基博属于同时代的人。荣德生在私塾里学了《幼学》《论语》《孟子》《大学》《中庸》《诗经》《礼记》等，这些中国传统文化的经典对他日后从事纺织、面粉、机器等工业起了重要作用。荣德生曾有一句名言："古之圣贤，其言行不外《大学》之明德，《中庸》之明诚，整心修身，终至国治而天下平。吾辈办事业，亦犹是也，必先正心诚意，实事求是，庶几有成。若一味唯利是图，小人在位，亦则虽有王明阳，亦何补哉？"他曾经写过一副对联："意诚言必中；心正思无邪。"他题无锡梅园诵豳堂联："发上等愿，结中等缘，享下等福；择高处立，就平处坐，向宽处行。"在荣德生看来，作为一代儒商，应当是道德高尚的人。他还曾创办公益工商学校，为荣氏企业集团提供了人才，孙冶方、钱伟长都是该校学生。荣德生之子荣毅仁深受国学影响，荣毅仁曾经写过一篇《自策铭》，文中他给自己立了八条"自策"，即孝悌、仁慈、立品、慎交、治事、养性、勤俭、知足。这八条"自策"显示了他对儒学与做人的独到见解。钱基博的小儿子曾经在荣氏企业工作，与荣家保持了良好的关系。钱基博一生坚持走经世致用的学术道路，积极为社会发展服务，体现了济世精神。

---

① 钱基博：《方志汇编》，华中师范大学出版社2013年版，第261页。

第二节 家族与家学

一、钱氏家族世系

谈到钱氏家族世系，钱基博曾经下功夫作过一番研究。1911年，25岁的钱基博在《无锡光复志》写有《自叙篇》。1913年，27岁的钱基博撰写了《自叙》，其中对钱氏家族有详细考述。1948年，钱基博在武汉撰《堠山钱氏丹桂堂家谱》。这些为我们了解钱氏家族世系提供了可靠的信息。

《堠山钱氏丹桂堂家谱》是记述钱氏家世最完备的一部书。此家谱封面为钱基厚亲手所署，篇首为钱基博署尚，家谱分谱系、世表、行述、文征四部分。由从子尧侯（钱锺唐）筹赀用石印刊成。[①] 它不仅是研究钱氏家族及其成员的重要历史资料，而且也是研究其家学渊源和家风的重要史学资料。

钱基博的治学，向来喜欢"辨章学术，考镜源流"，把研究对象的来龙去脉写得清清楚楚。钱基博把钱氏的历史上溯至黄帝的后裔，他在《家谱》中追述："吾堠山钱氏远祖黄帝，传世百二十，有丁二万余，族大而祚长。"黄帝是汉族百家姓氏共认的始祖。黄帝有子曰昌意，昌意生帝颛顼高阳，高阳生伯称，伯称生老童，老童生重黎，重黎生回，回生陆终，陆终生钱，钱得高寿，生子五十四。

家族有源，亦必有其流。钱基博在《无锡光复志·自叙篇》叙述了钱氏"得姓于三皇，初盛于汉，衰于唐，中兴于唐宋之际，下暨齐民于元明，儒于法"的谱系。许多大家族，汉唐之际的情况是难以说清楚的，因为当时的文献不太记载这方面信息。到了唐宋就不同了，国家重

[①] 参考曹毓英《堠山钱氏家谱、家学与家风》，王玉德主编《钱基博学术研究》，华中师范大学出版社2008年版。《堠山钱氏丹桂堂家谱》现已重印，载钱基博《谱牒汇编》，华中师范大学出版社2016年版。

视谱系。唐朝贞观七年（633）下诏征索天下氏族谱牒，于是，有个叫钱元的人，他修录钱氏家谱呈送京师，使钱氏世系较为清晰。钱家在江浙一带是一个颇有声望的家族——他们都是五代时期吴越国国王钱镠的后代。钱镠（852—932），字具美，临安人，谥武肃。21岁从军，骁勇多谋，充石镜镇偏将。887年授杭越管内都指挥使、杭州刺史。896年平董昌乱。907年被后梁朝廷晋封为吴越国国王。

据钱惟演撰《钱氏庆系谱》和《钱俶贡奉录》等文献，五代时的钱俶有九子，钱惟演为第八子。钱惟演有子十一人，钱暄为第六子。钱暄有子十二人，钱景臻为第九子。钱景臻有四子，钱恒为第三子。钱恒有子三人，端瑀为第二子。钱端瑀生子筠。钱筠有三子，钱显祖为第三子。钱显祖有二子，钱逵与钱迪。钱迪居无锡梅里乡堠山之西，是为堠山钱氏开族世祖。

钱氏人丁兴旺。无锡钱氏有堠山、湖头两大支，钱基博为堠山城西支武肃王（五代时吴越国开国之君钱镠）第三十二世孙；钱穆（字宾四）则为湖头文林公支武肃王第三十四世孙。从晚清到民国年间，钱氏大家族出了不少大学者：

钱大昕（1728—1804），嘉定人（今属上海），字晓征，号辛楣，又号竹汀。他在音韵学方面提出了"古无轻唇音""古无舌上音"的重要见解；在天文历算学方面著有《三统术衍》《四史朔闰考》；在史学方面有《廿二史考异》《元史氏族表》等。他的《十驾斋养新录》与顾炎武的《日知录》齐名。

钱玄同（1887—1939），浙江吴兴人。原名夏，五四运动以前改名玄同。他曾任北京大学、北京师范大学教授，著有《文字学音篇》《重论经今古文学问题》《古韵二十八部音读之假定》《古音无邪纽证》等论文。

钱家在近代以来出了许多名人，仅科学院院士国内外就有100多人，分布于50多个国家和地区。无锡钱家产生了10位院士和学部委员——台湾"中央研究院"院士钱穆，中国科学院院士钱伟长、钱锺韩

（钱锺书堂弟）、钱临照、钱令希、钱逸泰以及江阴钱保功，中国工程院院士钱易（钱穆长女）、钱鸣高，中国科学院学部委员钱俊瑞。而2008年诺贝尔化学奖得主钱永健，就是钱学森的侄子。有人把钱家名人编成了绕口令："一诺奖、二外交家、三科学家、四国学大师、五全国政协副主席；十八两院院士。"如科技界"三钱"：钱伟长和钱学森、钱三强。钱伟长偏科，考入清华时，文史满分，而数理化英四门共得25分。钱氏家族产生的人才多是父子搭档，如钱基博、钱锺书父子，钱玄同、钱三强父子，钱穆、钱逊父子，钱学榘、钱永健父子等。浙江早在1992年就成立了钱镠研究会，编辑了不定期出版杂志《钱镠研究》。钱镠的后人将平时言行记录整理而成《钱氏家训》，其核心和精髓就是重教明理，推陈出新。其中有这样一句——"利在一身勿谋也，利在天下必谋之"。

这里要说说与钱基博关系密切的世系。

从堠山钱氏开族世祖钱迪之后，钱氏从没有断续。钱迪有子致諲，致諲有子伯一，伯一有子缶，缶有子均辅，均辅有子祐，祐有子益，益有子继，继有子浦，浦子琰，琰有子宪，宪有子至生，至生有子如玉，如玉有子法曾，法曾有子林，钱林有子照，钱照有子奎，钱奎有子士镜。

钱奎有丰富的藏书，传有《北部吟稿》《规世格言文稿》等。所著连同祖上遗留下的《求是斋文稿》《希天阁文稿》等，被同郡瞿丽江各选部分编入《毗陵文征》。《文征》评《求是斋文》："其行芳志洁，仿佛于稿中见之。"评《希天阁文》："读其文而清矫拔俗之概可想见也。"

到了钱士镜时，就与钱基博的关系非常密切了。钱士镜，字鉴远，士镜从无锡迁住江阴，以经商为主，赚了些钱，作为一名儒商，从没有放弃读书。他是钱基博的直系高祖。

钱士镜与武进人李兆洛是好友。李兆洛（1769—1841），文学家。字申耆，阳湖（今江苏常州）人。嘉庆十年（1805）进士，选庶吉士，充武英殿协修，改凤台知县；后主讲江阴暨阳书院达20年。李兆洛精舆地、考据、训诂之学。李兆洛撰《养一斋文集》20卷，有咸丰二年（1852）初刻本，光绪四年（1878）重刻本。辑有《皇朝文典》70卷，《大清一统舆地全图》，《凤台县志》12卷，《地理韵编》21卷，《骈体文钞》31卷等。

李兆洛曾经为钱士镜作传，即《养一斋文集》中的《钱君鉴远传》。鉴远是士镜的字。士镜从小便阅读父亲的藏书，父殁不竟所学，即负贩于江阴，自兴家业，其业日致饶益，富有之后，必以致宗人之在无锡者，故李兆洛为之作传。士镜自比于柳子厚，居市而不废诗书。年五十绘"桐阴听读图"，自题云："隔院书声听尚乐，芸编亲对乐何如！"传中还叙述了子孙的情况："子浩，能守其业，而阔达如之，延名师课子，尽其敬。维樾、维桢皆补弟子员矣，矗然进取，所至未可量也。"

钱士镜有子二：若浩、若沄。

钱若浩，字观涛，是钱基博的曾祖，精书法，学米芾父子的字可以乱真，设家学课子孙。若浩迁回无锡，辟园峙山，题为"似山居"，栽花艺竹，课以子孙，同县华冀纶、秦炳文为之绘图，吴县冯桂芬为之作序，李兆洛又为之作《似山居图记》。他常邀师友们聚会，谈诗作画，李申耆先生在其图记中说："翁居无锡湖山秀美之乡，而遁隐于江阴阛阓间，尘块之埃壒，湫隘之喧唧，其能不动思于湖山之观、游览之胜乎？"

钱若浩有子二：维樾、维桢。钱维桢是钱基博的祖父。钱维桢（1811—1886），字榕初，廪贡生，候选训导，以世父葵荪公官，诰赠朝议大夫。他在社会上有影响力，深得近代著名诗人、散文家陈三立的赏识和推仰，并曾为之立传。

陈三立在《钱榕初先生家传》说："钱先生维桢，字榕初，常州金匮人也。大父士镜，父若浩，并以儒雅高学见称当世。先生守父祖之传，尝师事江阴陈孝廉良显，武进李大令兆洛，又得无锡张孝廉兰阶、余善人治、沈秀才鏊，江阴郑解元经、吴县冯宫允桂芬为之友；大令、宫允名最著，余亦皆笃行君子擅文学者也。以故先生行谊学业，崭崭出流俗，自少壮迄老，终始饬厉，归自淑，岿然专州部之望焉。"陈三立

(1852—1937),字伯严,江西修水人,前清光绪年间进士。他是陈宝箴的长子,也是现代著名史学家陈寅恪的父亲。

陈三立不仅在《钱榕初先生家传》中叙述了钱维桢的事迹,还对后学钱基博倍加称赏:"余获诵先生之孙基博所属文,通才宏识,条适而上达,匪徒区区荣华之言,章句之业也。方今之世,橐龠怒辟,万流输汇,进取树立,或吾前哲未及窥,然必当有所绍承以成其变化。诗曰:无念尔祖,聿修厥德,若先其人者,愈悟垂范诒谋之匪偶然矣。"

读书人推崇道德文章,钱家重视德行,轻视事功。一次,钱仲眉(钱基博的二伯)的弟子——江阴吴达人为钱维桢(钱基博的祖父)立传,把钱维桢评论为重视事功之人。钱仲眉读后,大不以为然,批评说:"此非所以传吾父也。"他指出:"盖吾父生平以德量胜,不以事功显,固已。然吾父蹈道践仁,数十年自有本末。了口:我欲载诸空言,不如见诸行事之深切著明也,奚以虚事饰说为耶。"① 钱仲眉强调其父维桢最重道德,以大德为量。

以钱维桢为第三十世,钱家子孙的字辈依次排列有福、基、锺、汝、昌。

历史走到了福字辈。钱家的福字辈五兄弟,另有一女。钱家的福字辈,在五行中可能缺火,因此在名字的第三个字全加上了火旁。

钱氏的家谱《世表》中有"子五福炜、熙元(福煐)、福煾、福炯、福炽"。古代并没有煐、煾、炯三字,《说文解字》未见收录,这些字是后来才出现的,《康熙字典》才收入。

大房钱福炜,字葵苏,又字瀛士,乡试举人。曾为苏州府长洲县县学教谕,后来升五品以至晋封为朝议大夫。钱福炜为人,有正义感,敢于担当。同治年间,皇帝大婚,"有苏省色布各捐,名'贡布捐'"②,江苏巡抚摊派无锡、金匮、江阴三县分担。钱福炜认为这样做就加重了

---

① 钱基博:《先大父述略》,《堠山钱氏丹桂堂家谱·行述》,载《谱牒汇编》,华中师范大学出版社2016年版,第206页。
② 刘桂秋:《无锡时期的钱基博与钱锺书》,上海社会科学院出版社2004年版。

人民的负担，于是出面联络三县士绅具陈于两江总督曾国藩，请求奏撤其事，以恤民艰。此事竟然得到应允，百姓拍手叫好。钱福炜还特别热衷于地方上的公益慈善事业，1898—1899年间，徐淮一带闹灾荒，东安教谕唐桐卿主持赈事，唐桐卿素与钱福炜相知，便以赈册寄之，钱福炜积极募款，得千金以响应。1904年日俄战争爆发，东三省遭灾，红十字会募捐急赈，钱福炜亦立募如数。此外，当地修宗祠、扩建学校、造桥修路，钱福炜都大力支持，受到社会好评①。由于钱福炜做过数不尽的善事好事，所以有些人感恩他，甚至想馈赠他，而他常以《左传》之语回绝："国家之败，由官邪也，官之失德，宠赂章也。况吾教官之靦颜为人师者乎？"当他70岁时，学生们为他祝寿，他以先父70岁的自书楹联说："'七秩敢云稀，胡必开筵，有伤物命；五子当承志，只宜惜福，永佩家言。'吾敢求多于先君以自为泰乎？谢勿应也。"②

钱福炜是个有福之人，儿孙满堂，多达37人。他人品好，口碑好，身为长子，在钱家福字辈中带了好头。二房即次子福煐，字颂眉，以熙元之名列入家谱。1888年江南乡试副举人，就职直隶州州判，例授文林郎。钱熙元与父兄一样，也是以制举文而有名，"课徒者四十年，及门尤众"③。享年75岁。三房即三子福熉，字星乙，为府学生员，有四个子女、二孙和曾孙五人。五房即五子福炽，字承起，在江阴发展繁衍。钱维桢还有一女，此女嫁与江阴章堃的次子章耀西为妻。章氏系地方官吏。

这里重点说说四房钱福烔。

钱福烔，字祖耆，号传叟，1849年出生，1926年去世。他是钱维

---

① 刘桂秋：《无锡时期的钱基博与钱锺书》，上海社会科学院出版社2004年版。
② 钱基博：《先府君行述》，《堠山钱氏丹桂堂家谱·行述》，载《谱牒汇编》，华中师范大学出版社2016年版，第210页。
③ 钱基博：《先仲世父述略》，《堠山钱氏丹桂堂家谱·行述》，载《谱牒汇编》，华中师范大学出版社2016年版，第210页。

桢的第四个儿子，钱基博的父亲，钱锺书的祖父。① 钱福烔从小喜好读书，年轻时考得秀才，为副贡生，捐五品衔。太仓名人唐文治（号蔚之）于1929年作《钱祖耆先生墓志铭》说："谨按先生，姓钱氏，讳福烔，祖耆其字，江苏无锡人。"② 钱基博在《无锡光复志·自叙编》有记述，称祖耆公"以朴学敦行为家范，不许接宾客，通声气……而诫基博杜门读书，毋许入学校，毋得以文字标高揭己，沽声名也"③。钱福烔的弟弟福炽为国学生。

由于字形相似，人们时常把"烔"误写为"炯"。其实，这两个字是不能混淆的。烔与同，意思相近。"烔"是"同"的同音假借，因钱福烔五兄弟的名都用火偏旁字，故写"同"为"烔"。钱基博曾经考证说："以与祖观涛公同生日，遂援春秋子同生之例以名字焉。"钱福烔之所以"字祖耆"，"祖"意为与钱基博的曾祖观涛公（若浩）同生日，"耆"的本义是六十岁以上的老人，此处含有与祖同福同寿之意。如果把"烔"误写为"炯"，"炯"意是明亮，虽然也很吉祥，但不是本来的意思。

钱基博的学识与为人，可能较多受到祖耆的影响。据吴江人沈昌直所撰《钱祖耆先生七十寿序》④，丁巳（1917）之秋，沈昌直见到钱基博，"一见如旧相识"。沈昌直声称"钱子文章道德，均岿然出吾人上。余意锡邑山水之精灵，庶其在此"。然而，钱基博听了之后，"谦逊未遑，正襟起"，大声说："博之所得，盖皆有所本也。"本何在？"因肃然道太翁祖耆先生之为人也。"

---

① 钱家的这一支人丁兴旺，钱福烔有子女：钱基成、钱基恒、钱素琴、钱基博、钱基厚、钱月琴。钱基博有子女：钱锺书、钱锺纬、钱锺英、钱锺霞。钱基厚有子女：钱锺韩、钱锺汉、钱锺元、钱锺毅、钱锺仪、钱锺鲁、钱锺彭、钱锺达、钱锺簸、钱锺华、钱锺泰。

② 见唐文治《茹经堂文集》，此文亦被收入《家谱·文征》中。

③ 钱基博：《自传》，曹毓英选编：《钱基博学术论著选》，华中师范大学出版社1997年版，第2页。

④ 此文载于《南社》丛刻第21集，1919年12月出版。

钱福炯有祖遗租田三四十亩，家庭不算富裕。他的岳家石塘湾孙家，却是无锡当时最有势力的大地主家族之一。现在保存于无锡的钱基博故居是钱福炯于1923年置的家产，题名为"绳武堂"，匾为当时江苏省省长韩国钧所书。

钱福炯有很强的宗族意识，续修了家谱。他一人历经三年零七个月，于1907年10月完成了《续修堠山钱氏宗谱》，他在《序记》中自称"此虽炯一人之独断"，时年59岁。钱福炯勤于写作，在1912年写有《亡室孙孺人墓碑志》。1915年写有《蔡母杨太君七十寿言》。1920年春写有《恭祝厚甫七兄七秩寿言》。1925年写有《锡金续识小录序》。1942年钱基厚撰《孙庵老人自订五十年以前年谱》，他自述家世时说道："祖榕初公，讳维桢，廪贡生，已前卒，生五子，余父次居四，实为祖耆公，讳福炯，附贡生，时以课徒自给……在江阴横塘，人咸称之曰钱四先生，七十后自号曰传叟。"

钱福炯热心公益事业，每遇荒乱，就不遗余力地赈灾。"某年，江南饥，谷价腾涌，福炯只身赴皖购赈米。"① 1924年，直系军阀、江苏省督军齐燮元与盘踞浙江的皖系军阀卢永祥进行第二次江浙战争（或称直奉战争）。齐燮元在无锡大肆抢劫勒索，盗兵掠邑，钱福炯家族生意遭受毁灭性打击，其尝殚毕生精力，积万余金拓建的惠山吴越钱武肃王宗祠也毁于一旦。

钱福炯于1926年病殁，享年78岁。钱基博回忆说："吾父体气魁硕，声逾宏钟"，"晓方药，于古医经，读之能究其微"，"明决多智数，然慷爽尚志节"，"忠恕以持本"，是一位很值得敬佩的人。②

接下来是基字辈。

钱家基字辈的堂兄弟至少十五人。

---

① 刘桂秋：《无锡时期的钱基博与钱锺书》，上海社会科学院出版社2004年版，第17页。

② 钱基博：《先府君行状》，《堠山钱氏丹桂堂家谱·行述第三》，载《谱牒汇编》，华中师范大学出版社2016年版，第215～216页。

钱福炯娶无锡石塘湾孙姓大地主的女儿为妻，有六子四女：长子基成（子兰）、次基治、三基恒、四基默、五基博（子泉）、六基厚（孙卿）；长女素琴、次素英、三名佚、四月琴。而基治、基恒、素英等早夭。

基成能文善诗，娶江阴做颜料生意的毛家女儿为妻。基成比基博兄弟年长 14 岁，故基博兄弟和后来的锺书兄弟都从小受业于基成。基成开馆授徒，从事民间教育，1920 年 47 岁去世。

钱基厚（孙卿），担任过小学教师、县议员，出任工商中学的校长，接替掌管无锡十六载的薛南溟出任无锡第二任"市长"（市总董）。管辖范围包括无锡县城及周边地带，面积为 23.075 平方千米，辖区人口有 10 多万，涉及治安、财政、教育、卫生、实业、赈济、市政建设等诸多方面，上班地点在中观前街恒善堂内，手下仅有副董 2 人，办事员 10 余人。1925 年，第二次直奉战争波及无锡。苏督齐燮元的溃军乘火车来到无锡，四处打劫。上任仅两个月的钱基厚（时称市公所总董）果断下令全市五个城门紧闭，全市进入紧急状态。钱基厚带领地方民众化险为夷，赢得广泛好评。江苏省省长韩国钧特书"梓里蒙庥"四字匾额，由无锡县长亲自送至七尺巷钱家悬挂。抗战前，钱孙卿担任无锡县商会头面人物。1946 年，为庆祝钱基博、钱基厚两兄弟的花甲之寿，由无锡众多名流发起，在鼋头渚风景区筑二泉桥表达敬意。时人认为两兄弟"产同胞貌同型幼同好，学长同以学行树誉于时"，"子泉先生贯彻经子，博览坟典，著述等身，弟子满天下，蔚然为东南国学大师；孙卿先生洞达时务，从政地方，为民众解痛苦，为邦国争献替。当世贤豪长者皆愿虚衷就教，晋挹风采则其树立，虽各有所诣而其为施利于公众，植名于方来则又似异而实同"。

1948 年底，钱基厚发起成立无锡县人民公私社团联合会作为应变机构，自任第一召集人，使无锡在新旧政权交替之际完好保存。中华人民共和国成立后，他担任了江苏省政协副主席等职。

在无锡城西乡，有钱氏祖坟，在惠山有钱氏宗祠，抗战时被毁。

再就是锺字辈。

钱家锺字辈的堂兄妹有二十五人。

钱基成有女钱梅安。

钱基博有三子一女。

钱基厚有子九人：锺韩、锺汉、锺毅、锺仪、锺鲁、锺彭、锺达、锺篯、锺泰，女二：锺元、锺华。钱基厚有深厚的国学根底，曾从事过较长时期国学教学工作并协助荣德生先生办学。他热心于政务和商务活动，致力于促进工商业经济发展。他的子女从业偏重于理工与经济。

钱锺韩（1911—2002），自幼与堂兄钱锺书温习文史，学习成绩优异。因为文理成绩均优异，被清华文科和交大电机工程系录取。他放弃了清华而入交大。1933 年，毕业于上海交通大学电机系，遂赴英国伦敦帝国理工学院为研究生。1937 年回国后任浙江大学工学院机械系教授，从 1939 年起代理系主任一职。1945 年以后，离开浙大，赴西南联大、中央大学、南京工学院任教，1980 年当选为中国科学院学部委员。

锺汉毕业于光华大学国文系，经江苏高等文官考试合格当选为县参议员，中华人民共和国成立后任无锡市副市长。

锺毅毕业于上海交大土木工程系。

锺鲁、锺彭、锺泰毕业于上海交大机械工程系。钱锺鲁写过一篇怀念《我的伯父钱基博》，其中把基博与基厚这一对孪生兄弟作了一番比较，说："他们的面貌极其相似，一般难以区别，但性格却是有很大差别。我伯父平日非常严肃，从来不苟言笑，也不涉足游乐场所。我们子弟都对他十分敬畏。他经常单身在外地工作，忙于教育和写书，生活上清苦，无家人照料，以至长期患便血病和头痛症，但仍埋头读书和写作，有时一边写作，一边敲头止痛，他的著作大多数在忍着极度痛苦下完成的，他的艰苦读书敬业精神为我们后辈树立榜样。我父亲性格开朗，待人和蔼。原来也是从事教育工作，后来转到工商界从事社会活动。他一生洁身自好，严于治家，用西方教育方法要求子女要勤奋学习，在社会竞争中出人头地，不要迷信金钱，更不要为金钱出卖人格。"

锺元毕业于无锡国学专门学校，丈夫许景渊被钱基博称为"勤于所事，而以文史自怡，吾见亦罕"①。

锺华毕业于无锡师范学校。

钱基厚与钱基博的教育思想和职业选择以及价值观完全不同。

在今无锡市梁溪区新街巷有钱基博的故居，故居始建于1923年，有平房28间，大小11个庭院、3口水井，主体建筑绳武堂面阔七间，是典型的江南庭院式民居，适合生活与读书。钱基博从小就生活在这个庭院中。钱基博的长子钱锺书在其故居老屋有一副对联"文采传希白，雄风动射潮"，说的是钱氏家族有深厚的历史渊源。故居展板上写着，钱家产生了科学家钱锺韩，纺织家钱锺纬，银行家钱锺英，实业家钱锺汉，建筑家钱锺毅，革命烈士钱锺仪，机械工程师钱锺鲁、钱锺彭，教授钱锺华，计量家钱锺泰。

由上可知，在中国，如果要研究近代以来的家族繁衍史，钱基博家族可以作为一个个案，颇有典型性。钱家如同一棵大树，每代人不断"分叉"，一层一层分衍出子子孙孙。因为家族历来有读书的好传统，因此，产生了一批批有作为的人。

附：丹桂堂

钱基博家族的堂名称为丹桂堂。丹桂，就是桂花。桂花是中国十大传统花卉之一，有绿化、美化、香化之功能。桂花在仲秋时节怒放，清香扑鼻，令人神清气爽。我国桂花树栽培历史达2500年以上。

桂花有清雅之气，深得文人喜爱。春秋战国时期的《山海经·南山经》提到招摇之山多桂。《山海经·西山经》提到皋涂之山多桂木。屈原的《九歌》有"援北斗兮酌桂浆，辛夷车兮结桂旗"。唐代文人引种桂花十分普遍，宋之问的《灵隐寺》诗中有"桂子月中落，天香云外飘"的著名诗句，故后人亦称桂花为"天香"。

---

① 刘桂秋：《关于钱基博、钱锺书父子生平的一组史料之考论》，《江南大学学报》2002年第4期。

桂花多籽，开放时繁密，有多子多福、兴旺发达之意。它总是在农历八月十五中秋节前后绽开，而此时正是各家各户团聚之时，因此，深得名门大族之喜爱。古代有些家族喜欢用"丹桂"作为堂名，如吉姓有汾晋福门丹桂堂，钱姓亦用"丹桂"二字为堂名。

桂花在历史上曾被赋予文化内涵，有故事可讲，与科举典故有关。五代时，窦禹钧有五个儿子，俱登科，人们以登科为折桂。当时的太师冯道作有《赠窦十诗》，表示点赞。其中有句子云："灵椿一株老，丹桂五枝芳。"窦十即窦禹钧。不谋而合的是，钱维桢为第三十世，生有五子，五子又有众多的子孙，像五枝丹桂一样，各自盛放。钱基博的父亲福炯先生作《丹桂堂总集序》，述其名称的由来："昔先君有子五人……而炯则次四，幸承父兄之余绪以早游泮水。先君时用自慰，遂授冯道赠窦禹钧诗丹桂五枝芳之句，额其堂曰丹桂。"

二、钱氏家学

钱基博出生在一个世代读书的家庭。

钱家是个教师之家。钱家人人读书，几代人从事教师的职业。杨绛曾说，钱锺书只承认自己是一个清贫教师家的孩子，不愿意人们用门阀观念去追溯其家族渊源。

钱家是个治学之家。钱家不少人有著述传世。钱基博的大伯父作有《魏徵论》《独立图记》。二伯父作有《读论语》《宋太祖收藩镇兵权论一》《宋太祖收藩镇兵权论二》。老父作有《贾谊论戊戌示余儿作》等文。基字辈的钱基鸿为县学生，基康为附贡生、候选训导，基成为附贡生、教师。

钱基博从小受到的家学实际上是蒙学。我国古代以"耕读"传家，孩子们从小要读识字书，如《三字经》《百家姓》《千字文》《弟子规》《增广贤文》等。儿童们的早期教育，称为蒙学。蒙学是国学的前期基础，是早期启蒙教育，是人生的第一个教育阶段。从时间上看，蒙学贯穿中国古代教育的始终。从周代开始就流行蒙学，唐代以降，蒙学与科举衔接，为科举准备人才。1905年科举废除之后，蒙学仍在继续。蒙学的教育目标、内容、形式、传承，直接关系学生将来是否可以成为社会需要的人才。钱家的蒙学笃实，父母及伯叔都能传授与指点。钱基博五岁起始由其母（其母孙氏宜人出身书香门第，为无锡石塘湾世家大族孙竹筠之次女，从小耳濡目染，秉性勤敏能干，自能"通字义，辨句读"）授识方字，授读《孝经》，皆能成诵。

与其他的家学相比，钱基博受到的家学有几个明显的特点：

第一，钱基博的父亲非常严格。正如钱基博自己所说："父祖耆公以家世儒者，约敕子弟，只以朴学敦行为家范，不许接宾客，通声气。又以科举废而学校兴，百度草创，未有纲纪，徒长嚣薄，无裨学问。而诫基博杜门读书，毋许入学校，毋得以文字标高揭己，沾声名也。"①有严父，就可能出现有出息的儿子。钱基博就是在严格的家学环境中成长起来的国学大家。钱基博后来对其子钱锺书的教育也是异常严格，总是以冷峻的面孔对待钱锺书，经常苛刻地教训他。钱家世代以严格的家学相传，连续造就人才，这种经验或许有推广的价值。

第二，钱基博从小受到的不仅是家庭教育，还是钱氏家族的教育。家族与家庭是有区别的，家族由历史传承的多个家庭组成，气场更大，感染力更深厚，家族子弟之间的竞拼更有活力。钱基博在《自我检讨书（1952）》中说自己的家族是个求知的家族，读书是家族的传统。"我祖父教书，我伯父和父亲教书，我同堂哥哥和自己的亲哥哥都教书，我从小跟着我伯父和父亲、哥哥读书，因为祖上累代教书，所以家庭环境适合于求知。"

钱氏大家族教育是相通的，不封闭于狭小的家庭之中。钱基博从小受到了父母的教育，还受到了伯父钱福炜、堂兄钱基恩的教育。他与同族的兄弟一起学习，相互帮助，无形中比拼。钱基博从小与孪兄钱基厚、同乡孩提好友徐彦宽三人相互砥砺，比肩成长。在这样的大环境

---

① 钱基博：《自传》，曹毓英选编：《钱基博学术论著选》，华中师范大学出版社1997年版，第2页。

下，更容易造就人才。

钱基博的二伯父福煐从事教育达四十余年，钱家弟子多受其益，其弟福焜、福炯、福炽，子侄基康、基昌、基博、基厚等都曾先后得其授读。钱基博在《先仲世父述略》中说，"时制举文未废，仲父则进而诏之曰：'制举文代圣贤立言，岂仅以资干禄希荣之用，匪穷经不足以阐其理，匪读史不足以尽其变，汝兄弟年稚，勿急于应举，经解史论，间日课作。'因教以诂经论史之法曰：'曹子桓云，文章者，经国之大业。虽经解史论，亦当援古证今，使人有所取法；谭经说史，不过借以托讽，譬之诗人之比兴，说书之楔子耳。贾谊作《过秦论》，为后世史论之祖，其下笔必上推先王，下述秦衰，又引野谚前事不忘，后事之师。而极之于君子为国，观之上古，验之当世，参以人事，察盛衰之理，审权势之宜，其意断可识矣。'基博、基厚稽首受命，服膺勿失。呜呼！天下甚大，学问至广，文字一端，原不足以概之，而况乎此经解史论，尤不过钻研故纸，卑之无甚高论。然当日为学，几舍此无从入之途，即基博、基厚今日粗识事理，幸勿陨越贻当世羞，亦何莫非穷经治史，得力于当日仲父教者为多也。"①

钱基成对钱家的家学是有贡献的。他不仅给钱基博上过蒙学课，还给钱基博的儿子钱锺书上课。钱基成没有儿子，钱基博就把钱锺书过继给了钱基成。钱基成亦成了钱锺书的父亲与老师。钱基成很有一套自己的教育方法。据说，秀才出身的钱基成信奉"教之有方，顺天致性"的自然主义教育方法，每天下午授课，上午则让学生自由地看书、听书，使家族子弟有很大的释放空间。

第三，钱基博接受的教育起点高。据钱基博在1935年写的《自传》说："五岁从长兄子兰先生受书；九岁毕《四书》《易经》《尚书》《毛诗》《周礼》《礼记》《春秋左氏传》《古文翼》，皆能背诵；十岁，伯父仲眉公（钱熙元）教为策论，课以熟读《史记》、诸氏唐宋八家文选。

---

① 钱基博：《先仲世父述略》，《堠山钱氏丹桂堂家谱·行述》，载《谱牒汇编》，华中师范大学出版社2016年版，第210页。

而性喜读史,自十三岁读司马光《资治通鉴》、毕沅《续通鉴》,圈点七过。"从这篇《自传》看出,钱基博没有提及儿童们最初要读的识字书,也没有提及清代流行的《文字蒙求》《古文观止》,而是一些儒家经典与重要史书。这说明钱家的蒙学起点很高,读的多是有难度的古籍,钱基博少年早慧,童子功打得很厚实。

第四,钱基博从小不仅读书,还学习写作。钱家有买书、读书的传统。钱基博从小读书,坐拥书城。一生喜欢写作,文章古朴而有内涵。这个功夫是从小练出来的。写作实践,不仅可以练习文笔,而且可以训练思想,培养研究兴趣,造就有用的人才。

第五,家学之中有新学。民国年间的钱氏家学与以前的家学有所不同,学习的范围发生了新的变化。在读古书的同时,父亲钱福炯为钱基博订了一份《申报》,每天晚上,钱福炯督责基博用朱笔点报上论说一篇,作为课余。钱福炯写过一篇《贾谊论戊戌示余儿作》,说:"吾闻良贾深藏若虚,大智外容若愚。富者未尝以富示人,智者不以智骄人,盖蕴蓄然也。人之于才亦然,有才必有量。夫所谓量者何也?斗之量足以受升,以斗受升,其迹泯然;斛之量足以受斗,以斛受斗,其迹泯然;推此而上,量愈大,其所受愈无迹,天下大物也,惟其量足以相容,而后可以治,可以安。"① 量就是气象,就是境界,就是胸怀,是成就大人物的前提。

钱基博还从《格致新报》上读了严复所译《天演论》,开始对生物学乃至整个自然科学发生了兴趣。② 其后,钱基博又自学了《笔算数学》《代数备旨》《几何备旨》《八线备旨》等课本。钱基博甚至自学了日语,达到了翻译日语、用日语说话的水平。钱家的家学能与时俱进,不排斥新学。故钱氏子弟能主动学习新文化,与社会接轨,也就是这样

---

① 钱福炯:《贾谊论戊戌示余儿作》,《堠山钱氏丹桂堂家谱·文征》,载《谱牒汇编》,华中师范大学出版社2016年版,第259页。
② 刘桂秋:《无锡时期的钱基博与钱锺书》,上海社会科学院出版社2004年版,第40页。

的人才才能走向社会。

钱基博的青少年时代，是"后科举时代"，是旧学崩溃而新学尚未完全建立起来的过渡时代，钱氏家族仍然恪守传统的家学，这是很务实的选择。钱基博没有接受过政府的官办教育，接受的是旧学，采用的是自学。以这种学习方式，钱基博成为饱学之士，成为国学大师。因此，我们似乎可以得出一个结论，在民国初年，在现代教育还没有完全普及的时期，蒙学仍然是当时社会诸多教育形式中的有益教育形式。家学有家族性、地方性，也有实效性。由家庭聘请教师设立的"家馆"，专教自家子弟及亲友子弟。子弟为了家族的荣誉，为了自身的生存，刻苦学习，把读书作为生活习惯。正是基于老师对于学生，父亲对于儿子，兄长对于弟弟，全心全意地传授知识，双向良性互动，才培养出一代代有文化的人才。

家学之所以能成为当时有益的教育形式，是因为历史不能瞬间割断，文化有传承性。通观古代的家学，其在社会教育生态中是有合理性的，家学不仅传授知识，而且启发心智。说到心智，这是家学最强调的方面。先秦经典中就可以见到对蒙学心智的解读。《周易》有蒙卦，卦辞云："《蒙》：亨。匪我求童蒙，童蒙求我。初筮告，再三渎，渎则不告。利贞。"意思是说，让蒙昧的幼童能主动求知，心存学习的愿望，培养纯正无邪的品质，造就有用的人才。因此，借这本书，笔者呼吁重建家学，让古代的蒙学在新时代焕发生机，以求教育形态之多样，使其各扬其长，和谐发展。

钱氏家族的教育是正能量的教育，是爱国爱乡爱文化的教育。热爱中国的学术与文化，这是激发钱基博一生治学的精神动力。文化大师辜鸿铭在《中国人的精神》说过："中国人之所以有这种力量、这种强大的同情的力量，是因为他们完全地或几乎完全地过着一种心灵的生活。中国人的全部生活是一种情感的生活——这种情感既不来源于感官直觉意义上的那种情感，也不是来源于你们所说的神经系统奔腾的情欲那种意义上的情感，而是一种产生于我们人性的深处——心灵的激情或人类之爱的那种意义上的情感。""真正的中国人就是有着赤子之心和成年人的智慧、过着心灵生活的这样一种人。"这段话用于解释钱氏家族的教育是最恰当的。

三、钱基博的家庭

1909年，钱基博与王绰的孙女、通俗小说家王蕴章之妹结婚。王绰（1833—1880），字德仔，号莘钼，江苏无锡人。光绪二年（1876）曾钦任福建乡试副考官。历官吏部考功司员外郎、文选司郎中、迁都察院左都御史、吏部右侍郎；加二品衔。王绰有孙王蕴章（1884—1942），字莼农，号西神，南社成员，中国近代著名诗人、文学家、书法家、教育家。他曾任孙中山临时大总统办公室秘书长，后担任《小说月报》《妇女》等杂志主编十余年，被聘为沪江大学、南方大学及暨南大学教授。

在中国传统社会，成功的男性背后大多有一位贤惠的妻子。虽然钱基博夫人王氏的资料传世很少，但据传他俩的关系非常好。钱基博一生，婚姻简单，也没有什么花絮。钱基厚的儿子钱锺鲁在《怀念我的伯父钱基博》一文谈到钱基博的夫人，称三伯母："极其慈祥，我们兄弟非常尊敬和喜欢她老人家。伯父长期离家在外地，她是我们大家庭的操劳人，一家大小事务都由她掌管，又要侍奉年老的祖父，非常辛苦，与我母亲妯娌非常和睦。我堂兄能个个极出成长，应归功于劳苦功高的三伯母。"

钱基博有三子一女：锺书、锺纬、锺英、锺霞。

钱基博家里的孩子经常受到历史文化熏陶，个个熟悉《三国演义》《西游记》中的人物与故事，时常以之取乐。钱基博描述说："博有女，年七岁，一日方坐小椅剥瓜子仁，向一九岁之儿，手竹竿，飞舞前，扑其妹之颈，喝曰斩！而幼女之颈破血流，哭声嘶矣。母叱问故？辄作势唱曰：我关公也，于百万军中斩大将首，如探囊耳。母怒且笑。此子读《三国演义》不惟能欣赏，而且能表演，兴味可谓不薄……又一日，博归家，见诸儿聚闹。或曰我孙行者，或曰我二郎神，或则衡较孙行者、红孩儿能力之高下，纷咻如经生聚颂。"其中的七岁女儿当为钱锺霞，九岁的儿子或许就是三子钱锺英或二子钱锺纬。钱基博对家庭子女之间的这种嬉闹并不觉得很好，他反思说："人人知儿童文学之足以引起儿童欣赏，而不知儿童文学之不可为训者。儿童愈欣赏，则其为害儿童之身心者愈大，不可不察也。"①

长子钱锺书，是知名度大大高于钱基博的文化巨匠。锺书，字默存，号槐聚，1910年生于江苏无锡，因"抓周"抓到了一本书，故名"书"，"锺"是辈字。10岁前，锺书跟着伯父基成生活，伯父教了他很多知识。据钱锺书在《槐聚诗存》序文里回忆说："余童时从先伯父与先君读书，经、史、'古文'而外，有《唐诗三百首》，心焉好之。"

1920年9月，锺书10岁，伯父过世，锺书非常伤心，为伯父绘了一幅画像并作《题伯父画像》，其文云："呜乎！我亲爱之伯父死矣，不得而见之矣。可得而见者惟此画像耳。然吾瞻拜伯父之画像，不禁哀之甚，而又慰之深也。哀莫大于死别，夫何慰之有？慰者，幸音容之宛在。然而不能无哀，哀者，哀死者之不可复生也。嗟夫，我伯父乃终不可得而见矣！于不得见之中而可以稍慰夫欲见之心者，幸有斯像耳。岁时令节，魂兮归来。锺书衔恩瞻拜，供奉香花，我伯父在天之灵，其实式凭之。"

钱锺书10岁入东林小学，后来在苏州桃坞中学、无锡辅仁中学接受中学教育。这期间的钱锺书由父亲钱基博直接管教。钱基博的弟子王绍曾教授说，钱锺书在中学读书时，其父在无锡国学专门学校教书，每星期五晚上两节课，即跟他父亲到国专随堂听课。钱锺书后来在《谈艺录》补订本里说："余十六岁与从弟锺韩自苏州一美国教会中学返家度暑假，先君适自北京归，命同为文课，乃得知《古文辞类纂》《骈体文钞》《十八家诗钞》等书。绝鲜解会，而乔作娱赏；追思自笑，殆如牛

---

① 钱基博：《国文教学丛编》，华中师范大学出版社2013年版，第95～96页。

浦郎之念唐诗。"①

钱基博曾经手书一封信《题画谕先儿》，告诫钱家子弟：

> 少年人不可不有生意。所谓生意者，须知早春吐蕾，含而未透，乃佳。吾常目此时曰酿春，愈酝酿，生意愈郁勃。邱迟《与陈伯之书》曰："暮春三月，江南草长；杂花生树，群莺乱飞。"烂漫已极，便非好景。盖春光切忌太泄，泄则一发无余，生意尽矣。汝在稚年，正如花当早春，切须善自蕴蓄。而好臧否人物，议论古今以自炫聪明。浅者谀其早慧，而有识者则讥其浮薄。语曰："大器晚成"，蓄之久而酝酿熟也。又曰："小时了了，大未必佳。"发之暴而酝酿不熟也。如锦侄续此贻汝，非必喻汝少年身世之生意洋溢，或亦有所讽耳。汝不可不知此意，切切。②

江苏《南通报》见此信有教育意义，就发表在 1920 年 12 月 12 日的报上。

钱基博对锺书的要求非常严格。据杨绛转述，那年（1925）锺书的父亲到清华大学任教，寒假没有回家。锺书寒假回家没有严父管束，更是快活，借了大批的《小说世界》《红玫瑰》《紫罗兰》等刊物恣意阅读。暑假他父亲归途阻塞，到天津改乘轮船，辗转回家，假期已过了一半。父亲回家第一件事是命锺书、锺韩各做一篇文章。锺韩的文章受到了夸赞。锺书写得不文不白，用字庸俗，他父亲气得把他痛打一顿。杨绛回忆，旧时看钱锺书写应酬信，从不起草，提笔就写在八行信笺上，几次抬头，写来刚好八行，一行不多，一行不少，很是感佩。钱锺书就对她说，那都是父亲训练出来的，他额头上挨了不少"爆栗子"呢！换句话说，钱锺书的"八行书"也是被打出来的。

钱锺书 19 岁被清华大学破格录取，此后就开始了脱离父亲约束的

---

① 钱锺书：《谈艺录》（补订本），中华书局 1984 年版，第 346 页。
② 钱基博：《精忠柏石室教育文选》，华中师范大学出版社 2014 年版，第 24 页。

独立人生。不过，钱基博并没放松对钱锺书的管教。当钱锺书在清华大学崭露头角时，钱基博为了让钱锺书做人更加谨慎，将其字"哲良"改为"默存"。钱基博在1931年和1932年相继给儿子写出两封信，教他："汝头角渐露，须认清路头，故不得不为汝谆谆言之。"他指出："知与时贤往还，文字大忙"，"勿大自喜"；"汝才辩纵横，神采飞扬，而沉潜远不如"；"独汝才辩可喜，然才辩而或恶化，则尤可危"，要求他"立身务正大，待人务忠恕"。①

钱基博也曾经给年轻的钱锺书一些显露才气的机会。例如，商务印书馆即将出版钱穆的《国学概论》。钱穆请钱基博作序，钱基博竟然让钱锺书来代书。究其原因，一方面是认为钱锺书的国学功底已经达到了作序的水平，另一方面是让钱锺书有练笔的机会。序文也是用文言文写的，钱锺书开头说："宾四（钱穆的字）此书，属稿三数年前，每一章就，辄以油印本相寄，要余先睹之，予病懒，不自收拾，书缺有间，惟九章清代考证学，十章最近期之学术思想以邮致最后得存，余八章余皆亡之矣。虽然，其自出手眼，于古人貌异心同之故，用思直到圣处。则读九、十两章，而全书固可以三隅反者也，第十章所论，皆并世学人，有钳我市朝之惧，未敢置喙。"在序文末又说："宾四论学与余合者固多，而大端违异，其勇于献疑发难，耳后生风，鼻头出火，直是伯才。"

钱锺书在1933年毕业于清华大学外文系，然后到上海光华大学任教。1935年，他与杨绛完婚，然后同赴英伦留学。② 两年以后，他以《十七、十八世纪英国文学中的中国》一文获副博士学位。之后随杨绛赴法国巴黎大学从事研究。1938年，他被清华大学破例聘为教授。次年转赴国立蓝田师范学院任英文系主任，并开始了《谈艺录》的写作。1941年，珍珠港事件爆发，被困上海，任教于震旦女子文理学校，其间完成

---

① 此两信后以《谕儿锺书札两通》刊于《光华大学半月刊》第1卷第4期，1932年12月5日出版。引自钱基博《精忠柏石室教育文选》，华中师范大学出版社2014年版，第109~110页。

② 钱基博对杨绛这个媳妇"大为赞赏"，郑重地把锺书托付给她。详见刘桂秋《关于钱基博、钱锺书父子生平的一组史料之考论》，《江南大学学报》2002年第4期。

了《谈艺录》《写在人生边上》的写作。抗战结束后，任上海暨南大学外文系教授兼南京中央图书馆英文馆刊《书林季刊》编辑。在其后的三年中，其作品集《人兽鬼》、小说《围城》、诗论《谈艺录》得以相继出版。1949年，钱锺书回到清华任教；1953年调到文学研究所，其间完成《宋诗选注》，并参加了《唐诗选》、《中国文学史》（唐宋部分）的编写工作。1979年，《管锥编》《旧文四篇》出版。1982年起担任中国社科院副院长、院特邀顾问。1998年12月19日，在北京逝世，享年88岁。

钱基博的第二个儿子锺纬学纺织专业，曾由南通纺织学院肄业转赴英国波尔敦工学院留学并实习后，回国历任申新第八厂、浙江建设厅、纺织厂技师和筹备主任等，后任宝鸡毛棉厂厂长、申新第四纺织公司工程师和汉口纺织厂副厂长等职。

三子锺英光华大学外文系毕业，曾任中央银行课员，后任交通银行仰光分行秘书兼文牍主任。

女儿锺霞工笔书法秀丽，有较好的文学修养。她是贤妻良母型的女性，默默承担着家务，有口皆碑。①

女婿石声淮（1913—1997），字均如，湖南长沙人。1938年考入湖南省国立蓝田师范学院国文系，师从钱基博、马宗霍等先生。1943年毕业留校任教，并获当年全国大学国文系毕业论文第一奖。钱基博惜其才，将女儿嫁与他（尽管女儿并不愿意，儿子锺书也不同意），并将一笔稿费赠与女儿做嫁妆，称其为金玉良缘（钱为金、石为玉）。钱基博写过一篇《金玉缘谱》，现收录在《精忠柏石室教育文选》，该文记载了石声淮与钱锺霞举行婚礼的过程以及钱基博的嘱托。石声淮于1946年就聘于华中大学，随后并入华中师范学院，1950年受聘为副教授，1980年受聘为教授。发表有《说损益》《说杂卦传》《说象传》《说招魂》《巨笔屠龙手——论苏轼的政治主张》等论文，著述有《元结诗选注》《中国古代文学作品选》《历代散文选》，与人合著《东坡乐府编年笺注》《苏轼文选》，主编《新四书》《大学语文新讲》等。协助夫人钱

---

① 网上查到戴建业的微博，回忆石声淮先生的文章，兼及钱锺霞事迹。

锺霞为钱基博整理遗稿《中国文学史》。此书由中华书局出版。他曾任中国屈原学会副会长及顾问、中国孔子学会理事、湖北省文学学会副会长、湖北省屈原研究会副会长。石声淮的学生、华中师范大学文学院退休教授戴建业曾经撰文回忆石声淮老师,网上有文,值得一读。

钱锺书的女儿钱瑗,1937年5月生于英国牛津。钱瑗有个小名,叫圆圆,寓意是希望她人生圆圆满满;还有一个没有怎么用过的名字,叫健汝,是1948年祖父钱基博给她取的,希望她能像《周易》乾卦倡导的"天行健"一样自强不息。锺字辈之后,似乎没有采用字辈,钱瑗即其例证。①

钱瑗从小喜欢读书,读了就能记得住,被钱基博夸为"吾家读书种子也"。她1959年毕业于北京师范大学俄语系,并留校任教,1966年从事英语教学,1978年公派至英国兰开斯托大学进修英语及语言学,1980年回国,1986年晋升教授,1993年被聘为外语系英语语言文学博士生导师。一次,钱锺书评价已为人师的女儿钱瑗,称钱瑗"刚正,像外公;爱教书,像爷爷"。

钱瑗的丈夫王德一是北京师范大学历史系的教师,1970年去世。1974年,钱瑗与杨伟成再婚。1997年3月4日,钱瑗因患脊椎癌去世,终年59岁。钱瑗深得学生敬爱,在她离世八年时,她的两位香港学生回北京师范大学,一位捐款100万港币,设立了"钱瑗教育基金",另一位在《香港文学》上刊出了《纪念钱瑗专辑》。

钱瑗死于父亲钱锺书之前,钱锺书一定是很悲伤的。钱锺书去世后,夫人杨绛一直保持着健康的生活习惯,成为百岁老人。

钱基博的孙子钱佼汝,1940年10月生于上海,侨居缅甸,1954年归国求学,先后在武汉和无锡完成中学学业,1959年考入南京大学外文系英语语言文学专业,1964年毕业,留校任教。他1979年至1981年赴澳大利亚悉尼大学留学,获文学硕士学位,1981年任南京大学外文系英语专业副教授,1986年晋升为教授,同年获博士生导师资格,

---

① 杨绛:《我们仨》,生活·读书·新知三联书店2003年版,第88页。

1988年至1992年任南京大学外文系主任，1993年赴联合国教科文组织总部工作，任翻译处中文科高级译审，2003年退休。他一生以外语为业，颇有成就。

第三节　钱基博的交谊

作为一名学者，钱基博交谊甚广，并且非常重视交谊。他在撰写《现代中国文学史》时，为一个个文学家立传，从传主的生平、思想、创作到师承，分别标明了每个人在历史上的地位，又交代了他们的交游、行止。可见，钱基博把交谊作为学者生平最重要的事情。

钱基博在1951年填写的干部履历表上，写了一批交谊者，有章太炎、梁启超、唐文治、张东荪、梁漱溟、吕思勉、张难先等。实际上，钱基博的交谊远远不止这几位，他还有许多学术朋友。

这里介绍的黎庶昌、陈衍、唐文治、廉泉、章太炎、侯鸿鉴、梁启超、丁福保、宗子威、许国凤、卢弼、薛凤昌、曹典球、章士钊、王蕴章、胡汀鹭、吕思勉、徐彦宽、裘匡庐、费师洪、谭戒甫、钟泰、胡适、诸健秋、廖世承、骆鸿凯、梁漱溟、吴宓、钱穆、马宗霍、张汝舟、周澂、张舜徽等，多是与钱基博有直接学术往来的学人，有的是同事，有的是书信朋友，其中既有钱基博敬佩的人，也有受惠于钱基博的人。

以下大致按人物出生时间为顺序，作简要介绍。

1. 黎庶昌

黎庶昌（1837—1896），字莼斋，贵州遵义人，是晚清著名的外交家和散文家。他搜罗典籍，刻《古逸丛书》26种共200卷。清同治元年（1862）清廷内外交困，慈禧太后下诏求言。黎庶昌上《上穆宗毅皇帝书》，指出朝廷选拔人才不得其道，科举考试存在弊端，尽言改良主张。朝廷降旨以知县补用，交曾国藩江南大营差遣。黎庶昌随营6年，与张裕钊、吴汝纶、薛福成以文字相交，并称"曾门四弟子"。曾国藩调任，黎庶昌留江苏候补，曾代理吴江、青浦知县，扬州荷花池榷务等职。可能就在黎庶昌在江苏这段时间，钱基博有机会受到他的教诲。

有人说，钱基博曾受业于黎庶昌门下，学习古文字，夯实了古文功底。但是，这种说法还有待考实。

2. 陈衍

陈衍（1856—1937），近代文学家。字叔伊，号石遗老人。福建侯官（今福州市）人。清光绪八年（1882）举人。清亡后，在南北各大学讲授，编修《福建通志》，最后寓居苏州，与章炳麟、金天翮共倡办国学会。著有《石遗室丛书》。

陈衍在无锡国学专修学校任教期间，与钱基博结缘。钱基博注意到钱锺书喜欢作诗，就带他拜谒陈衍。陈衍在诗学上很有造诣，推崇宋诗，对钱锺书颇有影响。钱锺书到欧洲留学，与陈衍仍有唱和。这都与钱基博与陈衍的深厚友谊相关。

3. 唐文治

唐文治（1865—1954），字颖侯，号蔚芝，晚号茹经，清同治四年（1865）十月十六日生于江苏太仓，民国元年（1912）定居无锡。交通大学第十一任校长、著名教育家、工学先驱、国学大师。父亲唐若钦为清贡生，以课徒教书为业。唐文治自幼从父攻读经书，14岁读完五经。16岁入州学，从师太仓理学家王紫翔，潜心研读性理之学及古文辞。18岁中举。21岁进江阴南菁书院，受业于东南经学大师黄元同和王先谦的门下，从事训诂之学。1954年4月在上海病逝，年90岁。著作有《茹经堂文集》《十三经提纲》《国文经纬贯通大义》《茹经先生自订年谱》等。

1907年，唐文治就任邮传部上海高等实业学堂（上海交通大学前身）监督（校长）。他重视国文教学，增设国文科，并成立了国文研究会。他认为道德准则寓于经学中，经学是区分一切是非的永恒的标准，他亲自向学生讲授经学，十多年从不间断。他编的课本有《曾子大义》

《国文阴阳刚柔大义》《大学大义》《中庸大义》《论语大义》《孟子大义》等，并编了《人格》一书，作为道德教育的范本。

1920年，唐文治因目疾加深，回无锡前西溪寓所休养。是年夏，应学生高阳之请，担任私立无锡中学校长。年底，又应聘任无锡国学专修馆（后改为无锡国学专修学校）馆长。这时他已双目失明，但仍亲自授课。朗诵古文，抑扬顿挫，时称"唐调"，并录制唱片。在教学上，他提出"厚植基础，博览专精"的原则，主张教古籍原书，使学生能掌握古典文献的基本知识，从高下徐疾中领会文章的奥妙。在学习方法上，他强调学生自学，学校一天只上4节课，其余时间让学生各就自己的爱好进行自学。1935年，为庆贺唐文治70岁寿辰，交大校友和国专同学集资在无锡五里湖畔宝界山边建筑了"茹经先生纪念堂"。唐文治的学生有钱穆，再传弟子有余英时、严耕望等。

唐文治完成《茹经堂外集》之后，请钱基博为之作《叙》。于是，钱基博撰有《茹经堂外集叙》，1927年发表在《光华期刊》第2期。此文叙述了三种类型的国学大师。一类是"稽于数"的人，一类是"昭其义"的人，一类是"为其人以处之"的人。钱基博说这三类人的提法是受到《荀子·劝学》的启发。《劝学》谓："学恶乎始？恶乎终？曰：其数则始乎诵经，终乎读礼。其义则始乎为士，终乎为圣人。"钱基博认为，诵数以贯之，稽于数也；思索以通之，昭其义也；为其人以处之，始乎为士，终乎为圣人。关于"稽于数"的人，钱基博提到了章太炎、罗振玉、王国维、胡适，他们偏重考据。关于"昭其义"的人，钱基博提到了康有为、梁启超、张尔田、孙德谦、梁漱溟，他们偏重义理。唐文治是第三类人。他素性简静、矜气未化，"其学以孔子《六经》为奥窍，以宋五子书为入德之门。孝友齐于家庭，温恭溢于辞色。世态幻变，而制行有常。穷不失义，达不失道。威仪翼翼"。钱基博说"独未见有'为其人以处之'如唐先生者也"[①]。在钱基博眼中，像唐先生这类人，不仅治学有成就，而且在为人处世的言行举止等方面都近乎

---

① 钱基博编：《国学文选类纂》，华中师范大学出版社2013年版，第67~69页。

完美。

在钱基博看来,无锡成立国学专门学校的原因,就是为了爱国。他写了《唐文治先生创设国学专门学校之宗旨》一文,此文原刊于《江苏民报》1946年6月29日。其中赞扬校长唐文治的爱国精神,说:"民族不能自卫,降志辱身,而失其抵抗以受异族之统治者,谓之亡国。人心不能自主,反道败德,而无所操持以成民族之堕落者,谓之亡民族……唐先生则以保国之大任,国之元首,责无旁贷;而保天下,保民族,则奋以自任,而欲以转任之诸生,教泽所沛,引一世而偕之大道,此国学专门学校之所以创设也。"① 钱基博说他之所以愿意到无锡国专任教,就是为了宣传国学,促成觉悟。他说:"唐先生之学,以孔孟为教,而以'仁义'二字提撕人心。博追随唐先生以主任校务者亦且五年,而谓诸生负笈以来,必先明何谓'国学'。'学'之为言觉也。"②

在无锡国专,唐文治是校长、宿老。钱基博是教员、新秀。学术界有人议论说,在20世纪30年代,我国有四位国学大师:太仓唐文治,余杭章炳麟,吴江金松岑,无锡钱基博。其实,钱基博一直服膺于唐文治,治学也受到唐文治的影响。钱基博一生重视读古籍原著,重视高声诵读古文,这个习惯可能受到唐文治的影响。

4. 廉泉

廉泉(1868—1931),字惠卿,号南湖,无锡人,文学家、教育家,遗著有《南湖集》《潭拓集》《梦还集》《梦还遗集》等。他精诗文,善书法,嗜书画金石,收藏书画极富,尤喜宋元画,每遇珍品不吝重价求购,在民国时期的收藏界颇有名气。

钱基博年轻时,时常登门拜访廉泉先生与其探讨文物收藏。钱基博多有论及南湖先生收藏的文物,如对其收藏的一块瓦当之介绍:"余年二十三,客同乡廉南湖先生之小万柳堂,睹所获秦琅琊台瓦当,配置

---

① 钱基博编:《国学文选类纂》,华中师范大学出版社2013年版,第98页。
② 同上书,第99页。

'千秋万岁'四字,式如羽阳宫瓦,篆书同琅琊台石刻,传是丞相李斯之笔。"① 再如对其收藏的一块御玺之介绍:"余友南湖先生藏有乾隆田黄御玺一挂一钮……余年二十四,馆小万柳堂,南湖郑重出示,称'庚子,联军入京时,一德兵自宫中掠玺出,一钮一挂,合四玺,而以银一万二千两,得之琉璃厂肆'。"② 在钱基博的文物研究中,绘画研究占很大比重,其中引用南湖先生之语颇多。

5. 章太炎

章太炎(1869—1936),名炳麟,初名学乘,字枚叔。后慕顾炎武(本名绛)改炎武,号太炎。浙江余杭人。章太炎有相当深厚的国学功底。他从小受到的是传统学术教育,直到20岁时还到杭州诂经精舍求学,师承俞樾。俞樾是晚清著名的朴学大师,得顾炎武、王念孙文脉传承。他还向孙诒让、黄以周等名师请教,兼容并收。胡适推崇章太炎,认为中国两千年的学问,章太炎占尽三成。在学问的根柢方面,钱基博与章太炎有相通之处,两人都追求坚实的国学基础。章太炎在1897年离开诂经精舍,一方面投入政治,一方面治理国学。钱基博也曾经到军队中做文职,并给军人讲《孙子兵法》,在政治上做过一些事情。

国学方面,章太炎以小学立身,"究语言之源","综方言之要",写了《新方言》《小学问答》《文始》,主张因声求义。章太炎笃守古文经,推崇经学史学化。他主张文学复古,整理国故,撰《国故论衡》。钱基博也重视文字学,以小学为国学的根基。

章太炎注重传播国学,先后在日本、北京、上海等地讲学。1917年在苏州设章氏国学讲习会,以讲学为业。1934年,在苏州续办章氏国学讲习会,主讲国学,主编《制言》杂志。章太炎的弟子众多,最著名者有黄侃、钱玄同、朱希祖、周作人、鲁迅、沈兼士、吴承仕、顾颉刚等。钱基博也重视国学教育,终身以讲国学为己任。

钱基博在《国学的分析问题》一文中说:"现在讲国学,当然要推

---

① 钱基博编:《国学文选类纂》,华中师范大学出版社2013年版,第119页。
② 同上书,第446页。

章太炎坐第一把交椅。"该文把章太炎比作显微镜,说他能对国学"窥其微"。①

钱基博在《国学必读》评章太炎,多有赞誉,说他"治小学极谨严","涉猎西籍,以新知附益旧学,日益宏肆。其治小学,以音韵为骨干。谓文字先有声,然后有形;字之创造及其孳乳,皆以音衍。其精义多先儒所未发。而用佛学解老庄,极有理致"。钱基博又批评说:"章氏谨守家法,而门户之见,时不能免。如治小学排斥钟鼎文、龟甲文;治经学排斥今文派。"② 钱基博在论述中经常谈论章太炎,他在1945年写《章氏国学讲习会》③ 一文,叙述了他与章的一面之缘,并对章在国学方面的贡献作了很高的评价。钱基博在1951年填写的干部履历表上专门写有章太炎的名字。

6. 侯鸿鉴

侯鸿鉴(1872—1961),字葆三,江苏无锡人,无锡竞志女校的创办人,一生致力于教育事业,是著名的教育家,著有《环球旅行记》《病骥文存》《病骥诗存》《访碑记》等57部。他曾赴各地考察教育,遍访亚、美、欧、非四大洲之国家。

钱基博曾于1910年到1913年出任竞志女校国文教员,与侯鸿鉴成为挚友。侯鸿鉴热衷于文物收藏,闲暇之余经常和钱基博同去光顾古董字画市场,并购买、鉴赏、品评文物。钱基博晚年在武汉,身处异地,但两人不断有书信往来,共发感慨之余,也不曾忘记对文物的热爱。当时钱基博正在主持筹建华中师范学院历史博物馆,侯鸿鉴在文物的鉴定和陈列等工作方面,都给予了很好的建议和帮助。

7. 梁启超

梁启超(1873—1929),字卓如,一字任甫,号任公,别署饮冰子、饮冰室主人、哀时客、中国之新民等。广东新会人。我国著名的政治家

---

① 详见钱基博编:《国学文选类纂》,华中师范大学出版社2013年版,第16页。
② 钱基博编著:《国学必读·作者录》,华中师范大学出版社2012年版,第6~7页。
③ 此文现收录于钱基博《精忠柏石室教育文选》,华中师范大学出版社2014年版。

和国学大师。

梁启超在五岁之前就读完了《四书》《五经》，九岁即能写出上千言的八股文章，这一点与钱基博很相似。梁启超认为在国学中，史部最重要。他写了《清代学术概论》《中国历史研究法》《先秦政治思想史》《中国近三百年学术史》。此外，他在地理学、经学、诸子学、小学、谱牒学都有建树。钱基博也是喜欢地理学、经学、诸子学、小学、谱牒学。

梁启超与钱基博的文章都写得很漂亮。与钱基博不同的是，梁启超自称"夙不喜桐城派古文"，他的新体散文在中国大地从上到下产生了巨大的冲击波，其影响之大，是举世无二的。而钱基博酷好古文，对桐城派古文也很喜欢。

梁启超与钱基博都热心于为古籍写提要。梁启超在《要籍解题及其读法》说现在的学生读经典提不起趣味来，希望能写一些"要籍解题"或"要籍读法"一类书。他说："我希望国内通学君子多做这类的作品，尤其希望能将我所做的加以是正。例如钱先生新近在《清华周刊》发表的《论语解题及其读法》之类。同时我也要鞭策自己在较近期内对于别的要籍能再做些与此同类的工作。"[①] 文中说的钱先生，就是指钱基博。民国十四年（1925），钱基博正在当时清华大学授课。钱基博在《四书解题及其读法》序中亦说："余以十四年讲学北平，遇梁任公贻以《要籍解题》一册，中《论语》《孟子》意有异同，别纂为篇，任公不之忤也！"

梁启超与钱基博都关注世界与中国的地理大势，钱基博 16 岁时写《中国舆地大势论》，就是因为读到梁启超的文章有感而发。梁启超主持的报刊上发表了钱文，无疑是对钱基博的提携与推崇。

梁启超与钱基博都在清华大学任过教。钱基博任教时间较短。钱基博在《茹经堂外集叙》（1927）中对章炳麟、胡适、梁启超等人的学术

---

① 梁启超：《要籍解题及其读法》，清华周刊丛书社 1925 年 12 月初版，第 3～4 页。

作过评述，从评述中可以看出，他对章炳麟、梁启超的学问是持赞誉态度的，而对胡适则语含贬抑。

钱基博在《国学必读》对梁启超的国学作了充分肯定的评价，说梁启超"钻研之深，则亦以为国学之根柢极深厚，终有其不可磨灭者存"。又评梁启超的文风："幼年为文，学晚汉、魏晋，颇尚矜练；既而自解放，务为平易畅达，时杂以俚语韵语及外国语法，纵笔所至不检束，学者竞效之，号为新文体。老辈则痛恨，诋为野狐。然其文条理明晰，而富于情感，娓娓有致。"① 这段话表达了几层意思：一是梁启超的国学功底好；二是梁启超有永远传世的作品；三是梁启超创新文体，颇有新致。

8. 丁福保

丁福保（1874—1952），近代藏书家、目录学家。江苏无锡人，1895年（光绪二十一年）肄业于江阴南菁书院，次年考取秀才，后随华蘅芳学数学，编撰了《算学书目提要》。

钱基博与丁福保同为无锡人，钱比丁仅小13岁。1952年华中大学思想改造运动开始，钱基博在《自我检讨书》中就提道："因为我读了同乡丁福保著的《东文问答》一书，略懂一些日本文。"但是，钱基博与丁福保的交往远不止日语，两人都对《老子道德经》有研究，丁福保著有《老子道德经笺注》，钱基博著有《老子道德经解题及其读法》。

据励双杰在《钱基博获赠〈无锡南塘丁氏真谱〉》一文中说，1954年，丁氏家族修《无锡南塘丁氏真谱》，其中收录了钱基博于当年6月撰写的《丁忠惠夫人阡表》，云："夫人，讳有榛，字山美，无锡孙氏。父筱垞先生，在前清光绪朝，以数学教授河北，张皇幽渺，与同邑华蘅芳、徐中虎两先生齐名骖驾，而通之制器尚象，开一国风气之先者也。教泽渐被，久而弥劭，夫人濡染家学，兼习中英文字，通知四国之为。年二十五，作嫔将军……而夫人救死扶伤，倡设北京女界红十字会……

---

① 钱基博编著：《国学必读·作者录》，华中师范大学出版社2012年版，第6页。

基博孙氏之所自出，而夫人则中表姊也。"吴忠匡在《吾师钱基博先生传略》中说钱基博曾称："严氏《全上古三代秦汉三国六朝文》，邑人丁氏《全汉三国晋南北朝诗》及清修《全唐诗》《全唐文》，通读一过，人有论评，而于其人之刻有专集者，必取以校勘篇章，著录异同。"华中师范大学图书馆藏钱基博赠书书目中，就有丁福保的著作数部，如《算学书目提要》《佛学大辞典》《说文目录》等。

9. 宗子威

宗子威（1874—1945），江苏常熟人，诗词骈文家。1908年由拔贡进国子监，终生从事大中学国文教育。从1933年起，在长沙、新化、蓝田、溆浦等地任教于湖南国学专科学校、湖南大学、上梅中学、国立师范学院，在新化时曾倡小莪江吟社。1938年宗子威在上梅中学课堂上宣讲抗战，引起强烈反响。4月27日出版的《新化日报》上发表文章《悲痛的一点钟——四月十一日记》对此作了如下记述：宗子威先生匆忙的步子踏进了教室。他说："各位，昨晚不是有岳麓山被敌机轰炸的消息吗？湖大，壮丽的屋舍，数不清的贵重藏书，已成为敌机淫威之下的牺牲品了……这不过因我曾在那里教授五年，对他们起了极难舍的留恋，其实呢并没有多大关系。这只是我们物质的损失，我们有的是脑子，我们的精神是绝不会受损失的！"

宗子威与钱基博在蓝田国师的国文系一起教书，邓志瑗是当时的学生，对他俩有回忆。

10. 许国凤

许国凤（1876—1960），字彝定，号仁安，光绪二十三年（1897）举人，出生于无锡。许国凤20岁应童子试，名列前茅，以扎实的史学功底折服考官，1896年的岁试中，再次得史学正取第一，成为秀才。22岁，许国凤应乡举，成为举人。后来，他在百岁坊租赁房子，开设私塾。学生有钱基博、钱基厚（孙卿）、徐彦宽、秦联奎、华昌寿、江祖岷等，这些人后来大都成为国学、政治、经济、法律界的权威和大家。他有《仁安堂文集》10卷、《仁安杂谈》6卷、《太平湖寄庐法学笔记》8卷等存世。无锡图书馆的王珂、徐勇两人辑注有《许国凤先生文存》一书。中山路教堂边有许国凤家的旧屋（八佰伴旧址）仍然保存。寄畅园著名景点之一八音涧的涧名由许国凤书题。钱基博曾经撰写《致许国凤先生书》。刘桂秋著《无锡时期的钱基博与钱锺书》（上海社会科学院出版社2004年版）对许国凤有简要介绍。

11. 卢弼

卢弼（1876—1967），字慎之，号慎园，湖北沔阳（今仙桃市）人，藏书家、学者。中国社会科学院李洪岩教授依据20世纪五六十年代卢弼私印的《慎园启事》，发现卢弼与钱基博有交往。卢弼对湖北文献特别熟悉，而钱基博在武汉工作，两人年龄相近，气味相投，所以有些学术上的交流，并互有欣赏称赞之语。

1951年8月24日，卢弼给钱基博写信，称赞钱基博的《中国近代文学史》："评论人物，如老吏断狱，公直无私。喜其载人轶事，可资谈助。旋阅旋咏，聊以自娱。"9月15日，卢弼谈论了《湖北丛书》之事。10月3日，卢弼给钱基博信，谈了《从戎纪略》《复堂日记续录》《沔阳丛书》等书。其中称赞钱基博"著述之多，闻见之广，我皆望尘弗逮"。又说到钱基博与钱锺书，"两代闳儒，千秋盛业，今则见于君家"。"海内中西兼通之人才，屈指可计，贤郎独步一时矣。"到了1954年4月20日，卢弼又给钱基博写过信。这些信，都是在收到钱基博的信件之后回复的。

12. 薛凤昌

薛凤昌（1876—1944），原名蛰龙，字砚耕，号公侠，一号病侠，同里镇人，早年留学日本。民国元年（1912），他与费伯埙等创办吴江县立中学，任校长，未满一年即辞职。其后，他与柳亚子等人组织"吴江文献保存会"，保存、整理、研究乡邦文献。抗日战争前夕，赴上海光华大学任中文教授，与钱基博是同事。1944年春，因拒绝敌伪派驻日籍教员而被捕，被杀害。薛凤昌著述主要有《龚定庵年谱》、《松陵文征》、《籍底拾残》、《游庠录》、《吴江文献保存会书目》（与柳亚子合辑)、《邃汉斋碑帖目》、《邃汉斋谜话》等。

13. 曹典球

曹典球（1877—1960），教育家。湖南长沙人。1931年任湖南省教育厅厅长兼湖南大学校长。1934—1935年代理湖南省政府主席。抗日战争胜利后，任湖南大学中文系教授。中华人民共和国成立后，曾任湖南省文史馆副馆长等职。有《猛庵诗文集》行世。钱基博曾经给曹典球写信，说中国古兵法"将成绝学，欲撰提要以抉微，而卒卒未暇"。

14. 章士钊

章士钊（1882—1973），字行严，号孤桐，湖南长沙人，政论家、政治活动家和学者。他曾任中华民国北洋段祺瑞政府司法总长兼教育总长，中华民国国民政府国民参政会参政员，中华人民共和国全国人大常委会委员、全国政协常委，中央文史研究馆馆长。

民国年间，章士钊主持《甲寅》杂志，反对新文学运动、新文化运动，反对白话文，反对"欧化"，引起了一些批评的声音。章士钊心情颇烦，他将《甲寅》寄送钱基博，钱基博在1926年10月写了《复章士钊书》，说："伏以时论重名誉，而古人称名德。名者，公所自有；德则愿以致敬！君子道在自信，积毁几见销骨。德不孤，必有邻也。"钱基博在信中引用了"淡泊明志，宁静致远"，推崇诸葛亮的雅量渊识。钱基博又引用了左宗棠的"文章西汉两司马，经济南阳一卧龙"，认为"龙而已卧，何心经济？而龙之得安于卧、成其卧者，在宁静而不在经济"。所以他把它改为"文章西汉两司马，宁静南阳一卧龙"，送于章士钊，上句激励其当自信，下句祝其善以致远，说："尤祝公善以致远。君子藏器于身，待时而动，何不利之有！与其为桐之孤，召闹取怒，不如为龙之卧，宁静养气也。"钱基博在《近百年湖南学风》一书专门为章士钊写了一节。其中录入了《复章士钊书》，并对章士钊给予了一段评论："以考试慎选举之资格，以试验重大学之课业，矫厉学风，宏奖编译，虽以召闹取怒于昨昔，而卒创制显庸于方今。功何必自我成，士钊倘有以自慰于迟暮矣。"①

章士钊撰有《柳文指要》，在文学史上有一席之地。钱基博认为章士钊的逻辑性很强，他在《现代文学史》指出新文学有三体："新民体、逻辑文、白话文"，新民体的代表是康有为、梁启超，白话文的代表则为胡适，而逻辑文的代表则是严复、章士钊。据孙玉祥在《钱锺书眼中的章士钊》（网上查到）一文所言，1938年钱基博由浙江大学将赴湖南国立师范学院任教，回到上海。章士钊将自己的一首诗写作横批赠送给钱基博。钱基博收到横批后，便令儿子钱锺书代写回谢诗："活国吾犹仰，探囊智有余。名家坚白论，能事硬黄书。传世方成虎，临渊倘羡鱼。未应闲此手，磨墨墨磨渠。"

15. 王蕴章

王蕴章（1884—1942），江苏无锡人，钱基博内兄，小说家。"他家学渊源，自小聪颖，多才多艺，工书画篆刻，精诗词骈文，善作小说杂记，又兼善英文，且喜蓄藏文物，好博弈之事。"② 钱基博和这位文章名手，不仅谈论文辞，在金石、绘画方面也颇多书信往来。钱基博经常和王蕴章探讨顾恺之、倪瓒等无锡籍画家的画风、画格及其画家流派的演变。钱基博的诸多收藏都和他有关，受其影响也是很大的。

16. 胡汀鹭

胡汀鹭（1884—1943），江苏无锡人，著名画家、文物收藏家。他一生勤奋刻苦，不仅学习了经、史、子、集，而且在绘画上逐渐形成了自己的风格，成为名噪一时的画家。

钱基博与胡汀鹭交情甚深，在无锡，二人共同任教于江苏省立第三师范学院，并且都对古玉和古陶器情有独钟，每有意外收获都互相交流。胡汀鹭是钱基博知交中"藏玉最美富者，颇多罕品"③。在上海，

---

① 钱基博著，傅道彬点校：《近百年湖南学风》，中国人民大学出版社2004年版，第110页。
② 傅宏星编撰：《钱基博年谱》，华中师范大学出版社2007年版，第19页。
③ 钱基博：《文物通论》，华中师范大学出版社2016年版，第80页。

二人虽然教书学校不同，但他们经常相约去逛上海的古董市场，钱基博的大部分字画都是在上海购买的。对于胡汀鹭的画技，钱基博多有赞赏，曾撰《读胡汀鹭画题记》一文，文章对胡汀鹭的师承、笔法等都做了点评："汀鹭于观老为后进，初学花鸟于朱逊甫，而不尽用师法，山水远宗唐子畏，花鸟则师法华新罗，有其秀逸而豪放过之，尤重写生，后交霍丘裴睫庵（景福），纵观其壮陶阁所藏宋元真迹，画法又为之一变。"①

17. 吕思勉

吕思勉（1884—1957），字诚之，笔名驽牛、程芸、芸等，江苏常州人，历史学家、国学大师。师从屠寄，有弟子钱穆、杨宽、黄永年、胡道静、唐长孺等。与钱穆、陈垣、陈寅恪并称为"现代中国四大史学家"（严耕望语）。曾担任光华大学历史系主任、代校长。钱基博与吕思勉在光华大学共事，有所交往。

18. 徐彦宽

徐彦宽（1886—1930），原名泰来，一名士奎，后又更名为彦宽，字薇生，号夷吾，又号商隐，世居无锡城中之盛巷。辑有《念劬庐丛刊》，民国二十年（1931）铅印本。据钱基博《亡友徐君薇生学行谊传》载，徐彦宽"自少小通敏，于书罔所不诵览，一目十行下，尤喜钻治子史杂部书，尝深究前代治乱往复所由，以达当世之务，发为文，高华自矜，不可方物"。钱基博又说："基博自定交以来，迄今三十年，薄窃虚誉，十倍过君，而悶闻尺获，胥自君有以启牖我。"徐彦宽与钱基博之间的深厚交谊，始自于两人少年时执业于邑人许国凤。②

从网上得知，1911年春，徐彦宽受谭献之子谭紫镏委托，请钱基博为袁昶夫人做寿文一篇。钱基博写了寿文却不收润笔费，谭氏即以家

---

① 钱基博：《读胡汀鹭画题记》，《锡报》1928年2月27日。此资料系傅宏星先生提供。
② 详见刘桂秋《徐彦宽与钱基博、钱锺书父子》，《无锡教育学院学报》2002年第2期。

藏"复堂师友存札"相酬。"存札"涉及一百多人，一千多页，大多是谭献中晚年所交之友，如戴望、许增、陈豪、袁昶、梁鼎芬、陈三立等，名臣循吏、才子经生，不一而足。钱基博对这些书信不但做了精心的整理编订，还为部分写信人撰写了小传，与书信一起粘贴在毛边本上。《复堂师友手札菁华》无论在数量上，还是在质量上，都是目前所知的体量最大的谭献师友书信集。

19. 裘匡庐

裘匡庐（毓麟）是民国年间不太知名的国学研究者，生卒年不详，附于此。钱基博年少时，与孪兄钱基厚、孩提好友徐彦宽三人被称为"三贤"。他在《自传》说："瞻顾朋侪，独多君子……识度之渊，不如同县徐彦宽。学问之密，不如慈溪裘毓麟。"他与师友相互砥砺，切磋学术，并经常以人之长比己之短。

裘匡庐撰有《思辨广录》，请钱基博写序。钱基博对其学问赞赏不已，诸如国学方法、东西学术之异同，两人观点完全一致。钱基博撰《十年来国学之商兑》[①]，介绍了裘匡庐的治学经历、修习国学的方法、清代学术、东西学术异同、三教会通等。裘匡庐是怎样一个人呢？钱基博介绍说：此人曾留学加利福尼大学，回国后，"闭门读书，二十年于兹，精究程朱，旁参释老，积久有得，而著为书"。裘匡庐最敬佩陆世仪，精读了陆的《思辨录》。裘匡庐根据陆世仪的《思辨录》，写了《思辨广录》。

钱基博敬重地推荐裘匡庐的《思辨广录》，"介绍裘匡庐先生之《思辨广录》以供时贤之论衡而开思辨之境涯"[②]。他说："独睹裘匡庐先生所著《思辨广录》稿本，籀诵乙过；其大指以程朱衡学，以佛明儒，针砭时贤，直探源头，揭'真参实悟'四字，当头作棒喝；语无泛设，极高明而道中庸，并世学人，罕有伦也。"[③] 这个评价是相当高的，称学

[①] 此文已收录于钱基博编《国学文选类纂》，华中师范大学出版社2013年版。
[②] 曹毓英选编：《钱基博学术论著选》，华中师范大学出版社1997年版，第37页。
[③] 同上书，第37~38页。

界难有这样的高人。钱基博对《思辨广录》的精要内容作了陈述。钱基博对裘匡庐的观点持充分肯定态度，说："观其所称，见解超卓，议论中正，以聪明人，说老实话；其论不必为近十年发；而近十年之国学商兑，惟先生殚见洽闻，洞见症结，人人所欲言，人人不能言。"[1]

裘匡庐主张人本主义的学术，钱基博引用裘语："近人喜言以科学治学方法整理国学者，是殆未明吾东方固有之学术，其性质与今之所谓科学者迥别。研究科学及一切形质之学者，如积土为山，进一篑有一篑之功，作一日得一日之力，论其所得之高下浅深，可以计日课程而为之等第也。治心性义理之学者，如掘地觅泉，有掘数尺即得水者，有掘数丈始得水者，有掘百数十丈然后得水者，有掘百数十丈而终不得水者，有所掘深而得水多，亦有所掘深而得水反少者，有所掘浅而得水少，亦有所掘浅而得水反多者；而所得之水，又有清浊之分，甘苦之别，不能克日计工，而衡其得水之多寡清浊也。……盖学之偏于实者，其程效可以计功计日。学之偏于虚者，苟非实有所悟，则决无渐臻高深之望。语其成功，不闻用力之多寡，为时之久暂也。"[2]

钱基博力推裘匡庐，对这样一位隐居的学者大加赞赏，说明钱基博不以职称或名声取人，而是服膺于学术。确实，像裘匡庐这样的人是非常了不起的，生活在社会底层，安静地做着自己的学问，潜心研究一些问题，发表真知灼见。正因为中国历来有无数个裘匡庐这样的学者，才使得国学传承下来。

20. 费师洪

费师洪（1887—1967），字范九，江苏南通人。费范九曾师从张謇，是南通知名的乡贤、居士和文人，工诗善文，精收藏，通晓佛学。编辑有《南通名画集》《南通书画大观》《南通金石志》《观音宝画像集》等。晚年将毕生所藏书籍、字画捐献给南通博物苑。

据《江海晚报·文化周刊》2014年12月2日载《钱基博与南通文

---

[1] 曹毓英选编：《钱基博学术论著选》，华中师范大学出版社1997年版，第55页。
[2] 同上书，第48～49页。

人的交往》一文，南通费家曾出过一位壮士，为钱基博所尊重。钱基博用极为有趣的语言详述了费氏的传奇生平和英勇事迹。费范九还请梁启超手书了钱基博撰写的《费太公家传》，录于1948年的《南通费氏世德录》。钱基博十分关爱费范九和费师恒兄弟，曾为费师恒撰写了一篇《南通费生传》，先后刊于1922年的《南通报》《南通费氏家传》和《南通费氏世德录》（由弘一法师手抄此文）。这篇文章记述了钱基博与费氏兄弟之间深厚的师生之谊。费范九曾做过六年钱基博的学生。钱基博虽然没有见过费师恒，但在大哥费范九的引荐下，费师恒借助书信向钱先生求教过如何作文和读书。钱基博实话实说，言作文没有其他法子，只有向欧阳修所说的"勤读而多为之"，而读书方面则讲究"文辞句未成，而意已立"，读者首先就要明白文章的"主意"。在钱基博的教导下，南通费氏二兄弟均有著作传世。因为与费范九的友谊，钱基博不但为《南通报》写过文章，而且也很关心南通的发展。他在给费范九的一封信中写道："道不通笺，候久矣。然千里神交，固无日不依驰左右也。南通改组后，益加粹美。博以为今日山西之为模范省，官治之力也。南通为模范县，县绅治之力也。"显然钱基博十分支持张謇（"县绅"中的杰出代表）在南通的各种变革。费范九也十分尊重钱基博。他曾去无锡拜访钱老师，并写下了一首五言律诗《无锡晤钱子泉先生》（录于1934年出版的《淡远楼诗》）。他在诗中称钱基博是"锡山高士"，并用"脉脉心相印，潭潭乐可知"来形容自己的喜悦之情。如此心境，在费范九的诗中并不多见。

费范九对印章颇感兴趣，有《费范九先生遗印》《印心堂印谱》《南通费氏藏印》等著作存留。受好友影响，钱基博对印章也颇有兴趣，一生收藏印章50余枚。1951年钱基博应费范九之请，将毕生所藏古印拓印成册，定名为《精忠柏石室藏印》，分赠诸友。

21. 谭戒甫

谭戒甫（1887—1974），原名作民，改名铭，字介夫，又用介甫二字，湖南省湘乡县（今涟源市）人，先秦诸子楚辞金文专家。在先秦诸子的研究方面，主要著有《墨辩发微》《公孙龙子形名发微》《墨经分类译注》《庄子天下篇校释》。1946 年 2 月到湖南大学任教授、文学院院长兼中文系主任，与钱基博有短暂的同事关系。钱基博也撰有《庄子·天下篇》的研究文章。

22. 钟泰

钟泰（1888—1979），江苏南京人，号钟山。早年肄业江南格致书院，继之留学日本，毕业于日本东京大学。1924 年转任杭州之江大学国学系教授兼系主任。1939 年任湖南蓝田国立师范学院教授。1948 年任光华大学教授。钟泰毕生致力于先儒哲理之学，尤精周秦诸子，下及宋明理学，治学主宋学而不鄙薄校勘、训诂，融会贯通，博采众长，成一家言。著有《中国哲学史》《庄子发微》《顾诗笺校订》等。

钱基博与钟泰在蓝田国立师范学院为同事。

23. 竺可桢

竺可桢（1890—1974），教育家、气象学家，近代地理学的奠基人。1936 年到 1949 年，担任国立浙江大学校长。据网上查到散木撰写的《钱基博和钱锺韩在浙大》一文可知，钱基博在浙大不过一年有余，但这期间却与竺可桢校长等结下了深厚友情，在《竺可桢日记》中，经常有钱基博（其字"子泉"）的名字，如 1937 年 9 月 17 日，浙大于"晚七点半在新教室礼堂开一年级新生大会，到会学生一百七十八人，其中女生二十人左右。由余主席，报告约十分钟；次晓沧、钱子泉及朱仲翔与陈柏青均有讲演；八点三刻散会"。此后 10 月 5 日，竺校长于"晨晤钱子泉，约双十节在寓中膳，并约其侄钱锺韩与柳定生、张晓峰等，因得翼谋（柳诒徵先生）之托，为其女柳定生与钱锺韩订婚事也。据钱子泉云：翼谋于三年前在江苏考试留学生时，得钱锺韩卷而爱好其人，因欲妻以女云"。10 月 22 日，竺校长又记曰："八点廿分至校，晓峰来，以《国命旬刊》二期见示，中有钱子泉《吾人何以自处》一文，谓拿坡仑侵德时，Hegel（即黑格尔，笔者注）弃城至乡，而其友人非书尔则居危城不去。哈氏之意以为渠方从事著书，此书之成，必能使德国民族复兴，故不得不去乡。而非氏则以为吾人当以身为表率，故不应离危城，二者各有见地。"钱基博在浙大，竺校长曾予以重望，如1938年3月23日竺校长在江西泰和写的日记："晤钱子泉，嘱其会考国文，并由学校悬奖，给与最优良而进步最快者若干人。"4月5日的日记中又有："晤钱子泉，嘱其为国文会考主试委员并出题目。"此外，同年4月3日，竺校长又在日记中说："十二点至大原书院，迪生、洽周、以中、贺昌群等四人宴请马一浮，并邀钱子泉、晓峰、叔谅、章俊之、陈弼佑诸人。膳后与马一浮、钱子泉等谈至四点半……子泉谈及《韩非子》，谓不啻一部共产教科书。"当时国学大师柳诒徵先生也曾访学于浙大，钱基博、竺校长以及浙大文科教授与之饮宴洗尘。竺校长的日记中，也就留下了诸如"晚钱子泉、祝文白、王驾吾等约柳先生晚膳。膳后九点半回时尚微雨不止。席间谈及胡子之难养，翼谋因谓昔有人以胡子作灯谜，射《四书》一句，为'惟女子与小人为难养也'"等故事。

24. 胡适

胡适（1891—1962），字适之，安徽绩溪人。曾任北京大学校长。胡适因提倡文学改良而成为新文化运动的领袖之一，是第一位提倡白话文、新诗的学者，致力于推翻两千多年的文言文。著有《中国哲学史大纲》等书。

钱基博在1924年发表《国学必读》，认为胡适"一面倡建设的文学革命之论，而以国语的文学，打倒桐城派古文之旧势力；一面又主张整理国故之议，以刷新国学之面目。其于中国学术界摧陷廓清之功，信不可没！惟其衡评国学，过重知识论；而功利之见太深，此其所短"。他又说："绩溪胡适汲其流，倡新汉学；以为《周礼》为伪作，《尚书》非信史；六籍皆儒家托古；持勿轻信古人之论。"钱基博对胡适的这种虚无思想持否定态度，认为开启了不好的风气，使得"后生小子，不事研诵，好骋异议；疑经蔑古，即成通人"[①]。

[①] 钱基博编著：《国学必读·作者录》，华中师范大学出版社2012年版，第7页。

钱基博1930年发表《现代中国文学史》，认为胡适为"武谲"："武谲则尚诈取，贵诡获，人情莫不厌艰巨而乐轻易，畏陈编而嗜新说。使得略披序录，便膺整理之荣；才握管觚，即遂发挥之快；其幸成未尝不可乐，而不知见小欲速，中于心术；陷溺既深，终无自拔之一日也。"①显然，钱基博对胡适有所否定。

25. 诸健秋

诸健秋（1891—1965），江苏无锡人，著名画家、文物收藏家。诸健秋自幼随父学画，仕女画独绝，师从赵鸿雪、吴观岱，擅长山水、人物，作品以宋元为宗，对元四家和吴门画派多有钻研，逐渐形成苍润清秀、平淡天真的艺术风格。1965年病逝后，家属遵照其遗愿，将他一生收藏的古旧书画名迹，全部捐献给国家。诸健秋对钱基博的学问非常佩服，1935年《健秋画存》出版时，曾请钱基博作序。钱基博从师承、笔法、特色等方面，通过与同时期其他画家绘画风格对比的方式，全面介绍了诸健秋的画技。钱基博对这位绘画名师也是极为钦佩，他的绘画研究中多处引用这位大师的画评之语，而且自己收藏的绘画中有许多是请诸健秋做的鉴定和题跋。

26. 廖世承

廖世承（1892—1970），字茂如，江苏嘉定（今上海嘉定）人，近现代著名的心理学家和教育家。1919年从美国布朗大学学成回国后，先后任教于南京高等师范学校及东大附中。民国十六年（1927），廖世承担任光华大学副校长兼附中主任，与钱基博是同事。1937年"八一三"事变后，廖世承到湘西办国立师范学院。他认为师范学院之理想教授，须学识宏通，而且富有教学经验，具有教育热情。钱基博就是最合适的人选。抗日战争胜利后回上海，先后任光华大学副校长兼附中主任、校长。1951年，光华、大夏等高校合并成立华东师范大学，廖世承出任副校长。

---

① 钱基博：《现代中国文学史》，华中师范大学出版社2011年版，第425页。

1938年7月27日，正值暑假。廖世承在香港接到了国民政府教育部电，聘他和潘公展、朱经农、汪德耀、吴俊升为国立师范学院筹备委员会委员，并由他担任筹委会主任。廖世承又接到了同为筹备委员的时任教育部高等教育司司长的吴俊升来电，请他中止返沪，立即到湘西选择院址。廖世承没有从香港直接转道湖南，而是启程返沪，找上海的挚友和同仁襄助。廖世承最先接洽的就是钱基博。钱基博到了国立师范学院之后，廖世承安排他担任国文系主任。钱基博还担任过社会教育推行委员会、编辑委员会、图书委员会、建筑委员会、课外作业指导委员会、奖贷金审查委员会、实习指导委员会等多种组织的委员。钱基博在国立师范学院的工作责任大，干劲很大，学术成果多，人生价值得到极大体现。这些都与教育家廖世承的慧眼识珠有关。钱基博很欣赏廖世承，他曾在《自传》中检讨自己，说"治事之勤，不如上海王宝崙、嘉定廖世承"①。

27. 骆鸿凯

骆鸿凯（1892—1955），语言文字学家，《楚辞》《文选》专家。湖南长沙人。1941年任国立师范学院教授，还一度兼任中山大学中文系主任。在国师院，兼过系主任。他是黄季刚的高足弟子，又尝从章太炎及刘师培问学，在学术思想、治学方法上深受黄氏的影响，博涉经、子，兼及文、史，尤邃于文字、音韵、训诂。平生著述颇多，已出版的专著有《文选学》《尔雅论略》等。钱基博与骆鸿凯是蓝田国师的同事。

张舜徽在《湘贤亲炙录》中回忆：骆鸿凯先生，字绍宾，长沙靖港人。早岁毕业于北京大学，从黄侃受文字、声韵之学，得其指授，奉为本师。一生恪遵师说，以文字、声韵施教于各大学。复博览攻辞章，尝著《文选学》一书，交中华书局出版。后乃专理小学，复寻绎群经注疏。年末四十，遽归乡邦，任湖南大学中文系主任教授。尝以余杭章氏《文始》授诸生，复为《文始笺》以发明之。舜徽早岁北游，即识先生

---

① 参见孔春辉《钱基博在国立师范学院》，王玉德主编：《钱基博学术研究》，华中师范大学出版社2008年版。

于旧都；后同居长沙，往来尤密。舜徽以后进礼常从请益，而先生引为忘年交，论学析疑，谈辄移晷。先生平易近人，无所矜饰；复冲虚抑退，不耻下问。于书传偶有遗忘，辄询之舜徽。盛德谦光，令人感慕。迨《文始笺》成，复命舜徽序之，自惟疏陋，未敢辞也。值抗日军兴，先生乃离长沙，应国立师范学院之聘，移讲席以至安化蓝田。复招舜徽任教期间，余因徙家蓝田，得与先生朝夕相见。先生为防敌机空袭，不欲居近市廛，乃别赁屋于三甲，距学校稍远。每到校授课毕，辄诣吾家畅谈，或值风雨，便留宿焉。先生畏雷，闻隆隆之声，即掩被而卧。随身携一布袋，凡常读之书悉纳其中。昧爽即起，取书诵览不倦。舜徽偶取视之，皆石印小字本《说文》《广韵》《毛诗注疏》也。尝欲撰述《群经传注语法录》，又循声求义，欲成《语原》以总会之，皆未完稿，论者惜焉。[①]

28. 梁漱溟

梁漱溟（1893—1988），原名焕鼎，字寿铭、萧名，后以其字行世，广西桂林人。现代新儒家的早期代表人物之一。有人称他为"最后的儒家"，在儒佛之间融通。

梁漱溟以天下为己任，早在1942年给儿子的信中说："吾死，中夏文化亡矣。"他要接续清代断绝了三百年的文化，从宋明理学入手，修正陆王心学。撰《究元决疑论》，推崇佛学，所谓"究元"，就是探求宇宙本原；所谓"决疑"，就是如何做人。因为《究元决疑论》，他被蔡元培邀请到北大教书，聘为讲师，当时他还不到30岁。他在北大讲"孔家哲学史"，有200多学生挤在大教室听课。他的代表作《东西文化及其哲学》，提出"意欲"为根本。此书出版一年，销售十万册，译成外文，引来十几本书、近百篇论文与之商榷。《东西文化及其哲学》探讨了西方、中国、印度的文化方向。

钱基博在填干部履历表时，在交谊的人物中写有梁漱溟。

---

① 张舜徽：《旧学辑存》，华中师范大学出版社2008年版，第1147页。

29. 吴宓

吴宓（1894—1978），陕西省泾阳县人。字雨僧、玉衡，西洋文学家、国学大师、诗人。国立东南大学（1949年更名为南京大学）文学院教授，国立西南联合大学外文系教授，1941年当选为教育部部聘教授。清华大学国学院创办人之一，被称为中国比较文学之父。与陈寅恪、汤用彤并称为"哈佛三杰"。著作有《吴宓诗集》《文学与人生》《吴宓日记》等。

据傅宏星《钱基博与吴宓交往考略》，可知据《吴宓日记》载，钱基博在1946年至1948年间与吴宓交往频繁，读书论学，一同进餐。早在1912年4月25日，吴宓还是学生时，就听了钱基博讲授《吴禄贞传》。到了1925年，钱基博曾在清华大学给吴宓寄送了《赋呈短章奉贺雨僧先生新岁之禧》（见《吴宓诗集》卷7），其文"鼙鼓惊心急，屠苏著意醇。清华新日月，薄海旧沉沦。所贵因时变，相期济世屯。寸心生趣茁，大地自回春。所以，才有吴宓日记中的和诗一事"。吴宓也有诗相和。1946年，吴宓到武汉大学任教，与钱基博的联系就多了起来。吴宓读了钱基博的《斠今论》《孙子章句训义》《欧洲兵学演变史论》《中国文学史》等书。当时，吴宓主编《武汉日报·文学副刊》，钱基博在报上发表了《国语之古史今读》《孽海花匡谬》等文章。

30. 钱穆

钱穆（1895—1990），江苏无锡人，字宾四。著有《先秦诸子系年》《国史大纲》《刘向歆父子年谱》。从小住无锡的七房桥，九岁入私塾，1912年辍学后自学，任教于家乡的中小学。1930年因发表《刘向歆父子年谱》成名，被顾颉刚推荐，聘为燕京大学国文讲师。抗战时期，辗转任教于西南联大等校。

1922年9月1日，李柏森创办《无锡新报》，发刊词由钱基博写。《无锡新报》还设了《文学月刊》与《思潮月刊》，由钱基博负责。钱穆投稿，与钱基博有了较多接触。钱穆觉得钱基博所论与自己的看法有所不同，所以写信给钱基博，展开讨论。钱基博看过之后就以《与子泉宗长书》为题，将信刊布为 1922 年 9 月 16 日的《思潮月刊》第 1 号。

1923 年，钱穆离开了厦门集美学校，返回无锡。钱基博在无锡省立第三师范学校任教，且又受聘于上海圣约翰大学。"三师"有四个年级，缺国文老师，钱基博遂邀钱穆到"三师"任教。当时，由钱基博、沈昌直、钱穆共同担任国文课。钱穆在"三师"任教，与钱基博之间的往来更为密切，常成为钱基博家中的座上客。

钱穆与钱锺书父子同姓不同宗，年龄在钱基博与钱锺书之间。钱穆称钱基博为叔父，而钱基博则命儿子锺书称钱穆为叔父。1927 年，商务印书馆要出版钱穆的专著《国学概论》，钱穆请钱基博为之写序，钱基博把此事交给了儿子钱锺书，钱锺书即刻一气呵成，钱基博读后竟一字未易。1933 年秋，钱锺书与杨绛在苏州定亲，适钱穆自北平回苏州省亲，钱基博于是邀钱穆赴宴参加儿子的订婚礼。杨绛已考取清华大学攻读外文系研究生，暑假归去，正好与在北平任教的钱穆同路。于是钱基博在订婚礼散席后，将自己的未婚儿媳嘱托于钱穆，约定同车北去，以便照应。[1]

钱穆在 1975 年发表《中国学术通义·序》中说："中国传统，重视其人所为之学，而更重视为此学之人。中国传统，每认为学属于人，而非人属于学。故人之为学，必能以人为主而学为从。当以人为学之中心，而不以学为人之中心。"[2] 钱穆 80 岁时，写成《八十忆双亲》，后又写《师友杂忆》一书，回顾他的师友交往。钱穆说："余在中学任教，集美、无锡、苏州三处，积八年之久，同事逾百人，最敬事者，首推子泉。生平相交，治学之勤，待人之厚，亦首推子泉"，又说："余在集美、无锡、三师苏州中学三校，校内敬事者有钱子泉，校外敬事者有金松岑，皆前辈典型人也。"[3]

---

[1] 杨绛：《车过古战场——追忆钱穆先生同行赴京》，《杨绛作品集》（第 2 卷），中国社会科学出版社 1993 年版。

[2] 钱穆：《中国学术通义》，台北学生书局 1975 年版，序第 4 页。

[3] 钱穆：《八十忆双亲　师友杂忆》，生活·读书·新知三联书店 1998 年版，第 133、145 页。

钱穆与钱基博有些相通的思想。他俩都不主张学生闹学潮，认为荒废了学业。1923年，钱穆在集美任教时，学生闹风潮，罢课离校。有的教师加以赞誉，而钱穆认为学生这样闹下去，实为下策，遂不欲复聘于集美。抗战胜利后，钱穆有意逃避学潮迭起的无锡，奔赴边远的云南任教。钱基博也是一样，抗战胜利后，有人建议他回江浙任教，但他却有意避开，选择了华中大学。钱基博任教华中大学，于1948年发表《答诸生论今日之大学》表述此志，钱基博首先极为肯定华中大学能在学潮纷扰、天下汹汹的时代力维校风的安定、学风的纯正。"方今学潮汹洞，天下汹汹，京沪一带，以迄北平，所谓全国文化灿烂之区，然国立大学既成政治斗争之市场……苟一思天下汹汹之今日无一大学可以安定读书，唯华中大学可以安定读书；则必一心一德以维持校风之安定，而力保其终。""倘社会动荡而吾亦与为动荡，无心问学，以自暴自弃；长此以往，天下之读书种子将绝，聪明亦以渐灭，人道或几乎息，以返于洪荒草昧，张脉偾兴，人将相食，此则吾之所大惧！……吾亦唯有馨香祷祝校风安定之继续，以维斯文于一脉。"[1] 抗战胜利后的1946年，钱基博同钱穆曾共同出席无锡的一讲学会。钱穆回忆说：余赴常熟出席一讲学会。适子泉锺书父子俱在，同住一旅馆中，朝夕得相聚。余告子泉，国难尚未已，国共思想斗争，学校风波仍将迭起。余此下决意不再在北平、天津、南京、上海四处任教，暂避至较僻处，俾可一意教学，避免此外之许多麻烦。子泉即转面告锺书，汝听宾四叔言如何……时子泉决意仍返湖北，而锺书则改在上海任教，两人对时局意态不同。又说：曾被邀赴常熟作讲演，钱子泉锺书父子亦被邀，同住一旅馆中，讨论及此。适沪上各学校争欲招聘，子泉力赞余意，锺书则深盼余留沪。即彼父子两人，子泉仍返湖北，而锺书则终留上海。[2]

---

[1] 周洪宇：《钱基博的使命感和责任心》，《武汉文史资料》2003年第8期。
[2] 钱穆：《八十忆双亲　师友杂忆》，生活・读书・新知三联书店1998年版，第133、260页。

31. 马宗霍

马宗霍（1897—1976），文字学家，湖南衡阳人，湖南国立师范学院国文系教授、系主任，湖南大学文学院院长，中央文史馆馆员、中华书局编审。章太炎先生弟子，对于小学经学都有很深的造诣。主持廿四史点校工作。毕生以研究文字学为其主攻方向，潜心《说文解字》二十余年。有《音韵学通论》《文字学发凡》《中国经学史》等。

32. 张汝舟

张汝舟（1899—1982），名渡，自号二毋居士，取"毋欲速，毋自欺"之义，安徽全椒县人。民国十五年（1926）考入国立东南大学文学院中国文学系，受业于溧水王冬饮、蕲春黄季刚门下。民国三十年（1941）起任湖南蓝田国立师范学院讲师一年、副教授三年，与钱基博是同事。

张汝舟一生著述甚多，在天文历法方面，主要文章有《历术甲子篇浅释》《古代天文历法表解》《西周考年》《夏小正校释》等，已整理为《二毋室古代天文历法论丛》，由浙江古籍出版社1987年2月出版。在汉语语法方面，主要著述有《国文文法》《简明语法》《汉语语法发展史纲要》《语法管见》。在声韵学方面，主要文章有《切韵考外篇刊误》《段氏十七部批注》《声韵学教案》《诗经韵读举例》。此外，在古诗古文、训诂考证方面，张汝舟还写有论文《老庄补义》《齐鲁学考》《南宋九经考》《九歌新论》《谈杜诗书》等。

33. 周澂

周澂，字哲肫，江苏武进人，比钱基博小六岁，约1893年生人。他曾在光华大学附中任国文教员，后来又到光华大学国文系教书，其间著有《十年来之中国文学》。抗战时，周澂随钱基博入湘，任国立师范学院国文系副教授。钱基博曾说："作者周君，是我极要好的朋友。"①

---

① 钱基博：《语体文范》，《文范四种》，华中师范大学出版社2012年版，第156页。

周瀓对柳宗元颇有研究，撰有《读柳子厚山水诸记》，原刊《光华大学半月刊》1936年第4卷第9期。古人论文章，每以韩柳并称。钱基博研究韩愈，周瀓研究柳宗元，两人结缘。今人杜晓勤在《二十世纪隋唐五代文学研究综述》认为：周瀓的《读柳子厚山水诸记》是20世纪较早对柳宗元山水文学进行探讨的专论，言"韩豪曲快字，凌纸怪发；柳精裁密制，结篇紧凑。雄肆密栗，各擅其胜"。

34. 张舜徽

张舜徽（1911—1992），湖南沅江人，著名历史学家、文献学家。他1941年到1944年，在蓝田国立师范学院任教。1950年起任教于中原大学教育学院和华中师范大学。

张舜徽与钱基博在蓝田国立师范学院是同事。① 1987年，张舜徽发表《学习钱子泉先生"学而不厌，诲人不倦"的精神》。文章中说："记得和钱子泉先生第一次通信的时候，是在1941年的春天，那时我刚三十岁，而他已五十多岁了。我在署名的上面自称后学，这是应该的。但先生在回信中却说：后学执谦，非所克当，获厕友朋，为幸多矣。"

张舜徽与钱基博两人的晚年都在华中师院度过，都曾住在武昌县华林的华师老校区。张舜徽回忆说："同居武昌时，他的年龄快七十了。我每次走进他的书斋，见他总是伏案看书或钞书不倦。他看的书，多属历代文集。在交谈中，他曾对我说：'我搞的是集部之学。'这分明是谦虚之辞。其实他的学问，遍及四部，谁都服其渊博。但他虚怀若谷，从不以学问骄人，也从不自以为满足。从早到晚，总是孜孜不倦看书、读书。"张舜徽评价钱基博足为百世师长，为学术界、教育界树立了榜样，值得后人学习和尊重。"至于他学问的渊博，文章的雄奇，著述的宏富，举世皆知，足传不朽。"②

张舜徽有写日记的习惯，他知道钱基博每天也坚持写日记，张舜徽

---

① 张舜徽先生是笔者的硕士导师，钱基博是笔者神游的导师，因行文方便，书中均未避讳，亦未加"先生"二字，是为了全书在体例上的一致。特作说明。

② 周国林编：《张舜徽学术文化随笔》，中国青年出版社2001年版，第380、382页。

在《壮议轩日记》前言中记载:"钱翁自道二十一岁以后,逐日书日记,以迄于今 35 年,未尝一日间断,兵燹之余,大半已成灰烬,今所存仅百余册,其精神不可几已。"

35. 鲁迅

钱基博与他的哲嗣钱锺书都很少谈论鲁迅,似乎也没有什么交往。但是,鲁迅是那个时代绕不开的人物,钱基博在《现代中国文学史》说:"周树人者,世所称鲁迅,周作人之兄也。论其文体,则以欧化国语为建设……周树人以小说,徐志摩以诗,最为魁能冠伦以自名家。而树人著小说,工为写实,每于琐细见精神,读之者哭笑不得。"① 这段话说明,钱基博对鲁迅的小说给予了充分的肯定。

1934 年,有个署名戚施的人,在《大晚报》上发表了一篇《钱基博之论鲁迅》,其中介绍了钱基博在《现代中国文学史》对鲁迅的介评。其中说到周树人响应胡适的白话文学,"树人颓废,不适于奋斗……至树人所著,只有过去回忆,而不知建设将来;只抒小己愤慨,而不图福利民众。若而人者,彼其心目中,何尝有民众耶!"据说,鲁迅看了这篇短文,很是不爽。他在 1934 年出版的《准风月谈》的后记中剪贴了此文。②

---

① 钱基博:《现代中国文学史》,华中师范大学出版社 2011 年版,第 435 页。
② 详见谢泳主编《钱锺书和他的时代》,上海辞书出版社 2009 年版,第 145~146 页。该书有谢泳《钱锺书研究四题》一文,其中的一题是《钱锺书与周氏兄弟》,说钱基博的《现代中国文学史》1933 年 9 月由上海书局出版,此书关于鲁迅的评价,很有可能是钱氏父子讨论的结果。

第二章　钱基博对国学的基本看法

钱基博一辈子从事中国传统学术与文化研究，他不仅继承了传统国学，而且对国学有一套独到的见解，对中国传统文化与西方文化也发表过独到的看法。他从文化觉悟的角度解读国学经典，辨析国学源流，提升国学精神，彰扬国学先贤，构建国学体系。钱基博的这些思想集中地体现在他撰写的《国学文选类纂》《国学必读》《十年来国学之商兑》《今日之国学》《茹经堂外集·叙》等著作中。

第一节　国学观

国学是一个庞大的体系，学界对其中的诸多问题有争论。钱基博对国学的定义、源头、分类、书目等问题都形成了自己的观点。

一、国学就是"国觉"

国学，早在先秦时期就有了这个专门的词汇，《周礼·春官·乐师》记载"乐师掌国学之政，以教国子小舞"。唐宋时已流行"国学"一词，韩愈在《窦公墓志铭》说："教诲于国学也，严以有礼，扶善遏过。"这是以国家设立的学校为国学。到了清末民初，西学东渐、文化转型，现代意义的"国学"开始流行。国粹学派以《国粹学报》为阵地，刘师培、章太炎、黄侃、马叙伦、王国维、罗振玉、胡朴安、孙诒让、廖平、邓实等争相发表文章，极力宣扬国学，以期达到救国的目的。

什么是国学？学术界已有许多论述。1901年，梁启超在《中国史叙论》中提到"国粹"一词。1902年秋，梁启超写信给黄遵宪提议创办《国学报》，"以保国粹为主义"，使用了"国学"一名。几个月后，梁启超又撰《论中国学术思想变迁之大势》，多次提及"国学"。章太炎则于 1906 年 9 月在东京发起"国学讲习会"，不久又在此基础上成立了国学振起社，其"广告"云："本社为振起国学、发扬国光而设，间月发行讲义，全年六册，其内容共分六种：（一）诸子学；（二）文史学；（三）制度学；（四）内典学；（五）宋明理学；（六）中国历史。"① 章太炎于 1910 年在日本刊行《国故论衡》，其后又出版《国学概论》，晚年在苏州国学讲习所讲习国学，讲稿整理成《国学讲演录》。章太炎所说的国学是指我国固有的小学、经学、史学、诸子学、文学。

国粹派邓实 1906 年在《国学讲习记》说："国学者何，一国所自有之学也。有地而人生其上，因以成国焉，有其国者有其学。学也者，学其一国之学以为国用，而自治其一国也。"② 胡适在《国学季刊》的发刊宣言说："中国一切过去的文化历史，都是我们的国故，研究这一切过去的文化历史的学问，就是国故学，省称国学。"钱穆在 1926 年写《国学概论·弁言》说："学术本无国界。国学一名，前既无承，将来亦恐不立。特为一时代的名词。其范围所及，何者应列国学，何者则否，实难判别。本书特应学校教科讲义之需，不得已采梁氏《清代学术概论》大意，分期叙述。于每一时代学术思想主要潮流所在，略加阐发。"③ 马一孚 1938 年在江西泰和县为浙江大学师生讲学，稿子结集为《泰和会语》。其中有《楷定国学名义》，认为国学即六艺之学。所谓六艺，就是《六经》，统领经史子集四部。张岱年在 1997 年写《国学通览·序》说："国学，亦称中国学，即中国学术的简称。民国初年一些学者编印《国粹学报》，章太炎著《国故论衡》，又做了'国学概论'的演讲，于是国学的名称流行起来。外国学者研究中国学问，称之为汉学，亦称中国学。"

---

① 王富仁：《"新国学"论纲（上）》，《社会科学战线》2005 年第 1 期。
② 转引自吴雁南等主编《中国近代社会思潮》第 1 卷，湖南教育出版社 1998 年版，第 668 页。
③ 钱穆：《国学概论》，商务印书馆 1997 年版，第 1 页。

可见，现代意义的"国学"是因爱国情怀而产生的，是相对于西方学术的一个概念。国，指中国；学，指传统的学术；国学是指以经史子集为主体的中华传统学术与文化。国学不仅是学术，而且是思想，是中国人的国魂。钱基博把中国的国学与西方的宗教进行比较，认为"今日之中国，既不若欧美之有宗教"，"各国之宗教，即其魂也。吾国无宗教，而又去其固有之魂。且值欧风东渐，彼邦方以宗教上之手段而施其侵略政策。吾国人茫无凭依，呼牛呼马惟人所命，国之无魂，则魄将安依？孔孟之教之浃洽于人心，即中国之国魂也"。① 钱基博认为"孔孟之教，即我国人民数千年沦肌浃髓之精神教育也"②。

关于国学的定义，早在 1926 年，在国学热的声浪中，钱基博在《国学文选类纂》的《总叙》对国学的定义与本质有论述，③ 提出：何谓"学"？"学"之为言"觉"也。他引用《荀子》之语曰："君子博学而日参省乎己，则知明而行无过矣"；"真积力久则入，学至乎没而后止也！故学数有终，若其义则不可须臾舍也！为之，人也！舍之，禽兽也！"又"君子之学也，入乎耳，箸乎心，布乎四体，形乎动静，端而言，蠕而动，一可以为法则。小人之学也，入乎耳，出乎口，口耳之间则四寸耳！曷足以美七尺之躯哉！"他认为这就是"觉"与"不觉"之别，"君子"与"小人"之分也！（第 110 页）④

对国性的理解。钱基博认为："国于天地，必有与立。而人心风俗之所系，尤必先立乎其大，深造而自有得，相以维持于不敝。"（第 110 页）"倘一国之人，自上下下，不复自知我国历史久长之难能，文化发扬之可贵；本实已拨，人奋其知，自图私便；则国与民之所恃以抟系于不坏散者，仅法律权力之有强制，生命财产之受保障耳！于精神意志之契合何有！一旦敌国外患之强有力者临之，但使法律权力足以相制，生

---

① 曹毓英选编：《钱基博学术论著选》，华中师范大学出版社 1997 年版，第 346 页。
② 同上书，第 347 页。
③ 同上书，第 9~12 页。
④ 本节在正文中引用的页码均出自钱基博编《国学文选类纂》，华中师范大学出版社 2013 年版。

命财产足以相保;而蚩蚩者氓,只如驯羊叩狗,群帖焉趋伏于敌人之足下已耳!古今之亡国者,未或不由是也!"由此可知,蔑国性即灭国。反之,"倘有国之人焉,胚胎于前光,歌诵其历史,涵濡其文化,浃肌沦髓,深入人人。人心不同,而同于爱国……如化学之化合力,熔冶国人,使自为一体,而示异于其他也!然后退之足以自固壁垒,一乃心,齐乃力,外御其侮;而进焉则发挥光大之以被于全人类而为邦家之光!此国性自觉之第一义也"(第111~112页)。

钱基博在《总叙》中,核心的句子是:"学以圣为归,圣者,大觉至通之称……国学之一名词,质言其义曰:'国性之自觉'云尔!"(第110页)钱基博的依据是汉代许慎在《说文解字》解释"学"就是"觉",而篆体的"学"字也可以解释为"觉"。

钱基博把国学分为古典主义与人文主义,认为人文主义的国学"发国性之自觉,而纳人生于正轨"(第117页)。"国学者,人文主义之教学也,舍人文主义之教学,更何所谓国学者!"(第118页)他认为,在学习和研究国学时,应当彰显其人文主义内涵。

国学是有精神的。钱基博曾经训勉学生说:"无论新旧同学,都要竭力发挥'国''文'的精神,国之为字,从'或'从'口',以守一,即执干戈以卫社稷之义也;文者,历史上之文物制度也,换言之,国文即含有精神卫国之意义。"①

钱基博说国学是"国觉",这个观点极时髦,极深刻,极有益。知之者觉,无知者昧。国学的要义在于有知有觉。有觉就有悟,有大觉、小觉,也有顿觉、渐觉,还有真觉、假觉。所谓自觉,就是知道自己在哪里,何去何从,该做什么?

国学即"国觉",钱基博自1926年提出此观点后,一直继续思考,并不断发表文章展开论述。大约在1928年的夏天,钱基博"杜门侍亲疾",而有些学生前来讨教国学相关的问题,钱基博在这段时间梳理了

---

① 《国文学会欢迎新教师新同学》,《国立师范学院旬刊》1939年第3期。

自己国学观念，撰写了《今日之国学》一文，发表在1929年《国光》第1卷第1期。钱基博在这篇文章全面阐述了他的国学观，共讲了三个问题。

国学正名。国学到底是什么？钱基博认为："必先知'学'之涵义，而后可与言国学。"学，就是觉。《说文·教部》非常清楚地解释"学，觉悟也"。《荀子·劝学篇》已有相关的话语："君子博学而日参省乎己，则知明而行无过矣。"凡学，不能不知"义"与"数"，不能不知为学以畜德。国学一词，就是国性之自觉。

国性之所以要自觉，钱基博认为是历史教训换来的，是人们不断调整认识的结果。他说："吾生四十年，遭逢时会，学术亦几变矣！"第一个时段为："方予小弱，士大夫好谈古谊，足己自封；其梯航重译通者，胥以夷狄遇之；而诩然自居为中国，以用夷变夏为大戒，于外事壹不屑措意。"第二个时段为：西学之事，问途日多。然而人们认为"彼之所精，不外象数形下之末；彼之所务，不越功利之间"。第三个时段为："世变日亟，国人晓然于积弱，则又以为中国事事不如人，旧学浸以放废！"传统的国学不流行了，社会变成了什么样子呢？"衡政，则民治徒为揭帜，而议士弄法不轨，武人为于大君。论教，则欧化袭其貌似，而上庠驰说不根，学生自名天骄。横流所极，纪纲何存！欲求片词只义，足以维系一国之人心者而渺不可得！国且不国，何有于治！"（第73页）在钱基博看来，国学的丧失，导致了国家的政治混乱，学术放荡，民心涣散。国家到了非常危险的地步，不能不提倡国性之自觉了！

国性之自觉，觉在何处？钱基博接着说："是故言'国性之自觉'者，必涵二谛而义乃全：一曰'必自觉国性之有不可蔑'……一曰'必自觉国性之有不尽适'。"这是对国学评判的最基本态度。之所以说国性"不尽适"，是因为"树艺积久而必萎，国性积久而有窳。时移事迁，有不适者"。随着社会的发展，中国面临着新的情况，欧化东渐，"人心不安于澹定，国事日征其蜩螗！贪冒淫佚以为文明。弱肉强食为公理"（第74页），国性已"不尽适"，国人不能自暴自弃，必须倡导国性之自觉。

钱基博认为传统国学有两种主义，其源发自荀子的《劝学篇》，一是义，一是数。两者本来不是二物，但后人析而二之，不能相通。这两种思想可归纳为人文主义与古典主义。"'人文主义'者，以为国学之大用，在究明'人之所以为人之道'；而以名物考据为琐碎。""'古典主义'者，以为国学之指趣，在考征'古之所以为古之典章文物'；而以仁义道德为空谭。"历史上，大抵汉学尚考据，明训诂；宋儒道性善，明义理。然而，汉学亦有今古文之分，"今文经世以致用，微言大义是尚，此汉学之近于'人文主义'者也。古文稽古以释经，名物训诂是谨，此汉学之偏于'古典主义'者也"（第75页）。

针对这两种主义，钱基博鲜明地提出来"言国学者，当以人文主义为宜"。因为，人文主义国学重视国性之自觉，是精神层面的内容。钱基博说：数有可陈，而其义难知；数有可革，而其义不变；义尊而数卑，义先而数后。惟人文主义足以制古典主义之宜。"国学者，'人文主义'之教育也；舍'人文主义'之教育，更何所谓'国学'者！盖惟'人文主义'为足以发吾人之自觉；亦惟'国学'为能备'人文主义'之至德要道。舍'人文主义'而言国学，则是遗其精华而拾其糟粕，祛其神明而袭其貌焉也！"（第81页）

体会钱基博的观点，国学的本旨在于自觉。所谓自觉，就是要有人的主体意识，人对自己的学术与文化的自觉。正如当今的学者楼宇烈所说："所有的国学家讨论，归根到底都是东西文化的交流，是现代化的进程当中来思考如何正确对待本国已有的文化传统……要解决这些问题，关键是在现代文化交流中怎么样保持自己文化主体意识的问题……所谓文化的主体意识就是对本国文化的认同，包括对它的尊重、保护、继承、鉴别和发展等。"[①] 显然，国学追求的、体现的是一种自觉的精神。文化自觉体现了人文精神。人文精神是人的价值取向。它以知识精英为导向，倡导独立的人格和对社会与学术的关怀。它以人为核

---

① 楼宇烈：《国学百年争论的实质》，《光明日报》2007年1月11日。

心，反映了时代进步的趋向，是具有积极性质的思想状态。所谓价值取向，就是人们对生命的价值、个人在社会中的地位的理解。它包括人的独立精神、奉献精神、创造精神、批评精神。钱基博认为，在学习和研究国学时，应当彰显其人文主义内涵。可见，与其他国学大师相比，钱基博更加强调国学的思想性。

说到自觉，不能不说说费孝通的文化自觉观。费孝通生前有感于鄂伦春民族的后进，有感于美国的"九一一事件"，大力提倡文化自觉，认为离开了文化自觉，人就会陷入迷茫。为了实现文化自觉，费孝通提出了"美美四句"（各美其美，美人之美，美美与共，天下大同）。这四句体现了文化反思、文化胸怀。钱基博的国学自觉思想与费孝通的文化自觉思想是相通的，钱基博比费孝通早半个世纪就提出了一整套自觉思想，说明钱基博真可以称得上是一位先知先觉的大哲。

钱基博对国学与国觉的理解，除了提出时间早，内容亦内涵深刻。他倡导国学的自觉，不是一般意义的自觉，而是民族的自觉。他把国学与民族魂联系在一起。他在《论语约纂》说："曩尝谓人有知觉运动，其作用全系于魂。魂不附魄，则魄者，颓然一躯壳而已。国家者，躯壳也。所以行使此国家之作用，则必有一魂在，且必有共同之魂在。各国之宗教，即其魂也。吾国无宗教，而又去其固有之魂。且值欧风东渐，彼邦方以宗教上之手段而施其侵略政策。吾国人茫无凭依，呼牛呼马惟人所命，国之无魂，则魄将安依？孔孟之教之浃洽于人心，即中国之国魂也。"在钱基博看来，西方有宗教之魂，而中国处于茫然之中，应当把魂唤回来。那么，就得读经，落实到具体的就是读《论语》《孟子》等经典。通过实实在在地阅读国学经典，把麻木的人心唤醒，找回自己，重新站立起来，这就是国学的真正意义。

二、国学的源头及分类

（一）国学的源头

关于国学的源头，有些学者认为：有了中国的传统学术，就意味着有了国学。夏朝是我国的第一个朝代,传闻夏代有了《夏小正》,有了《连山》这类文献,就可以称为是国学的开始。商代出现的大量的甲骨文、卜辞亦是国学不可回避的内容,是文字学源头。到了周代,国学就颇成规模了。

钱基博在《国学文选类纂》把源头追到周代的春秋战国时期。他说:"春秋以前,我国有政无学,有君、卿、大夫、士而无师儒。周辙既东,官坠其职;于是百官之守,一变而为百家之学。《汉书·艺文志》曰:'某家者流,盖出于某官'是也。'百家之学',所为异于'百官之守'者:'百官之守'者,谨守其'数';'百家之学'者,宣究其'义'。此国学之所为起也。"(第118页)这是从学术的源头论述国学的发生。

诸子之学是国学的代表之学。《汉书·艺文志》引用刘歆《七略》的观点,认为周代政治崩溃之后,宫廷的官员把学术带到了社会上,于是形成了诸子学术。国学界许多人认为诸子之学出于王官。章太炎在《诸子学说略》认定这种说法,而胡适撰《诸子不出于王官论》否定王官说,在民国年间曾经出现激烈的争论。钱基博与章太炎的观点基本上是一致的。然而,钱基博特别强调了百家之学与百官之学的区别、百官之学是"百官之守",守的是"数","数"是很实际的东西;而百家之学侧重于"义","义"是思想性的东西。思想引领社会,代表了时代的趋向。

钱基博把国学源头的重要起点归于孔子。在《孔子圣诞演说》[①]一文中,钱基博对孔子的评价定位,不是教育家,也不是哲学家、宗教家,而是国学运动家。他说:"孔子当日之所谓国学,即周公之学。易言之,即鲁国之学。"孔子把鲁国之学变成中国之学,作了很大的努力。孔子下了三步功夫:其一是诵百二十国宝书;二是周游列国;三是整理国学。"孔子删《诗》《书》,订《礼》《乐》,赞《易》,修《春秋》,即

---

① 此文原刊于《无锡新报》1923年10月16日,现载于钱基博编《国学文选类纂》,华中师范大学出版社2013年版,第3~7页。

孔子之整理国学。"(第 4 页)钱基博说:"之所以纪念孔子者,莫如努力于国学运动以绍先圣之大业;俾中国之学,更扩而充之以成世界之学。"(第 5 页)这就是钱基博的希望。"今日之国学运动,非中国问题,而全世界问题。"

钱基博在《孔子圣诞演说》一文认为,"国故"一词没有"国学"一词合适。"故"有二训:一曰旧,二曰敬故。学,就是觉悟。明心见性之谓觉,耻不若人之谓觉。钱基博认为,国学作为一种运动,时时蜕变,未尝间断。春秋战国时,诸子九家,家自为说。西汉有黄老学与孔学,又有古文经与今文经。魏晋有老庄与孔学。直到清代,有汉学与宋学之对抗。(第 6 页)

钱基博在《孔子圣诞演说》接着说,民国年间的国学运动发生了变化。如果说历史上的国学运动是起于内部对抗,则民国年间的国学是起于欧化之反感,缘于外感。章太炎是理智的国学家,梁启超是情感的国学家,北京大学有怀疑的国学运动,东南大学有宗信的国学运动。钱基博说:"国学运动云者,国民自觉运动之谓……所谓自觉者:第一不可不极深研几国学之内容,此非于国学先切实下一番功夫不可。第二须觉悟国学之不如欧美之学者何在?其胜于欧美之学者又何在?"(第 7 页)

正因为国学是古老的学问,因此学习国学就得从古文入手。钱基博一生教授古文阅读及写作,他在湖南蓝田国立师范学院采用的国文教材均为文言文,他曾引晚清经学家、文学家王闿运的话告诉学生,"文不取裁于古,则无法;文而毕摩乎古,则无意"①。

(二) 国学的分类

国学分为广义与狭义。何谓广义?何谓狭义?学术界莫衷一是。狭义的国学有两类:

一类指中国传统的学术及相关的文化。其中包括古代的文字学、音韵、训诂、版本、目录、校勘、辑佚等基础性的文献学知识,包括传统

---

① 钱基博:《国文教学丛编》,华中师范大学出版社 2013 年版,第 173 页。

的经、史、子、集四大类的学术，也包括儒、释、道的文化。举凡医学、武术、艺术等与中国古代学术相关的各类学问与文化都包括在其中。我们见到的许多国学教材，都是把主要注意力放在传统国学方面。

另一类指针对西学产生的新国学。许多学者认为，国学是晚清以来流行的概念，是相对于外来学术文化而产生的学术文化，是中华民族在复兴之路上返本开新的学术文化。新国学是一个学术文化的概念，但其中有政治精神的内涵。新国学比起传统的国学又增加了一些新的内容，比传统国学要丰富得多。当下已有学者提出"新国学"一词，如方克立先生写过一篇文章，提出"在今天复兴国学，重建国学就是要创建适应中国特色社会主义事业发展需要的新国学"。2008年11月成立的清华大学国学研究院院长陈来先生也以创立新国学为己任。

两类狭义的国学合并起来，就是广义的国学。它包括了传统的国学与正在构建中的新国学这两大板块。这两者之间，传统国学是主体与基础，如果不了解传统国学，就等于没有进入国学的堂奥。新国学是趋势与新结构，如果不了解新国学，就等于迷失了国学的方向。

国学内容丰富，有必要进行分类。历来的国学大师都赞成国学分类，并提出了不同的分类方法。国学可以有不同的分类，如按条状，可以把国学分为经学、史学、子学、集部之学四大类；也可以分为儒学、佛学、道家与道教之学；还可以分为义理学、考据学、经世学、词章学；还可以按现代学科体系划分为哲学、史学、文学、科学等。如果从时间纵向考察，可以把国学分为先秦诸子、两汉经学、魏晋玄学、隋唐佛学、宋明理学、清代朴学、近代新学。这些分类都各有道理，见仁见智。曾国藩在《日记》中把中国学术分为义理学、考据学、经世学、词章学。义理学包括侧重思想性的学问，考据学侧重校勘，经世学侧重科学技术，词章学侧重文学。国学是可以从不同角度分类的。子部实际上是思想史类，包括先秦诸子、儒道释三家等，而儒家贯穿并主导中国思想史。

钱基博对国学也有独到的分类观念，在不同的时期和不同的书籍中，对国学的分类有一些细微的差别：

钱基博编写的《国学必读》计两册，1923年编成，是一个论述中国传统学术的文章选本，作为新中学教科书的一种印行。从这个选本，我们可以看到，钱基博将国学分为五部分：文学、经学、小学、史学、子学。其中还有一些选文作为"通论"处理。钱基博认为文学是"通国学之邮"，故将文学单独拈出，以显示其重要性，是谓"文学通论"，选有魏文帝以下37家论文学的要籍文44篇，杂记75则。通论、经学、小学、史学、子学五类，是谓"国故概论"，选自陆德明以下20家论述学术源流文36篇，杂记3则。

1926年，钱基博编《国学文选类纂》，开篇就说："谨以诵览所及，写著其文，以当明述，辑为六类：曰小学之部，曰经学之部，曰子学之部，曰史学之部，曰文学之部，曰校雠目录之部，而题其耑曰《国学文选类纂》。将以宏阐国学，考镜源流，统斯文之条贯，诏学者以知方；庶几国学之管枢，文章之林囿也！倘有睹记旁逮，足备考论，见仁见知，义各有当，附之于篇，为后学治国闻者览观焉。"（第109页）他把国学分为六类：小学之部、经学之部、子学之部、史学之部、文学之部、校雠目录之部。他把小学、校雠学从原经部和史部析出，可能是为了强调国学的基本功和运用。治国学者，大多注重文字，由传统的小学起步，最后要落实到校雠上。钱基博一辈子治学，与其他国学大师一样，都是循着这个路子走过来的。钱基博在《古书治要之教材举例》一文中，依次对国学中的小学、经学、史学、子学、集学、古书源流的要籍作了介绍，是对国学书籍的系统阐释。说到古书的重要书目，钱基博对先前一些学者的工作给予了充分肯定，他说："曾国藩之《圣哲画像记》，黎庶昌之《周以来十一书应立学官议》，张之洞之《书目答问》，近逮胡适之《一个最低限度的国学书目》，梁启超之《国学入门书要目及其读法》，李笠之《国学用书撰要》，数君子者，类能挈要钩元，固已诏后生以'古书治要'之途径矣。"（第32页）

《国学文选类纂》中有《国学的分科问题》一文，钱基博说：周代的太学有分科，乐正支配太学的课程。到了春秋，官失其守，便有了私人学术的分科分家，孔子有了分科。战国时，荀子提到六派十二子。到了汉代，太学有十四博士，刘歆有七略。刘宋时，立国学。清儒把国学分为义理、词章、考据。晚清的章太炎也有国学分科，他能窥其微；梁启超能见其大。如果把章太炎比作显微镜，那梁启超可以比作望远镜。（第15～17页）钱基博把国学分为四科：文献、性理、文学、艺术。这实是在义理、辞章、考据三方面之后加上了艺术。"国学之文献科教学，当由史地教员分任一部分去。性理科教学，当由公民教员分任一部分去。艺术科教学，当由音乐、图画、手工各科教员各任一部分去。"（第19页）钱基博认为国学的知识系统涉及很广，按学科分类，可以分为哲学、史学、宗教学、文学、礼俗学、考据学、伦理学、版本学等。医学、戏剧、书画、星相、数术也应属于国学。

统括钱基博对国学的分类，大抵是在经、史、子、集四部的基础上作了某些调整，有时析出小学，有时把集部称为文学，有时增加经世之学。

三、国学的特色在于会通

国学是会通之学。作为一位国学大师，钱基博是一位学贯古今、文史兼治、渊博而会通的学者。他的研究领域极其宽广，除了上文提到的经史子集等领域，钱基博在其他方面还有许多成果，形成了博大的会通之学。钱基博曾经说："读书欲得要领，贵乎能观其会通。"[①]

钱基博《治学篇》共上、下两篇，分载于《清华周刊》总第353～354期。其中写道："治学有方，贵能会异见同，即同籀异；匪是无以通伦类，诏途辙。然而诸生之论学则何如？言周秦学派者，徒条其流别，而未观其会通；则会异而不知见同也。言清代学术者，徒言清儒之

[①] 钱基博：《史记之分析与综合》，曹毓英选编：《钱基博学术论著选》，华中师范大学出版社1997年版，第448页。

治汉学,而未明汉学清学之究何以殊;则是即同而未能籀异也。夫会异而不知见同,则所知毗于畸零,而无以明其会通。倘即同而未能籀异,则用思嫌于笼统,而奚以较其大别?二者所蔽不同,而为失则均。斯固近日学者之通患,而诏诸生以知徹;匪徒好为引绳批根之论也。"①

所谓会通,就是取各家之长。会通就是辨章学术,考镜源流。钱基博说:"仆纂《韩愈志》既卒篇,重采唐、宋、元、明、清人文集札记之论文及于韩愈者,成《附录》……别写为目,部居类次,以资参考。"② 钱基博在《读庄子南华真经卷头解题记》中论《庄子》内、外、杂篇的真伪,他说:"大抵《内篇》,庄子立言以自抒所见,而《外篇》则引释老子之言者为多。疑庄生先读《老子》有所会而笔之,成《外篇》;又以意有未尽,乃自著书,成《内篇》。故《外篇》十五,可作《老子》注读;而《内篇》则多老子之所引而未发者,题曰《内篇》以别于外者,惟其意。若曰《外篇》所记,不过老子之所得,犹为外铄我,而未能自有得也,未若《内篇》之自得其得,内心有耀也,此《外篇》与《内篇》之别也。"

钱基博于1933年著《骈文通义》,在《叙目》中说:"博于骈文非专家;顾自少小耽诵《萧选》;而三十岁以后,于李兆洛《骈体文钞》,王先谦《骈文类纂》,彭元瑞《宋四六选》,曾燠《骈体正宗》,屠寄《常州骈体文录》五家言,循绎数过……而李之《骈钞》,恢张汉魏以植散行之骨;王之《类纂》,极论才气以闳骈文之规;尤能观骈散之会通,而足树楷模于斯文者也!发凡起例,撰为是册。"③ 在第二篇《骈散》中又说:"而阳湖李兆洛申耆乃纂录《骈体文钞》,以为'唐宋传作,无

---

① 钱基博:《治学篇(上)》,曹毓英选编:《钱基博学术论著选》,华中师范大学出版社1997年版,第24~25页。

② 钱基博:《韩愈志(节选)》,曹毓英选编:《钱基博学术论著选》,华中师范大学出版社1997年版,第529~530页。

③ 钱基博:《骈文通义》,《集部论稿初编》,华中师范大学出版社2012年版,第223~224页。

不导源汉魏。汉魏之骈体,即唐宋散行之祖'。"①

所谓旁征博引,就是要广泛引用文献。钱基博不论撰写什么题目,都习惯于"辨章学术,考镜源流"。他研究《庄子》,在《读庄子天下篇疏记》中引用《史记·老庄中韩列传》《史记·孟子荀卿列传》《汉书·儒林传》《汉书·艺文志》《隋书·经籍志》《旧唐书·经籍志》《新唐书·艺文志》《资治通鉴》《白虎通》《说文》《尔雅》《韩诗外传》《春秋穀梁传》《春秋左氏传》《战国策》《国语》《吕氏春秋》《淮南子》等数种文献,与《庄子·天下篇》相关内容互相印证。后面还附以《太史公谈论六家要指考论》,以"匡庄生所未逮,而极鄙意之欲言也"②。钱基博在《读庄子天下篇疏记》还直接引用清人俞樾的《诸子平议》、王念孙的《读书杂志》、近人章炳麟的《庄子解故》《齐物论释》、梁启超的《庄子天下篇释义》以及胡适的《中国哲学史大纲》等有关《庄子》研究的成果。

四、国学的流变与前途

关于国学的流变与前途,钱基博的《国学文选类纂》有多篇文章涉及这个问题,试介绍如下。

在《国学的分科问题》一文中,钱基博论述国学的分合态势,说:"中国的政治史,是由分讲到合的。而中国学术史,则是由合而讲到分的。"(第13页)周武王时有800多个国家,春秋时有163个国家,战国并为七雄,秦朝统一。"中国政治史,是统一其常,分裂是病态。中国学术史,是分裂其常,统一是病态。所以中国政治的清明,在政治史上统一的时候。中国学术的昌明,则在学术史上分裂的时候。"(第14页)

---

① 钱基博:《骈文通义》,《集部论稿初编》,华中师范大学出版社2012年版,第228页。

② 钱基博:《读庄子天下篇疏记》,曹毓英选编:《钱基博学术论著选》,华中师范大学出版社1997年版,第358页。

在《国学历代变异的问题》一文中，钱基博谈道：一个时代，有一个时代特殊产生的国学。不过，也不是代代能够产生特殊的国学。国学从时间上分，可以分成西周之学、东周之学、汉学、魏晋之学、唐学、宋学、清学七种。《禹贡》是四千年前世界最古的一部人文地理，《洪范》是世界最古的一部人生哲学，可算是西周以前的两部国学大著。西周之学，就是文王、周公之学。春秋时，晋韩宣子聘鲁，说"周礼尽在鲁矣"，这可算是鲁传西周之学的一个铁证。后来孔子删《诗》《书》，把西周之学又整理了一番。西周之学，就是根据现实社会人生说明两个观念，一个是礼，一个是易。东周之学，只是西周之学的分裂。孔子是西周之学的一个整理者，老子是西周之学的一个破坏者。要了解东周之学，当得下一番研究诸子的功夫。秦始皇一统天下，西周之学与东周之学同付一炬。汉学不过从灰烬中将西周之学掇拾起来，下了一番补订功夫。西周之学，经汉儒一番掇拾补订之后，分成了今文、古文两派。汉学是国学的第一次还原。西汉儒者本信今文，到了东汉，古文占了最后的胜利。东汉的古文家只讲训诂章句，到了魏晋时期，老庄之学渐渐兴盛起来。何晏、王弼就是开风气的人。魏晋的学者治《易经》，以之作为《老子》的旁通。注解《易经》，多用《老子》语。《老子》知常，《易经》观变。《老子》明天之道，《易经》察民之故。这时，佛学进来了，非相非法，谈空遭有，国学第一次门户开放，国学印度化。唐学继往开来，整理儒家经典，输入佛学，大乘兴盛起来。宋代理学是印度佛学与"西周之学"的妙合。朱熹上承程颐，陆九渊下开王守仁，陆王之学有浓浓的佛学色彩。明代，陆王之学压倒了程朱理学。清学是数千年来国学的一种倒流运动，可称作国学的第二次还原，西汉的今文之学死灰复燃。章太炎是古文家的都头，梁启超是今文学的后劲。清儒的戴震等人不墨守成规，有宋儒的求是精神。惠栋讲文学，不免墨守。嘉道以后的学者讲今文，有些附会。（第21～25页）

在《国学历代变异的问题》一文中，钱基博很欣赏宋学的兼容性。他希望在欧化东渐的当代，中国学术应当"枯杨生稊，老夫得其女妻"，

"诞育一位宁馨儿"（第 26 页）。

钱基博在其他著作中也多次论述国学的状况，他认为民国年间的学术较为沉闷，缺少创新。他评点民国前期的学术风气道："近十年之国学，无他演变；大抵承前十年或前数百年之途径以为递禅。其新颖动人而为青年髦士之所津津乐道者，厥为以科学方法整理国学。而大师宿学，则或讲宋明理学，欲以矫清代治汉学者训诂琐细之失。其尤河汉无涯者，益侈陈三教会通，故为荒唐之言，无端涯之辞。海内之学者具此而已矣！"（第 83 页）

钱基博在为钱穆《国学概论》写的《序》中，倡导对国学成果的商榷与批评，用了诸如"未为周匝""未为具尽"这样一些句子①，这在历来的《序》中是不多见的。这说明，钱基博主张治理国学要周密考察，详尽源流。凡涉及国学，哪怕是好友，也直言不讳。

许多学者认为，国学的出路在于两个方面：一是返本开新。中国学术文化是在返本开新中前行的。钱基博注意到"古文者，韩愈氏厌弃魏晋六朝骈俪之文，而返之于六经两汉，从而名焉者也"②。二是兼收并蓄。钱基博 1933 年曾说："杜少陵论诗绝句云：'转益多师是吾师。'此杜之所以成诗伯；亦韩之所以为文宗也。"③

钱基博认为国学不是万能，不能对国学抱有太多的幻想。他结合社会现实积弊，指出："自新文化盛唱以来，而保存国粹之呼声，亦随之日高，国学专修馆、存古学校，一时风起云涌。博以为此中国教育之病理的现象也。夫古之存，必不能外于今。今有不适，即古亦奚以存为？而欧化之输入，亦无妨于国之有粹。呜呼！国之有粹无粹，壹视今人之奋发自力如何？匪可借古人以撑门面！苟今人不自振奋；而徒诵习孔子、孟子之言曰：'我保存国粹者也！'是则老子所谓：'子所言者，其

---

① 钱基博：《序跋合编》，华中师范大学出版社 2014 年版，第 218 页。
② 钱基博：《现代中国文学史》，华中师范大学出版社 2011 年版，第 20 页。
③ 钱基博：《韩愈志（节选）》，曹毓英选编：《钱基博学术论著选》，华中师范大学出版社 1997 年版，第 593 页。

人与骨皆已朽矣！'何国粹之有焉！"① 国学不能食古不化，不要盲从圣贤，与其一味崇信权威，不如把他们当作一堆朽骨。钱基博展示出的对国学态度，体现了当代士人的新精神！

第二节　国学与西学

钱基博所处的时代，是晚清解体、民国构建的时期。西方文化作为强势文化进入中国，中国传统文化日渐衰落。每一个中国学者都面临着如何对待传统学术与文化的严峻问题。面对中西文化的关系问题，钱基博不可能不发表自己的观点。

事实上，民国时期的中西文化观十分纷繁，其中有两种较为偏激的观点。钱基博将这两种观点归结为"执古"与"骛外"：

> 民国肇造，国体更新；而文学亦言革命，与之俱新。尚有老成人，湛深古学，亦既如荼如火，尽罗吾国三四千年变动不居之文学，以缩演诸民国之二十年间；而欧洲思潮又适以时澎湃东渐；入主出奴，聚讼盈庭，一哄之市，莫衷其是。权而为论，其弊有二：一曰执古，一曰骛外。何为骛外？欧化之东，浅识或自菲薄，衡政论学，必准诸欧；文学有作，势亦从同，以为"欧美之学，不异话言，家喻户晓，故平民化。太炎、畏庐，今之作者，然文必典则，出于《尔雅》；若衡诸欧，嫌非平民"。又谓："西洋文学，诗歌、小说、戏剧而已。唐宋八家，自古称文宗焉；傥准则于欧美，当摈不与斯文。"如斯之类，今之所谓美谈；它无谬巧，不过轻其家丘，震惊欧化，服膺焉耳。……然而茹古深者又乖今宜；崇归、方以不祧，鄙剧曲为下里，徒示不广，无当大雅。兹之为弊，谥曰"执

---

① 钱基博：《某社存古小学教学意见书》，《国学必读》，华中师范大学出版社2012年版，第402页。

古"。知能藏往，神未知来，终于食古不化，博学无成而已。或难之曰："子之言自论文耳。倘文学言史，舍古何述？宁不稽古，即可成史？"请晓之曰：史不稽古，岂曰我思。然史体藏往，其用知来；执古御今，柱下史称；生今反古，谥以"愚贱"。①

钱基博认为"执古"与"骛外"都有片面性。时代在前进，学人如果顽固不化地拘泥于旧学，那学术是一定会落后的。如果学人一味地崇洋媚外，就会使中华学术失去自我。国学，一定要理智地面对现实。国学的兴起，是西学与旧学刺激的结果。国学热是对西方思想回应的表现。近代以来，随着西方列强坚船利炮进入中国的是西方的强势文化，西方文化强烈冲撞着中国学术与文化，令中国人不安，促进中国人觉醒。没有觉悟的民族是没有希望的民族，中华民族是最能觉悟的民族。有挑战就有回应，国学是清末民初时期人文精英对本国学术文化的自觉，当时掀起的国粹主义思潮体现了中国人的爱国情怀。国学热是中国学人对传统学术日益衰败的回应。国学家们曾经被人戏称为"扶衰派"，他们试图挽救传统学术，用包含了新内容的国学回应西学，回应旧国学的衰袤，回应时代的变化，这是它与旧国学最大的不同。

钱基博有自己的文化观，他热爱中国的传统文化，对西方文化也有充分的肯定，倡导中西文化交流。他的中西文化观主要表现在以下方面。

一、如何对待本国学术文化

（一）要学本国历史文化

钱基博曾经在教会大学教授国学。他在1952年撰写的《自我检讨书》中回忆说："我进圣约翰，因为孟宪承先生邀我。我和孟宪承本不相识，孟宪承在中学生时代读过我写的辛亥革命军人《吴禄贞传》，又

---

① 钱基博：《现代中国文学史》，华中师范大学出版社2011年版，第6~7页。

听得人说我在江苏省立第三师范学校,教国文认真,就到无锡来看我,说'江苏省教育会黄任之先生参观南京上海各教会大学,认为学生认真读英文,而国文课绝不当一回事,几乎忘掉自己是哪一国的人。国文教员也有若无,向各教会大学校长提议整顿国文课。现在圣约翰校长卜舫济邀我去当国文主任。我想非得一位于国文有坚强信心,不怕和学生麻烦者同去,恐风气不易挽转,幸勿见辞!'我当时听了,认此一问题严重,一口答应去。"①

钱基博来到圣约翰大学任教,发现学生们普遍用英文名字而不用自己的中文名字,上国文课时却捧着英文书读,这深深触动了他的民族文化情结,他正告同学:"诸位!毫无问题是中国人;然而诸位一心读英文,不读国文;各位的心,已不是中国人的心!……我今天已不是圣约翰雇聘的一个国文教员;而是一中国父老的身份,看你们作子弟,挽你们的心,回向中国!我想你们不愿,也得愿;因为你们身里有中国人的血!"钱基博意气愤昂、情真意切的态度打动了全班同学。开课后不久,学生学习国文的兴趣大增,并常常向他讨教中国文学问题。对于学生的日常生活,钱基博认为一个人的国民性不可以被崇洋媚外之风所汩没,提醒学生"在外国人办的学校读书,要学他的科学,不要学他的生活;学他的生活,我们自身就成本国漏卮!"②

钱基博1920年给裘葆良写的书信中讲道:"我现在治西洋的历史哲学,伦理哲学,功夫也比从前进了,有了许多参互比较的材料;因此,格外显得出中国古代学说的真价值,所以我'信而好古'的情绪一天浓挚似一天。"③

钱基博认为中西学术有所不同,不要茫然对应。他在《四书开卷语》说:"中国之思想学说,不同西洋之所谓哲学,非可以哲学之范畴

---

①② 钱基博:《精忠柏石室教育文选》,华中师范大学出版社2014年版,第269页。
③ 钱基博:《复裘葆良先生》,转引自傅宏星编撰《钱基博年谱》,华中师范大学出版社2007年版,第55页。

为论衡。中国之思想学说，乃是吾国古圣昔贤，阅尽世道艰难，体验实际生活，积许多社会经历，以解决人生问题，而予吾后人以确切之指导，不同哲学之为智识的分析，讲筵的探讨。"① 这就把中国思想史与西方哲学史区别开来了，强调了中国独有的学术特色。

(二) 中学为体

回顾近现代，中国人对国学有不同的认识，褒之者、贬之者大有人在。有的人喜欢向后看，不向前看。他们言必法祖，以三代为范式。钱基博并不反对西学，但主张以中学为体。晚清到民国年间，有一部分人主张中体西用。体，是内学，基本的东西，理论的东西。用，是外学，属实践与运用。这派学者主张以中学为体，西学为用，会通中西，务求超胜。这派人很多，主要的代表有冯桂芬（1809—1874），江苏吴县（今江苏苏州）人，著有《显志堂集》，主张"以中国之伦常名教为原本，辅以诸国富强之术"，学术界公认他是首倡中体西用之人；张之洞（1837—1909），河北南皮人，著有《劝学篇》，提出"旧学为体，新学为用"，"中国之祸不在四海之外，而在九州之内"，"中学治身心，西学应世交"，主张用中国的精神、西方的物质治理中国，学术界公认他是使中体西用理论系统化之人；郭嵩焘（1818—1891），湖南湘阴人，著有《使西纪程》等书，提出从制度上学习西方。此外，新儒家都赞成中体西用，冯友兰、梁漱溟、熊十力、贺麟皆如此。所谓中体西用派是相对的。

钱基博属于国学中的本位派学者。1935年，上海有黄文山等十位教授发表《中国本位的文化建设宣言》②，提出以传统文化为本位，人们称他们为本位派。胡适针对这篇宣言提出不同意见，1935年发表《试评所谓"中国本位的文化建设"》，指出："中国今日最可令人焦虑的，是政治的形态，社会的组织，和思想的内容与形式，处处都保持中

---

① 钱基博：《后东塾读书杂志》，华中师范大学出版社2014年版，第283页。
② 《文化建设》1935年第1卷第4期。

国旧有种种罪孽的特征，太多了，太深了。所以无论什么良法美意，到了中国都成了逾淮之橘，失去了原有的良法美意。"①

钱基博反对抛弃传统文化。当时，有些人否定传统，认为传统是中国进步的包袱。如，五四运动前后的有些激进青年主张抛弃旧文化，对国学、传统道德、哲学、医学都加以否认。有人甚至认为中国社会是个酱缸，腐蚀力和凝固力极强，处处是奴才政治、畸形道德。面对这样的风气，钱基博一直坚守传统文化，认定国学是中华民族的历史遗产，有精华，也有糟粕。对祖先留下来的文化，既不盲目崇信，也不蔑视，而是采取取精用宏、化腐朽为神奇的态度。作为一名从旧学中走出来的学者，钱基博对旧学的把持是很有分寸的。

二、如何对待西方学术文化

（一）要学习西方学术文化

行文至此，有必要介绍一个相关的人与相关的书，那就是孙中山及《中山全书》。虽然孙中山不是国学大师，但在钱基博心中却是国学伟人。1929年3月14日，钱基博记载：

> 醒不寐，披衣起，在案头得坊刻《中山全书》，翻阅一过。此公生平，余不欲深论，以余示尝观接其为人。然读其书，却是伟著！中国言维新以来，有三部奇书，谭嗣同《仁学》精深，康有为《大同书》警辟，而《中山全书》则亦平实，亦伟大。谭、康以佛、耶为根极，而涂附以孔学；中山以孔孟树骨干，而错综以欧化。余尝教及门诸子将三书通贯读一过，必可将胸中一片急功近利，见小欲速许多鄙私想念，涤荡净尽，然后放宽肚皮，睁开眼孔，观天地之所大，知宇宙之所以久。《中山全书》将孔孟思想、欧美政制，

---

① 何卓恩编：《胡适文集·文明卷》，长春出版社2013年版，第92页。

上下五千年，纵横九万里，融成一片，所以为大。①

在钱基博看来，孙中山能够把中国的学问与西方的学问结合起来，扩大了视野与胸怀，所以成为伟人，写出了伟著。通观钱基博一生，很少谈论孙中山，但一当提笔，就出语不凡。之所以不凡，就是因为孙中山的中西文化观念深得钱基博欣赏。其实，孙中山的思想根源主要来自于传统文化，他对传统孝道文化有很多的肯定。②

钱基博认为中国文化之所以博大，是因为能够吸纳与包容。中国文化体现了群体的智慧，是集体的力量，是吸纳了外来文化的宏大文化。他说："中国文化，不但积累之厚以深根不拔；抑尤善于吸收外来文化以远极于印度、波斯、希腊、罗马之地中海、大西洋一带，含英咀华而一炉共冶之以成其在我……择善而从，无所不师，然而无所不择，推陈出新之中，自有我在。沉浸浓郁，而兼收并蓄，细大不捐，此中国文化之所以深而大、博而厚也。""据历史遗物以观：中国文化之含弘光大，不但吞吐东西洋文化以不局于一隅；而尤其一切匠心设计，无不以表现社会创作之集体成功；而决无有一人沾沾自喜，擅荣誉以为己有。"③中华文化不是孤芳自赏的文化，而是兼容包收的文化，其活力，其未来，仍然取决于其包容性。

钱基博虽然没有接受过新式学堂教育，也不曾出国求学，但他从不盲目否定西方文化。他12岁时就读了严复翻译赫胥黎的《天演论》，对自然科学产生了较大的兴趣，认为"研究自然科学，必懂算学"④，在

---

① 钱基博：《后东塾读书杂志》，华中师范大学出版社2014年版，第195页。
② 孙中山一直倡导传统道德，提出了忠、孝、仁、爱、信、义、和、平（八德）以及智、仁、勇（三达德）。他认为传统道德不是封建制度所专有，而应做出新的阐释。他在《三民主义》中说："讲到'孝'字，我们中国尤为特长，尤其比各国进步得多。《孝经》所讲'孝'字几乎无所不包，无所不至。现在世界中最文明的国家，讲到'孝'字，还没有像中国讲到这么完全，所以'孝'字更是不能不要。"钱基博注意到孙中山的传统文化观，并给予充分肯定。
③ 钱基博：《文物通论》，华中师范大学出版社2016年版，第2～4页。
④ 钱基博：《自我检讨书（1952）》，《天涯》2003年第1期。

没有老师讲授的情况下，钱基博和弟弟钱基厚自学了《笔算数学》《代数备旨》《八线备旨》《几何备旨》等数学专著。钱基博16~18岁期间，他自学日文并利用稿费购买了大批日文图书。他在1952年撰写的《自我检讨书》中回忆说："我读同乡丁福保著的《东文问题》一书，略懂一些日本文，就拿这笔奖金寄到上海日本书店，买到许多日本文自然科学书，约二十多册，其中最大者为饭盛挺造《物理学》两巨册。我自己看日本文尚无多大困难，而内容不够了解，尤苦于物理学，得不到仪器实验。我姊丈曹仁化约我组织理科研究会，纠合同志四十人，每人出会费四十元，买仪器，请讲师，华实孚先生讲物理学和化学，顾绍衣先生讲动植矿物和地质学。"民国初年，像钱基博这样主动学习自然科学的年轻人并不多，说明他对新知识有强烈的欲望，有博学的习惯。

钱基博赞赏主动学习西学的徐寿、华衡芳等人。他说："咸丰初，西人开墨海书馆于上海。代数、几何、微积、博物之书，渐有译本。是时，西学初入中国，士大夫故见自封，率鄙不措意，独衡芳与徐寿能以是相砥砺，目验手营……盖好学深思有如此者！"华衡芳重视著述，"衡芳尝谓讲学之功，不如著书之功大。盖讲学之启发者，仅在同堂一时，而著书则可以垂之后世，传之海内而无穷。其著作之精者，如《开方别术》，并诸商为一商。海宁李善兰推为空前绝后之作。《积较术》三卷，与后来日本推差新法轨辙相同，而积较之成书，远在推差法十数年前，则其于算学为先知先觉可知也"①。

钱基博还读过一些西方学者的人文书籍。如法国学者戈惺（Cousin，1792—1867）的心理学著作，法国学者孔德（1795—1857，实验哲学之创始者）的《道德论》，英国学者穆勒（1805—1837）的《正义论》等。这些人文书籍，或多或少对钱基博的国学研究，有潜在的影响。

钱基博在谈论孔学与社会关系时，说到了法国社会学家孔德。他说："我因想到十九世纪，法国有一位哲学者，叫作Comte，中国人也

---

① 钱基博：《方志汇编》，华中师范大学出版社2013年版，第276页。

译做孔德；是社会学的创始者。这位孔德先生以为：'社会之有组织，是由物理上的平衡公例而成为一定的秩序。这种秩序，便是社会的静态；研究这种静态的，便是社会静学。但是这种社会秩序，依着他自然的趋势，常常会得变迁；这种变迁，就是社会的动态。研究这种动态的，就是社会动学。'"钱基博把孔德与孔子进行比较，说：孔子讲的"礼者天地之序"，就是孔德所说"社会的静态"。孔子说的"刚柔相推而生变化"，就是孔德说的"社会的动态"。孔子的社会静学就是三部礼书——《周礼》《仪礼》《礼记》。社会动学，就是一部《周易》。钱基博感叹说："东方圣人！西方圣人！此心同！此理同！"通过比较，钱基博得出一个结论："孔德讲社会的动态，是一种进化观念。孔夫子讲《易》，却是认定'无泰不否，剥复循环'讲；就是认定《周易》的一个'周'字——周而复始讲夫。这是不可不注意的。"①

钱基博有读书做笔记的习惯，对西方学者的文章也较为关注。如，美国实用主义学者杜威 1919 年来中国访学与调研，做了多场演讲，撰写了《中国人的人生哲学》一文，钱基博摘录了杜威有关风水的话："中国人还有一种信仰，叫作风水说，'死者精灵的顺利，和活在世上的家族们的顺利是全估仗着风水好，要是一动风水，死人和生人便都要遭殃'。这种信仰，固是有害于进步，中国造路开矿，第一个障碍，就是风水。但在一方向，却有他的理知的说明。是说土地和土地的精力，是属于过去和未来的全系统的人类的，现时代的人类，是家族和种族、祖先和后裔的受托者，所以土地的开发，必须顾及过去现在未来全人类的利益。"② 从摘录的情况看，钱基博对风水采取了关注的态度、持中的立场。

钱基博认为，中国人治学，如果能在国外有一定的影响，那才扬眉吐气。他在《十年来之国学商兑》中记述了长于史地考据之学的宿儒范

---

① 以上文字，原刊于《无锡新报·思潮月刊》1923 年 1 月 16 日。此引自钱基博《子部论稿》，华中师范大学出版社 2014 年版，第 3~4 页。

② 钱基博：《版本通义》，华中师范大学出版社 2013 年版，第 5 页。

柳堂先生，虽不闻达于乡里，但日本的北平某文化会会长桥川时雄慕名求书，直至东北事发，范柳堂先生才"不复作覆"。钱基博引裘匡庐的评价说："先生在乡里，目之为古董，为怪物，终岁无人登门；乃异国人反能于数千里外慕其名，索其书，殷殷请求，珍逾球璧，是亦有识之所悼心，志士为之短气者也。"① 在钱基博看来，学问能引起外国人关注，那就达到了一定的水平。

(二) 西方的学术思想未必都适合中国

如何对待西方传来的思想？

钱基博在 1921 年写《我听杜威博士演讲之讨论》，谈他听洋博士演讲的态度："我有我之智慧，听其人之言论，而加以考虑。慎思明辨，选择评判，而或从焉，或违焉。"他又说："博今听博士之言，最为忻慰者，即足以证明吾思想之不谬是也。"②

钱基博对于轻率贩卖西方文化的人表示不耻。他说："浅尝之士，于所学曾未深求，辄捃摭所闻西事以自矜诩，遂欲有所施行；其仁义道德传自往昔，为人生所必繇，古今中外莫能易，操之则存，舍之则亡者；则或以其中国老生常谈，放言高论，务摧灭之以为快！"他认为西方的制度未必完全就好，"衡政，则民治以为揭帜，而议士弄法不轨，武人为于大君；论教，则欧化袭其貌似，而上庠驰说不根，问学徒恣横议！放僻邪侈，纪纲无存！欲求片词只义，足以维系一国之人心者而渺不可得！"③ 这就是说，如果完全依赖西方的一套学说，未必适合中国。

在中国的近代化过程中，中国人喜欢学习德国人的思想，奉为至宝。钱基博在《论语约纂》认为，西方的思想固然新颖，但对于中国人来说，未免高深。他亦认为："德国之大思想家虽有甚深微妙之论，而如群鹤之高翔于天际，地上之人，不得闻其羽搏之微音。"④ 中国需要

---

① 曹毓英选编：《钱基博学术论著选》，华中师范大学出版社 1997 年版，第 55 页。
② 钱基博：《精忠柏石室教育文选》，华中师范大学出版社 2014 年版，第 25 页。
③ 钱基博编：《国学文选类纂》，华中师范大学出版社 2013 年版，第 111~112 页。
④ 钱基博：《子部论稿》，华中师范大学出版社 2014 年版，第 64 页。

接地气的学问，需要把高深的理论变成中国人能够接受的理论。

三、东西文化有差异

钱基博借裘匡庐之《思辨广录》①，从治学路径的视角阐释了东西方之间学术的差异。他认为东西方哲学相异之处有三：其一，"凡西哲之学问，莫不重系统，有阶级，故其学皆由积累而至，皆可以言语文字传授者"。而东方之学术异乎是，精微之义理，非可以积累而至，可以言传。其二，西儒之言哲学，派别既多，意见各异，言此学者，必兼收并蓄，莫定一尊。东方之学道也，先圣后圣其揆一也，历圣同传此道，无论何时何人，绝非可以凭一己之心思才智，创立新说异见者。其三，西儒之治哲学，博览群书，广采物情，凭意识以为推求，举事例以为比较，终日以苦索深思。东方之得道者，其入手最要之方，则莫若静；静而后能定；既静且定，然后能发慧；由信得悟；由静生明，惟静而后能虚灵。

钱基博在抨击不分青红皂白移植西方文体的人时说："不知川谷异制，民生异俗，文学之作，根于民性；欧亚别俗，宁可强同？李戴张冠，世俗知笑；国文准欧，视此何异。必以欧衡，比诸削足；屦则适矣，足削为病。"②

钱基博在《论语约纂》中，从词义学角度，把英国的"绅士"一词与中国的"君子"一词进行比较，他说：

> 读者若稍治当代教育史，当能知英国之教育，常以养成人格为其主要精神，而英之所以能久霸于大地，则亦以此故也。英人之理想的人格，常以 Gentleman 一字代表之，昔俾士麦尝赞叹此字，在德文中，苦不得确译。岂惟德文，无论何国，殆断不能得恰适切

---

① 曹毓英选编：《钱基博学术论著选》，华中师范大学出版社 1997 年版，第 48~53 页。
② 钱基博：《现代中国文学史》，华中师范大学出版社 2011 年版，第 7 页。

之语以译之。斯言诚然！然求诸吾国语，则易易耳。"君子"一语，盖其确译。

而此二十八章之所云云，即诂译君子之所以为君子也。此无他故，盖我国与英国，其古昔传来之教育精神同，皆以养成人格为其职志，故不期而各皆有一语以表示人格之观念，而为国人所不易袭取，且不易领会。

今试执一英人而叩之曰："何谓 Gentleman?"其人必沉吟良久而不能对。更叩之曰："如何可以谓之 Gentleman?"则必曰：如何温、良、恭、俭、让；如何博爱、济众；如何重然诺、守信义；如何动容貌、出辞气。乃至如何如何列举数十，刺刺不休。

试检彼字典之释义可知也，求一简赅之释，殆不可得。虽然，所谓 Gentleman 者，自有一种无形之模范，深嵌于人之意识中，一见即能知其是非真伪。苟其人言论行谊，一旦悖戾此模范，则立见摈于 Gentleman 之林，而为群 Gentleman 所不齿。养成人格之教育，其收效有如此者，我国之君子亦然。

卒然问曰："何谓君子？"人人莫知所对也。更进叩之曰："如何斯可谓之君子？"则其条目可以枚举至于无算。若不得其简赅之义，而人人意识中，固若有一种无形之模范，以示别于君子非君子。

其与英人异者，英人此种意识，见之甚了，操之甚熟，律之甚严，行之甚安，推之甚溥。我国不然，此种意识，本已在朦胧茫漠之中，而其力又甚单微，不足以断制社会。故人人不必求勉为君子，即躬行君子者，久之亦且自疑沮，或反弃其所守以自同于流俗，此则教育致力与不致力使然也。

吾非谓英人所谓 Gentleman 与吾国所谓君子者，恰同出一型，然吾深信我国所谓君子者，其模范永足为国人所践履。真践履焉，则足使吾国人能自立自达，以见重于天下。此模范者，固非孔子一人所能突创制之，而孔子实以一身集其大成。①

在钱基博看来，中国与英国的教育都注重人格的养成，不过是概念而已。两国都强调温、良、恭、俭、让；强调博爱、济众；强调信义。英国人的绅士理念比中国人的君子理念更加清晰，容易了解与遵守，而中国人的君子概念较为模糊。但是，中国人仍然应坚守君子观念，践行君子之道。

第三节　国学与人文精神

国学需要精神支撑，精神是国学的灵魂。作为一名国学家，钱基博倡导人文精神，自己一贯恪守独立人格、坚持批评精神。

一、独立的人格

(一) 立身的人格

钱基博坚持学术独立，他曾说："余文质无底，抱朴杜门，论治不缘政党，谈艺不入文社；差幸服习父兄之教，不逐时贤后尘。独念东汉党人，千古盛事。然郑康成经师人师，模楷儒冠；而名字不在党籍，谈者高之。自惟问学不中为康成作奴仆；唯此一事，粗堪追随。"②

1932年11月17日。钱基博收到儿子钱锺书从北京寄来的《大公报》与《新月》杂志，"知与时贤往还，文字大忙"，非常高兴。钱基博回复："现在外间物论，谓汝文章胜我，学问过我；我固心喜！然不如人称汝笃实过我力行胜我，我心尤慰！清识难尚，何如至德可师！淡泊明志，宁静致远，我望汝为诸葛公、陶渊明；不喜汝为胡适之、徐志摩！如以犀利之笔，发激宕之论，而迎合社会浮动浅薄之心理，倾动一

---

① 钱基博：《子部论稿》，华中师范大学出版社2014年版，第88页。
② 钱基博：《现代中国文学史》，华中师范大学出版社2011年版，第438页。

时；今之名流硕彦，皆自此出；得名最易，造孽实大！庄生所以叹圣知之祸，而非我所望于儿也！"对于学问之道，钱先生认为："学问贵乎自得，际遇一任自然；从容大雅，勿急功近名，即此便证识量。"①

钱基博不放过每一个宣传独立人格的机会。在光华大学的毕业典礼上，他在临别赠言《怎样做一个光华学生，送毕业同学》，告诫学生在社会上要走得通，走得开，走得阔，但不要做一味看风色、为名忘义的所谓"闻人"，要做到"品性的养成，忠信的认识"！②

(二) 学术研究人格

钱基博认为治学要有独立之人格，他在《自传》中说："博生平论文，不立宗派。在曩时桐城之学满天下，博固不欲附桐城以自张；而在今日又雅弗愿捶桐城已死之虎，取悦时贤……然博以为真读书人，正当化矜释躁，征其学养……文章只以自娱，而匪以徇声气。学道蕲于自得，而不欲腾口说。"③

民国年间出现了疑古思潮。钱基博对此不满，说："时贤好为疑古，不思'多闻阙疑'之义，而务碎义逃难，便辞巧说，随时抑扬。"钱基博提出"君子道贵自立"，不能随波逐流，更不能把老祖宗留下的文化轻易丢掉。

在《现代中国文学史》的《章炳麟》中，钱基博提到了章太炎的个性："时论方崇汉党锢；而炳麟不然"；"时论咸薄宋程朱；而炳麟不然"；"时论方蔑道德，奖革命；而炳麟不然"；"时论方慕共和，称代议；而炳麟不然"；"时论方兴学校，废科举；而炳麟不然"。④ 章太炎是一个非常有个性的学者，特立独行，与流俗不苟合，处处有己见，这

---

① 李洪岩：《钱锺书与近代学人》，百花文艺出版社1998年版，第25~26页。
② 钱基博：《怎样做一个光华学生，送毕业同学》，《华中师范大学学报·纪念钱基博先生诞辰百周年专辑》(1987年增刊)。
③ 钱基博：《自传》，曹毓英选编：《钱基博学术论著选》，华中师范大学出版社1997年版，第4~6页。
④ 钱基博：《现代中国文学史》，华中师范大学出版社2011年版，第66~72页。

是钱基博所称许的。

1941年，钱基博为国文学会演讲《历史上焚书坑儒之理论与其实现》，他预言："我们须知秦为中国历史上划时代之一次大转变，而今又将来一次划时代大转变。一时代之大动荡，必先之以思想之动荡、议论之动荡……那末，焚书坑儒的悲剧，在中国重演一番，也未可知。"[①] 学术自由，思想领先，反对专制，这是钱基博一向恪守的态度。历史上秦始皇焚书坑儒的教训太深刻，近代以来的极端行为也不乏反面教训，钱基博牢记在心，不时写在书中，并在不同的场所宣讲，起到了一个知识分子应起的作用。

其时，国民党政府教育部倡议编纂中国教育全书，特请钱基博承担其中的东林书院、东林党、顾宪成、高攀龙四个专题。钱基博回复教育部长，说：

> 基博粗解史文，自当竭所知能，以效绵薄。惟以东林书院、东林党、顾宪成、高攀龙四题见委，则殊非所愿。东林学风，声气结纳以为标榜，党同伐异以持门户，而义理不以饬躬行，问学不以经世用，适承今日学风之极敝，徒以行标榜虚夸之习。基博不愿以乡曲之私为缁为张目也。顾宪成所见极浅，高攀龙却真实有造诣，把持的此心住，然就今日而言理学，与其讲高攀龙，不如讲陆世仪，精微不如而切实过之，切实可以救虚夸，精微不免流游谈也。明末以遗老为大儒者，李二曲学究气，独善其身，术不足以经国，黄梨洲名士气，言之不必，行不足以持躬；而王船山槁饿穷山，苦节卓行，又嫌杂博不精，靡有统纪。惟有陆世仪，顾炎武两人明体达用，有本有末，而又淡泊明志，不事驰骛。顾炎武博学于文，行己有耻，可以见汉儒之偏。私心淑艾，窃愿景行。今日士风已偷，师

---

① 该文载于《国师季刊》，1941年第11、12期合刊。这段文字观之于钱基博《论焚书坑儒并勘智识阶级》，《精忠柏石室教育文选》，华中师范大学出版社2014年版，第197~198页。

道不立，无事则酣豢，闻警则张皇，不惟无勇，抑且无智。古人以忧患动心忍性，今人以忧患幸生失志，平日所谈文章道德，一旦大难当头，无一字一句得力，大师失其所以为表，后生不知所以为学！明亡尽有老儒无拳无勇以不能为国干城，而有勇气以延颈受刃，安之若素者。此外抗战并此等人士而无之。大敌未来，学府先空，见之丧气，言之恫心。大部持掌邦教，所以不如是耶！安得顾、陆其人，生于今日，树之风声，以立懦廉顽！而所见诸家传志序跋，未有慊心贵当以阐二先生学问之大窥其真者，如以相委，不敢逃役。①

钱基博不愿写东林书院、东林党、顾宪成、高攀龙这四个专题。他的理由是："东林学风，声气结纳以为标榜，党同伐异，以持门户，而义理不以饬躬行，学问不以经世用，适承今日学风之极敝，徒以行标榜虚夸之习。基博不愿以乡曲之私而徒以张目也。"他认为顾宪成所见极浅，高攀龙却真实有造诣，把持的住心，"然就今日而言理学，与其讲高攀龙，不如讲陆世仪。精微不如，而切实过之。切实可以救虚夸，精微不免为游谈也"。

面对政府的行为，面对教育部长，钱基博敢于发表不同的见解，这是对学术负责的态度，也是对社会负责任的态度。他之所以敢于这样做，正如他经常所说的，自认为是一个"中国人"，要有中国学人的心。他在《自我检讨书》中说："人家说我思想顽固；其实我的思想，多方面接受，从不抗拒任何方面的思想；不过不容许我放弃自己是一中国人的立场，这是无可讳言的，而且我自认为当然的。"② "中国人"，这是钱基博心中最神圣的三个字，也是永远的精神力量！

二、独立人格的思想根源

钱基博独立人格之根源，来自于中华先贤。在他的眼中，有无数值

---

① 吴忠匡：《吾师钱基博先生传略》，《中国文化》1991年第4期。
② 钱基博：《自我检讨书（1952）》，《天涯》2003年第1期。

得学习与效仿的人物，这些人物各有所长，均值得跟进学习。任何一个热爱国学的人，一个希望实现个人价值的人，都应见贤思齐，成为一名新贤。钱基博敬佩东汉的郑玄，他曾说："郑康成经师人师，模楷儒冠。"①

钱基博欣赏湖南学人的独立精神。钱基博在其所著的《近百年湖南学风》中分析说："抑亦风气自创，能别于中原人物以独立。人杰地灵，大儒迭起，前不见古人，后不见来者，宏识孤怀，涵今茹古，罔不有独立自由之思想，有坚强不磨之志节。湛深古学而能自辟蹊径，不为古学所囿。义以淑群，行必厉己，以开一代之风气，盖地理使之然也。"② 钱基博认为："明末以遗老为大儒者，李颙学究气，独善其身，术未能以经国。黄宗羲名士气，人言不怍，行不足以饬躬。王夫之槁饿荒谷，志行坚卓，又苦执德不宏。惟陆世仪、顾炎武，明体达用，有本有末，而又淡泊明志，不事驰骛。"③ 近代以来的湖南，确实在人文方面有风气领先的情况，钱基博在湖南工作了一段时间，并对湖南人文的研究下了很大功夫，他的见解是令人折服的。

在本章的最后一节，笔者将对钱基博推崇的国学先贤作专门的介绍，那些先贤的事迹就是钱基博认定的正能量思想资源。

三、对王夫之的绍休

钱基博非常推崇王夫之的为人与学识，把王夫之称作湖南开风气的人物，他在《近百年湖南学风·导言》说：湖南历史上，能够"为生民立极，为天地立心，而辅世长民"者，有两个人，一个是宋代的周敦颐，一个是明末的王夫之。这两个圣贤级的人物有所不同，"周敦颐以乐易恬性和，王夫之以艰贞拄世变；周敦颐探道原以辟理窟，王夫之维

---

① 钱基博：《现代中国文学史》，华中师范大学出版社 2011 年版，第 438 页。
② 曹毓英选编：《钱基博学术论著选》，华中师范大学出版社 1997 年版，第 56～57 页。
③ 同上书，第 153 页。

人极以安苦学。故闻夫之之风者，顽夫廉，懦夫有立志；闻敦颐之风者，鄙夫宽，薄夫敦也。敦颐，道州人；夫之，衡阳人。湖南人而有此，匪仅以自豪乡曲，当思以绍休前人"（第 3 页）①。

钱基博用比较的方法，概括了王夫之人生的两个特点：

其一，"王夫之以艰贞拄世变"。

钱基博认为王夫之在艰难时世，践行了《周易》中"遁世无闷"的精神。"周敦颐生当太平，王夫之身历世屯"。所谓的"世屯"，典出屯卦。

众所周知，王夫之在明亡后在衡阳举兵抗清，战败退肇庆，任南明桂王政府行人司行人，以反对王化澄，几陷大狱。至桂林依瞿式耜，桂林陷没，式耜殉难，乃决心隐遁。辗转湘西以及郴、永、涟、邵间，窜身瑶洞，伏处深山，后回到家乡衡阳，在石船山下潜心治学。钱基博描述说：王夫之"以明庄烈帝崇祯十五年举于乡"，"既一仕桂王，为行人司，知事终不可为，乃匿迹永、郴、衡、邵之间，终老于湘西之石船山"。失意中的王夫之在深山之中矢志于国学，不畏条件艰苦，做了一场大学问。正如钱基博陈述的："夫之荒山敝榻，终岁孳孳，以求所谓育物之仁，经邦之礼，穷探极论，千变而不离其宗，旷百世不见知而无所悔，虽未为万世开太平以措施见诸行事，而蒙难艰贞以遁世无闷，固为生民立极。周敦颐光风霁月，饮人以和；夫之则茹苦含辛，守己以贞；周敦颐以道自乐，从容涵泳之味洽；夫之则历劫勿渝，厉世磨钝之节坚。"钱基博感叹地说："翘企高风，诗不云乎：'我思古人，俾无訧兮。'"（第 6 页）

钱基博认为王夫之有士人的气节，特立独行的情操。"清盗诸夏而抚定之，搜访隐逸，次第登进。虽顾炎武、李颙之艰贞，而征聘不绝于庐，独夫之深闵固藏，邈焉无与。"钱基博在《近百年湖南学风·余论》再一次肯定了王夫之"槁饿荒谷，志行坚卓"（第 115 页）的精神，但

---

① 本节标明的页码均出自钱基博《近百年湖南学风》，中国人民大学出版社 2004 年版。

又说王夫之"执德不宏"。"执德不宏"是什么意思？待考。

其二，"王夫之维人极以安苦学"。

第一，王夫之的"人极"之学。

钱基博认为王夫之坚守的是孔孟正道，以仁与礼为本。"昔仲尼好语求仁，而雅言执礼；孟子亦仁义并称。盖圣人所以平物我之情，而息天下之争，内之莫大于仁，而外之莫急于礼。因人之爱而为之文饰以达其仁，因人之敬而立之等威以昭其义，虽百变而不越此两端也。"钱基博探讨了王夫之学术思想的渊源，认为"其学出于宋儒张载，载著有《西铭》《正蒙》等书，其学以仁为宗，以礼为体，而深信周礼为必可行于世。夫之则注《正蒙》数万言以讨论为仁之方，为《礼记章句》数十万言以阐明记礼之意"（第 6 页）。

第二，王夫之的"苦学"。

钱基博注意到王夫之的身上不仅没有旧式"党人"的习气，而且讨厌"党人"的空谈，批评"党人"的攻伐，而坚持走自己的学术道路。"目睹是时朝政，刻核无亲；而士大夫又驰骛声气，东林复社之徒，树党伐仇，日寻于恩怨；发而为文章，黜申韩之术，嫉朋党之风，长言三叹而未有已。""平生痛诋党人标榜之习，不欲身隐而文著以求反唇，用是其身长遁，其名翳寂。"（第 6 页）这方面，王夫之正是钱基博的榜样。钱基博一生不拉帮结派，不树山头，不喜欢高谈阔论。

以上两个特点，钱基博归纳为"有独立自由之思想，有坚强不磨之志节"。上述第一个特点，"王夫之以艰贞挂世变"最能体现"有坚强不磨之志节"；第二个特点，"王夫之维人极以安苦学"最能体现"有独立自由之思想"。

钱基博认为王夫之的精神有很大的人文价值。钱基博提出，湖南有王夫之，不仅仅应当作自豪的资本，更重要的是应当"绍休前人"。如何"绍休前人"？这表现在两个方面：一是王夫之以后，清代以来湖南精英的表现；二是时值抗战，抗战中的湖南人应当如何表现，这方面钱基博做出榜样。

第一，清代以来的"绍休"。

钱基博对清代以来的"绍休"进行了充分的肯定。他说："降而晚近，世变亦益亟矣！百年以还，欧化东渐。挠万物者莫疾乎风，君子以独立不惧。而习尚之所蒸，抑有开以必先。汤鹏尚变以自名一子，魏源通经而欲致之用，胡林翼、曾国藩、左宗棠扶危定倾以效节于清，郭嵩焘、谭嗣同、章士钊变法维新以迄于革命。新旧相劘，问学殊途，而要之有独立自由之思想，有坚强不磨之志节。"（第6页）

在《近百年湖南学风》的《谭嗣同》一篇中，钱基博记载谭嗣同受到王夫之的影响，并继续了王学。10岁时，嗣同拜浏阳著名学者欧阳中鹄为师。在欧阳中鹄的影响下，他对王夫之的思想发生了兴趣。"俶闻张载之深思果力，而发之以王夫之之精义，幡然改图，于是著《张子正蒙参两篇补注》，道之大原出于天也。《王志》，私淑船山之意也。"（第87页）他在《三十自纪》中谈到的《张子正蒙参两篇补注》《王志》是年轻时未完成的手稿。① 谭嗣同为学，专主《船山遗书》，敬奉王夫之，赞同气说思想，喜谈名理，推崇王夫之，在《仁学》卷上说："五百年来学者，真通天人之故者，船山一人而已。"

第二，抗战时期的"绍休"。

钱基博勉励自己，要坚持学术，接地气，以湖南的先贤为动力。于是，他"上推周敦颐、王夫之两贤以端其趣，而行毋绳以求备"，"人不拘于一格，大者经文纬武，次则茹古涵今，略其是非功罪之著，而彰劭学暗修之懿。所贵好学深思，心知其意，用之则辅世长民，不用则致知穷理"。

钱基博认为学者应当有时代的担当精神，应当比先贤做得更好。过去，罗泽南在湖南教学生，成果斐然。今天，我们这些学人，用国家的钱，教许多学生，应当比罗泽南做得更好。他在《导言》的结尾说："昔罗泽南以一老诸生，假馆四方，穷年汲汲，与其徒讲论濂洛关闽之

---

① 王娟在《谭嗣同早期遗著探隐》（《湖南科技学院学报》2014年第1期）有考证，可参考。

学……而其弟子王鑫、李氏续宾、续宜兄弟，杀敌致果，卓有树立。吾党身厕上庠以糜大官之廪，所凭借什伯于罗氏师弟，则所树立亦必什伯于罗氏师弟，乃足以副国家之作育。景行行止，在吾党好为之耳。尚乃勖哉，毋陨越以遗前人羞。"（第7页）

钱基博在蓝田国师时，希望湖南籍的学生们向王夫之学习，做新时代的王夫之。"凡我共学，倘能恢张学风，绳此徽美，树规模，开风气，以无忝于前人，岂徒一校之私以为幸，国家景命，有利赖焉。"（第7页）他在蓝田国师多次演讲，谈论王夫之，确实达到了一定的效果。当时的年轻教师张舜徽也在蓝田工作，也对王夫之产生了无比敬重的感情。张舜徽也研究王夫之，撰写了相关的论文，如《论王夫之的博大治学气象》，并且以王夫之为楷模，做有气象的学者。

此外，钱基博对王夫之的《读通鉴论》较为推崇。他认为11～14岁的学生了解史部类经典，应读此书。他建议"王船山《读通鉴论》，每一篇未授之先，可先使检《通鉴本事》，各抒所见，然后授以王氏之论。看其是异是同？如异，则使之申论己见，辟去王论而札记之。如此诵习一番，必能有所悟入也"①。

由于钱基博与王夫之的治学方向有较大区别，所以，钱基博研读王夫之的书不多，钱书中也较少引用王文。因此，《近百年湖南学风》是了解钱基博笔下王夫之的重要文章，值得我们注意。②

第四节　推崇的国学人物

每个人都有自己敬佩的人，先秦时期的孔子服膺于周文王、周武王，说"吾从周"。当代从事国学的学人，何尝不如此。钱基博也有他

---

① 钱基博：《某社存古小学教学意见书》，《国学文选类纂》，华中师范大学出版社2013年版，第11页。

② 可参看笔者所撰《钱基博笔下的王夫之——读〈近百年湖南学风〉》，《船山学刊》2015年第5期。

心中的偶像或崇拜的人物，诸如孟子、司马迁、郑玄、陶渊明、韩愈、朱熹、章学诚、陆世仪、顾炎武、陈澧、曾国藩、王闿运等。他在《茹经堂外集·叙》中对王念孙、王引之、康有为、章太炎、王国维、罗振玉、胡适、梁启超、梁漱溟、唐文治等人的学术路数与贡献作了介评，对每个学者的学术传承与特点进行了归纳，对其学术的演变与态势作了精辟的总结。这方面文章不长，却显现出他的推崇之意。

钱基博《国学必读》的前面有《作者录》，其中有钱基博对历史人物的品评。如，梁简文帝"读书十行俱下，经目必记。辞藻艳发，然伤于轻靡"。《国学必读》还录有清魏善伯的《伯子论文》九则，钱基博评魏善伯的文风说："为文遇意成章，如风水之相遭，如云在天，卷舒无定，得《庄》《史》之意；然未尝稍有摹仿。"魏善伯是如何摹仿《庄子》《史记》的，如何露出了痕迹，只有熟读《庄子》《史记》才可能体会得到。如评张裕钊，说张裕钊师从曾国藩（字涤生）学习古文，"盖文气雄骏不及曾，而意思之恢诡，词句之廉劲，亦自成一家"。评柳翼谋"治中国史学尤精洽，采摭极博，而议论有裁断"，"不徇众好，独以为古人古书不可轻疑"。这些评论，有肯定，有批评，是他读书所得，可以作为我们研究学术史的资料。

特别要说明的是本章要介绍的人物，都是钱基博"神往"的学人，即钱基博无缘见面的历史人物，不是钱基博有直接"交谊"的人物。通过对钱基博推崇的国学人物的了解，我们可以考察钱基博的学术思想来源，观察他的价值取向，期待从中能有所启迪。钱基博推崇的国学人物可能不止本节所列人物，有待今后补正。

1. 孟子

孟子是孔子之孙孔伋的再传弟子，是战国时期的思想家、教育家、政治家，儒家学派的代表人物。孟子主张法先王、行仁政。他提出"民贵君轻"的民本思想，后世追封孟子为"亚圣"。

因为钱基博的生日与孟子的生日同为农历二月初二，所以，钱基博隐隐约约感到自己与孟子在某些方面有默契，自觉不自觉地以孟子为偶像，学习孟子，以复兴孔学为人生使命。他以孟子为勉励，希望做20世纪的孟子。孟子留给后世最大的一份遗产就是孟子的精神气象。孟子讲究"浩然之气"，大有"舍我其谁乎"的气概。

1918年，钱基博撰《孟子约纂》，1919年由无锡辅仁中学刊印。他在《孟子约纂》说："博于《孟子》一书，独有至好，以为发孔子之所未发。而其文之婉切笃至，尤足以警发人之善心，不使放心邪气得接焉。"① 这段文字中说到孟子"发孔子之所未发"，是赞赏孟子对孔子学说的创新。在钱基博看来，后人的思想与学问应当超过前贤。正因为钱基博以孟子为榜样，不断激励、充实自我，所以后来才能做出大学问。

孟子的文笔洒脱，代表作《鱼我所欲也》《得道多助，失道寡助》和《生于忧患，死于安乐》《王顾左右而言他》《寡人之于国也》编入中学教科书中。钱基博曾说："韩愈书体，博辨明快，盖得孟子之笔；而沉郁顿挫，则又得太史公之神。"② 他把韩愈的文风追溯到孟子与司马迁，亦是对韩愈传承创新文风的高度评价。

孟子对钱基博的影响，主要是抱负方面。笔者认为，历史之所以把亚圣的美名给了孟子，是因为孟子是个有大抱负的人。《孟子·公孙丑下》记载孟子语："彼一时，此一时也。五百年必有王者兴，其间必有名世者。由周而来，七百有余岁矣。以其数，则过矣；以其时考之，则可矣。夫天未欲平治天下也，如欲平治天下，当今之世，舍我其谁也？吾何为不豫哉？"这个抱负真是大，在孔子的三千弟子中，没有一位有如此大抱负。孔子的所有后学之中，只有孟子的抱负最大，所以他能有一番非同常人的大造化。钱基博深知，有大抱负者，必有很高的境界，宏大的气度，上进的精神。《孟子·告子下》说："圣人与我同类。""天将降大任于是人也，必先苦其心志，劳其筋骨，饿其体肤，空乏其身，

---

① 钱基博：《孟子约纂（节选）》，曹毓英选编：《钱基博学术论著选》，华中师范大学出版社1997年版，第343页。

② 钱基博：《韩愈志（节选）》，曹毓英选编：《钱基博学术论著选》，华中师范大学出版社1997年版，第587页。

行拂乱其所为，所以动心忍性，曾益其所不能。"《告子上》中还有："先立乎其大者，则小者不能夺也。"这些话在钱基博身上都应验了，他步孟子之后，做出了国学大学问。

2. 司马迁

司马迁是西汉伟大的史学家、文学家、思想家。他"究天人之际，通古今之变，成一家之言"，创作了中国第一部纪传体通史《史记》。《史记》记载了从上古传说中的黄帝时期，到汉武帝元狩元年，长达3000多年的历史，是"二十五史"之首，被鲁迅誉为"史家之绝唱，无韵之离骚"。后世尊称司马迁为历史学之父。

钱基博在光华大学任教时，曾就《史记》提出"读《史记》三法"，后经其学生张杰的笔记整理，以《史记之分析与综合》为题发表在《光华大学半月刊》1935年第4卷第3期。① 他认为，"太史公《史记》不纯为史。何也？盖发愤之所为作，工于抒慨而疏于记事。其文则史，其情则骚也"②。本书的史部一章，还将有专门论述。

3. 郑玄

郑玄是东汉末年的经学大师，他遍注儒家经典，著有《天文七政论》《中侯》等书，共百万余言，世称"郑学"，为汉代经学的集大成者。汉代经学有今文经与古文经，两者势同水火。郑玄治学不拘门户之见，兼通今文经与古文经，广采群言，加以己见，成为一代大师。《后汉书·郑玄传》记载郑玄要求学生傲不可长，欲不可纵，志不可满，乐不可极。这些思想，在钱基博身上有体现。业师张舜徽在《中国文献学》说郑玄治学，能择善而从，考辨遗编，审证真伪。这种方法，在钱基博的治学生涯中一直也有体现。

钱基博的学生吴忠匡在文章中说：钱基博景仰东汉的郑玄，认为郑

---

① 《华中师范大学学报·纪念钱基博先生诞辰百周年专辑》（1987年增刊），第54、55页。

② 钱基博：《中国文学史（节选）》，曹毓英选编：《钱基博学术论著选》，华中师范大学出版社1997年版，第459页。

玄"论治不入政党,谈文不入文社。服习父兄之教,不逐时贤之后"①。郑玄是一名大儒,但他有独自的学术人格,不与党人同流,也不与宦竖为伍,且有巨大的学术成就。清代学者往往轻视宋代学术,而推崇汉代学术,这个风气延续到民国年间。民国年间的国学家无不敬佩郑玄,钱基博从郑玄身上学到了博学、包容、创新的优良学风。

4. 陶渊明

陶渊明是东晋末至南朝宋初期伟大的诗人、辞赋家、田园诗人,被称为"古今隐逸诗人之宗",有《陶渊明集》传世。钱基博对陶渊明的人格很崇敬。他说:"读陶诗,学写陶诗,贵在理解陶之素襟不易,躬耕自资风格,居千代下,遥望白云,缅怀陶之爱国家、爱农民之古意,如爱国诗人陆游所自勉:'学诗当学陶',磨砺以须,为复国成才!"②陶渊明不与时俗合流,而钱基博选择了教育领域,做自己喜欢做的事情,这一点与陶渊明很类似。

5. 韩愈

韩愈是唐代杰出的文学家、思想家、哲学家,是古文运动的倡导者,被后人尊为"唐宋八大家"之首,与柳宗元并称"韩柳",有"文章巨公"和"百代文宗"之名。他提出的"文道合一""气盛言宜""务去陈言""文从字顺"等散文的写作理论,对后人很有指导意义。著有《韩昌黎集》40卷,《外集》10卷,《师说》等。

钱基博敬佩韩愈,著有《韩愈志》凡六篇:《古文渊源篇》第一,《韩愈行实录》第二,《韩愈佚事状》第三,《韩友四子传》第四,《韩门弟子记》第五,《韩集籀读录》第六。钱基博还著有《韩愈文读》,分上下两编:上编学古之编,以所仿时代为次,凡文三十六首;下编自变之格,以所作岁月为次,凡文四十五首。复有附编,为韩门弟子之文,以名辈先后为次,篇中评注,既解释其事典,又批点其文法;篇后采录何

---

① 吴忠匡:《吾师钱基博先生传略》,《中国文化》1991年第4期。
② 徐运钧、李蹊:《去德滋永,思德滋深——忆先师子泉先生》,《华中师范大学学报·纪念钱基博先生诞辰百周年专辑》(1987年增刊)。

焯、曾国藩、林纾诸家评语。

作为一名教师，钱基博重视师道。他从韩愈的思想中，获取了精神资源。韩愈在《师说》认为："生乎吾前，其闻道也，固先乎吾，吾从而师之；生乎吾后，其闻道也，亦先乎吾，吾从而师之。吾师道也，夫庸知其年之先后生于吾乎？是故无贵无贱，无长无少，道之所存，师之所存也。"钱基博在《国立师范学院成立记》提出"假如师而不范，教训无方，何以造人，亦将何以造国"①。

在推崇韩愈的同时，钱基博也推崇杜甫。钱基博认为："然唐诗之有李杜，犹唐文之有韩柳。韩柳并称，而继往开来，韩愈之力为大；李杜竞爽，而入雅出风，杜甫之传称盛。"② 钱基博为华中大学国文系三、四年级学生开设《韩文杜诗》，认为韩愈代表了唐代古文的水平，杜甫代表了唐诗的水平，而李白和柳宗元也是唐代的佼佼者。

6. 张载

钱基博推崇张载，学习张载的勤奋精神，以苦为乐。钱基博撰《张子之学》一文，是在国文系给学生作的学术讲演。

钱基博对宋代的理学发表了见解，认为：从前子思作《中庸》以说天命之性，孟子道性善以修率性之道，开宗明义，而未有体系，所以理而不为学。钱基博认为，理学家擅长从以往的经典中不断上推，吸取有益的精神营养，并把思想史接续起来。他说："至周敦颐，乃本《中庸》以上推之《易·系辞传》，而后天命之性、率性之道，有体有系，厘然秩然。犹若以为未足，更本《易·系辞传》以旁推交通诸老子'道可道，非常道'，'有物混成，先天地生'。拈出'无极''无极'之义，以补《易·系》之所未言，而后先天之道，天命之性，有体有系，厘然秩然。"③ 周敦颐之《太极图说》《通书》如此，张载之《西铭》《正蒙》亦如此。

---

① 钱基博：《国立师范学院成立记》，原载《国师季刊》第 1 期。转载自《华中师范大学学报·纪念钱基博先生诞辰百周年专辑》(1987 年增刊)。
② 钱基博：《现代中国文学史》，华中师范大学出版社 2011 年版，第 21 页。
③ 曹毓英选编：《钱基博学术论著选》，华中师范大学出版社 1997 年版，第 57 页。

钱基博对周敦颐与张载的学识进行了比较研究，发表了自己的看法：周敦颐颇讳其出于老，而张载则不甚讳，《正蒙》屡引老子"谷神不死"之说。大抵周敦颐之学，以老子为桃，以《易》为祖，以《中庸》为宗，以诚为本，以主静立诚，而己之性无不尽；而载之学，以老子为桃，以《易》为祖，以《中庸》为宗，以仁为体，以礼行仁，而人之性无不尽；敦颐之学，以《太极图说》挈其要，以《通书》明其义；敦颐之学，以《太极图说》挈其要，以《通书》明其义；而载之学，以《西铭》挈其要，以《正蒙》明其义。敦颐之所谓"太极"，载则谓之"太和"；敦颐之所谓"无极"，载则谓之"太虚"，敦颐无极太极，明理之无形，而载太虚太和，以无形为理。周敦颐好称颜子；而载好称孟子。周敦颐以道自乐，从容涵咏之味洽；载则以礼自持，好学深思之功专。

钱基博还比较了程颐与程颢，说：大程吟风弄月仿佛周；小程严气正性差似张。

针对"二程屡称《西铭》，而于《正蒙》或有微辞"，钱基博提出：然吾人不读《正蒙》，不知《西铭》立说之所以然，《西铭》只是要学者求仁而已，然前乎仁而所以立天下之大本，后乎仁而所以行天下之达道，非读《正蒙》不明。大抵载之学，是苦心得之。观其言曰："书须成诵，精思多在夜中，或静坐得之。不记，则思不起。但通贯得大原后，书亦易记。""书多阅而好忘者，只为理未精耳。理精则须记，了无去处也。""义理有疑，则濯去旧见，以来新意。心中苟有所窥，即便札记，不思则还塞之矣。""不知疑者，只是不便实作，既实作则须有疑。必有不行处，是疑也。欲事立，须是心立。立心不钦，则急惰，事无由立。"盖其学得之苦思力索如此。可以为后学法焉。[①]

7. 朱熹

朱熹是宋朝著名的理学家、思想家、哲学家、教育家、诗人，闽学派的代表人物，儒学集大成者，世尊称为朱子。他是程颢、程颐的三传

---

① 原刊于《国师季刊》1939 年第 4 期。现引自钱基博《子部论稿》，华中师范大学出版社 2014 年版，第 50～54 页。

弟子李侗的学生，著有《四书章句集注》《太极图说解》《通书解说》《周易读本》《楚辞集注》，后人辑有《朱子大全》《朱子集语象》等。其中《四书章句集注》成为钦定的教科书和科举考试的标准。朱熹是唯一非孔子亲传弟子而享祀孔庙，位列大成殿十二哲者中。

钱基博认同裘匡庐之"自秦汉以来，论诵读古书之法，无逾于朱子"；"朱子论学，以熟读精思、循序渐进为的；学者但循循不已，自有豁然贯通之一日"的观点。于是，钱基博"日取朱子《四书集注》温一二章，令可默诵……自觉年有进境"①。

8. 章学诚

章学诚是清代史学家、文学家。他编修了各类地方史志十余部，并撰写了大量的志评著作。他倡导"六经皆史"，著《文史通义》。

钱基博敬佩章学诚，于1929年撰《文史通义解题及其读法》。全书从论世、叙传、解题、读法四个方面解读章氏其人其书。在书中，钱基博对章学诚有很高的评价："独章学诚生当举世溺于训诂、音韵、名物、度数之时……治学蕲于明道，立言必有宗旨。言道之不离于事，将以实事求是，砭宋儒之空。明经之不外于史，亦以疏通致远，救汉学之碎。理贵实证，言不离宗，又推其说，施之于一切立言之书，而条其义例，比于子政，辩章旧闻，一人而已！"② 他经常读章氏之书，尝言："博端诵章书，发蒙髫年，迄今四十，玩索不尽"③，他著《文学史》，序中称于章氏书，"少耽研诵，粗有睹见，信余言之不文，幸比次以有法。"而"比次之法"正是章氏所讲求的研究方法。

章学诚去世后，龚自珍、章炳麟、张尔田、孙德谦四人都在不同程度上继承了章氏之学。钱基博在《文史通义解题及其读法》中对章学诚

---

① 钱基博：《十年来之国学商兑》，曹毓英选编：《钱基博学术论著选》，华中师范大学出版社1997年版，第42~43页。

② 钱基博：《文史通义解题及其读法》，傅宏星编：《大家国学：钱基博卷》，天津人民出版社2008年版，第302页。

③ 同上书，第339页。

的影响力作了叙述：

> 其学一衍而为仁和龚自珍定庵，作《乙丙之际著议第六》（一本题曰《治学》），以明一代之治，即一代之学；"官师合一"之说也。又著《古史钩沉论》以明《五经》为周史之大宗，诸子为周史之支孽小宗，"六经皆史"之衍也。具见《定庵文集》。然矜其所得，而讳所自出，不云本章氏。近儒余杭章炳麟太炎讥之，著为《校文士》一文，谓"自珍剽窃成说而无心得；以为六经为史，本之《文史通义》而加华辞；观其华诚不如观章氏之质"者也！其后章氏之学，再衍而为章炳麟：衍"官师合一"之说，以征《曲礼》"宦学事师"之义……又一衍而为钱唐张尔田孟劬、元和孙德谦隘堪。尔田考镜六艺、诸子学术流别，著《史微》内篇八卷，以丕扬章氏"六经皆史"之义。而德谦则为《汉书艺文志举例》《刘向校雠学纂微》两书，以论定雠例；又著《太史公书义法》二卷以究明史意。斯皆《通义》之嗣响，章学之功臣！①

9. 陆世仪

陆世仪（1611—1672），江苏太仓人，明末清初著名的理学家、文学家。他主张读书要讲求实用，除六艺外，天文、地理、河渠、兵法之类，都是安国兴邦不可缺少的有用知识。他建议朝廷用人要大破成格，不拘资地，他鼓励青年要有"体用具备，文武兼资"的才干，以救亡图强，振兴国家。明亡后，他在海门第一桥南"凿池十亩，筑亭其中"，称为"桴亭书院"。清初，他在无锡东林书院等地讲学，编有《儒家理要》一书，著有《思辨录》《学酬》《复社纪略》《春秋考》《诗鉴》《书鉴》等。其《思辨录》分大学、小学、立志、居敬、格致、诚正、修

---

① 钱基博：《文史通义解题及其读法》，傅宏星编：《大家国学：钱基博卷》，天津人民出版社2008年版，第328~329页。

齐、治平、天道、人道、诸儒异学、经、史、子等 14 门类，35 卷，数百万字。陆世仪是个文武双全的人。他弱冠之年曾习剑术，后又拜被誉为"江南第一"的名师石敬严将军学梨花枪术，并研习兵法，作《八阵发明》图说。明末清初著名的思想家顾炎武读陆世仪《思辨录》毕，大为折服，致书陆世仪云："知当吾世而有真儒也。"钱基博曾说："惟有陆世仪，顾炎武两人明体达用，有本有末，而又淡泊明志，不事驰骛。顾炎武博学于文，行己有耻，可以见汉儒之偏。私心淑艾，窃愿景行。"①

10. 顾炎武

顾炎武（1613—1682）是吴地最杰出的学者之一。他是苏州府昆山（今属江苏）人，学问渊博，于国家典制、郡邑掌故、天文仪象、河漕、兵农及经史百家、音韵训诂之学，都有研究。晚年治经重考证，开清代朴学风气。他提倡经世致用，反对空谈，注意广求证据，提出"君子为学，以明道也，以救世也。徒以诗文而已，所谓雕虫篆刻，亦何益哉？"著有《日知录》《肇域志》《音学五书》《亭林诗文集》等。

11. 陈澧

陈澧，广东番禺（今广州）人，字兰甫，因少时读书于东厢书塾，晚年自题著作为《东塾读书记》。陈澧博学，凡小学、音韵、天文、地理、乐律、算术、古文、骈体文、填词及篆、隶、真、行书，无不研究。撰《汉儒通义》《声律通考》。他在广东的"学海堂"教书，达 27 年之久，培养出不少人才，当时学者称为"东塾学派"。

钱基博评价《东塾读书记》能于清初许郑之学风靡之会，不逐后尘，尽去门户之见，能熔汉宋于一炉，而救汉学琐碎之弊，为治经学者辟一坦途。钱基博仰慕前修，讲论经学、目录学，即效仿《东塾读书记》，纠清修《四库全书提要》抑宋扬汉之失，著《后东塾读书记》敷

---

① 吴忠匡：《吾师钱基博先生传略》，《中国文化》1991 年第 4 期。

畅其旨。① 钱基博在《古籍举要》的序中说：读番禺陈澧兰甫《东塾读书记》，写成札记。《古籍举要》又谈到朱一新的《无邪堂答问》，认为朱一新的《无邪堂答问》可配陈澧的《东塾读书记》一起读。"倘学者先读陈《记》以端其响，继之《答问》以博其趣，庶于学问有从入之途，不为拘虚门户之见。"朱一新（1846—1894），字蓉生，号鼎甫，义乌毛店镇朱店人。清光绪二年（1876）登进士，曾任广东肇庆端溪书院主讲及广州广雅书院（广州中山大学前身）山长（校长）。著述颇丰，对经学尤有研究，是汉宋调和学派代表人物之一。《无邪堂答问》为朱一新氏的代表作，笔记体，答问式，系作者辑其讲学答问之辞而成。其所论政治、经济、军事、文化、教育诸问题，有独到之处。然而，其中讥讽民主制，反对机械化，诋诃西医西乐等，暴露出保守的一面。

12. 曾国藩

曾国藩是近代政治家、战略家、理学家、文学家，湘军的创立者和统帅。他自幼勤奋好学，6岁入塾读书。8岁读四书，诵五经。14岁读《周礼》《史记》。道光十八年（1838）中进士。一生奉行程朱理学，留下了近130万字的《日记》。

钱基博敬重曾国藩的为人，他评价曾国藩："综其一生，定为戒律，守之甚严，而持之有恒者，一曰不诳语，二曰不晏起。""不诳语"，就是不讲大话，不虚夸，"持己平实，不为矫激"。② "不晏起"就是不睡懒觉，做事要勤。钱基博主张做人要"存心之厚"，他引用曾国藩的话讲："当今之世，富贵无可图，功名亦难就，惟有自正其心以维世道。所谓正心者，曰厚实。厚者恕也。己欲立而立人，己欲达而达人。己所不欲，勿施于人。存心之厚，可以少正天下浇薄之风。"③

钱基博解读曾国藩学术思想渊源，认为曾国藩一方面受到桐城学

---

① 钱基博曾经撰文介绍"后东塾"的缘由，详见钱基博《后东塾读书杂志》，华中师范大学出版社2014年版，第274页。
② 曹毓英选编：《钱基博学术论著选》，华中师范大学出版社1997年版，第85页。
③ 同上书，第85~86页。

派姚鼐的影响，另一方面自有创新。在《圣哲画像记》中说："国藩初解文章，由姚先生启之也。"钱基博说："然寻其声貌，略不相袭。大抵以定气为主，以影响为辅，力矫桐城懦缓之失。探源扬马，专宗韩愈。奇偶错综，而偶多于奇。复字单谊，杂厕相间，厚集其气，使声采炳焕而戛焉有声。异军突起，而自成湘乡派。"曾国藩撰写文章确受到桐城派的影响，但并不是笼统的全盘吸收，而是吸取精华，并力矫桐城懦缓的毛病。"桐城优游缓节，如不用力，而湘乡则雄奇跌宕，肆力为之。其大较也。""为桐城方姚之文者，多失缓懦，而国藩矫之以神奇。"①

13. 王闿运

王闿运是晚清经学家、文学家，辛亥革命后任清史馆馆长，著有《湘绮楼诗集》《湘绮楼文集》《湘绮楼日记》等。王闿运是戊戌变法思想的最初启蒙者，他尊尚今文经，把《公羊》学的学说理论与现实结合，被四川总督丁宝桢聘为成都尊经书院院长。弟子廖平受其学，并开蜀学。康有为初从粤中大儒朱次琦学，后见廖平所著书，"乃尽弃其旧说"，廖平曾游南海广雅书院，为康有为通《公羊》，明改制，后来康有为托古改制，为戊戌变法开了风气。

钱基博对王闿运有许多评价：王闿运重视修辞，"其为文悉本之《诗》《礼》《春秋》，而溯庄、列，探贾、董，旁涉释乘；发为文章，乃萧散似魏晋间人；大抵组比工夫，隐而不现，浮枝既削，古艳自生"②。王闿运撰《湘军志》"文辞高健，为唐后良史第一"③。"诗才尤牢笼一世，各体皆高绝……所作《圆明园词》一篇，韵律调新，风情宛然。""方民国之肇造也，一时言文章老宿者，首推湘潭王闿运。"

钱基博的心中有国学先贤，读他们的书，学习他们的精神，弘扬他们的事业，持之以恒，使自己也成了中华国学史上的重要人物，成为一代大师！

---

① 曹毓英选编：《钱基博学术论著选》，华中师范大学出版社1997年版，第87页。
② 钱基博：《现代中国文学史》，华中师范大学出版社2011年版，第34页。
③ 同上书，第36页。

第三章 钱基博论国学学习与研究

钱基博在《国学的分科问题》说:"我们既然做了个中国人,当然要知道些中国学问;这不过算做一种国民常识,也可规定在义务教育里面。"① 他是这样说的,也是这样做的。到底应当如何学习国学和研究国学?钱基博探讨了学习的方法,摸索了传授的要领,提出了读书书目,并对各种书籍提出了具体的研读意见。钱基博培养了许多学生,其中有些人成了国学领域的栋梁之材。

第一节 介评国学的基本书目

关于国学的基本书目,过去的学者开过不少书目,各有特色。

胡适在1923年为清华大学学生开了一份《一个最低限度的国学书目》,其中有《书目答问》《中国人名大辞典》《九种纪事本末》《中国哲学史大纲》《老子》《四书》《墨子间诂》《荀子集注》《韩非子》《淮南鸿烈集解》《周礼》《论衡》《佛遗教经》《法华经》《阿弥陀经》《坛经》《宋元学案》《明儒学案》《王临川集》《朱子年谱》《王文成公全书》《清代学术概论》《章实斋年谱》《崔东壁年谱》《新学伪经考》《诗集传》《左传》《文选》《乐府诗集》《全唐诗》《宋诗钞》《宋十六名家词》《元曲选一百种》《宋元戏曲史》《缀白球》《水浒传》《西游记》《儒林外史》《红楼梦》等。

梁启超对胡适开列的书目不太满意,应《清华周刊》之约,也列出《国学入门书要目及其读法》。胡、梁都列了《老子》《四书》《墨子》

---

① 钱基博编:《国学文选类纂》,华中师范大学出版社2013年版,第13页。

《荀子》《韩非子》《左传》《文选》等国学核心书籍。但是，梁启超的书目有自己的偏好，如，他在《国学入门书要目及其读法》对《荀子》一书多有推崇，说："《荀子》，《解蔽》《正名》《天论》《正论》《性恶》《礼论》《乐论》诸篇最当精读，余亦须全部浏览。注释书王先谦《荀子注》甚善。"

此外，鲁迅、顾颉刚、郭沫若、钱穆等国学大师都开过国学读书书目。钱基博也多次介绍和评论国学书籍，从中可以见到他对国学知识体系的认知，介绍如下。

一、《国学必读》

《国学必读》[①] 是钱基博选编的一本国学读物，是历代国学名篇的汇编。编选此书的目的是为中学提供阅读书籍，为学人指明国学阅读的基本范围，以满足当时出现的国学热。全书分为上下册，上册为《文学通论》，下册为《国故概论》。

上册《文学通论》选取的文章从三国到民国，其中共37家文章44篇，杂记75则，有魏文帝《典论论文》、梁昭明太子《文选序》、梁简文帝《与湘东王论文书》、宋苏子瞻《答谢民师论文书》、明苏平仲《謷说》、明唐荆川《与茅鹿门主事论文书》、明顾亭林《日知录论诗文十一则》、清魏善伯《伯子论文九则》、清魏凝叔《日录论文七则》、清侯朝宗《与任王谷论文书》、清方望溪《古文约选》序例、清方望溪《书韩退之平淮西碑后》、清方望溪《与孙以宁论作传体要书》、清刘海峰《论文偶记五则》、清姚惜抱《复鲁絜非论文分阴柔阳刚书》、清方植之《昭昧詹言论诗文二十二则》、清恽子居《大云山房文稿二集》叙录、清恽子居《上曹俪笙侍郎书》、清李申耆《骈体文钞序》、清阮芸台《文言说》、清梁茞林《退庵论文两则》、清包慎伯《文谱》、清包慎伯《答张翰风论诗书》、清包慎伯《与杨季子论文书》、清包慎伯《再与杨季子论

[①] 《国学必读》最初由中华书局于1924年出版。笔者依据的是华中师范大学出版社2012年版。

文书》、清章实斋《文集》、清章实斋《古文十弊》、清曾涤生《复李眉生论古文家用字之法书》、清曾涤生《复陈右铭太守书》、清曾涤生《求阙斋日记》论文九则、清张廉卿《答吴挚父论学古人之文在因声以求气书》、清张廉卿《答刘生论文章之道莫要于雅健书》、清吴挚甫《与姚仲实论文书》、清吴挚甫《与严几道论译西书书》、清严几道《译天演论例言》、清马眉叔《文通序》、清马眉叔《文通例言》、胡以鲁《论译名》、容挺公《致甲寅记者论译名》、章行严《答容挺公论译名》、梁任公《中学以上作文教学法》、胡适之《文学改良刍议》、胡适之《谈新诗》、胡适之《论短篇小说》、胡适之《国语文法概论》、胡步曾《中国文学改良论》、陆步青《修辞学与语体文》、胡寄尘《新派诗说》、蔡观明《诗之研究》、愈之《文学批评其意义及方法》、西谛《整理中国文学的提议》、钱基博《我之中国文学的观察》。钱基博认为"舍文学无以通国学",只有先读了古今文章,才可能更进一步了解国学。这部分相当于现在高校"历史文选课"读本。

《国故概论》载有20位大家的36篇文章,3则杂记。其中有夏曾佑《孔子学说》、梁任公《治国学的两条大路》、章太炎《中国文学的根源和近代学问的发达》、章太炎《教育的根本要从自国自心发出来》、胡适之《清代学者的治学方法》、胡适之《研究国故的方法》、刘叔雅《怎样叫做中西学术之沟通》、陈蓬庵《东方文化与吾人之大任》、陈启天《中国古代名学论略》、抗父《最近二十年中国旧学之进步》、江亢虎《中国文化及于西方之影响》、钱基博《某社存古小学教学意见书》、唐陆德明《经典释文叙录》、清龚定庵《六经正名》、清魏默深《两汉经师今古文家法考序》、清胡竹村《诂经文钞序》、清陈恭甫《经郛条例》、钱基博《师范学校读经科教授进程说明书》、清钱莘楣《十驾斋养新录论古书音读三则》、清陈恭甫《汉读举例》、章太炎《中国文字略说》、章太炎《古音娘日二纽归泥说》、梁任公《从发音上研究中国文字之源》、江易园《古今音异读表序》、金可庄《声音学听讲录》、钱基博《吴江沈颖若先生文字源流后序》、清龚定庵《古史钩沉论二》、梁任公

《五千年史势鸟瞰》、梁任公《历史统计学》、柳翼谋《正史之史料》、夏曾佑《周秦之际之学派》、章太炎《论诸子的大概》、胡适之《诸子不出于王官论》、柳翼谋《论近人讲诸子之学者之失》、江山渊《论子部之沿革兴废》、江山渊《论九流之名称》、江山渊《论道家为百家所从出》。钱基博把国学内容分为通论、经学、小学、史学、子学、文学，所选文章涉及国学源流与基本内容。其中的一些文章，确实是学习国学必读的，如夏曾佑《孔子学说》、梁任公《治国学的两条大路》、章太炎《教育的根本要从自国自心发出来》、胡适《研究国故的方法》、刘文典《怎样叫做中西学术之沟通》。

通过《国学必读》，我们可知钱基博的读书量极大，知识渊博，对精彩的文章独具慧眼。钱基博在《国学必读·序》谈到他的读书情况时说："自计六岁授书，迄今三十年，所读巨细字本，亡虑三千册；四书五经之外，其中多有四五过者；少亦一再过；提要钩玄，仅乃得此！"

从《国学必读》亦可知，当时中学生学习国学，其阅读量也是很大的，内容也是很专门的。笔者记得，民国年间杨东莼教授为中学生编过一本《本国文化史纲》，其信息量绝不亚于现在的大学生教材。这些说明，民国时期中学生学习国学是颇有深度的。

民国年间，无锡有社团组织兴办了存古小学，希望能传承古学。有关人员向钱基博咨询学生读书事宜，钱基博撰写了《某社存古小学教学意见书》一文，现存于《国学必读》。钱基博认为应当根据学生的年龄层次读书，8~10岁的学生，理论方面的书应读《论语》《孟子》；历史方面的知识，应读《世说新语》《唐语林》《今世说》。11~14岁的学生，理论方面的书应读《礼记》《左传》；历史方面的知识，应读王船山的《读通鉴论》、严复的《社会通诠》；文字方面的书可读《古文辞类纂》《马氏文通》。钱基博又说："王筠《教童子读书法》，此书甚佳，自识方字起以至初学作文，皆有论列。"[1]

---

[1] 钱基博编著：《国学必读》，华中师范大学出版社2012年版，第399页。

二、《古书治要之教材举例》

书籍流变类书籍，有哪些是必读的要籍？钱基博撰写了《古书治要之教材举例》，其中提出要读《汉书·艺文志》、《隋书·经籍志》、郑樵《校雠略》、章学诚《校雠通义》，并分别对国学的各类书籍进行了介评。

小学类书籍，有哪些是必读的要籍？钱基博在《古书治要之教材举例》说："小学者，盖审形声明训诂之学也，故以小学源流冠焉。今录段玉裁《注许慎说文解字叙》，丁福保《说文解字诂林自序》，章炳麟《小学略说》，所以考小学之沿革。录江声《六书说》，章炳麟《转注假借说》《文始叙例》，所以明小学之条例。录江谦《说音》《古今音读表》，陈寿祺《汉读举例》，所以辨小学之音读。"（第 33~34 页）[①]

经学类书籍，有哪些是必读的要籍？钱基博在《古书治要之教材举例》中说："通经之法，要在明经传之别，通今古文之殊。今录龚自珍《六经正名》，章学诚《经解》，所以考经传之沿革。录《汉书·儒林传》，《后汉书·儒林列传》，魏源《两汉经师今古文家法考序》，姚文枏《六朝经师宗派并所著经注经说考》，江藩《经师经义目录》，所以明今古文家法之殊及其流变。而殿之以胡培翚《诂经文钞序》，陈寿祺《经郛条例》，盖叙述先儒治经之法，而蕲于开设户牖、启示途辙者也。"（第 34~35 页）

经学有怎样的流变呢？钱基博在《古书治要之教材举例》中说："大抵汉京以来，垂二千年，儒者谈经，学凡六变。其初专门授受，递禀师承，非惟训诂相传，莫敢同异；即篇章字句，亦恪守所闻，其学笃实谨严，及其弊也拘。曹魏代汉，王弼、王肃，稍持异议，流风所扇，或信或疑；越孔、贾、啖、赵以及北宋孙复、刘敞等，各自论说，不相统摄；及其弊也杂。洛闽继起，道学大昌，摆落汉唐，独研义理；凡经师旧说，俱排斥以为不足信，王柏、吴澄，攻驳经文，动辄删改；及其

[①] 本节标明的页码均出自钱基博编《国学文选类纂》，华中师范大学出版社 2013 年版。

弊也悍。学派既成,攀援日众,驱除异己,务宗朱子;自宋末以逮明初,其学见异不迁;及其弊也党……自明中叶,王学极盛,罔不六经注我,各抒心得;及其弊也肆。空谈臆断,无征不信。清代诸大师起,壹矫以实事求是;其学征实不诬;及其弊也琐。"(第35页)钱基博以上所谈到的"拘""杂""悍""党""肆""琐"这六个字,大抵反映了经学发展中出现过的六种偏颇。每一种偏颇都是在纠正前贤的过程中出现的,然后又出现了另一种偏颇,经学就是在这种不断地纠偏与造偏的过程中发展演变的。

子学类书籍,有哪些是必读的要籍?钱基博在《古书治要之教材举例》中说:"读子书,不可不知诸子之所自起与其派别以尽其流变。今录《庄子·天下篇》,《淮南子·要略篇》,江瑔《论子部之沿革兴废》,所以明诸子之所自起。录太史公谈《论六家要旨》,江瑔《论九流之名称》,所以明九流十家之派别。而录《史记·老子韩非列传》以下十二家,则所以尽诸子之流变也。"(第36页)

史部类书籍,有哪些是必读的要籍?钱基博在《古书治要之教材举例》说:"治史之要,当探史源,次明史例,终核史流,乃能辨其指归,殚其体统。今录龚自珍《尊史》,刘知几《正史》,所以探史源。录刘知几《六家》《二体》,郑樵《通志总序》,马端临《文献通考总序》,赵翼《廿二史札记》节要八十事,姚文柟《拟汇刊宋人及国朝人补历代史表志序目》,所以明史例。录梁启超《论过去之中国史学界》,刘知几《杂述》,所以核史流。"(第37~38页)

集部类书籍,有哪些是必读的要籍?钱基博在《古书治要之教材举例》说:"今录章学诚《文集篇》,恽敬《大云山房文稿通例》,恽敬《大云山房文稿二集叙录》,所以明集部之所自。而录昭明《〈文选〉序》,张惠言《七十家赋钞序》,李兆洛《骈体文钞序》,阮元《文言说》,方苞《古文约选序例》,姚鼐《古文辞类纂序目》,王先谦《续古文辞类纂例略》,曾国藩《经史百家杂钞序目》,黎庶昌《续古文辞类纂序》,则所以明文集类次之体要而穷其流变者也。终之以刘勰《明诗》,

王闿运《诗法一首示黄生》，包慎伯《答张翰风论诗书》，章炳麟《辨诗》，陈衍《近代诗钞序》，张惠言《词选序》……斯所以辨诗、词、曲之源流正变焉。"（第39页）

三、《近代提要钩玄之作者》

所谓提要钩玄，它是一种读书方法。唐代韩愈在《进学解》说他"口不绝吟于六艺之文，手不停披于百家之编。记事者必提其要，纂言者必钩其玄，贪多务得，细大不捐"。后人将其概括为"提要钩玄"读书法。钱基博于1934年撰《近代提要钩玄之作者》①，他在开篇说提要钩玄是"孔孟授受心法"，孔子倡导"一言以贯之"，而孟子"博学而详说之，将以反说约也"，就是提要钩玄。汉唐以来，学无师法，有纪事而不知提要者，有纂言而无当宏旨者。钱基博注意到近代有十三家书"皆于古今流变，洞中奥会，读一书通千百书，如振裘之得领，如挈网之有纲"②，于是专门作了介绍，涉及六个方面，对每本书的优点作了简介。

经部：皮锡瑞《经学历史》，此书能说明历代经学的变迁及趋向；陈澧《东塾读书记》，此书能融通汉宋，提示了治学途径。

史部：梁启超《中国历史研究法》，此书讲明了史学的嬗变；赵翼《廿二史札记》，此书能类族辨物，属辞比事。

子部：陈钟凡《诸子通谊》，此书能穷究流变，根极于礼。

集部：姚永朴《文学研究法》，此书能讲文章之利钝，极有经纬；刘熙载《艺概》，此书分为六卷，语本心得，益人心智。

通论：章学诚《文史通义》，此书辨章学术，观其会通；张尔田《史微》，此书绍述文史，颇多新义；章炳麟《国故论衡》，此书宏通邃密，尤臻小学。

---

① 此文原刊于1934年6月5日的《晨报》。
② 钱基博：《近代提要钩玄之作者》，傅宏星编：《大家国学：钱基博卷》，天津人民出版社2008年版，第133页。

余艺：叶得辉《书林清话续话》，此书详于版刻，无征不信；叶昌炽《语石》，此书叙述碑版，考镜源流；康有为《续艺舟双楫》，此书洞明正变，开拓心胸。

钱基博的这份国学书目侧重于近代，是关于"近代提要钩玄之作者"，强调了通论，并设有余艺，非常简明，无疑是对胡适、梁启超开列国学书目的补充。

钱基博对近代经典非常留意。他在谈及《中山全书》时曾说："中国言维新以来，共三部奇书：谭嗣同《仁学》精深；康有为《大同书》警辟；而《中山全书》则亦平实，亦博大"。① 他又接着对《中山全书》给予了很高的评价。言其"将孔孟思想，欧美政制，上下五千年，纵横九万里，融成一片，所以博大"，且"黄帝之功，在集空间文明之大成。孔子之功，在集时间文明之大成。而《中山全书》，则竖尽千古，横亘五洲，综贯时空，博学祥说"。② 钱基博一定是通读过《中山全书》。他非常欣赏孙中山对国学的态度，认为孙中山在创造新文化的同时能把传统的孔孟文化融会贯通，是博大的表现。

四、中等水平学生的读书书目

1922 年，钱基博为江苏第三师范学校学生开出了读书书目，见于《国文课余自修文钞指导书》③。这些书目反映了年轻的钱基博对国学书籍的基本看法，也反映了钱基博对学生知识结构的期待，这对于今天学习与宣传国学有一定的参考价值。读书书目可分为两类，选录如下。

甲类，文学通论：宋苏子瞻《答谢民师论文书》、明苏平仲《謷说》、明唐荆川《与茅鹿门主事论文书》、明顾亭林《日知录》论诗文十一则、清魏善伯《伯子论文》九则、清魏凝叔《日录论文》七则、清侯

---

①② 《华中师范大学学报·纪念钱基博先生诞辰百周年专辑》（1987 年增刊），第 107 页。

③ 原刊于《无锡新报·新潮月刊》1922 年 12 月 16 日。现载于钱基博《国文教学丛编》，华中师范大学出版社 2013 年版。

朝宗《与任王谷论文书》、清方望溪《古文约选序例》等、清刘海峰《论文偶记》、清姚惜抱《复鲁吉非论文分阴柔阳刚书》、清阮芸台《文言说》、清梁章钜《退庵论文》两则、清方植之《昭昧詹言》论诗文二十二则、清恽子居《大云山房文稿二集叙录》等、清章实斋《古文十弊》、清包慎伯《文谱》等、清曾涤生《求缺斋日记》论文九则、清张廉卿《答吴挚父论学古人之文在因声求气书》等、清吴挚甫《与姚仲实论文书》等、清严几道《译天演论例言》、胡以鲁《论译名》、容挺公《致甲寅记者论译名》、章行严《答容挺公论译名》、胡适之《文学改良刍议》等、胡先骕《中国文学改良论》、陆殿扬《修辞学与语体文》、缪凤林《文学上之摹仿与创造》、梁启超《中学以上作文教学法》、愈之《义学批评其意义及方法》、西谛《整理中国文学的提议》。

乙类，国故概论：夏曾佑《孔子学说》、章太炎《中国文化的根源和近代学术的发达》等、胡适之《清代学者的治学方法》等、刘叔雅《怎样叫做中西学术之沟通》、陈嘉异《东方文化与吾人之大任》、抗父《最近二十年间中国旧学之进步》、陈启天《中国古代名学史略》、江亢虎《中国文化及于西方之影响》、钱基博《某社存古小学教学意见书》（以上属通论）；唐陆德明《经典释文叙录》、清龚定庵《六经正名》、清魏默深《两汉经师今古文家法考序》、清胡培翚《诂经文钞序》、清陈寿祺《经郛条例》、章太炎《经的大意》（以上属于经）；清钱大昕《十驾斋养心录·论古书音读》、清陈寿祺《汉读举例》、章太炎《中国文字略说》、梁任公《从发音上研究中国文字之源》、江易园《古今音异读表序》、金可庄《声音学听讲录》（以上属小学）；清龚定庵《尊史二》、梁任公《五千年来史势鸟瞰》等（以上属于史）；夏曾佑《周秦之际之学派》、章太炎《论诸子的大概》、胡适之《诸子不出于王官论》（以上属于子）。

钱基博在此文中还交代了查阅这些书籍的出处，以帮助学生阅读。这些书偏重于写作，是钱基博经常读的书。如果对古文写作没有深入研究，恐难提出这样简明适用的读书书目。

到了 1924 年，钱基博又给圣约翰中学开了一个读书书目，并写了《圣约翰中学部中国文学读本写目说明书》，原刊于《约翰声》1924 年第 35 卷第 4 期。这个书目是按学生的学年开设的，第一学年上学期读当代书，如康有为《十一国游记序》等；第一学年下学期读明清时期的书，如宋濂的《秦士录》等；第二学年上学期读唐代书，如王勃《滕王阁序》等；第二学年下学期读宋元时期的书，如欧阳修《胡先生墓表》等；第三学年上学期读两汉三国书，如司马迁《屈原贾生列传》等；第三学年下学期读两晋三国书，如皇甫谧《三都赋序》等；第四学年上学期读周秦上，如《老子》等；第四学年下学期读周秦下，如《孟子》等。

为什么读这些书目的顺序是从当代逐渐到上古，而不是按朝代顺序呢？这可能与学生的接受能力有关。愈到上古，文字愈难理解。钱基博认为，教材的选择，应当注意文化元素与受众的认同。钱基博自认为开出的 160 多篇读物，包括了情感与理智。"用历史的排列法，从当代的文学渐溯及周秦，从情感的文学渐臻于理智；第三学年以前，注重文学的兴趣，第三学年以上，注重文学的理智。"①

钱基博一直留意国学书目，时常思考学人应当读哪些著述。只要是著书撰文，钱基博都会尽力介绍国学书目，如，在《版本通义·读本》中详细介绍了许多古籍，其中都是容易搜寻到的国学书。钱基博建议有志于国学的年轻人应当系统地了解这些书籍。

钱基博最为推崇的国学书籍是先秦两汉时期的书籍。钱基博在无锡的书房称为"后东塾②"，书房长期挂有一对楹联，上联云"书非三代两汉不读，未为大雅"，下联云"文在桐城阳湖之外，别辟一涂"。意为治学要穷尽源头，以先秦两汉的书籍为起点，敢于另创新流派。钱基博在 1930 年撰《古籍举要》，是为了教钱锺书、钱锺汉等研读陈澧《东

---

① 钱基博：《圣约翰中学部中国文学读本写目说明书》，《国文教学丛编》，华中师范大学出版社 2013 年版，第 109 页。

② 清代陈澧的书房称为"东塾"，他有《东塾读书记》传世。

塾读书记》所作。此书又名《后东塾读书记》。与陈澧的《读书记》相比，《古籍举要》"有相发者，有相难者，每卷得如干事，尽四十五日之力讫事"①。是书有十七卷，分论《孝经》四条、《论语》十条、《孟子》十三条、《周易》九条、《尚书》九条、《诗》四条、《周礼》七条、《仪礼》五条、《礼记》三条、《春秋上》十条、《春秋下》二十条、小学五条、诸子三十一条、西汉十二条、郑学三条、三国五条、朱子六条。前十一卷以书为纲，后六卷以学术为纲。《古籍举要》是钱基博的教学心得，涵盖古代重要的典籍，易于作为国学启蒙读本。

钱基博撰写了一系列"解题"性质的文章与著作，如《周易解题及其读法》《四书解题及其读法》《文史通义解题及其读法》《古文辞类纂解题及其读法》《老子道德经解题及其读法》《古诗十九首解题及其读法》《诗品解题及其读法》《读礼运卷头解题记》《读庄子南华真经卷头解题记》《清华园解题》等。这些著述是为了帮助学人了解国学书，更好地阅读国学书。

钱基博在《论语约纂》中说："吾国数千年来教育政治所视为折衷者，靡不以孔孟为依据……探六经之奥，得乎人心所同……尤以《论语》《孟子》为必要也。"

学习历史，一定要读一些理论书，否则漫无头绪。钱基博推荐严复的《社会通诠》"不可不熟读"，理由是"严氏之书，乃籀绎历史之程式及其公例者也"。钱基博谈他的亲身体会说："博弱冠以前，反复读《资治通鉴》七遍而不得要领所在，至二十岁，读严氏书，然后向之二十四史不知从何说起者，至是乃如珠得串，如土委地，心凝形释而得其会通。"② 钱基博的这个见解，与其他国学大师相比，更有高度，颇为超前。

学生除了学习国学之外，还应学一些其他的知识。钱基博主张略习

---

① 钱基博：《古籍举要》，华中师范大学出版社 2013 年版，第 187 页。
② 钱基博：《国文教学丛编》，华中师范大学出版社 2013 年版，第 53 页。

世务：洒扫、仪节、九九数口诀、算术、尺牍、寻常簿记。①

国学的学习无止境，在博大的国学面前，任何人都很渺小。钱基博作为一名国学大师，非常谦虚。民国年间在蓝田国师时，因为钱基博与钱锺书都在学校教书，因此，有人问钱锺书对父亲钱基博的看法，钱锺书竟然说"家父读的书太少"。有个学生把这话转给钱基博听，钱基博竟然首肯，并说："他说得对，我是没有他读的书多。首先，他懂得好几种外文，我却只能看林琴南的《茶花女遗事》；其次，就是中国的古书，他也读得比我多。"② 由此可见，尽管钱基博十分博学，但仍然非常谦虚，有自知之明，对儿子钱锺书的学识很钦佩。

钱基博对国学书籍的介评，表明他在国学目录版本学方面有很深的造诣，这是任何一个国学大师必备的功力。

第二节　学习国学的方法

如何学习国学？这是许多年轻人苦恼的问题。国学涉及的面太广，国文难读，如何打下坚实的国学基础，钱基博作了一些有益的探索。

一、有明确的学习范围

（一）要学习文言文

研习国学，必须要能阅读文言文。文言文应当有优秀的范文，以提高读者的阅读兴趣，并尽快学到标准的文言文。钱基博编有《初中中国文学读本》，其目的就是"以纯粹的中国文言文学为主体，供学生精读之用"。他在《初中中国文学读本写目说明书》中引用梁启超的话说："文言文行用已经两千多年。许多精深的思想、优美的文学作品皆用他

---

① 钱基博：《某社存古小学教学意见书》，《国学必读》，华中师范大学出版社2012年版，第402页。

② 转引自孔庆茂《钱锺书与杨绛》，凤凰出版社2011年版，第94页。

来发表；所以学生应该学习他，至少也要能读他，了解他。"① 这份《说明书》是钱基博在审读孟宪承的《初中国文教材平议》之后写的，钱基博主张以纯粹的中国文言文学为主体。对文言文的选材，一是中国文化上共同的元素，二是中国文学中最大多数人传诵的作物。"楚之骚，汉之赋，六代之骈体，宋之词和元之曲，都有不可不读的价值。"② 钱基博精选了150篇文章、诗、词和曲，分配在三个学年间学习，期待学生可以了解在语法上最有代表性的古文。读一些有积极思想价值的好文章，能够让学生得到极好的文化熏陶。

(二) 要学习文学史

历史是一面镜子，由古可以知今。文学史不仅属于史学，还属于辞章学。钱基博非常重视文学史，并下了很大的功夫研究文学史，撰写了相关的力作。他在《现代中国文学史·绪论》中说："文学史者，科学也。文学之职志，在抒情达意。而文学史之职志，则在纪实传信。"他还说："吾人何为而治文学耶？曰：智莫大于知来。来何以能知？据往事以为推而已矣。故治史之大用，在博古通今，藏往知来。盖运会所届，人事将变，目前所食之果，非一一于古人证其因，即无以知前途之夷险；此史之所以为贵。而文学史者，所以见历代文学之动，而通其变，观其会通者也。"他又说："文学为史，义亦无殊；信而好古，只以明因；阐变方今，厥用乃神；顺应为用，史道光焉。"③ 阅读文学史，不仅能完善国学方面的知识，而且会对国学产生浓厚的兴趣，增加创作热情。

---

① 此文原载光华大学国文系、教育系编《中学国文教学论丛》，商务印书馆1927年版。此处引自钱基博《国文教学丛编》，华中师范大学出版社2013年版，第129页。

② 钱基博：《国文教学丛编》，华中师范大学出版社2013年版，第129页。

③ 钱基博：《现代中国文学史·绪论》，华中师范大学出版社2011年版，第4、6、7页。

二、有正确的学习方法

钱基博治学，尤为重视方法。

(一) 循序渐进

梁启超在《国学入门书要目及其读法》一书说："若没最普通的国学常识时，有许多书是不能读的。试问连《史记》没有读过的人，读崔适《史记探源》，懂他说的什么？连《尚书》《史记》《礼记》《国语》没有读过的人，读崔述《考信录》，懂他说的什么？连《史记·儒林传》《汉书·艺文志》没有读过的人，读康有为《新学伪经考》，懂他说的什么？这不过随手举几个例，其他可以类推。"①

国学经典汗牛充栋，学生学习国学经典，先应读叙述性的书，再读议论性的书，由感性到理性。钱基博在1935年的《模范文选》的叙目中就提出"兹先之以记载之文，次议叙兼行之文，而以议论之文殿焉。盖欲学者准此为文，实事求是，一题到手，先谛观事实，而后发议论也"②。钱基博针对不同年龄的学生选编不同的阅读文章，他编的《国学文选类纂》就是为有一定国学基础的学生提供的读物。

(二) 诵读方法

梁启超在《国学入门书要目及其读法》一书曾说："我在前项书目表中有好几处写希望熟读成诵字样，我想诸君或者以为甚难，也许反对说我顽旧，但我有我的意思。我并不是奖劝人勉强记忆，我所希望熟读成诵的有两种类：一种类是最有价值的文学作品，一种类是有益身心的格言。好文学是涵养情趣的工具，做一个民族的分子，总须对于本民族的好文学十分领略，能熟读成诵，才在我们的下意识里头，得着根柢，不知不觉会发酵。有益身心的圣哲格言，一部分久已在我们全社会上形

---

① 梁启超：《饮冰室合集》第9册《专集》之71，中华书局1989年版，第31页。
② 钱基博：《模范文选叙目》，曹毓英选编：《钱基博学术论著选》，华中师范大学出版社1997年版，第510页。

成共同意识，我既做这社会的分子，总要彻底了解他，才不至和共同意识生隔阂，一方面我们应事接物时候，常常仗他给我们的光明，要平日摩得熟，临时才得着用，我所以有些书希望熟读成诵者在此，但亦不过一种格外希望而已，并不谓非如此不可。"① 梁启超的看法，是许多国学大师的共识，书需熟读，多读才能运用。

钱基博推崇熟读成诵的治学方法，他倡导张开嘴巴，多多诵读。他在《孟子约纂》引用宋代朱熹的话"书只贵读，读便是学"，他说：学便是读，"书先须熟读，使其言皆若出于吾之口；继以精思，使其言皆若出于吾之心，然后可以有得尔。"② 读书时，可以分类读，切己体察。他撰有《黄仲苏先生朗诵法序》，提倡因声求气之法。他一生手不释传，只要有时间，他就放声疾读古文，并反复标点古书。

钱基博赞赏章学诚"记诵者，学问舟车"的观点，"于车尘马足间，也总手执一卷"，以至"生平读书无一字滑过"。古人说"读书百遍，其义自见"，又说"读书破万卷，下笔如有神"。诵读时要注意语气、语调、语势、语感，注意抑扬顿挫、轻重缓急，并加强记忆，这都是学习国学的经验之谈。

（三）读书要细致

曾国藩曾说："古之知道，未有不明于文。吾儒所赖以学圣贤者，独借于文以读古圣之书，而究其用心之所在。然则此句与句续，字与字续者，古圣之精神语笑，胥寓于此，差若毫厘，谬以千里。词气之缓急，韵味之厚薄，属文者一不慎，则规模立变；读书者一不慎，则卤莽无知。故欲明先圣之道，不得不精研文字。"③ 钱基博认为只有精研文字，才能准确地把握国文的意思，得其精旨。国学中的分支学科——训诂学、义理学，应逐字逐句地抠其内涵。否则，差之毫厘，谬之千里。

---

① 梁启超：《饮冰室合集》第9册《专集》之71，中华书局1989年版，第26页。
② 钱基博：《子部论稿》，华中师范大学出版社2014年版，第118页。
③ 曹毓英选编：《钱基博学术论著选》，华中师范大学出版社1997年版，第86～87页。

钱基博主张分门别类地读书，有目的地读书，提出了"就研究义例读""就研究文化读"和"就研究文学读"三法。① 他主张通过分类阅读，形成系统的记忆，加深对国学的领悟。

(四) 讨论式学习

在《古籍举要》中，钱基博说："傍晚纳凉庭中，与诸儿论次及之，以为《答问》（按：指朱一新《无邪堂答问》）可配陈澧《东塾读书记》。傥学者先读《陈记》以端其向，继之《答问》以博其趣，庶于学问有从入之途，不为拘虚门户之见。"儿子钱锺书对父亲将《无邪堂答问》置于《东塾读书记》后的做法，提出了质疑，说道："《答问》与《陈记》同一兼综汉宋，若论识议闳通，文笔犀利，则《陈记》远不如《答问》！"钱基博回答说："不然，陈君经生，朴实说理，学以淑身，朱生烈士，慷慨陈议，志在匡国。《答问》文笔议论，远胜陈君，信如所论。然《答问》之体，适会多途，皆朱生当日应机作教，事无常准，《诗》《书》互错综，经史相纷纭，义既不定于一方，学故难求其条贯，又其言皆有为而发，非于晚清学风史实，烂熟心胸，未易晓其端绪；不如陈君读书记之部居别白，牖启途辙，论议尽欠雄骏，开示弥征平实。又贤圣应世，事迹多端，随感而起，故为教不一。陈君宿学，但见戴学末流之鬼琐，故欲救之以通，而于《公羊》有发挥，亡（无）贬绝。朱生晚出，及见康氏今文之狂诡，更欲讽之于不正，而于《公羊》多驳难，少赞扬。此其较也。"②

这一段材料对于我们了解钱基博的家学挺有价值。夏天纳凉，钱氏父子研讨国学经典，钱锺书从小就有质疑精神，而钱基博耐心解答，并采用了比较的方法，分析了朱一新与陈澧的学术特点，诱导钱锺书作进一步探讨。

---

① 《华中师范大学学报·纪念钱基博先生诞辰百周年专辑》（1987年增刊），第54、55页。

② 钱基博：《古籍举要》，华中师范大学出版社2013年版，第189页。

（五）读书要写笔记

钱基博主张治学要抓要领，提要钩玄。他曾说："右十三家之书，皆于古今流变，洞中奥会，读一书通千百书，如振裘之得领，如挈网之有纲。余尝欲汇为一刻，题曰'群书治要'。善读者玩索而有得焉，六通四辟，其运无乎不在；庶几哉。经史之羽翮，记籍之冠冕也！"[1] 钱基博有读书写笔记的习惯，曾经写过一百多本笔记，并自认为笔记很有学术价值。他在写专著时，全靠平时做笔记打下的基础。通过写笔记，可以帮助人梳理思想，温故知新。

第三节 不同层次的国学学习

一、小学如何学习国学

钱基博在无锡县立第一高等学校教国文课时，撰写了《国文教授私议》[2]。此文专门论述了小儿文字教学，钱基博写道："文字者，言语之有伦序者也。学为文字者，不过整齐其意思，修理其话言而已耳。"其中，他回答了小学国文教学中的几个基本问题，如：

小学生学习国学，应当采用什么样的语言？钱基博认为，小孩子有小孩子的语言，讲课时要用表情语言。"夫天下之最富于感情者，固莫逾于童孺矣，忽咷忽笑，一日可数易其度，故使之作表情文字，因其势而利导之。"（第8页）钱基博自称"予之教授国文，一以浚瀹儿童性灵，鼓动兴趣，考索平日闻睹之事物而记载之为主旨"（第9页）。

小学生应当撰写什么样的作文题？钱基博批评了当时有些学校一

---

[1] 钱基博：《近代提要钩玄之作者》，曹毓英选编：《钱基博学术论著选》，第156～157页。

[2] 此文原刊于《教育杂志》1935年第6卷第4期。现引自钱基博《国文教学丛编》，华中师范大学出版社2013年版。这一节在括号内的页码，均为《国文教学丛编》一书的页码。

些不切实际的做法,"不量学童为年力所限,好为宽博无涯涘之题,使之为文字,有所谓《御盗策》者,有所谓《维持国货论》者,有所谓《军警保卫治安说》者,美其名曰使学生留心时务,其实不过便学子捃取报纸一二口头禅,习为浮议,以省教师之删改而已。"(第9页)

作文的字数有无限制?钱基博提出以意尽为度。他说:"至其文字之长短,不限篇幅,多累数百言,少仅百言,一以尽意为度。盖文字犹之言语,所以抒人胸中之意思者也。意思尽,则言语与之俱尽,理之自然。长固无所为非,短亦未必可疵。"(第9页)钱基博说古代传世的一些文字短小精悍,如秦李斯碣石刻石文不过百有七字,诸葛亮与关羽论司马超书才三十五字,王羲之《诫谢万书》不逾八十字,王安石《读孟尝君传》亦只九十字。如果老师要求学生写作文"以多为贵",学生就"不得不东扯西拉,勉强敷衍"(第10页)。

如何教作文?钱基博主张教师要熟读课文,他自称"予课余有暇,辄先将教室应范读文字放声疾读以自理吾气,务使吾之喉舌拂拂然与文字相习,庶几范读时有应弦赴节之妙"(第12页)。钱基博还要求学生多读课文,"或使之高声朗诵以昌其气,或教之慢声缓读以玩其味,务使由气而会其神理,以及其辞与法,而喻乎其深"(第12页)。在钱基博看来,文入妙来无过熟,火候到时能生巧。

如何选择范文?钱基博提出五不选:其一,文字有江湖气者不取。其二,文字有海气者不取;其三,文字有客气者不取;其四,文字有名士气者不取;其五,文字有腐头巾者不取。所谓江湖气,一派浮议,闻之令人生烦;所谓海气,海阔天空,放论无忌。(第13页)

谈到小学教育,钱基博提出男生与女生的区别。他在《吴江县立第一女子高等小学三年级预定二三学期国文读法教材说明书》中说:男性女性之殊别,要考虑女性的感受。他介绍了自己选择阅读的范文,"广选才媛文字,而于书简尤多",如汉班昭《为兄上和帝书》、明侯方域《管夫人画竹记》、梅曾亮《鲍母谢孺人传》,"以其恰如身分,女郎口吻,不易伪为,而观感亲切,愤悱不难也"。(第28页)

小学生的作文偏重什么？钱基博撰写了《无锡县立高等小学国文试验成绩报告书》①，认为作文之道当自整理思想入手，与其重文，不如重理，而理之可得言者有三：一曰观察之事物不可不真确也；二曰依据之理由不可不充足也；三曰发抒之意见不可不平正也。三者之中，尤以观察事物为最要。在钱基博看来："所谓文者，贵在敷陈有序，而词句之修饰次之。"（第41页）之所以作文要重视陈述，是由作文的性质决定的，他接着说："考之经史，稽其训诂，成字成文曰章。章者，条也，程也。文之综事布意，有条不紊者，则谓之文章。"

关于中小学的阅读读本，钱基博有自己独到的见解。民国年间，有人拟定了一份《新学制中小学国语科学程纲要》，袁观澜请钱基博发表意见，钱基博于是写了《与袁观澜先生商榷新制中小学国语科学程纲要书》一文，原刊于《无锡新报·思潮月刊》1923年3月16日。其中谈到小学读物，宜以儿童文学为主，诸如故事、儿歌、谜语、笑话、史林、小说、剧本、新诗等。初中选文，宜以传记、小说、诗歌为主。钱基博认为还应当增加实用的内容。他说在欧洲已经相当之重视实利的内容，而中国过去太忽略了，应当补充。"文学之唯物主义、实利主义，在欧洲虽作秋扇之捐，而在中国今日，则应时之良药也。""不讲文学之实用，或且不适现实之致用，此之不可不察也。"（第95页）对于高级中学课本中的小说、剧本教材，当时"皆外国译本，似非所宜。博以为此国语科之文学教学，而非外国文学教学……博以为外国文学译品，似不如留作外国语教学之参考，而整理中国旧有之小说，戏曲为国语科文学教材之为名正而言顺也"（第98页）。

二、中学生如何学习国学

钱基博在吴江丽则女子中学担任国文教师时，撰写了《吴江丽则女

---

① 此文原刊于《教育杂志》1919年第11卷第10期。现载于钱基博《国学教学丛编》，华中师范大学出版社2013年版。

中学国文教授宣言书》①，其中谈到了中学生学习国学。在《宣言》中，钱基博亦对中学有明确的定位，他说："中学者，入大学之阶梯也。"

如何给中学生教国文？钱基博介绍了他自己的做法：每讲读一文，先命题学生作过，然后标以范式文字。钱基博把课文与作文结合起来，让学生做作文，决不先透露范式文字，亦不陈述老师的想法，而是"一任诸生自为构思，各因其心思才力之所已至，穷思极索，做过一番"。然后，钱基博对学生的作文认真修改，又出示范文，"俾知天下事理无穷，思路路路可通，庶几涣然冰释，不致拘墟一义也乎！"（第22页）

每习一文，说明体例源流。钱基博研究过各种范文体裁，如碑文、启、祭文、传、记、札、序、箴、诔、跋等，他说："大凡辨体之要，于最先者当识其所由来，于稍后者当知其所由变。"钱基博的做法是："每缮一范式文字，辄视文之为某体，详考其体之源流，并于篇首，当前指标，俾之现下领会。"（第23页）

要做好眉批，让学生知道不足，不虚骄，也不气馁。钱基博主张对学生的作文要多花工夫，顺其意思，为之删润，"俾知某句某段，何以必如此不得如彼，某句有何佳处乃圈，眉评细注，不厌详尽"。钱基博说他自己在作眉批时，"不惟不肯加绝端好批语，且必于揭标缮本注出删改几许，所以促学子反省，知美中犹有不足，庶几奋而益上也"。（第24页）

尽可能与外语相联系。钱基博提供了一些范文，如《亚几梅笛别传》《印书箴》《嘉利略别传》，属于英译汉的作品，让学生在学习西方文化的同时，做一些释文与解读，从而提高学生水平。

钱基博主张中学学生学习文法。他撰写了《中学校国文科教授文法之商榷》，发表在《教育杂志》1916年第8卷第3期。他说："大抵文章一道，其妙处不可以教人，可以教人者，惟法而已。"他又说："文法之为物也，纲举目张，条例秩然，实不啻一文字则例焉耳。"（第31页）

---

① 此文原载于《妇女杂志》1915年第1卷第11号。现载于钱基博《国文教学丛编》，华中师范大学出版社2013年版。

中学如何学习中国文学史？钱基博撰有《中学校教授中国文学史之商榷》一文，主要是探讨教材之选取，内容之编制。他提出五点具体的看法：

其一，教材编制，应穷源竟委。先要学会效法，"修辞有来历，立意有所本，无不取径前修……初学作文字，必先于文法加意，而后能渐几于变化，所谓有所法而后能，有所变而后大，此国文编选之沿流溯源所为胜于穷源竟委也"（第34～35页）。

其二，每编选一代文字，必先提纲挈领，仿诸史《文苑传》序例，叙明当代文家几何人，以迄广阔转变与若人有何关系，以便讲读时得预为概要作提示。对于所选文家，应当有一定的标准，其人必以能转移一时风气，且有很高的知名度。钱基博提出一个大名单，计有134人。其中，近代有王闿运（湘派）、马其昶（皖派）、章炳麟（浙派）、梁启超（粤派）、林纾（闽派）。

其三，让学生得观其会通，致于融洽分明。每编选一家文字，必择有裨治化，足以考见当日朝政国俗者。如《诗经·七月》可以考见周代民俗，《荀子·议兵》可以考见七国兵制，诸葛亮《出师表》可以考见三国兵形。

其四，每选一篇，要有特色，以能表其本来面目为限。钱基博举例说："仪秦雄骏；屈宋藻葩；扬马伟瞻；徐庾绮丽；退之如崇山大海，孕育灵怪；子厚如幽岩怪壑，鸟叫猿啼；永叔如春山平远，亭台林沼；明允如尊官酷吏，南面发令；东坡如长江大河……故初学揣摩古人文字，惟当先认其貌，后辨其神，久之自能分别蹊径。"

其五，选文贵在含咀英华，舍短取长。如"骚赋之有屈原、宋玉，书檄之有陈琳、阮瑀，碑志之有蔡邕、韩愈、王安石，游记之有柳宗元，策论之有苏洵父子，皆千古之极则也"[①]（第39页）。

[①] 刘桂秋写过一篇《八十年前的教改实验——钱基博在丽则女校的作文教学》，载《无锡教育学院学报》2003年第4期，可供参考。

三、中等师范生如何学习国学

钱基博说，在读的师范生与中学生应有所不同。"夫师范生者，未来之教师也。其国文教授，故当与普通中学生不同。盖普通中学生之于国文也，能自利用其平日讲读时对于文字之经验，以宣情达意而著之文字已足。乃师范生不徒尔也，尤必预为异日教授人作文地步，应用其夙昔肄业及之以驯致于知能者，导不知不能者而俾之率循，依次增其美而释其回。"（第 26 页）

师范生要学习批改文字。钱基博写过一篇《师范学生宜练习批改文字》①，他批评有些教师教授国文时，"率多改而不批，即批亦仅于文尾统一批，便算完结"。钱基博提出："国文教师之职责，不贵能自作文字，而贵能批改学生文字，为之增美释回以驯致于至善之地也。"（第 25 页）

钱基博提出了"己立立人、己达达人"八字要求。他说："要之于文字非具有己立立人、己达达人之功能者，不可以为国文教师。如之何而能己立立人，己达达人也？曰：自己作文程度宜在水平线以上，而能俯己以徇学生之程度，尤不嫌水平线以下，是之谓己立立人，己达达人。"（第 26 页）

钱基博撰写了《省立第三师范第一次征集小学作文成绩审查意见》，原刊于《江苏教育公报》1919 年第 11 期。该文论述了当时的教育理念。他说："20 世纪之基本教育观念，盖植其基于实验主义者也。实验主义者，吾人当实事求是，陶淑自我，得以利用环境之事物，养成创造能力而作真理主义之谓也。"这种理念飞渡重洋，进入我国，"不知我国朱子所称古之大学所以教人之法之《大学》，其三纲八目之基本教育观念，即实验主义也"（第 44 页）。在钱基博看来，现代的教育理念可以与传统国学联系起来，中国的教师要善于用好本国的历史资源。钱基博

---

① 此文原刊于《教育杂志》1916 年第 8 卷第 3 期。现载于钱基博《国文教学丛编》，华中师范大学出版社 2013 年版。

在此文中主张师范生多读《论语》，"《论语》二十篇，辞简旨明，平易近人，地不分南北，时不限今古，读之者无棘舌刺眼之病，普通文之绝好范文也"（第47~48页）。

作为未来的教师，师范生应当知道根据不同的学生群体，开展不同的教学设计。钱基博认为出题范围，"不可不留各个自由活动之地，岂可钳制其心思而束缚之乎？"（第45页）对于补习科的学生、高等科的学生、商业科的学生要分别出作文题，如商业科的学生要参之以商业状况，增加广告。

钱基博撰《江苏省立第三师范学校国文科教授进程之说明书》，原刊于1922年《无锡县教育会年刊》。其中有些思想值得注意：

在阅读传统的国学典籍时，如果能读一些西学经典，可以有助于对国学的理解。钱基博以切身体会说："读《通鉴辑览》完毕，而终之以严复《社会通诠》者，盖严氏之书乃籀绎历史之程式及其公例者也。基博弱冠以前，反复读《资治通鉴》七遍，而不得要领所在，至二十岁读严氏书，然后向之二十四史不知从何说起者，至是乃如珠得串，如土委地，心凝形释，而得其会通。"（第53页）显然，钱基博说的"如珠得串"，意在表明严复的书给人整体、联系的社会观。

教师要让学生思想自由。钱基博说："所谓自由者，盖即意到笔随，畅所欲言之谓。"（第54页）

国文教学要追求美感。钱基博说："国文者，文学也，文学之本质在美，其大用在感兴……国文教材之选语体者，尤当加意于美不美。"（第55页）

当时，滁县教育部门向江苏省立第三师范学校请教有关国文教学事宜，校长请钱基博回函。钱基博写了《复滁县教育会询省立第三师范学校国文教授报告书》，其中有些信息也值得注意：

当时流行的教材不能令人满意。钱基博说："考师范学校之国文用书，坊间亦应有尽有。第敝校则概不采用，匪谓坊间本无佳者。如文字源流不讲六书形、声、义之大例；而叙历代书体文法要略，详字句而略篇章；文学史罗举历代文家姓名而不知阐明文章代变之所以。坊间亦鲜佳本。"（第 58 页）教材与教学，到底应当侧重于哪些内容？钱基博显然是强调六书创字法、文法与文章的流变，认为这才是真正要让学生掌握的内容。

谈到教学方法，钱基博认为教与学不是两件事，教师应当"以学之精神为教，一面自己学，一面教学生学……学之为言觉也，惟能浚发学生活泼及创作之自动能力，研究之精神，藏焉修焉，息焉游焉，则自安其学而亲其师矣"。钱基博强调课前预习，先把讲义发给学生，让学生加句读，分章节，提出与之相关的参考书，待到上课时，主要是答疑解惑。学习古文，一定要让学生在课前练习标点，分文章段落，找出其中的问题，等到上课时展开讨论与解答，这样的训练方法是行之有效的。

钱基博提出了一些参考书，"读贾生《过秦论》，可参观陆机《辨亡论》、干宝《晋纪总论》，以两文皆摹《过秦论》作也；读诸葛亮《出师表》，可翻阅《三国志》魏武帝、刘先主、后主、诸葛亮诸纪传及《晋书·宣帝纪》"（第 61 页）。

对于作文题，钱基博提出了几条标准："1. 须能引起学生兴味。2. 须能引学生旁搜博稽，搜集材料而助长其读书能力。3. 须能使学生运用已有之经验学识。要而言之，总就学生程度，以能自由发表思想者为限。盖出题之作用有二：1. 学生有思想而无发表之机会。出题者，所以予之机会也。2. 学生之思想发展不发展未可知。出题者，所以考验学生发表思想之自由是也。"（第 62 页）钱基博提出的这几条标准，是着眼于学生的兴趣，学生的个性，学生的能力，特别强调了思想的发挥。

四、大学生如何学国学

钱基博主张高校开设国学专业，以国学经典为主要学习内容。他在 1928 年提出《请振兴国学以维文化案》，建议："凡专科以上学校及研究院，中国文学系除肄习国文科外，应特设国粹一科，编作课程标准，分经史子集四门。经学当以《四书章句集注》为根柢，次《诗经》《尔雅》《左传》，次《书》《礼》《易》各经；史学当以郑樵《通志》、章学诚《文史通义》为根柢；子学当以老、庄、荀、贾、董、扬为先河，而归宿于宋五子书；集部应就性之所近，各自研究，而以姚姬传《古文辞类纂》、曾文正《经史百家杂钞》为必读之书。为周至少以五六小时为率，星期日复酌量补习，均延请名师教授，庶几文质彬彬，学校人才皆有从容大度之态度，再济以科学，自能成大器为国用矣。"钱基博的这个教学方案，对当下设置国学专业应有启发意义。①

钱基博在光华大学期间，拟定了国文系的学习课程，编撰《改订中国文学系学程》，发表在《光华年刊》1933年8月第8期。他把课程分为三类：一是诵读学程，诸如《四书》等；二是整理学程，诸如《中国哲学史》《中国近世史》等；三是训练学程，诸如基本国文、应用文、各项作文、骈文、诗词。钱基博认为国文系的学生一定要"以读专书为原则，以培养国性，陶淑人格为宗旨……庶以矫正现代青年知识浮浅，蔑视祖国之弊"。钱基博批评当时的一些学生"不仁不知，无礼无义，其仪貌不中不西，其知识非驴非马，如寿陵余子之学步邯郸，未得国能，又失故行者，比比是也"。钱基博尖锐地指出：如果这样发展下去，"宕而不返，以若所为，岂徒不国，抑且非人！"（第159页）

当年在光华大学听过钱基博课的马厚文等学生在回忆录中，对钱基博教学的严谨给予很高的评价，说钱基博指导学生读国文，循序渐进；撰写作文时，让学生养成研究的习惯。还经常介评桐城学派的文章，让学生受到熏陶，并懂得取舍。②

（一）大学生如何选择论文题目

在光华大学任教时，钱基博为国文系学生拟定了几个选题，并专门

---

① 详见钱基博《潜庐经世文编》，华中师范大学出版社2016年版，第88页。
② 刘桂秋：《无锡时期的钱基博与钱锺书》，上海社会科学院出版社2004年版，第114页。

写了《拟国文系毕业论文题》一文①，说明了选这些题目的原因。

选题一：元诗流别论。之所以可以做这个题目，是因为"世人多论宋诗，而元诗无注意者"。

选题二：清代常州派经学考论。之所以可以做这个题目，是因为"世人以常州派经学为今文，又谓康梁学说之前导。其然岂其然！"钱基博主张"阐其学说之真相"。

选题三：清代扬州派文学考论。之所以可以做这个题目，是因为"未见有系统之叙述……参互考稽，发其与桐城、阳湖之所异"。

此外，钱基博还主张研究文选学，认为学界对所选文章的文学环境、前因后果、流派都注意不够。他还主张关注幽默，认为有必要全面展开研究。（第154页）

民国年间，在大学里写作的这些论文题目，很有历史感，有考证的意味，这对于学生学习科研是极为有益的，并且还真正地探究了史学的问题。

（二）大学生作文经常出现的问题

钱基博在浙江大学教授国文时，有一次批改了191份作文，阅完之后，就写了试卷分析，并撰写了《国立浙江大学举行国文作文会考报告书》，有1939年的铅印本。其中分析了大学生作文出现的三方面问题：一是昧于相题。对出的题目没有扣紧，如《从鲁南大捷观测抗战之前途》，学生们只知回答鲁南大捷，而不会分析抗战之前途，结果行文跑题太远。二是失于辨体。题目为《国立浙江大学泰和校舍记》，是记述体裁的文章，而学生不加观察，只有歌颂赞美之文句。三是乖于行文。作文要文从字顺，一意到底。而一些学生作文前后不通，上下矛盾，不成文样。（第161页）

---

① 此文刊于《光华大学半月刊》1933年第2卷第4期。现载于钱基博《国文教学丛编》，华中师范大学出版社2013年版，第154～155页。

(三) 学习国文要"四会"并注意背景

1939年，钱基博在湖南的国师给新生发表讲话，专门谈论了学习国文的"四会"。他说："什么叫做国文？就是一国有一国之文学，无论哪一国的人总须对一国的文学有相当的教学造诣。我们做了中国人，就该对于中国的文学有相当之教学与造诣。造诣的深浅自然各各不同，然而最低的限度，至少应该会看，会读，会写，会作。"接着，钱基博对四会又作了详细说明：看，就是现在学校教学之所谓略读；读，是指精读、熟读；写，写一手好字；作，作好文章。老师要"勤讲勤改"，学生要"多读多作"。钱基博最后讲道："我教学三十年，眼见得一般学生的国文程度一天一天低落，中华民族的文化一天天少有人了解，这是我们民族前途何等暗淡可悲惨的事呀！"（第169~174页）

1939年，钱基博在湖南的国师写过一篇《依据湘学先辈之治学方法以说明本院之一年级国文教学》，其中谈到了湘学，是从地理环境谈到学术文化。他说："湖南有衡山这样伟大的南岳……又有湘江千里清澈，纵贯南北，曲折奔赴以与长江汇合，造成八百里洞庭湖的浩渺，君山烟云，泛滥渟蓄。如此山水，足当'雄深雅健'四字，孕育产生的文学界，也自然雄深雅健，人杰而地灵……屈原不是放逐到湘，不是于湘江岸头鸟兽草木、神话传说逐一细意体会，不能写出《离骚》《九歌》《九章》的这一种革命韵文。"（第170页）历代以来，湖南在学术文化方面人才辈出，钱基博从生态环境的角度加以探讨，强调自然对人文的影响力，这个观点是值得重视的。

第四节 研究国学的方法

国学研究，贵在严谨。钱基博谈到文学史写作的时候，认为"所贵于史者，贵能为忠实之客观的记载，而非贵其有丰厚之主观的情绪也，夫然后不偏不党而能持以中正"①。治理国学，一定要务实求真，以中正之立场、正确的方法，才可能取得较好的效果。

一、如何研究国学

钱基博撰有《中国古代学者治学的方法》一文，此文是他在江苏省立第三师范学校第三次国学演讲会上的稿子，后发表在《南通报·文艺附刊》1925年3月3日～11日上。钱基博以老子、汉儒、宋儒作为治学的代表，叙述了他们的治学方法。钱基博说，老子的治学方法有两种：一种是"超象而观玄"；第二种是"执古以御今"。玄就是恍惚，"不要认为这个'惚兮'的物，是窈茫无凭。须知冥冥之中，自有'精'在"。今是古的连续，"能知古始，是谓道纪"。孔子的治学方法，也是两种：一种是"温故而知新"；第二种是"多学而贯一"。考前代之宪章，参当代之得失，就是温故知新。"博学于文，约之以礼"，可用来解释由博返约。汉儒重视客观的外证，宋儒重视主观的内证。读书的第一步是要用客观的外证法，读书的第二步是要能自家受用，有内证之心。宋儒读书，最重"切己体察"，今人读书要注意"空间之己"与"时间之己"，认识到自己的时代与国家。② 钱基博在文章末称赞胡适，认为其对清代学者治学方法的归纳：大胆地假说，小心地求证，是对宋以后学者治学方法的透辟认识。

（一）模仿方法

钱基博的《现代中国文学史》，仿两《汉书·儒林传》，分经叙次，一经之中，又叙其流别，"是编以网罗现代文学家，尝显闻民国纪元以后者，略仿《儒林》分经叙次之意，分为二派：曰古文学，曰新文学。

---

① 钱基博：《现代中国文学史》，华中师范大学出版社2011年版，第4页。
② 钱基博编：《国学文选类纂》，华中师范大学出版社2013年版，第27～31页。

每派之中，又昭其流别"①。

借用范文，学习写作方法。钱基博举例说：明朝陈眉公教弟子做作文，先选出古人一篇文章，以此题要求弟子去做。弟子做完后，他再出示古人的那篇文章，告诉弟子古人这篇文章是怎么写的，让弟子对照自己所写的文章分析得失。这样对提高作文水平很有帮助。钱基博自己也是这样布置学生做作文，每遇学生作文，决不先透露范式文字意思，亦不陈述自己意见以束其思力，一任诸生自为构思，各因其心思才力之所已。②

（二）比较方法

钱基博重视比较方法。他谈到老子与庄子时说："盖庄子之学出于老子，而发以纵横家言。"他还比较过《庄子》的各种注释，指出："《庄子书》之注者多矣，要以晋向秀、郭象《注》为能会玄旨；而以唐陆德明《音义》多存旧诂；后人合刊为一而相辅以行；如车之有两轮，鸟之有双翼也。明焦竑撰《庄子翼》，搜集众家，观其会归，而未核于诂。近儒王先谦《庄子集解》，郭庆藩《庄子集释》，于旧诂咸多核定，而未顺于训。亦各有所蔽也。倘以资参证，勘异同，斯亦通人所不废焉。"③

在《古文辞类纂解题及其读法》一书中，钱基博指出其撰述者学术上的得失利病，比较了姚氏与曾国藩学术之异：姚氏的《古文辞类纂》"痛其径太狭，既不如《曾钞》之博涉经子，而择言偏洁，又不如《李钞》之足有才藻，规模未宏，自是所短"，"然窃以为有典有则，总集之类此者鲜"。④

---

① 钱基博：《现代中国文学史》，华中师范大学出版社2011年版，第1页。
② 钱基博：《吴江丽则女中学国文教授宣言书》，《国文教学丛编》，华中师范大学出版社2013年版，第22页。
③ 钱基博：《读庄子南华真经卷头解题记》，《华中师范大学学报·纪念钱基博先生诞辰百周年专辑》（1987年增刊）。
④ 马厚文：《从钱子泉先生受业记》，《华中师范大学学报·纪念钱基博先生诞辰百周年专辑》（1987年增刊）。

他赞赏章学诚在《文史通义》倡导的比次方法，并引用了章学诚的论述："古人一事，必具数家之学；著述与比类两家，其大要也。班氏撰《汉书》为一家著述矣；刘歆、贾护之《汉记》，其比类也；司马光撰《通鉴》，为一家著述矣；二刘、范氏之《长编》，其比类也。古人云：'言之不文，行而不远。''文不雅驯，荐绅先生难言之。'为职故事、案牍、图牒之难以萃合而行远也，于是有比次之法！"接着，钱基博自称在撰文学史时，"幸比次以有法。征文，则扬、马侈陈词赋，《汉书》之成规也。叙事，则王、谢详征轶闻，《晋书》之前例也"。[①]

（三）会通方法

钱基博提出："读书欲得要领，贵乎能观其会通。然欲观其会通，必先分部互勘，非然，则以笼统为会通矣。"[②] 在《治学篇》中，钱基博明确地指出："治学有方，贵能会异见同，即同籀异；匪是无以通伦类，诏途辙。然而诸生之论学则何如？言周秦学派者，徒条其流别，而未观其会通；则会异而不知见同也。言清代学术者，徒言清儒之治汉学，而未明汉学清学之究何以殊；则是即同而未能籀异也。夫会异而不知见同，则所知毗于畸零，而无以明其会通。倘即同而未能籀异，则用思嫌于笼统，而奚以较其大别？二者所蔽不同，而为失则均。斯固近日学者之通患，而诏诸生以知儆；匪徒好为引绳批根之论也。"[③]

会通之中要能旁征博引。钱基博在《现代中国文学史》一书，充分展示了他对历史古籍的娴熟利用。论"文之含义"，引用《系辞传》《说文》《周礼》《乐记》《释名》以及《论语》；论"文学之定义"，引用梁昭明太子《文选序》、梁元帝《金楼子》、刘勰《文心雕龙》、《论语》、《韩非子》、司马迁《史记》、班固《汉书》；论"史之为物"，引用《周

---

① 钱基博：《现代中国文学史·序》，华中师范大学出版社2011年版，第2页。
② 钱基博：《读太史公谈论六家要指考论》，《华中师范大学学报·纪念钱基博先生诞辰百周年专辑》（1987年增刊）。
③ 曹毓英选编：《钱基博学术论著选》，华中师范大学出版社1997年版，第24~25页。

书》、《荀子》、《说文》、司马迁《史记》、胡适《五十年来之中国文学》。

(四) 要选好的版本

钱基博治学注重版本，总是挑选最可靠的古籍版本作为治学的底本。他在《古文辞类纂解题及其读法》论述了"《古文辞类纂》之本子"，"此纂当为姚氏为未及论定之书。而通常习见者三本：一嘉庆季年姚氏门人兴县康绍镛巡抚粤东得武进李兆洛所藏刊本，而李氏任雠校焉。一道光五年江宁吴启昌刊本；姚氏弟子管同、梅曾亮、刘钦任雠校焉。'康刻'据乾隆中叶姚氏主讲扬州梅花书院钉本。而'吴刻'则据姚氏晚年主讲钟山书院所授本，与'康刻'本互有异同……迄光绪之世，滁州李承渊女子姚氏书，参据康、吴两刻……晚近以来，徐州徐树铮尤喜谈姚氏之学，加墨此纂，且集上元梅曾亮、武昌张裕钊、桐城吴汝纶诸家批点，旁考诸集评识，标于'康刻'眉间，而折衷以己意，最为精审！桐城文章老宿马其昶、姚永概诸人，序而刻焉；所谓诸家评点《古文辞类纂》是也。则又于康、吴、李三刻之外，别成一家矣！"① 钱基博写过许多古书的解题，对每本书的版本都有考证，并提出推崇的版本。

(五) 训诂方法

钱基博主张采取训诂方法治学，从文字学入手，辨名析理。他曾说："顾基博独自谓所著文章，取诂于《许书》。"② 他在《尔雅释补》的序文对训诂有一番解释，说："诂训名物，囊括兼该。诂训，以总绝代之离词，可读书以明故，名物当辨同实而殊号，贵博物以通方。"③他在《周秦诸子聚讼记疏证》一文中运用了"以子治子"的方法，并引

---

① 钱基博：《古文辞类纂解题及其读法》，《集部论稿初编》，华中师范大学出版社2012年版，第204~205页。
② 钱基博：《自传》，曹毓英选编：《钱基博学术论著选》，华中师范大学出版社1997年版，第6页。
③ 钱基博：《尔雅释补序》，曹毓英选编：《钱基博学术论著选》，华中师范大学出版社1997年版，第606页。

用了《孟子》的话:"天下之言,不归杨,则归墨。杨氏为我,是无君也。墨氏兼爱,是无父也。"① 以经诂经,以子治子之法,就是刺取诸子书中之相互诋讥者,彼此勘论,疏通证明,以发其真。

(六) 问题意识

钱基博的问题意识很强,如谈文学起源时发问说:"文章之作也,其于韵文乎?韵文之作也,其于声诗乎?声诗之作也,其于歌谣乎?"② 谈文学史的功能时,钱基博说:"吾人何为而治文学耶?曰:智莫大于知来。来何以能知?据往事以为推而已矣。"③ 钱基博撰写的论著中,大多都是因为发现了问题,需要解答,才一一辨析。他之所以有强烈的写作欲望,就在于他能发现问题,愿意解决问题。

(七) 创新方法

治理国学,离不开传承与创新。钱基博家族的书房"后东塾"有一副对联:"书非三代两汉不读,未为大雅;文在桐城阳湖之外,别辟一涂。"意思是说,治学要有根基,宜从先秦两汉的经典入手;创作要在流行于世的桐城学术之外别开生面。

钱基博关注历史的延续性。他在编纂《现代中国文学史》时,创造性地把王闿运作为现代文学中古文学第一人。这是钱基博的独到见识。在钱基博看来,没有晚清的铺垫,就没有五四新文学;新文学是在继承中开创历史。不过,当代新文化和新文学界的学人不一定都赞成钱基博的这种观点。

钱基博主张在读书中培养创新思想,形成精神力量。他倡导"虚心涵泳,切己省察",即所以培养识力;见得到,做得到,有识尤贵有力!识真无不力猛;吾人须知学之究竟在"力";大智慧无不大勇猛!而学之所以为学,须要由"识"转"智",由"智"起"信",由"信"生

---

① 钱基博:《周秦诸子聚讼记疏证》,《子部论稿》,华中师范大学出版社2014年版,第40页。
② 钱基博:《现代中国文学史·编首》,华中师范大学出版社2011年版,第9页。
③ 钱基博:《现代中国文学史·绪论》,华中师范大学出版社2011年版,第6页。

"力",圣贤仙佛,无不如此! 须知学之博,"识"之事也;问之审,思之慎,由"识"转"智"也;辨之明,由"智"起"信"也;行之笃,由"信"生"力"也;学问功夫须做到如此,方彻始彻终! 我自问功夫已做到由"识"转"智",由"智"起"信",而缺乏最后一分"力"以贯彻此信念,发挥吾智力!①

钱基博曾说:"不苟同于时贤,亦无矜其立异;树义必衷诸古,取材务考其信。"② 他认为历史除了忠实记载之外,还须详人之所略,异人之所同,重人之所轻,而忽人之所谨,不拘泥既定历史标准、体例,而后方能独断于心。

(八) 治学要敢于开展批评

任何文字作品,其中都有思想,有情感,有批评。钱基博说:"太史公《史记》不为史。何也? 盖发愤之所为作,工于抒慨而疏于记事:其文则史,其情则骚也。胡适《五十年来之中国文学》不为文学史。何也? 盖褒弹古今,好为议论,大致主于扬白话而贬文言;成见太深而记载欠翔实也。夫记实者,史之所为贵;而成见者,史之所大忌也。"③ 钱基博认为白话文是有益的,但文言文也是有益的,两者不可偏废。

钱基博曾经对《史记》有所批评。他说:"太史公上稽仲尼之意,会《诗》《书》《左传》《国语》《世本》《战国策》《楚汉春秋》之言,通黄帝尧舜至于秦汉之世,可谓观其会通者矣! 所惜者,观会通于帝王卿相之事者为多,观会通于天下之动者少;不知'以动者尚其变'耳。"④ 司马迁的《史记》是历代二十四史中最佳的史著,而钱基博认为其会通有偏颇,对《周易》中的变通思想没有心领神会。

钱基博对胡适也展开过批评。他说:"我的思想,和胡适思想不相

---

① 详见《孔学》第 2 期,1944 年 7 月 7 日。以上观点,见于钱基博《孔子之道与学》,《精忠柏石室教育文选》,华中师范大学出版社 2014 年版,第 247 页。
② 钱基博:《中国文学史》(上册),华中师范大学出版社 2011 年版,第 11 页。
③ 钱基博:《现代中国文学史·绪论》,华中师范大学出版社 2011 年版,第 4 页。
④ 同上书,第 6 页。

容……胡适主张全盘接受欧化；他的考古学，也是自己打自己嘴巴，一味替西洋人吹；西洋人的文化侵略，只有降伏之一途；绝不承认民族文化。"①《现代中国文学史》的写作动机，浅层次的原因是为了改变教会大学普遍重英文教学而轻国文教学的现状，深层次的原因是为了传承中国文化，从文学的角度、新时代的视野，引起学生对中国文化的兴趣。"讲近三十年文学演变以到胡适……中国四千年文学之演变，亦可缩影到此二三十人身上，作一反映！"② 如何讲授文学史，不能媚外，要有剪裁。

钱基博在北平讲学时，对梁启超的《要籍解题及其读法》中的《论语》和《孟子》的诠释，持有异议，于是他写了《论语》和《孟子》二书之解题，以抒发其意，受到梁启超的赞赏。1902 年，梁启超在《新民丛报》连载《中国地理大势论》一文，指出："中国者，天然一统之国也，人种一统、言语一统、文学一统、教义一统、风俗一统，而其根原莫不由于地势。"1905 年，钱基博在该报上发表洋洋 4 万余言的《中国舆地大势论》③ 一文，针对梁启超的观点提出了不同的意见，他指出："我中国之地理，天然非一统之地理也，惟我中国之地理，天然非一统之地理而生差别相，遂致我中国政治上、生计上、学界上、民俗上，莫不生出种种之差别相而不克趋于一统之势。"钱基博撰写《中国舆地大势论》的目的则非常明显，即极力说明中国与欧洲地理大势的一致性，以防人们因受地理环境决定论的影响而陷入民族悲观主义的泥潭。这分明是一种爱国主义思想。

钱基博还对社会开展批评，他在《现代中国文学史》直陈时弊，引章炳麟说："今世之言革命者，则非直以陈平、贾诩为重宝，而方欲自效陈平、贾诩之所为，若以此为倜傥非常者；悲夫，悲夫！方今中国之

---

① 钱基博：《自我检讨书（1952）》，《天涯》2003 年第 1 期。
② 刘桂秋：《无锡时期的钱基博与钱锺书》，上海社会科学院出版社 2004 年版，第 104～105 页。
③ 此文现收录在钱基博《潜庐经世文编》，华中师范大学出版社 2016 年版。

所短，不在智谋而在贞信，不在权术而在公廉；其所需求，乃与汉时绝异。""今之习俗，以巧诈为贤能，以贞廉为迂拙，虽歃血莅盟，犹无所益。""尽天下而以诈相倾；甲之诈也，乙能知之；乙之诈也，甲又知之；其诈亦即归于无用。甲与乙之诈也，丙与丁疑之；丙与丁之诈也，甲与乙又疑之；同在一族，而彼此互相猜防，则团体可以立散。是故人人皆不道德，则惟有道德者可以获胜。"① 钱基博虽然每天关在书房读书，但对社会上的恶习看得很清楚，主张用良好的道德熏陶人心。

二、《治学篇》的治学思想

钱基博撰《治学篇》，有上下两篇，分别载于《清华周刊》总353期、354期。② 从《治学篇》可知：

从事学术研究，要学会辨析相同与相异之处。会异见同，掌握重点。钱基博认为儒家与道家最重要。他说："诸子十家可观者，儒、道、阴阳、法、名、墨六家而已，而儒与道德二者，尤为一切学术之所宗焉。"（第25页）"余观先秦而后，数千祀间：汉初尚黄老，汉武礼儒者，魏晋谭老庄，唐宋宗孔、孟，迭相赴仆，实为孔、老代兴之史。"（第28页）

中国古代社会思想有一个规律，儒道互补，交相作为流行思想。然而，儒家与道家是有区别的。钱基博说："老子之明道也，究极于'玄之又玄'；而孔子则以'诚'为归。老子崇道于天地万物之先，而孔子则体诸人伦日用之间。老子斥礼者道德仁义之失，忠信之薄。而孔子则明礼起于大道之隐，所以救忠信之薄，刑仁讲让而示民之有常。此孔子之所以别于老也。"（第29页）钱基博认为儒家比道家更加重视伦理、诚信、日用生活，这个观点是令人信服的。

针对孔子说"道不同，不相为谋"（《论语·卫灵公》），钱基博反

---

① 钱基博：《现代中国文学史》，华中师范大学出版社2011年版，第70～71页。
② 曹毓英选编：《钱基博学术论著选》，华中师范大学出版社1997年版收录其文。本小节括号内页码皆出自此书。

驳说："岂其然耶？余观周秦学者：有相为谋而不同道者，如申、韩之原于道德；名、墨、阴阳之出自儒者，孔子之问礼于老，是也。然有同道而不相谋者，如荀子之于孔子是也。荀子以从性顺情为恶，违性制情为礼，矫自然而不法自然；言礼义与孔子同，而所以言礼言义者则与孔子异……而老子之'道法自然'，孔子之'率性为道'，罔不尊自然而崇天则。迨荀子之起而悉摧拉无余焉。"（第29～30页）道虽不同，但不是水火不容，仍然可以相互谋划。

钱基博对法家有一些新见解。他说："余读司马迁《史记·老子韩非列传》，赞'申子卑卑，施之于名实；韩子引绳墨，切事情，明是非；其极惨礉少恩，皆原于道德之意。'则是刑名法术之学，原于道德也。老子所贵道虚无因应，变化于无为，而为法家之术所自出。申不害之学，原于道德之意而主刑名，以名责实，尊君卑臣……申子言术，而卫鞅为法，法者臣之所师，而术者人主之所执。法者，赏存乎慎法，罚加乎奸令，编著之图籍，设之于官府，而布之于百姓者也。术者，因任而授官，循名而课实，藏之于胸中，以偶万端而潜御群臣者也。故术不欲见，而法莫如显；术用在潜，而法行以信……顾韩非患卫鞅之无术，而又病申子未尽法；于是综法术道德，著书五十五篇……其极惨礉少恩，皆原于道德之意。"（第25～26页）其中说到"术不欲见，而法莫如显"，指出了古代社会治理的突出特点。

诸子之间对"名"的看法不一致。"然道德者术之所由出，而为法者，道之所不许，何以明其然？老子言：'民不畏死，奈何以死惧之！'太史公《酷吏列传》亦引'法令滋章，盗贼多有'之说，而云'法令者治之具，而非制治清浊之源'。然则为法者道之所不许，此太史公列传所为别署商君，而不以同于申韩，次之老、庄之后者也。惟老、庄兼综有名无名，阐道于玄；而申不害贵名之正，韩非亦言刑名参同，断断焉致谨于名。斯所以异耳。"（第26～27页）钱基博在这里采用了比较方法，对申不害、韩非等人思想的不同点作了说明。

名家是一个重要的学派。"《汉书·艺文志》载'名家者流，盖出于礼官'。而礼者儒之所特重，孔子论治人情，礼之不可以已。晏婴讥孔子盛容饰，繁登降之礼；而太史公谈亦称儒者'序君臣父子之礼'为不可易，斯皆儒家重礼之证。而古者名位不同，礼亦异数，故齐礼者必正名。此名家之学所由起；而孔子所为发正名之对，荀子所以著《正名》之篇也。则是名家儒之所自出也。"（第27页）古代有正名的风气与思想，对名家的研究，一定要与其他学派联系起来，这样才可能对名家的出现有正确的认识。

儒学与阴阳学是有区别的。"儒者修祭祀，敬鬼神，而阴阳家者流，依于鬼神之事，好言机祥……然则所谓阴阳家者，儒家之支与流裔耶？……学同，故所以被诃者亦同，宁只'要其归于仁义节俭、君臣上下六亲之施'之足以证'阴阳家言之自儒'也哉！惟司马迁为能明诸子学术之流变，故次驺衍以附儒家孟子之传；犹之次申不害、韩非以附道家老庄之传也。"（第27～28页）阴阳学派是先秦一大派别，他们所说的鬼神与后世所说的阴曹地府的鬼神是有不同的，对这个学派也应给予应有的重视。

儒学与墨学也有区别。"儒与墨不同术，而马迁次墨翟以附儒家《孟子荀卿传》后者曷居？曰：墨与儒不同术而出自儒。《淮南子·要略训》称'墨子学儒者之业，受孔子之术，以为其礼烦扰而不说，厚葬靡财而贫民，服伤生而害事，故背周道而用夏政'：欲变文而反之质。然谆深切，陈古讥今，喜称道《诗》《书》，与儒者类，则墨者亦儒之继别为宗者矣。"（第28页）一般的学人，总是把儒家与道家相比较，而钱基博主张审视儒与墨的关系，这样可以更清晰地了解这两个学派的异同。

荀子的思想对其他学派是有影响的。"荀子之为学，始诵经，终读礼，綦重章句文学，诵数以贯，思索以通，而汉儒穷经，《诗》鲁、毛，《春秋》之《穀梁》《左氏》，皆传自荀卿，《礼》大小戴记文多采《荀子》书，厥为汉儒朴学之宗。而孟子受业孔子之孙子思；传中庸率性之道，作七篇书，明心见性而阐性道之要，则导宋儒性学之先。其大较然也。"(第 30 页）荀子之学是先秦时期非常重要学派，与儒家、法家有密切联系，然而，学术界对荀子缺乏全面而深入的研究，对荀学的地位也缺乏应有的评价。钱基博主张从影响力的角度，加强对荀子的探讨。

诸子之间有一个道与谋的问题。"余观周秦学者：有相为谋而不同道者，如申、韩之原于道德；名、墨、阴阳之出自儒者，孔子之问礼于老，是也。然有同道而不相谋者，如荀子之于孔子是也……然则荀子者，虽自谥曰'仲尼之徒哉'，殆不啻孔学之革命者耳；宁只性恶之说，与孟子立异也哉！厥后荀子之高第弟子韩非薄仁义、厉刑禁，李斯绌《诗》《书》，陈督责，论者或以为惨酷少恩。自余观之，二人者，皆笃信荀子'矫性起伪'之师说而蕲措诸行事者也。虽所施或拂人心之同然。韩退之有言：'士之特立独行，适于义而已。不顾人之是非，皆豪杰之士，信道笃而自知明者也。一家一国非之，力行而不惑者，寡矣。'至于韩非、李斯者，举世非之，力行而不惑；彼岂无所挟持而能之哉！殆笃信师说而不惑于流俗耳。"（第 29～30 页）过去的学者重视研究道与德的关系，而对道与谋的关系涉猎甚少，钱基博拓展出新的研究路向，对于学者而言，是大有可为。

纵横家与杂家是值得关注的。"然余观纵横一家，仅苏秦、张仪数人，恃其利口捷给，捭阖短长，游说王公大人以取一时富贵；夸诞无学，固与远西之雄辩家绝殊。而杂家之学，兼儒墨，合名法，宗旨不纯，又奚名家？盖家则不杂，杂则非家，未可兼而称之也。"（第 25 页）思想史领域的学者往往只重视儒道墨法，而对纵横家与杂家的研究较为薄弱，虽然这两个学派的思想资源欠缺一些，但作为思想史整体的一部分，却是值得注意的。只有综合性地研究诸子各学派，才能全面揭示当时的思想潮流。

墨学是有后劲的。"墨学中兴，不过晚近数十年间尔。自欧化之东渐，学者惭于见绌，返求之己，而得一墨子焉。观其《兼爱》《非攻》本于《天志》，类基督之教义；而《经说》《大、小取》诸篇，又与欧儒逻辑之学不违，由是谭欧化者忻得植基于国学焉。此晚近墨学之所为大盛，而骎驾孔子之上者也。"（第28页）墨子的学说在古代没有受到应有的重视，而到了近代才被发现其中有不少与西学相通之处，于是墨学逐渐成为显学。

从《治学篇下》可知，清代的学术是返本开新的学术。"清学者，反本修古，不忘其初者也。夷考厥始；由明之王学，矫而反之宋，本之朱学，此顺、康间之学也。由宋之朱学，又反而溯之东汉许、郑古文，旁逮周秦诸子之书，此乾、嘉时之学也。由东汉许、郑古文之学，又矫而反之西汉今文十四博士之学，此道、咸、同、光四朝之学也。然则汉学者，清学之一事，而不足以尽清学也。"（第32页）"学愈进而愈古，义愈推而愈高。方其始也，循朱子之道问学，以救王学尊德性之空。而其既也，又发西汉今文之微言大义，以矫东汉名物训诂之碎。然则论者所谓'探求前人古书之意义，考据训诂之方法'者，特又东汉许、郑之学而为清儒治汉学之一节；宁得概其全体大用也耶？"（第34页）返本开新是当下中国学术的基本特点，而这个特点在清朝就已经开始了，并且卓有成效。

清代学术传承了汉代的考据之学与宋代的义理之学。"且清学之用汉学，特考据训诂之法耳。而其动机，其精神，一出于宋学。清学之初为朱学，朱子尝教人看注疏，不可轻议汉儒；云：'汉初诸儒，专治训诂；如教人亦只言某字训某字，自寻义理而已。自晋以来，却改变得不同，王弼、郭象辈是也。汉儒解经，依经演释，晋人则不然，舍经而自作文。作文，则注与经各为一事，人惟看注疏而忘经。须只似汉儒毛、孔之疏，略释训诂名物，及文义理致尤难明者；而其易明处，更不须贴句相续，乃为得体。盖如此则读书看注即知其非经外之文，却须将注再就经上体会，自然思虑归一，功力不分；而其玩索之味亦益深长矣。学者苟不先涉汉魏诸儒之名物训诂，则亦何以用于此。'顾炎武'经学即理学'之论，即体斯旨。然则玩索朱学之功深，而渐竟其委于汉儒训诂之说，此又必至之势，自然之符也。且改经改注而衷于是，持宋儒之所勇为，而汉儒之不敢出者也……特宋儒勇于求是而考证不密，斯所以不逮清学而嫌武断耳。"（第 34~35 页）因为汉学与宋学各有所长，所以清代学人不能不继承其长，避免其短，这就决定了清学是全面继承之学，是时代使然。

清代学术综合了汉代与宋代的学术。"然则谓清学即汉学者非也，夫衡学以后来为胜，以其尽有前代之长而不袭其短也。而清学之所以成清学者，亦以用汉学考据之法而不为其拘阂；衷宋儒求是之旨而不敦其武断；故非汉非宋而独成其为清学也。"（第 36 页）与清代、民国年间一些学者不同，钱基博强调清学不是只延续了汉学，还传承了宋学。历史不可能割断，而宋学对清学是有重要贡献的。

第五节 教师如何教国学

钱基博从 1913 年起，教过小学（无锡县立高小）、中学（无锡丽则女中、江苏省立三师）。钱基博从事教育工作，注重学生学养的培育，研究教育理念，撰有《教育救国与教育自救》《怎样做一个光华学生》《吾人何以自处》等文章。他一生研究国学，以传授国学为己任。傅宏星在《精忠柏石室教育文选》的《校订后记》说：钱基博先生不仅是民国时期著名的国学大师，同时也是二十世纪我国不可多得的一位教育大家。他从不赶热闹，而是孤行己意，潜光含章，务正学以言，无曲学阿世。作为一名教师，应当如何教国学呢？钱基博有不少论述。

一、教师要有职业精神

教育的关键在于老师。钱基博认为，"假如师而不范，教训无方，何以造人，亦将何以造国"[1]。教师做人要诚信。钱基博认为："其为教也，必诚必信；以为卷怀不可以宏道，乃开诚以示物……务正学以言，

---

[1] 钱基博：《国立师范学院成立记》，原载《国师季刊》第 1 期。转载自《华中师范大学学报·纪念钱基博先生诞辰百周年专辑》（1987 年增刊），第 106 页。

无曲学以阿世。"①

教师要为人师表。钱基博认为教师要为人师范,当好人师。他在《国立师范学院成立记》中写道:"经师人师,孰为难易?尚其宏此远谟,百年树人;推亡固存,岂异人任!基博虽为执鞭,所祈愿焉。"钱基博一生在师范大学工作的时间最长,对师范的性质与任务认识最深,他的"师范观"是值得后学深入开展研究的。

教师要倡导人文精神。钱基博在《论语约纂》谈到教师要有职业精神,他认为中国古代是有教育的,"中国于古非无所谓教育也,岂有立国数千年而无教育者"。然而,中国古代的教育有其特色,特色在于"古代教育皆注重于精神生活,故贤哲之士,其所以招告吾人者,务在守其己之所信,行其心之所安,而置死生穷达于度外"。古代教育重视人的精神,以人为本,致力于精神层面的熏陶。这个传统应当好好继承下来。

教师要处理好实用主义关系。钱基博在《论语约纂》对现代教育提出了批评,说:"今之教育,乃埋没于物质生活之中。所谓实用主义者,即其教育之目的,在实际应用于生活之谓,非是不得谓之教育。夫学校之中,授人以知识技能,使其得应用此知识技能以自营生活,诚为教育中所应有之事。"② 在钱基博看来,教育偏重于物质实用,讲究功利,这未必就好。教育工作的目标不宜短视,培养人才的工作是长期教化的工作。

二、要鼓励学生安心学习

钱基博在《答诸生论今日之大学》一文中,主张保留读书种子。他说:"凡我共学,苟一思国于大地,必有与立;百年之大计在树人,而树人必先自树;倘社会动荡而吾亦与为动荡,无心问学,以自暴自弃;

---

① 钱基博:《自传》,曹毓英选编:《钱基博学术论著选》,华中师范大学出版社1997年版,第3页。

② 钱基博:《子部论稿》,华中师范大学出版社2014年版,第64页。

长此以往，天下之读书种子将绝，聪明亦以澌灭，人道或几乎息，以返于洪荒草昧，强脉偾兴，人将相食。此刻吾之所大惧！"① 钱基博认为社会变革时，有一部分人冲锋陷阵于政治，有一部分人埋头苦干于书斋，这无可厚非。但如果全部的青年人都只参与社会运动，而中国文化中断、中国学术中断、中国的科技中断，这未必是好事。

在《现代中国文学史·跋》中，钱基博对禁止学生"闹学"的原北洋政府教育总长章士钊有很高的评价，说："章行严少小闹学，意气无前；而整饬学风，行严乃不自我先，不自我后，首发大难，不惮以今日之我，与昔日之我战，召闹取怒，功罪与天下人共见之；可谓磊落丈夫已！"② 如果从关心国家大事，关心天下大事的角度，政府有关部门不应当压制学生的政治热情，而应好好引导学生表达情绪。学生"闹学"，表达时代的声音，这是难能可贵的。钱基博并不反对学生的政治倾向，而是希望他们不要耽误学习，否则浪费了青春时光，是非常可惜的。

钱基博发表过一系列探讨小学、中学国文教学问题的论文，主要有《中学教授文法议》《论学校作文之文题》《国文教授私议》《吴江丽则女子中学国文教授宣言书》《中学校国文教授文法之商榷》《高等小学校国文试验成绩报告》等。

三、做好课程安排

钱基博在吴江丽则女子中学时发表《吴江丽则女中学国文教授宣言书》，拟定教授国文，尤其是对学生进行写作训练的"教改方案"，推行"教学改革"。

在光华大学任教时，钱基博在四年中开了四门课：第一学年，为基本国文课程，用姚鼐《古文辞类纂》为教本，以所著《古文辞类纂解题及其读法》为参考；第二学年，讲《现代中国文学史》；第三学年，讲授"韩文研究"，用坊印本《东雅堂韩昌黎集》，并以自著《韩愈志》及

---

① 钱基博：《精忠柏石室教育文选》，华中师范大学出版社2014年版，第258页。
② 钱基博：《现代中国文学史》，华中师范大学出版社2011年版，第438页。

《韩愈文读》作参考；第四学年，讲授"桐城文派"，选读各家之文。钱基博在无锡国专任教期间，讲授过正续《古文辞类纂》、《文史通义》、目录学、《东塾读书记》、《现代中国文学史》、《韩昌黎集》等内容。①

钱基博对大学中文系的课程设置是很不满意的。1933年，他草拟改革方案，方案分三种：一是诵读学程；二是整理学程；三是训练学程。在诵读学程中，钱基博主张读《四书》《周易》《老子》《庄子》《荀子》《墨子》《韩非子》《公孙龙子》《吕氏春秋》《淮南子》《说文》《毛诗》《文选》《古文辞类纂》《六朝文絜》《韩昌黎集》《尚书》《左传》《礼记》《通鉴》《通考》。

在华中大学，钱基博排列了《四书》教学计划，钱基博在这份计划中，是先讲《论语》，后讲《大学》，这个顺序与他在如何读《四书》一文中，有些不同。《四书》通常的排序，是采用朱熹的观点。朱熹曾说："某要人先读《大学》，以定其规模；次读《论语》，以立其根本；次读《孟子》，以观其发越；次读《中庸》，以求古人之微妙处。"② 钱基博也认为："其教人也，以《大学》《语》《孟》《中庸》为入道之序而后及诸经，以为不先乎《大学》，则无以提纲挈领，而尽《语》《孟》之精微；不参之《论》《孟》，则无以融会贯通，而极《中庸》之指趣。然不会其极于《中庸》，则又何以建立大本，经纶大经，而读天下之书，论天下之事哉！学者先读《大学》以立其规模，次及《语》《孟》以尽其蕴奥，而后会其归于《中庸》；盖以为学之程序，而第其书之先后也。"③ 而之所以要把顺序稍作调整，钱基博自有想法。他认为读《四书》一定要结合读者的实际情况。

在训练学程中，钱基博主张加强基本国文、应用文、各种作文（包

---

① 可参见刘桂秋《无锡时期的钱基博与钱锺书》第11章，上海社会科学院出版社2004年版。

② 《朱子语类》卷14，《朱子全书》第14册，上海古籍出版社、安徽教育出版社2002年版，第419页。

③ 钱基博：《四书解题及其读法序》，曹毓英选编：《钱基博学术论著选》，华中师范大学出版社1997年版，第336～337页。

括骈文、诗、词）的训练。他"给学生评分，常常是 59.9 分，不及格！学生与之争辩，先生就一题一题、一点一点为之细算，如说某题应得几分，某处错一点，要扣几分；某处又错多少，该扣几点几分，算下结果，恰好一分不少，半点不多，正是 59.9 分，这 0.1 分无论如何加不上去，弄得学生无言可答"①。最为典型的事例是民国二十六年（1937），钱基博给学生叶思昆打了 59.9 分，该生在《大公报》发表《光华的文学院长》，对钱基博的严格表示不能理解，钱基博把这个学生喊来谈话，作了一番解释，说："批不及格，无不招怨，非万不得已不肯，以人情谁愿招麻烦也。况我所授课程，有每星期作业分数，有月考分数，有大考分数三者总合平均，乃为学期分数。无论及格不及格，一分一厘，皆有来历，岂比侥幸一日之短长。"钱基博又严肃地说："教师通融分数以迎合学生惰弛心理，取其欢心，绝不计及学术尊严，此实中国教育之大耻。现在光华乃有五十九分点九不肯通融之教员，此则光华之所以为光华。"② 由此事可见，钱基博是一位对分数极为较真的人，也是对教学一丝不苟的人。正因他有严肃的教学态度，才使得他赢得了学生的尊重。

钱基博 1946 年秋季来到华中大学，主要是在中国语文学系任教。他的教学围绕中国古代的经典展开。他给语文学系一年级学生开设读书指导课；给国文系同学开设经典学习课，主要讲授《韩柳文选》《国语》《战国策》《三国志》；还计划开设"四书"，要求教育学系学生听课；为国文系高年级学生开设"韩文杜诗"课；又计划为历史系学生开设"史记"课。对于这些课程，钱基博有通盘的考虑，并做了专门的计划。由于身体原因，这些计划没有落实。

在华中师范大学档案馆保存的《华中通讯》第 2 卷第 1 期（1947 年 9 月 20 日）中，有一则关于钱基博教学的史料，题目是《钱基博教

---

① 刘衍文：《钱基博先生轶闻》，《寄庐杂笔》，上海书店出版社 2000 年版，第 324 页。
② 钱基博：《精忠柏石室教育文选》，华中师范大学出版社 2014 年版，第 391 页。

授本年授课计划——开"史记""四子书""韩文杜诗"三课》。此文内容如下：

> 国学大师钱基博氏，去秋应聘来校担任中国语文学系教授，除授一年级学生《读书指导》外，另授国文系主修各年级学生"韩柳文选"及"国语、国策、三国志"二课。钱教授谆谆善诱，诲人不倦，学生获益匪浅，进步良多。兹者本学年度开始，钱教授认为开课，若无通盘计划，则难免支离破碎。本年之新计划，据记者探悉，计为国文系主修二年级学生拟开"四书"一课，按朱夫子所定秩序，先讲《论语》，注重训练"中心思想"及短篇文章做法，盖目前一般学生，不论文言语体作文，皆缺乏"中心思想"及"层次"，多数大学生所作文章，不仅通篇抓不着中心思想，尤其语无层次，若不及早训练，至三四年级则无法补救矣；次讲《大学》，再次为《中庸》，可训练学生作长篇论文，且《大学》一书，为孙中山先生思想之渊源，而《中庸》为蒋主席思想之中心；最后则讲《孟子》为讨论社会及政治问题者。钱教授认为四书乃儒家思想之总汇，而儒家思想支配中国社会之各部门，离开儒家，更不能谈中国之教育思想，故望教育学系学生亦选读此课。为国文系主修三四年级学生，将开"韩文杜诗"，因昌黎之文，与少陵之诗，乃中国文坛不朽之作，尤足为诗文中之代表。开始讲授后，拟一周习作为文，一周习作为诗。此外更开"史记"一课，除国文系主修三四年级学生必修外，更望历史系学生选修。钱教授认为欲提高学生兴趣，养成读书习惯，主张训练学生圈点书籍，并闻各课皆为学年课程，"四书"系每学期二学分，"韩文杜诗"为每学期四学分，"史记"为每学期三学分，一俟本学年第一次教务会议通过，即将开始讲授云。其他各教授之计划，容后叙志。

钱基博主张在讲授国文时，"一以浚涤儿童性灵鼓动兴趣，考索平日闻睹之事物而记载之为宗旨,换言之曰,一以表情记叙为主云"①。他举出自己的教学程序,每一题文字,先作,次讲,而以读终之,意在力谋讲、读、作三者之联络。讲授国学,要加强学生之间的互动,让学生不仅听,还要动手写。钱基博指出学校教授国文,普遍存在着这样的不足:"往往讲读自讲读,作自作,两两无干系,是也,每遇课期作文,教师命题删订,即无余事,于其作法之若得若失,以及各个人各自受病之处,将来讲诵国文读本时,应如何个别注意之点,初未尝稍措之意,是则讲读徒为虚应故事,而作则浪费纸墨焉已耳。"②

四、详细批改作业

钱基博批改学生的作文,总是特别地认真,并反馈给学生,让学生在体悟中提高写作水平。他曾经对学生说:"汝曹读古人名家文字,不及读我文字;读我文字,尤不及读我为汝改订之文字。"③

钱基博认为教师评批作文,"最忌文后作一大批,浮词华说,尽作世故语,如所谓'大处落墨','如初写黄庭,恰到好处','独辟蹊径,不同凡响'等语"④。"浮词华说容易助长学生的骄虚之气,正确的方法应该是于眉评细注,不厌详尽,俾知某句某段何以必如此,不得如彼,某句有何佳处;再于讲授范式文字时,时时揭示,称引学生作中文字之佳者,让学生参互比较,体味涵玩,久而久之,教师评批作文,学生的写作水平自然提高了。"⑤

在陶福贤主编的《枝繁叶茂——钱王后裔名人录》一书中,有《著名国学大师钱基博》一文。其中介绍钱基博教学严格的故事。当时,钱基博担任光华大学国文系主任,教授"基础国文"。他批改穆时英的作

---

① 钱基博:《国文教授私议》,《国文教学丛编》,华中师范大学出版社 2013 年版,第 9 页。

② 钱基博:《吴江丽则女子中学国文教授宣言》,《国文教学丛编》,华中师范大学出版社 2013 年版,第 22 页。

③④⑤ 同上书,第 23 页。

业，坚持自己的改卷原则，只给了59分。穆时英不服，请钱基博加分，钱基博坚持不加。当时，穆时英虽然只是个学生，但已经在著名的《小说月刊》上发表过短篇小说《南北极》，被称为青年作家，蜚声一时。钱基博却给他国文不及格，意在敲打他的锐气，用心良苦。[1]

五、演讲有艺术

如何做国学演讲？可以从钱基博《国学之意义及治国学方法之评判》一文分析，此文是1926年钱基博在北师大女附中的演讲稿，后刊载于《清华周刊》第25卷第7期。从这篇文章可以窥见钱基博演讲的艺术，说话层次清楚，很有逻辑性。如果用传统八股文格式分析，还略有新八股的意蕴。试分析如下：

钱基博的第一句话是："今天承欧阳校长招我来贵校演讲国学。我想诸位第一句先要问：什么叫做'国学'呢？"以此作为"破题"之语，然后讲从自己小时候在蒙学馆里读书，解读"学而时习之"一句，释"学，觉也"，以之作为"承题"。接着"起讲"：国学就是国性的自觉。如何才能促成国性的自觉？那就得注意治国学的方法。以之"入题"之后，钱基博重点讲了读书，提到孔子之语"博学于文，约之以礼"。从博学"起股"，阐发了"约之以礼"，批评汉学家能多学而不能贯一，宋儒知道贯一而不能多学，这段话是为"中股"。接着，钱基博讲读书的原因，不是因为有书要读，而是为了自家受用。读书要"切己体察"，注意时间与空间，不可失掉国性的自觉，这段话是最主要的思想，是为"后股"。最后，钱基博最后点赞了两位国学大师：一位是章太炎，他能做客观的外证功夫，不仅多学，而且能一以贯之；另一位是梁漱溟，他能做主观的内证功夫。这两位学者最有成绩，是治国学的榜样。这就相当于"束股"，让听者感受到演讲内容有完整性，表达了系统的思想。

---

[1] 其内容详见陶福贤主编《枝繁叶茂——钱王后裔名人录》，浙江大学出版社2008年版，第73页。

全文两千余字，循序渐进，紧扣主题，一气呵成，实为一篇演讲的范文。①

第六节 钱基博的主要弟子

钱基博毕生从事教学，所教学生的数量难以统计。他教得最用精力的学生，有无锡师专的学生、江苏省三师的学生，还有国立蓝田师范学院的学生。学生们对钱基博有些零星的回忆，说钱基博不仅教学生知识，更重要是以精神感染学生，让学生看到了榜样。第23届的江苏省三师学生徐滋在他的《忆母校》一文中说："国文老师钱基博老师学问渊博，可是晚上读书至深夜，还研读外文。"② 国立蓝田师范学院1938级国文系袁勖校友回忆说："先生虽身体不适，从不旷废。每课前一分钟，即肃立教室外，上课铃响完，即步入。""即使迟到，先生也从不斥责。"③

这里，笔者只能点缀性地介绍钱基博的主要弟子，如薛学海、王绍曾、周振甫、陶存煦、俞振眉、彭祖年、邓志瑗、吴忠匡、吴霖、钱永之、曾仲珊、伍大希、吴孟复、崔曙庭等。钱基博一生没有带过研究生，而听过他讲课和讲座的学生特别多，有待今后加强统计。此处介绍的学生是挂一漏万，敬请谅解。

1. 薛学海

早在无锡生活时，钱基博就做过塾师，担任过薛学海（1897—1965）的家教老师。薛学海，名汇东，生于清光绪二十三年（1897），居无锡县西漳寺头，娶袁世凯次女仲桢为妻。薛学海于民国三年

---

① 钱基博编：《国学文选类纂》，华中师范大学出版社2013年版，第54～57页。
② 刘桂秋：《无锡时期的钱基博与钱锺书》，上海社会科学院出版社2004年版，第82页。
③ 袁勖：《一代教育家》，《华中师范大学学报·纪念钱基博先生诞辰百周年专辑》（1987年增刊），第156页。

(1914)由清华学校派赴美国留学，毕业于安杜佛高等学校和威斯康星大学经济系，获文学学士学位，著有《宪政论》一书。薛学海精于田径理论，有《薛学海体育论文集》传世。薛学海的父亲是薛南溟。薛南溟曾入李鸿章幕府，后因父丧丁忧回家，弃官经商。在无锡南乡开办茧行，为上海意大利洋行收购蚕茧。薛学海的祖父是薛福成。薛福成是近代散文家、外交家、洋务运动的主要领导者之一，有《庸庵全集》传世。

2. 王绍曾

王绍曾（1910—2007），字介人，清宣统二年（1910）生于江苏江阴一户农家。1927年，王绍曾考入无锡国学专修学校，受到钱基博、唐文治、朱文熊、张元济诸人耳言传身教。他先后任商务印书馆编辑、无锡国专图书馆主任、江阴尚仁中学校长、《新宁远》月刊主编等职。1949年后长期在山东大学图书馆古籍部工作，任山东大学古籍所、文史哲研究院教授。王绍曾在无锡国学专修学校的毕业论文《目录学分类论》，长达6万字，受到钱基博激赏，给了满分100分。在钱基博的建议下，学校将王的文章破例发表在《无锡国专丛刊》1931年第1期。这在当时是罕见的。钱基博在给俞振眉论文的批语中说："吾自讲学大江南北以来，得三人焉。于目录学得王生绍曾，于《文史通义》得陶生存煦，于韩愈文得俞生振眉。"钱基博的这般激励，更加坚定了王绍曾潜心学术的信念。1930年，王绍曾毕业，经校长唐文治介绍，进入商务印书馆，襄助张元济校勘《百衲本二十四史》。①

3. 周振甫

周振甫（1911—2000），浙江平湖人。1932年肄业于无锡国学专修学校。中国作家协会会员。

周振甫曾经讲道："钱师教我们读章学诚的《文史通义》。他的教

---

① 王绍曾：《钱子泉先生讲学杂忆》，《华中师范大学学报·纪念钱基博先生诞辰百周年专辑》（1987年增刊），第125～132页。

法，就是从《文史通义》中出题目，包括第一篇讲什么，第二篇讲什么，第三篇讲什么，让我们下课后自己去读书，按题目写笔记。他要求学生认真读书，独立思考。讲课时，他用的是一本《文史通义解题及其读法》，专讲他研究《文史通义》的心得。他把讲课的内容印出来，发给我们，让我们研究。这样学习，既可以多读《文史通义》原文，又可以加深对原文的理解，所以有很多收获。"①

4. 陶存煦

陶存煦（1913—1933），字阆孙，别号天放，绍兴陶堰镇人。祖父陶守次，自幼喜读书，又好藏书，藏书楼名"寒梅馆"，藏书画达四五万卷。存煦幼颖悟，八岁入"爱吾庐"就读。17岁时，考入无锡国学专修学校，从唐文治、钱基博等学习。钱基博谈到学生中的后起之秀时说："于《文史通义》得陶生存煦。"可见，陶存煦对于章学诚的学问是颇得要领的。

陶存煦于国专毕业后的第二年（1933），在完成了《姚海槎先生年谱》之后，年仅21岁就与世长辞了，临终前仍以浙东史学"坠绪茫茫、孰继吾业"为念。有《天放楼文存》传世。

5. 俞振眉

此人事迹不详。钱基博曾说学生中的人才，"于韩愈文得俞生振眉"。显然，俞振眉对韩愈是下过功夫的，得到了钱基博的欣赏。

6. 彭祖年

彭祖年（1913—2002），抗战时是湖南安化蓝田国立师范学院国文系的学生，曾到河南中原大学学习，后在华中师院工作，住在武昌城内的昙华林社区。他爱写旧体诗，自编诗稿为《采玉集》。笔者20世纪80年代本科毕业留校，在历史文献所兼做一些行政杂务，经常见到彭

---

① 张立生：《周振甫先生访谈录》，《史学史研究》1997年第1期。可参见周振甫《通古今之变成一家之言》，《华中师范大学学报·纪念钱基博先生诞辰百周年专辑》（1987年增刊），第145～148页。

祖年先生，一位干瘦的老头，说话的口音很难懂。他经常充当信使，到华中师院的桂子山本部拿邮件，送到昙华林的家属区，做了不少好事。

7. 邓志瑗

邓志瑗1915年12月14日生于奉新县赤岸乡历富邓村。1942年秋，南昌乡村师范保荐入蓝田国立师范学院国文科，获捐赠，始得入读。1945年毕业之后，受桃源县私立平阳中学聘，邓志瑗临行向钱基博辞行，钱基博说的第一句话就是"不要误人子弟!"从此，邓志瑗不管是在中学，还是入学做教师，都非常敬业。他一生从事教育，著有《中国文字学简说》、《幼学琼林译注》、《仪礼直解》、《广韵反切校证》、《奉新方言志》、《训诂学研究》、《说文段注新笺》（未出版）等。他在1987年撰《琐窗寒》，怀念钱基博："嵩丘钟灵，会稽诞德，百龄至今！精深博大，一代宗师无愧！似花工终身灌园，五湖四海多桃李！甚少微星黯，哲人其萎！曾几，从前事，记立雪程门，质疑槐市，多承诱掖，治学为人真谛。每临窗，披阅订文，改批妙语堪永味！但沉思，请益缘空，剩潸心丧泪！"①

2006年，在钱基博逝世五十周年哀祭时，邓志瑗写诗云："梁木摧其五十年，迄今瞻仰尚弥坚！无惭故训堪传后，有愧师门未大前！笺箸盈笥差可慰，创新见解待重编。苟能承道东南北，不负平生铁砚穿！"

8. 吴忠匡

吴忠匡（1916—2002），上海人。19岁考入上海东华大学。22岁随钱基博到湘西蓝田，在国立师范学院任助教，并在附中任国文教员。杨绛在《我们仨》说："吴忠匡平时睡在老师后房，侍奉得很周到。"②1939年，钱锺书到蓝田任外语系主任。吴忠匡与钱锺书交往亲密，被锺书视为知音。1945年，钱基博将吴忠匡推荐给王耀武做了中校秘书。1947年，吴忠匡离开部队进入齐鲁大学文学院任副教授、山东省立师

---

① 邓志瑗：《琐窗寒》，《华中师范大学学报·纪念钱基博先生诞辰百周年专辑》（1987年增刊），第161页。
② 杨绛：《我们仨》，生活·读书·新知三联书店2003年版，第101页。

范学院中文系任教授。1949年以后辗转各高校，1954年到哈尔滨师范大学任教。吴忠匡的国学根底深厚，善诗文，对《史记》颇有研究，著有《史记太史公自序注说会纂》等。

吴忠匡评价钱基博："先生著作等身，在学术方面的成就是多方面的，对于群经、诸子、古史地学、古典文学理论，无不淹通，造诣深湛……先生的一生，严重方正，待人诚挚笃厚，对后学督教甚严，令人有不怒而威的庄重感。然而即之也温，春风化雨，诲人不倦，不断给后辈以父师的温暖。为人和治学，像先生这样洁白纯粹、辉光日新的人物，是我平生所仅见的。先生的一生，为文史研究付出了难以估量的耕耘劳动，遗著篇幅浩繁，涉及面极广，为学者提供了非常宝贵的指导线索，我们必须尽一切努力，把先生给文化学术界留下的丰富遗产，继承流传下去。这就成了后学者责无旁贷的重任了。"① 在钱基博的学生中，吴忠匡的这篇文章写得最全面，也最有影响。钱基博在蓝田的这段历史，吴忠匡最为了解。

9. 吴霖

吴霖（字雨苍），1916年生，祖籍无锡，长期定居苏州。1935年毕业于无锡国学专修学校，受到了唐文治、钱基博、金松岑、王蘧常、钱仲联等人的指导，对中国古典文学研习尤深。吴霖是文物鉴定家。他师从"浙派"画家郑午昌，专攻"山水"，画艺渐精，中华人民共和国成立后任职于苏南文物管理委员会，从事专职文博工作数十年，是文博界的"前辈功臣"。吴霖是钱基博的学生，钱基博虽不作画，但颇懂画，经常和吴霖谈论无锡画家的画风和流派。吴霖回忆，钱基博先生在每周往返沪锡两地时，在火车内也总是看书不辍，如遇车内乘客拥挤，不能看书，便闭目静坐，背诵诗书。有一次，钱先生和吴霖同车返锡，坐的是二等车厢，乘客不多，火车启动后，先生就拿起书来读，读到高兴

---

① 吴忠匡：《吾师钱基博先生传略》，《中国文化》1991年第4期。此文亦收录在傅宏星编撰《钱基博年谱》，华中师范大学出版社2007年版。

处，竟高声朗读起来，旁若无人，抑扬顿挫，声震车厢，旅客无不为之愕然。①

10. 钱永之

钱永之是无锡国专的学生，听过唐文治、钱基博、陈石遗、章太炎的课。钱基博当时是光华大学文学院院长，在国专兼做校务主任，每个礼拜六晚上来无锡国专给三年级上两节课，教韩愈的文章。

11. 曾仲珊

曾仲珊，1922年生，笔名仲玉，汉族，湖南洞口人。他于1941年进入蓝田国立师范学院国文系学习，因而认识了钱基博，以后随学校迁至溆浦和南岳。1947年从国师毕业，留在系里当助教。他回忆钱基博教陶诗和杜诗时常带领学生诵读，"先生诵读有疾有徐，声调抑扬顿挫"②。钱基博在曾仲珊的一首七律诗批阅为"清稳可诵"，批阅他的《悼宗子威师》"健笔凌云，音节入古"。③

12. 伍大希

伍大希，国立师范学院国文系的学生，他曾回忆钱基博"讲《昭明文选》，眼不看台下，一坐下来，助教把文房四宝一摆开，他便摇头晃脑地吟诵起来，一面吟诵，一面圈点。我们也跟着他、模仿他亦步亦趋地吟诵圈点，往往一节课不讲一句话，就在这悠扬起伏的吟诵声中过去，我们也似有所悟，感到是一种享受"④。钱基博在伍大希写的《读〈西铭〉》批阅"抑扬爽朗，笔有迥澜"⑤。

13. 吴孟复

钱基博对吴孟复有提携之恩。吴孟复1933年夏参加无锡国专招生

---

① 转引自刘桂秋《无锡时期的钱基博与钱锺书》，上海社会科学院出版社2004年版，第118页。
② 曾仲珊：《记钱子泉先生在国师教陶诗杜诗》，《仲珊诗词存稿续编》，株新出准字（2002）025号。
③ 曾仲珊：《仲珊诗词存稿》，湘新出准字（1998）第95号，第13页。
④⑤ 伍大希：《国师硕儒——回忆国师在蓝田》，《文史拾遗》1992年第1期。

考试，第一次面试因"言大而夸"引起校长唐文治不悦，未被录取。吴孟复心中委屈，便致函钱基博痛陈郁愤。不想基博详查笔试、口试实情，复信吴孟复"博甚惜之，以足下之才，闭户潜修，亦有可成。倘其有志，下次不妨再来"。第二年吴孟复再次应试，遂被录取。由此吴孟复终生铭记基博知遇之恩。①

14. 崔曙庭

崔曙庭，1926年4月出生，湖南宁乡人。1956年华中师范学院历史系本科毕业，留校任教，由系里安排，与其他年轻老师一起每周到武昌昙华林钱基博的家中听课。② 钱基博讲中国古代史，以《纲鉴易知录》为读本。崔曙庭对钱基博充满感情，写有回忆钱基博的文章。1988年退休时为华中师范大学历史文献研究所研究员。

此外，钱基博先生还有弟子顾毓琇、李清怡、刘绍东、郭晋稀、袁勖等，他们都写过怀念钱先生的文章③，此不一一介绍。钱基博著有《潜庐文话》（又名《精忠柏石室文话》），其中记载了钱基博在教学过程中，学生向其提出的问题及钱基博的解答。读者还可以参考由华中师范大学出版社2014年出版的钱基博《后东塾读书杂志》一书。

---

① 纪健生：《吴孟复心目中的钱氏父子》，范旭仑、李洪岩编：《钱锺书评论》，社会科学文献出版社1996年版，第17页。

② 崔曙庭有较详细的听课笔记，被收入钱基博《潜庐经世文编》，华中师范大学出版社2016年版。

③ 参见傅宏星编撰《钱基博年谱》，华中师范大学出版社2007年版，第207～210页。

第四章　钱基博的经学

本章介绍钱基博的经学论著和经学思想。经学是国学的主要部分。从汉武帝"罢黜百家、独尊儒学"开始，直到晚清废除科举，中国经历了两千余年的经学时代。换言之，从公元前140年开始至公元1905年（光绪二十一年），中国流行经学。不过，经学的历史还可向上追溯，先秦已经流行经学，孔子言必称经引经，创建了儒家学派。

经学主要的载体是经书，具体而言就是儒家的经典。儒家经典是浩瀚文献中的精华，是有重要内容、重要观点、重要影响的书籍，是大浪淘沙的精品。经典是文化的精华所在，是文化的代表性载体。经典是学术文化之根，是学问的基础与理论。经学之经典的魅力在于其思想。这些思想受到人们普遍的认同，熏陶着人文环境，提供了价值观，指导中国人为人处世，影响着中国的社会政治与文化。经书的重要意义，古代已有许多论述。《庄子·天下篇》说："《诗》以道志，《书》以道事，《礼》以道行，《乐》以道和，《易》以道阴阳，《春秋》以道明分。"《史记·太史公自序》说："《礼》以节人，《乐》以发和，《书》以道事，《诗》以达意，《易》以道化，《春秋》以道义。"汉代扬雄在《法言·寡见》中说："说天者莫辩乎《易》，说事者莫辩乎《书》，说体者莫辩乎《礼》，说志者莫辩乎《诗》，说理者莫辩乎《春秋》。"晚清魏源在《默觚》中说："以《周易》决疑，以《洪范》占变，以《春秋》断事，以礼兵乐服制兴教化，以《周官》致太平，以《禹贡》行河，以三百五篇当谏书。"这些都说明先民以各经典为准衡与权威，分别发挥经典的功能作用。

作为国学大师，钱基博不可能不研究经学。经学不兴，国学难振。与其他学者不同的是，钱基博对经学特别着力，写了许多著作。他之所以下功夫研究经学，可能与经学的危绝地位有关。在社会转型时期，特别是五四运动以来，经学被认为是没有现代价值的古老学问。经学在中华大地少为人识。钱基博返本开新，力倡学习经学，推出了一部部崭新的成果。

第一节　综合性的经学研究

一、经学见解及相关书籍

传统国学经常分为经史子集四部，《四库全书》的经部又细分为"易类""书类""诗类""礼类""春秋类""孝经类""群经总义类""四书类""乐类""小学类""石经类""汇编类"。这其中最重要的书籍是儒学十三经：《周易》《尚书》《周礼》《礼记》《仪礼》《诗经》《春秋左氏传》《春秋公羊传》《春秋榖梁传》《论语》《孝经》《尔雅》《孟子》。经部之学，虽然是由一本一本的经典组成，但其实是一个整体学问。钱基博对经学文化、经学历史、经学流派、经学差异、经学运用、经学学习均有研究。

钱基博谈到儒家经典的阅读时，主张明其宗旨，核其篇章，稽其训诂，考其人物，籀其性理，观其会通。他多次说：经须读，读了又思，思了又读；经须分类读；读经须明界，孔子教人，随时指示，丝毫不少假借，有一界线存乎其间。"读经必有界说，犹治井田者之经界不可不正也。孟子更处处有界说，指不胜屈，举一反三，思过半矣"；读经须切己体察。读书做人不是两事，将所读之书体贴到自己身上，才亲切有味。这些思想，在钱基博的《四书解题及其读法》《经学通志》等书中有反复论述。

钱基博在《论语约纂》一书的《叙例》对"经"作了一番考证。关于"经"字的源头，钱基博认为与《易经》有关。《易》曰："云雷屯，君子以经纶。"经纶之言，纲纪宙宇之谓也。郑氏注谓"论撰《书》

《礼》《乐》施政事",经之命名昉于此。盖犹"经纬""经纪"云尔,未尝明指《诗》《书》六艺为"经"也。

钱基博说:"孔子之时,犹不名'经'也。"东周时,像孔子这样有担当的学者,他们担心先圣王法"无以续且继者,而至于沦失也",于是"取周公之典章,所以体大人之撰而成治化之迹者,独与其徒相与申而明之。此六艺之所以虽失官守,而犹赖有师教也"。起初,人们的著述都称为"传",左氏《春秋》、子夏《丧服》诸篇,皆名为"传"。后来,"因传而有经之名,犹之因子而立父之号矣"。

在钱基博看来,儒家尊六艺为"经",六经之名起于孔门弟子。《论语》述夫子之言行。《尔雅》为群经之训诂。《孝经》则又再传门人之所述,与《缁衣》《坊》《表》诸记相为出入者尔。诸子著书,往往自分经传。《管子》有《经》《言》,《墨子》有《经》,《韩非》有《储说》经传。"因时立义,自以其说相经纬尔"。以经书与经文的界定,"非如后世之严也"。后世学者,"因文字之繁多,不尽关于纲纪",于是取先圣之微言,与群经之羽翼,统称为经。如《论语》《孟子》《孝经》等,渐渐产生了"九经""十三经"。

钱基博认为:"今之所谓经,其强半皆古人之所谓传也。古之所谓经,乃三代盛时典章法度,见于政教行事之实,而非圣人有意作为文字以传后世也。"① 这就是说,我们现在看到的"经",是相对而言的"经";有些"经"可能是由"传"演化而来的,因其有重要价值,于是"传"变成了"经"。

钱基博在《古籍举要》认定经典之中有要义。"《论语》二十,始《学而》,终《尧曰》;由内圣而推极于外王也。《孟子》七篇,始《梁惠王》,终《尽心》;由外王而洗心于内也。由内圣而推极于外王,然后验为学之功大;由外王而洗心于内圣,然后程为学之功密。"② 这段话是

---

① 曹毓英选编:《钱基博学术论著选》,华中师范大学出版社1997年版,第344页。
② 钱基博:《古籍举要》,华中师范大学出版社2013年版,第204页。

对蒙学《三字经》的发挥,《三字经》的原文是:"《论语》者,二十篇。群弟子,记善言。《孟子》者,七篇止。讲道德,说仁义。"钱基博从内圣外王的境界对《三字经》作了铺陈。

钱基博的《国学文选类纂》列有经学之部。钱基博认为:"通经之法,要在明经传之别,通今古之殊。"① 在这本书中,钱基博首录龚自珍《六经正名》、章学诚《经解》,以考证经传的沿革;再辑魏源《两汉经师今古文家法考》序、江藩《南北朝经术流派论》、赵坦《唐孔颖达五经义疏得失论》,以阐明今古文家方法之殊及其流变;末尾录胡培翚《诂经文钞》序、陈寿祺《经郛条例》和蒙文通《议蜀学》三篇,叙述清儒治经的方法,以求"开设户牖,启示涂辙"②。钱基博为后学指明了一条以贯通古今之法治经的门径。

钱基博对经学的整理有自己的看法。他在龚自珍的《六经正名》的文末考证说:经典在孔子未生之前就有了,如《易经》《尚书》《诗》《春秋》等,但"整齐异传以编次成书者,盖孔子之所致力也"。《庄子》书两言经,皆以孔子之故。一见《天道篇》,一见《天运篇》。③ 事实上,孔子是受经典熏陶,在经典基础之上创造了儒家经典,儒学有文化传承之关系。

关于经学的流变,钱基博说章学诚在《文史通义》"于经之源流颇审",他建议学人读读《文史通义》。章学诚曾说"六经皆史",他的《文史通义》虽然是一部史学著作,其中不乏经学论述。治学者,如果仅限于在经部著作中了解"经",忽略"史部"或"子部""集部"书籍,就有可能变得狭隘。

钱基博对南北朝经学有自己的看法,他在江藩《南北朝经术流派论》的文末考证说:"考南北朝经术之流派者,莫审于《北史·儒林传序》……然按之晋、宋、齐、梁、陈、魏、齐、周、隋诸书及《南北

---

① 钱基博编:《国学文选类纂》,华中师范大学出版社2013年版,第161页。
② 同上书,第162页。
③ 同上书,第169页。

史》诸儒本传，亦有不尽见然者。"这就提出了一个问题，虽然《北史·儒林传》有总括之作用，但亦有漏掉的情况。对于这时期的著作，钱基博认为皇侃的《论语义疏》有些疑点，其书在中国久佚，今所传本，乃清乾隆时由日本流入，其中亦有可疑者：今世所传《皇疏》与陆德明《经典释文》所引不同。皇侃深于礼学，而《论语疏》乃略于礼。对于《皇疏》，钱基博采取了存疑的态度。①

唐代孔颖达为一些经典作了注释，其中也有一些疑点。钱基博在赵坦《唐孔颖达五经义疏得失论》一文的末尾考证说：孔颖达奉敕撰《五经正义》，"其实非出一手；独以孔氏称者，徒以总纂专其名耳"。钱基博认为《五经正义》"注文乖违，曲相牵就，其蔽也党！纬书诡妄，好为傅引其失也诬"②，造成这种情况的原因不在于孔颖达，孔氏只是总负责而已。

关于专家与通人的区别，钱基博在蒙文通《议蜀学》一文的末尾考证说："汉学经生有专家，有通学。《诗》之有《毛公传》，《春秋公羊》之有何休学，专家之学也。至许慎则时人为之语曰：五经无双许叔重，而郑玄自称博稽六艺，通学也。大抵西京多专家，后汉喜通学，而许、郑则通学之杰。"③

汉代的经生与儒者是有区别的。钱基博在刘孚京《诸子论·甲》一文的末尾考证说：大抵汉学有经生，有儒者。班固作《汉书》，崇儒者而薄经生。所谓经生者，守一艺以之终身，事章句文学。儒者不专一经，不为章句训诂，务于通经致用，其著书录入诸子，不专经而名家。其人则助人君，顺阴阳，明教化，而特立专传以显之，若陆贾、刘敬、贾山、贾谊、董仲舒、公孙弘、刘向、扬雄者是也。大抵经生不工文章，而儒者文章足以名世。《汉书》之例，经生入儒林，儒者立专传。范晔《后汉书》以贾逵、郑玄兼通五经，别立传，而互见《儒林》。近世以来

---

① 钱基博编：《国学文选类纂》，华中师范大学出版社2013年版，第187页。
② 同上书，第191页。
③ 同上书，第202页。

谈汉学者,"喜诵说经生,而务碎义逃难,苟以哗众取宠;讵知其为学者之大患,儒术之益微也!知儒者与经生之攸别,斯足以窥汉学之深矣!"①

民国时期,有人宣扬孔教,而钱基博不以为然。他在《孔学直诠谈》② 一文中说:只有孔学,没有孔教。"因为孔子一生,是把'学'看做终身事业;并不是把'教'看做终身事业。"钱基博举孔子说过的话:"十室之邑,必有忠信;不如丘之好学!""发愤忘食,乐以忘忧,不知老之将至!""学而不厌"。钱基博曾经利用朝会时与学生讲孔学真诠。钱基博认为孔学不是宗教,孔学与社会结合紧密。"孔子的学,并不像耶教、回教有一种超人生的天国观念。孔子只是根据现实人生的社会,说明两个观念:一个是'礼';一个是'易'。他见到社会是有条不紊,所以说'礼者天地之序也'。他一方面又觉到社会的现象,是变动不居;就说'刚柔相推而生变化'。这是孔学的真诠。"在钱基博看来,孔学是学派,不是宗教,没有必要把孔学变成孔教。从民国初年以后,有些人一直想仿效西方的基督教,把孔学变成有组织、有教仪与教诫的宗教组织。如果孔学真的变成了孔教,一定有违孔子及弟子们的初衷了。

二、代表作《经学通志》

钱基博在经学方面的代表作是1936年出版的《经学通志》。他写此书的原因在于:"鉴于唐人陆德明《经典释文》叙次经学源流,记载每多疏舛,于魏晋以下缺焉不详。清儒江藩绍述其意,作《经师经义目录》,胶于门户,以清儒承汉学,而置唐、宋于不议不论。学术流变之迹,因以不明。心所未安,于是博稽深览,出入百家,著《经学通志》

---

① 钱基博编:《国学文选类纂》,华中师范大学出版社2013年版,第226页。
② 此文原刊于《无锡新报·思潮月刊》1923年1月16日。下文引自《子部论稿》,华中师范大学出版社2014年版,第3页。

一书。"① 钱基博对"经"作了一番考证。他根据《说文》《玉篇》先释本义，然后以引申阐明经学之"经"，为经纶天下之经；并引《释名》释经为人们日常的必要径路，以此说明其具有"经，常道也"的含义。钱基博认为，后世以传为经，以记为经，以群书为经，以经解为经，以经之贰为经，以诸子为经，这些都不符合"经"的意义。

钱基博在研究经学时，注重增补新信息。

在《经学通志》中，钱基博作了一些补充性的考证。针对有些经学史书只谈东晋梅赜的伪古文《尚书》，而对最先出现的伪古文《尚书》，汉张霸的"百两篇"略而不谈的现象，钱基博据《汉书·儒林传》，指出伪古文《尚书》的故事在汉代已有发生。针对一些经学史书只谈宋儒吴棫、朱熹、蔡沈等怀疑伪古文《尚书》的事，钱基博补充了赵汝谈疑伏生今文《尚书》的事，借以说明宋儒开创的一种勇于疑经之风。钱基博特别强调了元代赵孟𫖯的观点。赵孟𫖯首先断定古文《尚书》是伪书，他撰《书今古文集注》，把今文古文分编，专释今文而不释古文。但赵孟𫖯以书画名家，世人罕知其深通经学，未予重视。钱基博特别肯定了赵孟𫖯在经学上的贡献。

钱基博对传统经书注释，有肯定，也有批评。在《经学通志》一书，钱基博对杜预注《左氏传》的评价，就是采用了二分法。他肯定了杜预撰《春秋左氏经传集解》之时把经与传按年月合编在一起使人便于阅读，并使传真正起到释经的作用。他又指出了其不足之处：杜预采用了刘子骏、贾景伯、许淑卿、颖子严四家的注释，而不著其名，迹近于没；所采用的注释只有刘、贾、许、颖四家，而未有服虔的；注释长于星历地理，而疏于鱼鸟兽草木之名；言地理，亦好为臆说，未能揆度远近，辄以影附今地。弃经信传，曲为之说。

钱基博对经书有一个基本的评判。吴忠匡认为：钱基博对经的来历说得最精审。钱基博认为经是"三代盛时"的产物，在时间上有一定的

---

① 吴忠匡：《吾师钱基博先生传略》，《中国文化》1991年第4期。

时限。同时，经也不是古代一般的史籍，而是三代盛时的典章法度，是人们立身行事所遵循的准则，是行之有效的政教。在相当长的时期内，经逐渐成为大家公认的具有经典意义的史籍。吴忠匡还认为，钱基博所著《经学通志》有以下三个明显的特点：第一，对历代经学著作都做了简要的评介，他在评介经学著作中，不是一般的客观的叙述，而是有精辟的论析；第二，在评价历代经学著作时，能详人之所略，以补苴罅漏，并指出其谬误不当之处，予以匡正；第三，先生在评介历代经学著作时能结合治学门径为指导，并力主在治学方面要创新，要开拓新的道路。

《经学通志》确实是钱基博最有代表性的著作之一。笔者认为有四方面值得注意：其一，体例上有独到之处，不是按朝代写经学史，而是按经书写。其二，在构架上有独到之处，不是写十三经，而是只选择了几部真正的儒家经典，能详人所略，指出其谬误，且主张创新。他认为十三经中，有的是子书，如《孟子》；有的是"经之贰"，如《论语》《孝经》；有的是解经之书，如《尔雅》。所以在《经学通志》不写这些书。其三，在风格上有独到之处。其书的语言简洁，提供的信息量大。其四，钱基博的《经学通志》不太通俗，与朱自清的《经典常谈》相比，可读性差。只有准备坐冷板凳的人，准备研究经学的人，才可能卒读其书。纵观20世纪，经学大师难以数出十数，其著述有如俞樾撰《群经平议》、皮锡瑞撰《经学历史》、刘师培撰《经学教科书》、马宗霍撰《中国经学史》、周予同撰《群经概论》、汤志钧撰《中国经学史》、蒋伯潜撰《经学纂要》、章权才撰《两汉经学史》。相比之下，钱基博的《经学通志》出版时间早，独树一帜，承前启后。

第二节　具体的经典考述

一、《四书解题及其读法》

1933年，钱基博撰《四书解题及其读法》，由商务印书馆出版；

1935年撰《读礼运卷头解题记》，载《光华大学半月刊》第4卷第2期；《丧礼今读记》刊于《光华大学半月刊》第4卷第4期。钱基博认为"经须读"，熟读才能记于心。他撰有《黄仲苏先生朗诵法序》，主张采用桐城学派的方法，放声疾读，因声求气。他主张分类读经，分类读经才能知其异同。"读经须明界说"，"读经须切己体察"，将所读之书句句体贴到自己身上领会。

钱基博撰有《四书解题及其读法》，他在《序》中考证了四书的起始来源，从宋至清各个时代不同流派注解的体例、形式、名称、特点、性质、优劣及其编排次第的缘由。四书的排序有一定的规则。钱基博认为："其教人也，以《大学》《语》《孟》《中庸》为入道之序而后及诸经，以为不先乎《大学》，则无以提纲挈领，而尽《语》《孟》之精微；不参之《论》《孟》，则无以融会贯通，而极《中庸》之旨趣。然不会其极于《中庸》，则又何以建立大本，经纶大经，而读天下之书，论天下之事哉！学者先读《大学》以立其规模，次及《语》《孟》以尽其蕴奥，而后会其归于《中庸》；盖以为学之程序，而第其书之先后也。"[①]

如何读《四书》？

梁启超的《要籍解题及其读法》对《四书》有介绍，但钱基博对梁启超的观点是有异议的，于是写有《论语》和《孟子》二书的解题。他还对《中庸》《大学》有独到的心得，并把这些心得集辑成《四书解题及其读法》。

钱基博在《四书解题及其读法》一书的"序"中指出："《四书》之学，朱子实以名家！而后来绍明其学者，皈依攸同，蹊径各别；核而为论，不出二派：其一……以朱诂朱，是为正宗。其二旁采众家，参证同异。"他认为宋学与汉学同为修身立命之学，但也有所不同："朱子精阐之以天人性命之奥，汉儒体验之于人伦日用之常，一则发

[①] 钱基博：《四书解题及其读法》，王玉德选编：《钱基博儒学论集》，四川大学出版社2010年版，第64页。

微以阐显，一则言近而指远。以立言论，朱子入微，而汉儒为粗；就体用言，朱子蹈空，而汉学平实。"① 只有明白了宋学与汉学的异同，才能理会《四书》的时代意义。钱基博对清儒关于《四书》的诠释也做了一番梳理：有搜集异义，以匡古注之阙违背者；有绍明绝学，以葺一家之佚说者；有发明郑义者；有宣扬刘熙者；有绍述何休者；有考证地理人物者；有疏证名物典制者；有考订文句音义者；有兼考备采自为一家者等。

读《四书》，钱基博主张"明界说"。他说："读《四书》既通大义，然后分类体玩，以观其异同处。如《论语》问孝为类，而答各不同，知其所以异，即知其所以同。此外，问政，问仁，问知及一切言行，均当如是观。"②

在《四书解题及其读法》，钱基博对《大学》有独到的见解。

《大学》是《礼记》的一篇，原载《小戴礼记》，其作者不详。一般认为是孔子的后学，或说是曾子作。《大学》中讲了天子、诸侯国、家族，由此推理此篇至迟是战国的作品。

对于《大学》在经学中的地位演变，钱基博说：《大学》最早是《礼记》中的一篇，宋代司马光的《中庸大学广义》之后，《大学》一书始与《中庸》并称别出。程颢、程颐为教人义理，将《大学》《中庸》与《论语》《孟子》并称，达于六经；朱熹撰述《大学章句》与《中庸章句》《论语孟子集注》并行，称《朱熹四书》，《四书》之目从此而立。

钱基博认定《大学》之义有三。一曰"太学之道"，以与童子之学的少学（小学）相对而得名。为成人之学，用以教十五岁以上的人"穷理正心修己治人之道"。二曰"大人之学"，以与"私其我于一己"的小人相对而得名。"大人"为"扩其我以善群者"。"大人之道，本之修身，达于天下，明德匪徒自明，亲民期于至善；举修身，齐家，治国，平天

---

① 钱基博：《四书解题及其读法》，王玉德选编：《钱基博儒学论集》，四川大学出版社2010年版，第65页。

② 钱基博：《版本通义》，华中师范大学出版社2013年版，第19页。

下，而一贯以格物，致知，诚意，正心之学。"三曰大觉之道。"觉"犹如佛之菩提。"觉"有三义："一者自觉，悟性真常，了惑虚妄"，即"在明明德"；"二者觉他，运无缘慈，度有情界"，即"亲民"；"三者觉行圆满，穷原极底，行满果圆"，即"在止于至善"。①

《大学》的作者一直是个谜。宋代朱熹撰《大学章句》，认为其中的《经》是孔子门徒曾子记录的孔子言论，《传》是曾子的门徒记录的曾子言论，于是下结论——《大学》为曾子所作。学界有些人认同朱熹的观点。然而，钱基博持有谨慎的态度，认为孔门记录孔子言论，必称"子曰""子言之"，而《大学》不著何人之言，曾子为《大学》作者没有依据。他又从《大学》的内容考辨："《大学》之书，理极宏博；而曾子所作，诸出臆测"②，认为曾子著《大学》，不足为信，"既无佐证，不如阙疑"③。

关于《大学》的读本，钱基博认为："《大学》一书，以《礼记注疏》本为最古，以朱熹本为最通行，一汉一宋如日月之经行中天！"④

钱基博对朱熹本最为推崇，认为朱熹的《大学章句》章节次第分明、理顺文从，故而终古不废。特别是朱熹能格物致知，"所谓致知在格物者，言欲致吾之知，在即物而穷其理也"，"大学之道，在乎格物以致其知。格物者，穷理之谓也。盖有是物，必有是理。然理无形而难知，物有迹而易睹。故因是物以求之，使是理了然心目之间，而无毫发之差；则应乎事者，自无毫发之缪。陛下虽有生知之性，高世之行，而未尝随事以观理，故天下之理，多所未察；未尝即理以应事，故天下之事，多所未明"⑤。

---

① 钱基博：《四书解题及其读法》，王玉德选编：《钱基博儒学论集》，四川大学出版社2010年版，第67页。
② 同上书，第68页。
③ 同上书，第69页。
④ 同上书，第70页。
⑤ 同上书，第71页。

在《四书解题及其读法》中，钱基博对《论语》《孟子》也有论述，与《论语约纂》《孟子约纂》的内容相近，以下分别介绍。

二、对《论语》的研究

钱基博在多部著作谈论过《论语》，专门撰写了《论语约纂》。其中的《叙例》作于民国七年（1918）九月一日，钱基博时在江苏省立第三师范学校，将此序在学生中作了演讲。钱基博在《论语约纂》有以下见解。[①]

（一）《论语》的名称

钱基博认为，《论语》者，盖孔子没后，七十弟子记诸善言也，上以尊仰圣师，下则垂轨万代。《论语》既为世典，不可无名。名书之法，必据体以立称。《论语》的内容驳杂，不像《孝经》等书那样专门，"适会多途，皆夫子平生应机作教，事无常准。或与时君抗厉，或共弟子抑扬，或自显示物，或混迹齐凡，问同答异，言近意深，《诗》《书》互错综，《典》《诰》相纷纭。义既不定于一方，名故难求乎诸类，因题'论语'二字，以为此书之名也"（第66页）。

对"论语"二字，钱基博也作了具体的解读："何谓论？论之为言伦也。伦者，轮也。以夫子疾固，言非一端，而圆转无穷，如车之轮也。七十弟子所见异辞，所闻异辞，所传闻异辞，必先详论，人人佥允，然后乃记，记必已论，故曰论也。然则所谓语者何也？《毛诗传》云：'直言曰言，论难曰语。'郑注《周礼》云：'发端曰言，答述曰语。'今按此书既是夫子论难答述之语，而经门弟子论定，故名为《论语》也。"（第66页）

[①] 钱基博在1922年写了《论语"士不可以不弘毅"章今诂》，1923年写了《论语"君子以文会友，以友辅仁"解诂》，重点阐发了他对孔子思想在现实中的作用。这些文章应与《论语约纂》结合阅读。本小节文中括号前原文均出自《论语约纂》，载钱基博《子部论稿》，华中师范大学出版社2014年版，第66～112页。

(二)《论语》中的史源

钱基博把《论语》与先秦时期的其他文献进行比较,同其同,异其异,甚至还分析史料的来源,并进行考证。试举二例:

《论语》云:"仲弓问仁。"仲弓,孔子弟子,姓冉,名雍。子曰:"出门如见大宾,使民如承大祭;己所不欲,勿施于人。"(第77页)钱基博考证说:《春秋左氏·僖三十三年传》"晋臼季曰:'臣闻之,出门如宾,承事如祭,仁之则也。'"亦古有此语,而臼季及夫子引之。惟《传》言"承事",此言"使民",文略不同。又《管子·小问篇》引《论语》曰:"非其所欲,勿施于人,仁也","勿施"一句亦古语矣。(第72页)

《论语》有子曰:"君子疾没世而名不称焉。"钱基博考证说:《史记·孔子世家》以此为孔子作《春秋》时语,亦孔安国旧说。《中论·考伪》:"贵名,乃所以贵实也。"张栻《论语解》:"有是实,则有是名。名者,所以命其实也。终其身而无实之可名,君子疾之,非谓求名于人也。"钱大昕《十驾斋养新录》:"孔子赞《易》曰:'善不积,不足以成名?'《孝经》曰:'立身行道,扬名于后世。'《论语》曰:'君子去仁,恶乎成名?'又曰:'君子疾没世而名不称。'圣人以名立教,未尝恶人之好名也。《孟子》曰:'令闻广誉施于身。'令闻广誉,非名而何?唯声闻过情,斯君子耻之耳。道家以无为宗,故曰'圣人无名',又曰'无智名,无勇功',又以伯夷死名,与盗跖死利并言,此悖道伤教之言,儒者所勿道也。"(第86页)

(三)《论语》中的思想

《论语》中有"子贡问仁",孔子说:"夫仁者,己欲立而立人,己欲达而达人。能近取譬,可谓仁之方也已。"钱基博对此评论说:"孔子教以推己及人,庶近而可入,是乃为仁之方,虽博施济众,亦由此进。"(第70页)仁,不是对自己而言,而是要达于人,广泛地施惠于民众,形成社会效应。

谈到治世之人时,钱基博引用了孔子"不得中行而与之,必也狂狷乎",说:"狂者,志极高而行不掩。狷者,知未及而守有余。盖圣人本欲得中道之人而教之,然既不可得,而徒得谨厚之人,则未必能振拔而有为也。故不若得此狂狷之人,犹可因其志节,而激厉裁抑之,以进于道,非与其终于此而已也。"(第80页)这里的"中行"二字,与"中庸"之意近似。君子只有选择最佳的路径,才能避免偏颇。

钱基博在研究《论语》时阐发了一些观点,不乏精彩的话语。这些话语,总是淹没在他长篇累牍的史料与考证中,不被读者发现。这里,拈出其中的一些名言警句,供世人勉之。如:

名不正,则言不顺;言不顺,则事不成;名不当其实,则言不顺;言不顺则无以考实,而事不成。"言"者,所以出令布治也。

盖名学者,学人之公器,非一家之私得,不论道、儒、名、法诸家,皆必精于名学,而后能立能破。

巧其言,善其色,致饰于外,务以悦人,则人欲肆而本心之德亡矣。学者所当深戒也。

敬以持己,恕以及物,则私意无所容,而心德全矣。内外无怨,亦以其效言之,使以自考也。

盖刚毅则不屈于物欲,木讷则不至于外驰,故近仁。

虽之夷狄,不可弃者。

凡人性敏者,多不好学;位高者,多耻下问。

敬为礼本,和为乐本也。

礼者，敬而已矣。虽知亦问，谨之至也，其为敬莫大乎此。

器者，各适其用而不能相通。成德之士，体无不具，而用无不周，非特为一材一艺而已。

君子小人，趣向不同，公私之间而已矣。

放言易，故欲讷。力行难，故欲敏。

君子循理，故常舒泰。小人役于物，故多忧戚。

和者无乖戾之心，同者有阿比之意。

君子循天理，故日进乎高明；小人循人欲，故日究乎污下。

子曰："君子耻其言而过其行。"耻者，不敢尽之意；过者，欲有余之辞。

庄以持己曰矜，然无乖戾之心，故不争。和以处众，曰群，然无阿比之意，故不党。

见贤思齐，见不贤而内自省，夫子焉不学，而亦何常师之有。

学者自强不息则积少成多，中道而止则前功尽弃。其止其往，皆在我而不在人也。

学问贵融贯而得其会通，此语得要。

> 学者时习旧闻，而每有新得，则所学在我，而其应不穷，故可以为人师。
>
> 盖学以经世致用，而读死书则章句之末耳。
>
> 言之如其所行，行之如其所言。
>
> 三军之勇在人，匹夫之志在己。
>
> 讲学以会友，则道益明。取善以辅仁，则德日进。
>
> 故圣人之好恶也，不必任众，亦不必专己。
>
> 事上使下，皆必诚意交孚，而后可以有为。

以上所引钱基博在《论语约纂》的话，是对《论语》的发挥，有重要的思想价值。其中有讲诚信的话，也有立志的话、济世的话。如"其止其往，皆在我而不在人也"，"凡人性敏者，多不好学；位高者，多耻下问"，"诚意交孚，而后可以有为"，都是那么耐人寻味。中国人喜欢名言警句，钱基博以他深邃的思想说出了这些精彩的句子，值得我们记取。

钱基博认为《论语》是讲做人的书，所言不论是天人学说，还是礼仪规制，核心都是做人。他在《论语约纂》谈到人格之养成，说：

> 孔子教义，第一作用实在养成人格，盖孔子之学，大而能博，固非一端可尽。而可大别之为三类：其一言天人相与之际，所谓性与天道，宋明诸儒竭知尽能之所钻仰者也。以近世通行语指之，可谓为属于哲学范围。其二言治国平天下之大法，非惟博论其原理而

已，更推演为无数之节文礼仪制度。以近日通行语指之，可谓为属于政治学、社会学之范围。其三言各人立身处世之道，教人以所以为人者，与所以待人者。以近日通行语指之，可谓为属于伦理学、道德学之范围。

其第一种，则孔子之哲学，诚有其精深博大之系统，视中外古今诸大哲，毫无愧色。然此当以付之专门哲学家之研究，万不可以悉喻全国民；《易经》《礼记》属之。其第二种，则孔子所言治国平天下之道，为百世后从政家所当遵守者殊多。至其节文礼仪制度，在孔子原为当时人说法，而非以诏万世，不必尽适于今用，此惟当留以供考古者之讲求。而其言治国平天下之理之精粹者，亦仅从政者所宜服膺，不必尽人而学；《尚书》《周礼》《仪礼》及《春秋》胥属焉。

故吾以为今日诵法孔子以从事国民教育者，宜将此两大部分画出，暂置为后图，而最切于吾生日用先务之急，为人人所宜服膺勿失者，则吾前举第三种所谓教各人立身处世之道而为人格之修养，《论语》之所记者是已。（第87~88页）

钱基博的这些话，指出了《论语》的实质，强调了君子之学。他还指出《论语》的内容涉及哲学、政治学、社会学、道德学等，读者要从更广阔的学术视野认识《论语》。他在《论语约纂》中，把英国的"绅士"一词与中国的"君子"一词进行比较，详见本书第二章。

钱基博读《论语》，对《述而》的"饭疏食饮水，曲肱而枕之，乐亦在其中矣。不义而富且贵，于我如浮云"颇有感触，并发表了一番感慨。具体内容见之于《论语约纂》。钱基博认为，人生需要谋衣食以图饱暖，但"决非于生活以外别无意义者"。儒家提倡食不厌精，脍不厌细。孔子主张粮食不要压得过于精，肉类不要切得过于细。粮食陈旧或变味，鱼肉不新鲜了，他都不吃。席上吃肉的量不能超过米面的数量，酒可以随便喝但不能喝醉。钱基博说："圣人之心，浑然天理，虽处困

极，而乐亦无不在焉。圣人修养，重精神而轻物质，于此可见。"（第108页）

人类对环境的选择，直接决定了人类的发展。以植物为食物比起以肉类为食物，可以养活更多的人。钱基博说："夫以同一土地，栽培米谷，可以养十人者，若栽培牧草饲养畜类而食其肉，则仅可养一人也。此孔子之所以肉虽多，不使胜食气。然使名为疏食，仍搜罗珍异之品，务极精美，则其暴殄天物，且甚于肉食。为锻炼肠胃减省食料起见，不但当赞成疏食，而以练习粗食为要。故孔子食不厌精，脍不厌细之说，为不可用也。"（第109页）

钱基博接着写道："读瑞士《世界语月报》载有《疏食与经济问题》一论，实最足以阐发孔子不多食之必要，而为食不厌精，脍不厌细者痛下针砭也。其言曰，自来倡疏食主义者有三说焉。（1）道德说。以残杀牲畜有乖好生之德。（2）卫生说。以素食较肉食为有益于人体。（3）经济说。以素食较肉食为廉价。第一说，东方宗教家倡之，若今世西方学者，则多采第二说。然吾以为提倡疏食，仍当以道德为前提，即第三说所谓食物之价值，亦不失为道德上之问题。试诵托尔斯泰等诸家著述，则知凡人食用奢侈，间接足以使物价昂贵，生活困难，陷大多数之贫苦者于冻馁之境。盖天之生物有限，丰于甲者，必俭于乙；有余于此者，必不足于彼。个人之滥费，其结果为群众生计之缺乏。反之，个人之节俭，其结果为群众生计之增加。克己制欲，力求生活之简单，为吾人对于世界社会之义务。彼暴殄天物，侈纵口腹者，实为不道德之尤。"（第109~110页）于是，钱基博得出结论："盖素食最适于自然生活，故足以致寿考。由此观之，不惟肉食者可鄙，而孔子肉虽多，不使胜食气，亦未为知道也。"（第110页）钱基博从《论语》中的一句话引发出大段的文字，从古代说到当下，从理论说到实践，从文本说到日用之生活，这样的研究方法，是值得我们借鉴的。

（四）《论语》中的句法

钱基博认为写文章涉及叙事、发论、抒情，"惟《论语》则兼擅其胜"。他写过一篇《论语文学示例》①，其中提出了几个问题，说：何以千头万绪之事理，只《论语》三两言即能了当？何以不详说而意无不尽？

针对这些问题，钱基博对《论语》的句式进行了分析，并发表了自己的看法：

叙事类，有直叙其事、先叙后议、先议后叙。"子不语怪力乱神"即直叙其事。"微子去子，箕子为之奴，比干谏而死。孔子曰殷有三仁焉。"即先叙后议。"子曰：片言可以折狱者，其由也与。子路无宿诺。"即先议后叙。

发论类，有直抒己见、两相比较、按而不断。"诗三百，一言以蔽之，思无邪。"即直抒己见。"质胜文则野，文胜质则史。"即两相比较。"以能问于不能，以多问于寡，有若无，实若虚，犯而不校。"即按而不断。

抒情类，有喜怒愤哀。"贤哉回也"即喜情。"小子鸣鼓而攻之。"即怒情。"是可忍，孰不可忍。"即愤情。"斯人也而有期疾也。"即哀情。

钱基博认为《论语》有的句子有阳刚之美，如"不知其仁，焉用佞"；有的句子有阴柔之美，如"逝者如斯夫，不舍昼夜"；有的句子奇趣横生，如"凤鸟不至，河不出图，吾已矣夫"。他这样解读句子，颇有新意。

钱基博认为："昔贤治《论语》，鲜言文章者，盖尊之为经，而不敢仅以文章目之也。自余之少耽文章，遍诵六经子史百家之言，而以为天下文章之美，无有过于《老子》《论语》《檀弓》三家者也。"他把这三篇很有思想性的著作称为天下最美的"文章"，亦是对其写作方法的充分肯定。迄今为止，学术界对《论语》的句式研究仍然不够。钱基博已经做了很好的尝试，后学应当跟进。只有把《论语》的句式研究透彻，才可能更好地朗读与背诵，更好地领会其中的意思。

---

① 钱基博：《后东塾读书杂志》，华中师范大学出版社2014年版，第57~62页。

三、对《孟子》的研究

孟子是儒家亚圣，是钱基博非常敬佩的人。钱基博的生日与孟子的生日日期相同，因而钱基博有孟子再生的感觉，有意承担复兴孟学。1918年，钱基博撰《孟子约纂》。钱基博在《孟子约纂》有以下研究。[①]

（一）儒家流派问题

儒家的流派，钱基博进行了清晰的梳理：孔子之时，儒家尚未独成派别，故有君子儒，有小人儒。儒家自成一家，与九家对立，实起于孔子弟子时代。孔子当日言儒行，尚不属于自身之标榜。至七十二子共戴孔子，君子博学之教义，分道传宣。战国时，儒家虽着为一总名，而其中支分流别众多，如《韩非子·显学篇》云："自孔子之死也，有子张之儒，有子思之儒，有颜氏之儒，有孟氏之儒，有漆雕氏之儒，有仲良氏之儒，有孙氏之儒，有乐正氏之儒，儒分为八"。《荀子·非十二子篇》亦云："子张氏之贱儒，子夏氏之贱儒，子游氏之贱儒。"（第182页）

钱基博提出了一个独特的观点，即儒家之中有个法学派，代表人物是孟子与管子。他说：儒家当日亦别有一种法学派，此法学又不同于管、商、申、韩诸法家之言，惟就儒家大都但说仁义、重束修、敦伦理之中。而此派则特自研究治国之方法，各种政治制度，亦复具体可以立案划策。考儒家法学派，有二人：一为孟子，一为荀子。诸儒家所主张类专重理论，而孟荀则确有方法；诸儒家所主张多取简浑，而孟荀则独取详明。此二子为儒家法学派，且与纯粹儒家相异。孟荀二子论国家之有法，不能专重在法，尤必重在立法、行法、守法之人，此其二子所以皆当为儒家法学而不同于申韩等专门法家之论者。若借用哲学中名词解释之，则可谓荀孟之法学论为法学上二元论，即以法与人为并重之资

[①] 本小节原文后的括号页码，系《子部论稿》（华中师范大学出版社2014年版）所载《孟子约纂》之页码。

格也。申韩诸子专门法家之法学论为法学上之一元论，以其专重法而不重人。(第182～183页)

(二) 孔孟异同

钱基博在《孟子约纂》中说：孟子"其有功孔门不少，孔子只言仁，而轲则兼言仁义"(第114页)。钱基博将孟子与孔子进行了比较：孔子言志，孟子还言养气；孔子只言性相近，而孟子径言性善；孔子只言使民临民，而孟子还说民为贵；孔子只言百姓不足君孰与足，而孟子还说民事不可缓。

从文气文风而言，人们普遍认为孟子之义，语约而意尽，气势最盛。钱基博作了具体的阐发，说："《孟子》奇而纵，《论语》简而尽。《孟子》英华发外，不可逼视，《论语》含蓄不尽而弥旨。《孟子》七篇，乃孟子极意匠心之文；而《论语》则孔门记言之作，意尽语极，有一句记一句而已。"(第114～115页)

钱基博说自己对于《孟子》一书，"独有至好，以为发孔子之所未发。而其文之婉切笃至，尤足以警发人之善心，不使放心邪气得接焉"(第115页)，认为孟子说了孔子没有说过的话，有创新；孟子的言语恳切而实在，能够引出读者思考，使人增添正能量。这，或许正是钱基博对孟子"独有至好"的真正原因。

(三) 孟子有其长，也有其短

钱基博很欣赏孟子的文笔，更欣赏文笔后面的精致。他在"有为神农之言者许行"这一段，说："凡铺张处皆实境也；其运旋处则虚境也。大约虚实相间，叙事夹议论体。须于实处看其气色，于虚处看其筋络。其气色之荣华，筋络之遒劲，两擅其胜，尤须于一虚一实相间处看其局势之变化。"(第162页)他认为孟子的文章有虚有实，虚实之间相得益彰。

孟子的文章确实写得好，令人信服。但是，孟子绝不是无可挑剔的。钱基博在"有为神农之言者许行"这一段，指出："孟子之雄于文信矣，然其立说却不无可商处。"孟子对陈相之言，发孔子之意，曰：

"有大人之事，有小人之事。"又曰："劳心者治人，劳力者治于人；治于人者食人，治人者食于人。"（第162～163页）

钱基博认为：夫人者合精神与物质而成，故两者不能偏用，或偏废，若区划某某等使专为精神的劳动；使某某等专为物质的劳动，是犹使甲充其耳而专司视，使乙盲其目而专司听，则二者皆为废人。今日社会中下层苦力之人，十二时中沾体涂足而茫无智识。一般官吏文学士，则机械万变而体力衰退，二者均为残废之人，而为伪分业之所酿成，无可讳言。

在钱基博看来，不宜人为地把人分成劳心者与劳力者，更不能绝对化。作为人，如果只能劳力，或只能劳心，那就是"残废之人"。每个人应当既可劳心，也可劳力。事实上，人人可以劳心，也可以劳力。

钱基博对于孟子的学派争执，也有不同见解。战国时期，学派之间的纷争突出，诸子之间多有批评的声音。钱基博虽然崇敬孟子，但认为孟子的有些观点未必正确，孟子对墨子的有些批评过于简单化。钱基博说墨子主张丧葬要有节制，而孟子片面地理解墨子的观点，以为墨子一味地主张薄葬，是没有真正了解墨子的话。钱基博说："'子墨子制为葬埋之法，曰：棺三寸，足以朽骨，衣三领，足以朽肉。掘地之深，下无菹漏，气无发泄于上，垄足以期其所，则止矣。哭往哭来，反从事乎衣食之财，俾乎祭祀以致孝于亲。故曰：子墨子之法，不失死生之利者，此也。'是则墨子之所谓节葬者，不过曰'葬埋有节'，而非真孟子之所谓以薄为道也。故知孟子之斥墨子曰无父，曰以薄为道，皆属望文生义。故甚其词而加之罪，岂必为定论哉！"（第159～160页）

（四）孟子的重要思想

1. 天下观

古人经常谈论"天下观"，但何谓天下？定义较为模糊。钱基博在《孟子约纂》指出，"天下"是比国家大的概念，"我国往哲所训，皆以治国平天下相次连举，而政治家最终之目的，必在乎天下。盖我国人向来不认国家为人类最高团体，而谓必须有更高级之团体焉，为一切国家所宗主，是即所谓天下也"（第 184 页）。

钱基博还指出，古人的"天下观"，胸怀宽广，是一种世界主义。他说："我中国人之思想，谓政治之为物非以一国之安宁幸福为究竟目的，而实以人类全体之安宁幸福为究竟目的。此种广博的世界主义，实我数千年来政治论之中坚也。在当时以中国交通所及一隅之地指为世界，指其人为人类全体，由今观之，诚觉可笑，然此种世界主义之发挥光大，卒为我中国全部永远统一之根因……盖论国际间之形势，非可扰攘终古，必以孟子所称定于一为究竟，一切历史无非向此径路进行。"（第 184~185 页）限于特定的时代，孟子所指的"天下"当然不是今日的世界，但其眼光是足以令人信服的。

2. 仁义思想

孔子倡导仁学，而孟子大讲仁义。孟子为什么如此重视仁义呢？

钱基博的回答是："孟子之兼言义，所以救孔子言仁之极敝而折衷乎杨、墨之说者也。"孔子倡仁，亲亲而仁民，仁民而爱物。然而，仁人而忘我，人情之所难能，百姓就难接受孔子这套主张。有杨朱、墨翟倡导百姓喜欢的学说。当是时，杨、墨之言盈天下。天下之人，不入于杨，则入于墨。仁者爱人，墨子兼爱之说也。义者善我，杨子为我之义也。知有人不知有我，则为墨氏之学；知有我不知有人，则为杨朱之学。"孟子作乎其间，遂兼收并蓄而以仁义之说为天下倡焉。"（第 114 页）

在钱基博看来，儒家在传承过程中，不断地调适，善于借鉴与吸收。墨氏徒仁，杨朱徒义，而孟子仁至义尽，时曰中庸。何谓中庸，孟子结合了墨子与杨子的学说，这就是中庸。孟子能够继承孔子的仁学，避免孔子的缺陷，更多地考虑百姓的需要，创造性地容纳其他学人的思想，综合成新的主张，提出仁义，无疑是应当充分肯定的。

钱基博在《孟子约纂》"辨游说家"一节对"仁义"二字阐发了深刻的看法，提出了"中国精神"的说法。在仁义与利之间，孰为重要？即精神与物质之间，孰为重要？钱基博指出，从时代潮流看来，仁义的呼声日涨，这是明显的趋势。"孟子曰：'何必曰利？''仁义而已矣。'自吾国今日士夫观之，鲜不等于老生常谈，迂阔而远于事情者。然时至今日，言利之害大见，而仁义之说，乃应时势之潮流而日长炎炎矣。"（第167页）

钱基博接着提出：西方社会的哲人也是重视道德的，并不一味只讲经济实力，人类世界的前行，需要有积极的思想支撑。"吾国庸俗传达尔文、斯宾塞二氏之学说者实多谬解，其谬解达氏之说者，往往视《天演论》为弱肉强食主义之异名，于人类社会之道德置之不顾。实则达氏之说，决非蔑视道德者……一切人生之目的如何，宇宙之美观如何，吾人均不暇顾，惟以如何而得保其生存，如何而免于淘汰为处世之紧急问题。质言之，即如何而使我优胜，使人劣败而已。极其所往，世界有优劣而无善恶，斯民有胜败而无是非……可知吾侪人类，固于躯壳之生存以外，别有高尚之目的存乎其间。语曰：'不自由，毋宁死。'自由云者，即心意遂达之谓耳。夫心意之遂达，不能不与生存相关联，故二者常若合而为一。然当欲生欲义二者不可兼得之时，则取义舍生。人类之目的，遂超出生物界之目的而独显矣。"（第167～171页）钱基博说："乃世之操生存竞争说者，欲以生物界之现象，说明人类社会之现象，致使人类社会堕落于禽兽之域，殊可慨也。"（第172页）

钱基博接着对仁义作了具体的解读，他说："何谓仁？良知上过得去也。何谓义？理性上讲得去也。何以知其为义？曰：'亦在吾良知之判决如何耳！'然则孔子曰'杀身成仁'，孟子曰'舍生取义'，正皆遂达心意之一手段耳……然'博爱之谓仁，行而宜之之谓义'，乃吾国民传统思想之最著者。威尔逊之所谓'美国精神'今已照耀于世界，吾中国当亦有所谓'中国精神'，夫岂不能表见于国境以内乎？"（第171～172页）仁是良知，是博爱；义是理性，是行为，它们都属于国家的精神。

3. 民本思想

民本思想是关注民情，重视民意，以民为本的思想。

《孟子》中有"天视自我民视,天听自我民听"一段话,钱基博认为这话体现了古代的政治思想:以民意为重。他说:"视天下为公器,而不以私诸尧舜。最是孟子于政本看得透彻处,而通节特拈'天'字作骨,此尤足征见我中国古代政治精神……近世政治学家之论国家三要素者(主权、领土、人民)首重主权。而其主权者,即孟子之所谓天也。主权之定义曰:主权者,原始的至尊无上之权也,唯一不可分者也,独立不可抗也,绝对无制限者也,不能让与者也。质言之,即其国家得为国家之能力云尔……夫人民之自由权,各国均规定于宪法中、选举法则,规定于选举法中。乃明明谓民之有权者,皆国家所赋予也。国家所以必赋予民以自由权者,国家之意思也……其行动将何以表见,亦惟以人民而已矣。故曰:'天视自我民视,天听自我民听。'旨哉言乎!"(第175~177页)

《孟子》中另外一句非常有名的话是:"民为贵,社稷次之,君为轻。"钱基博很欣赏这句话,强调要注重民生,他说:"国以民为本,而饮食男女,尤民之大欲存焉。故孟子对梁惠王则曰:'养生送死无憾。'对齐宣王则曰:'货色与民同好。'"钱基博认为,孟子的民本思想,"可谓洞明政本者"(第178页)。

《孟子》中还有一句"民事不可缓也"。钱基博从农耕文化的角度展开了议论,侧重讲述了教育的重要性。他说"先王制土处民富而教之",首先是要让耕者有其田,"理民之道,地著为本,故必建步立亩,正其经界"。然后,就是教化,"里有序而乡有庠,序以明教,庠则行礼而视化也"。通过读书,培养对社会有用的人才。钱基博说:"八岁入小学,学六甲、五方、书计之事,始知室家长幼之节。十五入大学,学先圣礼乐而知朝廷君臣之礼。其有秀异者,移乡学于庠序。庠序之异者,移国学于少学。诸侯岁贡少学之异者于天子,学于大学,命曰造士。行同能偶,则别之以射,然后爵命焉。春秋之月,群居者将散,行人振木铎徇于路以采诗,献之太师,比其音律以闻于天子。故曰:'王者不窥牖户而知天下。'"钱基博说,这些就是"先王制土处民富而教之之大略

也"。这个方略有积极的作用,"故民皆劝功乐业,先公而后私"。(第180~181页)

4. 性善思想

对于人性,孟子主张性善,荀子主张性恶。到底人性是善,还是恶,这个问题在历史上争论不休,莫衷一是。

在钱基博看来,孟子与荀子的观点不一,而动机相同,都是为社会服务,为人的教化服务。孟子称尧舜,荀子则法后王。孟子言性善,欲人之尽性而乐于善。荀子言性恶,欲人之化性而勉于善伪。孟、荀生于衰周之季,悯战国之暴乱,欲以王道救之。孟言先王,荀言后王,皆谓周王,与孔子从周之义不异也。

钱基博赞同性善说。如何理解孟子的性善说?钱基博解释为"神明之德",他引《系辞传》"以通神明之德,以类万物之情",说神明之德即所谓性善。善,即灵也。灵,即神明也。惟人有之,而禽兽则无。为什么说人性善呢?钱基博说:史前,人苦于不知,伏羲、神农尽人物之性以通其神明。其时善不善显然易见,积之既久,灵智日开。圣人知人性善不同于禽兽之性,此即所谓通神明之德。使己之性不善则不能觉,己能觉则己之性善,己与人同此性,则人之性亦善,故知人性之善。人之性,不能自觉,必待先觉者觉之。故非性善无以施其教,非教无以通其性之善。己子让食于父,弟代劳于兄,此可由教而能之,所谓为之者善。孟子讲性善,由读书好古,能贯通乎伏羲、神农、尧、舜、文王、周公、孔子之道而后言之者,非荀子所能知。(第121页)

钱基博的这段话,有进化论的思想。在他看来,上古之史,人类是蒙昧的,什么都不知道,有圣人出,教人性以通神明,培养善性,引导自觉,发挥教化的功能,提升了人本身的素质。

钱基博用西方的科学知识解读孟子的"性"思想。如孟子曰:"天下之言性也,则故而已矣。"钱基博解释说:"性者,人物所得以生之理也。故者,其已然之迹。利,犹顺也,语其自然之势也。言事物之理,虽若无形而难知,然其发见之已然则必有迹而易见,故天下之言性者,但言其故而理自明。然其所谓故者，又必本其自然之势，如人之善，水之下，非有所矫揉造作而然也。愚谓事物之理，莫非自然，顺而循之，则为大智。故曰：'率性之谓道。'若用小智而凿以自私，则拂于性而反为不智矣。虽然，孟子之言性，何以必曰'故'也？此可以法兰西哲学者戈惺（Cousin，1792—1867）之心理学论说明之。其言曰：'哲学必自事实始。此事实乃供给哲学者以入思辨之境涯之机会者也。心理学，不过为入形而上学之桥梁。形而上学与心理学之间，有不可越之溪谷。形而上学，乃最优之科学也，科学之科学也。科学之对象为实体，乃常不变化永久之实在也。而其研究之方法则依观察，无观察之工夫，则不能有何等之科学。故可谓吾人乃穷究于观察之范围内精神之事实之根柢，而其终遂到达绝对之原理。心理学之方法，乃充此职役者也。易言以明之，即以后天之方法，得认先天之原理也。'呜呼！此致知之所以在格物也。故曰：'天下之言性也，则故而已矣。'"（第122页）

关于性善，钱基博还说："大人者，大德之人也。大人之心，通达万变，而赤子之心，则纯一无伪而已。然大人之所以为大人，正以其不为物诱，而不失之于机械巧变，有以全其纯一无伪之本然。"（第130页）这句话的源头可以在《系辞》中找到，古代的思想家推崇"大人"，乐意受到"大人"的沐浴。大人不为物诱，但与时偕行，不断变化。人在认识世界的过程中，要"纯一无伪"，坚持人性之中的善与义。钱基博说：禽兽之性不善者，人能知义，禽兽不能知义也。因此心之所知而存之，此君子之所以异于禽兽也。

5. 征战思想

钱基博在"辨兵家"谈到我国古代相传之军事哲学，分析了四种现象，得出了中华先民热爱和平的结论。

第一种现象："战者愤怒之事，兵者侵夺之具，最不仁不义之物也。而吾国先哲论兵，则祛愤怒，诫侵夺，本仁义，崇和亲。"（第165页）钱基博指出，孟子有言："天时不如地利，地利不如人和。"孟子是主张和谐的，是不好战的。争地以战，杀人盈野，率土地而食人肉，罪不容于死。对于战争，仁者不为，况于杀人？

第二种现象："兵者所以维持国家之威力也，而吾国先哲论兵最不重国家主义，最不恃威力。"钱基博指出，孟子有言："域民不以封疆之界，固国不以山溪之险，威天下不以兵革。得道多助，失道寡助。多助之至，天下顺之；寡助之至，亲戚畔之。以天下之所顺，攻亲戚之所畔，故君子有不战，战必胜。"孟子又说："国君好仁，天下无敌焉。南面而征，北狄怨；东面而征，西夷怨。曰：'奚为后我？'"钱基博赞同孟子的观点，认为国家之于人民，虐民则仇，仁者无敌，唯义所在。古代有许多诸侯国，诸侯国的人民不重视国家主义，也不以军队为威，推崇的是道义。（第165页）

第三种现象："兵者，破坏之具也。而吾国先哲论兵，则尚保全。"钱基博引用《孙子兵法》的观点："用兵之法，全国为上，破国次之；全军为上，破军次之；全师为上，破师次之……是故百战百胜，非善之善者也。不战而屈人之兵，善之善者也……必以全争于天下。"钱基博认为，战争的目的不是杀人，也不是破坏，其方式要有多样性，以智慧为手段，以不战而胜，才是先哲所追求的。（第166页）

第四种现象："兵者，攻人之具也。而吾国先哲论兵，则主反己。"钱基博引用孟子的观点："征之为言正也。各欲正己也，焉用战？"钱基博列举历代史实说："是故神武期于不杀，兵谋在乎全国，而自华元守宋。乃若赤壁之战，采石矶之战，而坚壁清野，而保甲团练，乃至近世湘军之成功，盖皆寓积极于消极之中，利用国民自卫之心以卫国，而无不有成"（第166页）。

钱基博结合《孟子》，总结了中国人的和平观，得出的结论是"盖历史之遗传，往哲之垂训，使我国民视侵略为不必要，自卫为当然权利，此实足以证见我国民爱好和平之性焉"（第166页）。

6. 教学思想

钱基博认为，在教学之中要倡导谦虚好学的思想，哪怕是教师，也应当谦虚。"盖好为人师者，其人必自满，必不肯虚心，既以自误，亦

以误人。不能虚心学者，奚能实心教？教者，非能教人，学也不周，教人以如何学耳。"（第144页）

钱基博分析了孟子的教学观念，认为孟子教育之说，根于性善，其方法在自动。"盖人性本善，教育者但因其固有之良知良能而扩充其本性之善，如树木然，天地只因自然之生机，及时而雨以徐俟其化。"（第144页）从人性本善的角度出发，从事教学，就可以有良知良能，发挥各方面的主观能动性，达到好的教学效果。钱基博引用美国学者杜威博士在《论近代教育之趋势》一文中的话："现代教育之趋势，则注重积极方面而为自动之教育，即培养活泼及创作之自动能力，条理之思想，研究之精神者也。"（第147页）

7. 温故思想

《孟子》说："天下之言性也，则故而已矣。"钱基博解释说："性者，人物所得以生之理也。故者，其已然之迹……事物之理，莫非自然，顺而循之，则为大智。"（第122页）

钱基博在《孟子约纂》说："孔子所言之由，谓'由'者，亦只自由自在之意。此可以法之哲学者卢梭（Rousseau，1712—1773）之说阐明之，卢梭……曰：'社会中罪恶之结果，实人为之结果，乃由反对自然之动作而来者也。自然之物皆善，一入人类之手，乃变为恶。导人生于恶，文明也，人为也，技巧也。文明人为技巧，皆可恶者也，故人必返于自然，必返于人类之天真。'"钱基博说："要之卢梭之意，以为人之善，出于天性，故不可不反求其天真，此为其思想之中心。彼其所谓返于自然之一语，实以人性本善为前提，人能保其赤子之心，一切皆善。"（第131~132页）

8. 中庸思想

钱基博认为中国文化的一个突出特点是中庸。他曾赞扬孟子能调和孔子、墨子、杨子的思想，提出了仁义之说。钱基博认为这就是中庸。中庸，从某种意义上说，就是中道。中道是最佳选择，不是无原则的调和。表面上看，中庸有妥协的一面，其实是一种智慧，是一种生活法则，是生存的本领与手段。"圣人所为，适可而止，无不从容中道。虽然，此实表现我国民之中庸妥协性也。无论对个人，对社会，对自然界，最能为巧妙的顺应，务使本身与环境相妥协。而其妥协，且比较的常为合理的，此中国人一种特别天才也。其作事似嫌不彻底，而其巧妙之点，则在万事不走极端而常范以中庸。"(第 155 页)

围绕中庸思想，钱基博把中国文化与西方文化进行了一番比较。他说："西洋人极不易妥协，万事皆确执，而感情常走极端。故一民族以小小言语风习之同异，决不肯舍己从人，纤芥之不自由，宁牺牲一切以争之。宗教上之信仰，更丝毫不肯迁就。有反于其良心者，则尽其力之所及以排挤之。而我国民则以不肯为极端的确执，因个人之道德，最尚者'居易俟民'；政治之格言，最贵者'礼让为国'。"(第 155 页)钱基博虽然没有出过国，但他注意到西方人的偏执，提出了独到的见解。

钱基博曾经提出：《中庸》为中华民族之领袖伦理学，领袖就是君子，君子应当"尊德性而问学"。①

(五)《孟子》的语法与句式

钱基博在学校教授经典的同时，特别重视写作，对《孟子》一书的句式也作了解读。试举一例：

> 孟子曰："矢人岂不仁于函人哉？矢人惟恐不伤人，函人惟恐伤人。巫匠亦然。故术不可不慎也。孔子曰：'里仁为美。择不处仁，焉得智？'夫仁，天之尊爵也，人之安宅也。莫之御而不仁，是不知也。(钱注：势稍缓。)不仁不智，(钱注：峻承。)无礼无义，人役也。人役而耻为役，犹弓人而耻为弓，矢人而耻为矢也。(钱注：势稍缓。)如耻之，(钱注：峻承。)莫如为仁。仁者如射，射者正己而后发；发而不中，不怨胜己者，反求诸己而已矣。"(钱

---

① 详见钱基博《精忠柏石室教育文选》，华中师范大学出版社 2014 年版，第 384 页。

注：硬截。)

对以上这段文字，钱基博以分层的方式进行了考述：

> 此章仅二十六句而有十一层，实说喻说，正说反说，错综不羁。第一层，喝一句云："矢人岂不仁于函人哉？"他人要说世无不仁之人，想不到矢人函人，纵想到矢人函人也，不能如此下笔陡然。第二层，"矢人惟恐不伤人，函人惟恐伤人"，只两句分疏明白，何等简洁！第三层，"巫匠亦然"，使上文无单尧，下文无径遂之病，全赖此句。然更不用分疏，上是伸笔，此是缩笔，缩笔在文中愈简愈妙。第四层，"故术不可不慎也"。轻轻唤醒，略作一收，言尽而意不尽。第五层，引证孔子云云，正入仁字，然只说择里，不露正意，殊飘忽有致。第六层，提仁字实讲，然"尊爵安宅"，俱喻言点缀，了无色相。第七层，"莫之御"云云，连销"不仁不智"，殊见笔力。第八层，兼承"不仁不智"，带举"无礼无义"，至目之为人役，几于毒呵痛斥，然语势撇截，笔无停留。第九层，忙接"人役而耻为役，犹弓人而耻为弓，矢人而耻为矢"，忽与章首"矢人函人"映射，似此飞翔之势，回合之情，真仙笔也。第十层，"如耻之，莫如为仁"，振起文势，跃出正音，截然挺然。第十一层，"仁者如射"云云，以反求诸己实阐为仁要旨，收束全局，有千钧力。而其妙处在仍将射字助色，倒照弓人矢人，又照到矢人函人，真真临去秋波。总而论之，本说仁，先说不仁。又说不智，说无礼无义，错错纷纷，忽矢人函人，忽巫匠，忽择里，忽单提仁字，忽单说仁智礼义，忽人役，忽弓人矢人，忽将仁智礼义四字，变出一个耻字。临了又将仁、智、礼、义、耻五字归并一个己字，不反己，总是不仁、不智、无礼、无义、无耻，总是人役，脑后一槌，死人惊起。而通体只就射上一路话头借影，若有意，若无意，离合俱化，全以神行，老苏所谓"活泼变幻，不可端倪"者也，然

而端倪正未尝不可寻。此文首言术不可不慎，术承上矢、函、巫、匠，则指艺术而言。艺术，人之所习也；习于争战，则糜烂其民，如矢人之不仁矣。所以习于争战者，以欲胜人也，故终以射为喻而戒其不怨胜己也，不特诸侯之习争战也。推之士、庶人，惟知利己损人，则时以忮害为心，以争胜于人。此不能胜，必多方乞助于他人，役于彼以求伸于此，心日益刻，气日益卑，其始不能以仁存心而已。苟始以正己，继以反求，本无倾轧之心，则亦无事屈身之辱，智莫大于是矣！（第138～139页）

此外，钱基博在其他书中也多次谈到孟子，我们可以结合起来参考。钱基博认为孟子不是单纯地传承了孔子之学，而是广泛接纳了众家之长，自成其说，其中受到纵横家的影响最深。他说："孟子之学出于孔子而发以纵横家言。战国策士，纵横抵巇，以谬悠之说，荒唐之言，无端涯之辞，虽儒者之纯实，道家之清净，吐辞为经，犹不能出纵横策士之囿焉，则甚矣习俗之移人也。"① 确实，孟子的文章、与人交谈及处事，有一股强劲的样子，与纵横家相近，即使把孟子列为纵横家之属，也是有道理的。

四、对《周易》的研究

《周易》是儒家与道家共同推崇的经典，也是经学之中最核心的经典。不通《周易》者，不可能治经学。由易学而旁通经学，这是许多经学家治学的通道。

1923年，钱基博撰《周易解题及其读法》②，提出《周易》的功能在于知未来和知会通，学者不仅要读一些通俗的史书，还应读一些像

---

① 钱基博：《读庄子南华真经卷头解题记》，原载《光华大学期刊》，此处引自《华中师范大学学报·纪念钱基博先生诞辰百周年专辑》（1987年增刊），第45页。
② 见王玉德选编《钱基博儒学论集》，四川大学出版社2010年版，此节括号的页码均出自此书。

《周易》这样专深的经书，窥其蕴奥。钱基博在《周易解题及其读法》中认为《易》不能看作是史书，因为"史以藏往，《易》以知来，史者所以记群治之事为，而《易》者所以群治演化之大例者也。《尚书》记言，《春秋》记事，分隶左右史，《周礼》殆后世《通典》《通考》之权舆，谓之史，可也。《诗》虽不名史而丽于史焉，可也。独是《易》之为书，明天之道，察民之故，帝王之言行，不屑记也；事为之制度，不备载也；要以设卦观象，开物成务，而冒天下之道，通天下之志焉；宁得以史概之乎？"（第14页）

在《周易解题及其读法》中，钱基博认定易的核心在于"变"，非明"变"，不足以尽"易"。他说："在天成象，在地成形，变化见矣。是故刚柔相摩，八卦相荡，鼓之以雷霆，润之以风雨，日月运行，一寒一暑（《系辞下》）"，此天地自然之变。《周易》实际上是讲述天人变化的哲学经典，钱基博注意到"天地变化，圣人效之"（《系辞上》），"以见天下之赜而拟诸其形容，象其物宜，是故谓之象……以见天下之动，而观其会通，以行其典礼，系辞焉以断其吉凶，是故谓之爻。言天下之至赜而不可恶也；言天下之至动而不可乱也"（《系辞上》），"以明于天之道而察于民之故"，"极天下之赜者存乎卦；鼓天下之动者存乎辞"（《系辞上》），"爻也者，效天下之动者也"（《系辞下》），此为人事之变。（第15～16页）

对于《周易》名称，钱基博认为：孔颖达将"周"释为因八卦为周文王所画而得名则不妥。按照天地自然人事变化规律，"周"应指"周而复始"。他指出："'易'者，所以明世道穷变通久之必然；而系以'周'者，所以明世变剥复循环之有常；象昼夜四时之周而复始。即周而复始地变化无穷。义取相资，宁以代名。"（第16页）八卦、六十四爻，都是变的象、形的变化，与天地阴阳四时昼夜无不是周而复始地变。

钱基博认为，读《易》必祛四蔽、障一明。四蔽即一为用阴阳占验河图洛书解《易》，前者意在阴阳灾变，务穷造化，而《易》重在推天道以明人事；二为用老子阐《易》，老子知常守静，《易》道观变见动，老子阐旨重玄以明天道，《易》道借阴阳象以察民故；三为以禅参《易》，禅多言虚玄浮诞的心性，而《易》的象数皆为垂范行为准则；四为以进化论《易》，西方的进化论认为群治有进而无退，《周易》主张天道循环往复。任何一种孤立地释《易》，都有失偏颇，故要障一明，要融会贯通地读易、理解易。（第37页）钱基博发现的读《易》四蔽，是一个普遍的问题，许多人之所以读《周易》半途而废，或进去了出不来，或走火入魔，皆因有蔽缠身，不可不警惕。

历来关于《易经》的著作争议最多的是王弼《易注》，因王弼的《易注》掺入老庄思想，祖尚虚无，而时遭人们的非议，甚至有人斥为其罪"深于桀纣"（《晋书·范宁传》）。然而，钱基博没有否定王弼注《易》的贡献，而是作了充分的肯定：王弼能够自标新学。《易经》在先秦本为卜筮之书，至汉有施、孟、梁丘、京氏各以家法教授，其中以京氏（名房）主术数，喜推衍灾数，迎合时好，其末派流于谶纬。"王弼乘其积弊而攻之，遂能排击汉儒，自标新学。然阐明义理，使《易》不杂于术数者，弼实不为无功。""王弼生当正始，辞才逸辩，老学实为宗师，而明《易》亦造玄论，风流所仰，学者宗焉！"（第24~25页）

钱基博在《老子道德经解题及读法》比较了《老子》与《周易》。①他说：观于老子著书，好以阴性为喻。如云"万物之母"，云"玄牝"，云"为雌""守雌"，与《周易》之扶阳抑阴者不同，疑出《易归藏》义也。钱基博提出《老子》的思想可能与《易归藏》有某种关系。他论证说：

《归藏易》以纯坤为首，坤为地，故万物莫不归而藏于其中。黄帝之《易》为《归藏》，以纯坤为首，与老子"为雌""守雌"之指合。

老子曰："天门开，阖能为雌乎？"而《易·乾坤凿度》称"乾为天门"，则是"天门"者"乾"；"辟户谓之乾"，故曰"天门开"。

老子之道出《归藏》，贵于阖能为雌；故以此致问，盖惟"雌"，虚

---

① 钱基博：《子部论稿》，华中师范大学出版社2014年版，第358~359页。

而能受。惟"雌",伏而无为。故曰:"致虚极;守静笃;万物并作,吾以观复。夫物芸芸,各归其根,归根曰静,是谓复命。复命曰常,知常曰明。"此老之与《易》所为不可相提并论也。

夫《易》观变,老知常。《易》见天下之动,故首乾。老守归根之静,故为雌。而魏、晋士大夫之好谭玄者,乃以老与《易》联称,并庄子为"三玄",宁必为知其类也乎!

钱基博在《孟子约纂》也谈到《周易》,说:

> 《系辞传》云:"黄帝、尧、舜氏作,通其变,使民不倦,神而化之,使民宜之。"又云:"易穷则变,变则通,通则久,黄帝、尧、舜垂衣裳而天下治。"盖尧、舜以变通神化治天下,不执一而执两端,用中于民,实为万世治天下之法。故孔子删《书》,首唐虞而赞《易》,特以通变神化详著于尧舜;孟子之称尧、舜,正称其变通神化也。①

钱基博在《经学通志》的《周易志》中,对近人严复在翻译赫胥黎《天演论》的序文内能据《易》理以阐欧学,大为赞赏。

钱基博在《经学通志》对海宁人杭辛斋的易学研究亦有较高评价。杭辛斋(1869—1924),名慎修,精于《易》学,著作甚多,其平日持论以为:"《易》如大明镜,无论以何物映之,莫不适如其本来之象。如君主立宪,义取亲民,为《同人》象。民主立宪,主权在民,为《大有》象。社会政治无君民上下之分,为《随》象。乃至日光七色,见象于白《贲》;微生虫变化物质,见象于《蛊》。又如《系辞》言'坤,其静也翕,其动也辟';而所谓'辟'者,即物理学之所谓离心力也;翕者,即物理学所谓向心力也。凡物之运动,能循其常轨而不息者,皆赖此离心向心二力之作用。地球之绕日,即此作用之公例也。凡近世所矜

---

① 钱基博:《子部论稿》,华中师范大学出版社2014年版,第121页。

为创获者,而《易》皆备其象。"① 杭辛斋的治《易》方法,实为现代所说的"科学易"。钱基博敏锐地注意到杭辛斋的治《易》方法是"异军突起,足为《易》学辟一新途者焉!"②

钱基博认为《周易》的思想可以用于写作。他在《作史三要》说:"吾之作中国文学史也,大抵义折衷于《周易》,文裁例于班马。《易·系辞传》曰:'圣人有以见天下之动而观其会通。'又曰:'易有圣人之道:以动者尚其变,通其变,遂成天地之文。'此吾文学之所为取义也。"③

抗日战争时期,钱基博经常读《周易》,并用易学思想作为勉励。他说:"余读《周易》,以谓孔子曰'作《易》者其有忧患乎?'每当兵火流离之际,未尝不拈《易》义以为说教……易者,变易之义。周者,周转之谓。圣人有以见天下之赜,而观其会通。无平不陂,有往斯复,如天行之寒暑往来。日月代谢,周行不殆,终而复始,因著为书,名曰《周易》。剥复否泰,人事乘除。当生民康乐之日,圣人必出之以儆戒……安不忘危,吾人不可忘忧患,虽在太平康乐之世,患生不测,何可不戒慎……剥必有复,吾人不怕忧患,虽在困苦艰难之时,理无终凶。"④ 钱基博甚至用易学中的方位鼓舞士气,他曾经到某大学某学院作演说,说到国民政府退居西南,而《周易》有"西南得朋,东北丧朋"之语,蹇利西南,相信中华民族必有反击日寇取胜之日。听演讲的师生,莫不鼓掌。⑤

钱基博把《周易》作为中华民族之忧患伦理学,"当生民康乐之日,圣人必出之以儆戒,谓世无长泰,毋淫侈,毋佚乐,持盈保泰,何能保无终否之时!及国家丧乱之世,圣人则出之以振厉,谓道不终剥,毋灰

---

① 钱基博:《经学通志》,曹毓英选编:《钱基博学术论著选》,华中师范大学出版社1997年版,第186~187页。
② 同上书,第187页。
③ 钱基博:《后东塾读书杂志》,华中师范大学出版社2014年版,第158页。
④ 同上书,第310页。
⑤ 同上书,第312~313页。

心,毋短气,立懦廉顽,孰则阻其复兴之机!这是《周易》六十四卦彻始彻终的一部大义如此"①。

五、对《礼记》的研究

礼学是经学中的一大门类,儒家的"三礼"文化体系集中体现在《周礼》《仪礼》《礼记》之中,钱基博十分重视这份宝贵的思想遗产。

如何读《礼记》?钱基博说应选择性地读:"《礼记》四十九篇,其中不可不读者,只《曲礼》《檀弓》《王制》《礼运》《内则》《学记》《乐记》《孔子闲居》《中庸》《问丧》《三年问》《大学》《昏义》《乡饮酒义》《射义》十五篇而已。"②

钱基博在《读礼运卷头解题记》一义中指出礼的重要性:"坏国丧家亡人,必先去其礼。"③ 青年人要想取明经义,必先证经文之简牍,欲正章句,常辨错简,错简既定,章句用可得而定,然后义理可明,才能找出新思想的起点。所以青年人只有明《礼运》之意蕴,才能体察《礼运》的"大同"与康有为的"大同"的关系,进而改造社会,造福人类。

对《礼记》中的丧礼文化,钱基博作过一番考述。例如,丁梓仁纂《丧礼集要》,集录相关文献,"委屈纤悉,从俗从宜,以补古经所未备",目的是"执古之道以御今,有蕲于通经而致之用也"。然而,有人指责他"张皇其辞,以为非天子不议礼,而有位无德亦不敢作"。针对丁梓仁"僭圣之嫌",钱基博为《丧礼集要》作了一篇简短的《序》,为丁梓仁鸣不平,提出了独到的观点:"议礼与制礼异,制礼作乐,非有德有位之圣人不足以立大经大法,而议礼则吾儒通经服古者之所宜以

---

① 钱基博:《精忠柏石室教育文选》,华中师范大学出版社 2014 年版,第 387 页。
② 钱基博:《某社存古小学教学意见书》,《国学必读》,华中师范大学出版社 2012 年版,第 401 页。
③ 钱基博:《读礼运卷头解题记》,《华中师范大学学报·纪念钱基博先生诞辰百周年专辑》(1987 年增刊)。

自尽。"钱基博的理由是古代的书籍中就有文人议礼的情况。钱基博说："吾读《小戴礼·檀弓》及《曾子问》，乃知古人于礼服讲之悉而辩之明，如此则又何嫌于丁君也。昔荀子撰《礼论》，以为三年之丧，称情而立文，而《小戴礼·问丧》一篇，纤屑委备，而卒之曰：'孝子之志，人情之实，非从天降，非从地出。'孔子答宰我问短丧，曰：'汝安则为。'然则大圣人之所以议礼而服丧者，要本人情之不容已，而为之立中制节，义尽宏大，事关性情，心同理同，放之四海更何事！张皇其辞，而以丁君为重难也。"①

综上可见，经学是国学中纲领性的学问，极具思想性。钱基博以儒家经典为重点，逐本阐述，形成了较为完整的经学思想体系，从而在经学中占有一席之地，为后世的经学提供了新的基础。至今，经学仍在中国文化构建中产生着作用。我们相信钱基博的经学成果亦有其借鉴价值。

---

① 原刊于丁梓仁《丧礼集要》，1933年出版。

第五章　钱基博的史学

史学是学问中重要的学问。马克思在《德意志意识形态》中说过："我们仅仅知道一门唯一的科学，即历史科学。历史可以从两个方面来考察，可以把它分为自然史和人类史。"①

20世纪以来，我国涌现出许多史学大师，如章太炎、梁启超、胡适、罗振玉、王国维、傅斯年、董作宾、钱玄同、钱穆、陈寅恪、孟森、唐长孺、荣孟源、张舜徽、谢国桢、仓毓黻、姜亮夫、柴德赓、胡厚宣等。钱基博在史学上也有许多著述，本章介绍钱基博的史学论著、史学观点以及他对重要历史的基本看法。

第一节　史学论著

《四库全书》的史部分为"正史类""编年类""纪事本末类""别史类""杂史类""诏令奏议类""传记类""史钞类""载记类""时令类""地理类""职官类""政书类""目录类""史评类""汇编类"，重要书目有《史记》《汉书》《后汉书》《三国志》《资治通鉴》《战国策》《宋元明史纪事本末》等。

在钱基博的家乡——吴地，史学研究一直很发达。清代钱大昕著《二十二史考异》，全书100卷，经30个寒暑，至70岁时才告成，对历代正史进行校勘、考释与训诂。清人称他"学究天人，博综群籍"。王鸣盛著《十七史商榷》，赵翼著《廿二史札记》，亦是经典。钱基博对家乡的这些史学大家非常崇敬，先贤的事迹深深地影响了钱基博。

---

① 《马克思恩格斯选集》第1卷，人民出版社2012年版，第66页。

钱基博撰写了不少史学论著。《读太史公谈论六家要指考论》撰于1926年，刊于《清华周刊》第25卷第10期；《文史通义解题及其读法》撰于1933年，由中山书局出版；《史记之分析与综合》撰于1935年，刊于《光华大学半月刊》第4卷第3期。他推崇刘知几的《史通》与章学诚的《文史通义》；倡导学习章学诚的《校雠通义》，撰有《文史通义解题及其读法》，亦主张六经皆史，学以致用。

钱基博在年轻时，写过几篇与王国维商榷的史学论文，如《史籀为周宣王太史辩》，其中对王国维提出的"太史籀书犹云大史读书"一句提出不同意见，认定"古人著书，以作者姓名爵谥题目，此亦古代著书之通例"[①]。在《汉太史令不掌记事辨证》中，钱基博说："余读海宁王静安《观堂集林》中有《太史公行年考》，采摭极博，惟引司马彪《续汉书·百官志》，谓'汉太令之职，掌天时星历，不掌记事'，则卫宏序事如古《春秋》之说，亦属不根。"钱基博认为，太史令掌藏书，而历代史记隶太史之所藏也；太史令掌记事，而天时星历为旁逮也；"然则谓太史令之职，掌天时星历，不掌记事，可谓知二五而不知一十者也。"[②] 其他诸如《战国时秦用籀文六国用古文辩》《书王国维史记所谓古文说后》《书王国维说文所谓古文说后》等文，都反映了钱基博不畏权威的气魄与独到的见识。

钱基博认为文史不能分家，文学之学术必须以史观为根基。钱基博治史的原则是："不苟同于时贤，亦无矜其立异；树义必衷诸古，取材务考其信。"[③] 他认为历史除了忠实记载之外，还须详人之所略，异人之所同，重人之所轻，而忽人之所谨，不拘泥既定历史标准、体例，而后方能独断于心。

[①] 钱基博：《后东塾读书杂志》，华中师范大学出版社2014年版，第17页。
[②] 同上书，第189~190页。
[③] 钱基博：《中国文学史》（上册），华中师范大学出版社2011年版，第11页。

一、对《史记》的研究

西汉时，司马迁撰写了中国第一部纪传体通史《史记》。《史记》记述了从五帝时代到汉武帝太初年间的三千年历史，全书分为十二本纪、十表、八书、三十世家、七十列传，共130篇，52万余字。本纪记述帝王与军国大事；世家记诸侯、开国功臣、特殊人物；列传记将相功臣、社会各阶层代表人物；表，谱列年爵、事件及人物；书（后世称志）记载重要的典章制度沿革。

钱基博在《中国文学史》的第二章第四节写了司马迁的事迹，赞赏司马迁的人生经历，说"司马迁生龙门，耕牧河山之阳，年十岁，则诵古文，二十而南游江淮，上会稽，探禹穴，窥九疑，浮于沅湘，北涉汶泗，讲业齐鲁之都，观孔子之遗风，乡射邹峄"①。这样的经历，对于司马迁成为一代史学宗师是极为有益的。钱基博对《史记》作了一番评论，"笔力真如走蛟龙，挟风雨，而且峭句险字，往往不乏"，"其意则楚《骚》之情兼雅怨，其体则《史记》之事该本末，而其文则《国策》之辞极纵横，跌宕昭彰，独超众类"。②

钱基博主张认真阅读《史记》，对如何阅读《史记》提出了看法。他认为《史记》的体例有其长，亦有其短。纪传体记载历史时，同为一事分在数篇，断续相离，前后屡出。钱基博建议"以《史通》《史记》并读，非特正例可明，且变例得晓矣。熟读深思，详为剖析，心知其意，严以考据，马迁作史之意，由是而得焉"，此"就研究义例读"也。

关于《史记》风格的源头，钱基博在《史记之分析与综合》有论述，他说："《史记》文章，郁勃之情，得之《离骚》；雄肆之笔，本于《国策》；借古人之事实，打自我之块垒。沉郁顿挫，略同《离骚》。而讽议时政，则本《小雅》。所谓史书之体，而诗骚之文也。"③

---

① 钱基博：《中国文学史》（上册），华中师范大学出版社2011年版，第78页。
② 同上书，第81~82页。
③ 钱基博：《后东塾读书杂志》，华中师范大学出版社2014年版，第89页。

钱基博认为阅读《史记》，首先要明确读书的目标，如果想了解中国文化的渊源，可以读《史记》的某些篇卷，如"《五帝三王本纪》《鲁周公世家》《孔子世家》《七十二弟子列传》《孟荀列传》《儒林列传》《老庄申韩列传》《孙吴列传》，由是而《礼书》《乐书》以及史公《自序》，逐篇抽绎，顺序而读，斯于中国文化之渊源，可得一鸟瞰矣"。

钱基博主张在比较中读《史记》。《史记》叙史，"或事叙在此，而意见于彼"，所以应"两两比读"，"于合缝中见旨，于两篇内比意"。此"研究文学读"也。"所谓比合者，于合缝中见旨，于两篇内比意，若只篇单读，骤不易领会。如《项羽本纪》可与《高祖本纪》对读，推之《平原君传》与《信陵君传》，《淮阴侯传》与《萧何张良传》，《李广传》与《卫霍传》，《酷吏传》与《游侠传》，两两对比，或事叙在此，而义见于彼，此非比合不易知也。"①

钱基博把《史记》与《汉书》一起读，在阅读中进行比较。他在《记汉书后》中说："班马相衡，亦多乖违。马史述黄帝已来，至太初而讫，贯百王之统，成一家之言，通历代而纂记非断朝以为限。如《汉书》者，究西京之首末，穷刘氏之废兴，包举一代，撰成一书。迁喜叙事，至于经术之文，干济之策，在所阙略，多不收录；固则罕人事之损益，究王迹之始终，衡政持论，苟关国故，选言尔雅，有裨学问，倘可网采，罔不裁篇；同传一人，特多经纶，询事考言，尤资参证，如《贾谊传》之载《治安策》，《晁错传》之《教太子疏》，如此之类，皆谟资经国。《史记》有'太史公曰'，皆史外之事，别加他语，以补书中佚文。班书以下，有括终始事迹，以明褒贬而为赞论者。"②《史记》是通史，《汉书》是断代史，班固在编纂《汉书》载录了许多资政的文献，受到钱基博的赞赏。

钱基博曾经把《史记》与《左传》进行比较，说："《太史公书》与

---

① 钱基博：《后东塾读书杂志》，华中师范大学出版社2014年版，第88页。
② 同上书，第14~15页。

《左传》一揆。左氏先经以始事,后经以终义,依经以辩理,错经以合异;而太史公善叙事理,或由本以之末,或操末以续颠,或繁条而约言,或一传而数事,夹叙夹议,于左氏法已不移而具。"①《左传》虽然是儒家经典,被列为"经部",但其实是编年体史书,《史记》受其影响,故钱基博有此一比。《左传》重视经与义,而《史记》重视本与末,司马迁对《左传》义旨有了新的拓展。

钱基博在《史记之分析与综合》,认为《史记》革编年而为纪传,成为二十四史的鼻祖。除了体例,《史记》在文章的写作上也有独到之处,从《三国志》到《明史》都受到《史记》的影响,特色是"辞体解散,于疏纵中见雄快"。而《汉书》"体裁绮密,于偶整中见凝练",对《后汉书》《晋书》等正史有深远影响。钱基博认为,《史记》与《汉书》之所以在文章上有这样的差别,是因为司马迁与班固学术传承上有所不同,"班氏之文,衍《尚书》《左氏》,寓寄于奇;而史公则出《国策》,化堆砌为烟云,变整密为疏荡者也"②。

钱基博还把《三国志》与《史记》比较,认为"《史记》于雄肆处运气,班、范于整密处植骨,而《三国志》则于疏朗处见俊也。《史》《汉》笔多用力,间有板重之习,而《三国志》随意写去,不衫不履,时多俊逸之句"③。

钱基博还主张把《史记》与《史通》结合起来读。他在《史记之分析与综合》说:"余尝谓《昭明文选》须与刘勰《文心雕龙》同读,而《史记》亦须与刘知几《史通》同读,庶几例有实证,义不空发。"刘知几在《六家》《二体》中对史体有严格的论述,并对《史记》提出了一些异议。钱基博概括说:"刘氏于《史记》义例,颇致不满,如刘氏以本纪为编年之体例,而《史记》本纪,则非限于编年,有本纪之名,而

---

① 钱基博:《中国文学史》(上册),华中师范大学出版社2011年版,第83页。
② 钱基博:《后东塾读书杂志》,华中师范大学出版社2014年版,第86~87页。
③ 同上书,第89页。

具列传,之实者,如《项羽本纪》是也。又刘氏以为世家宜以国家世次序述,而《史记》列传,又不尽然,则有如《陈涉世家》之无世可次者,又属变例焉。"钱基博认为:"若能以《史通》《史记》并读,非特正例可明,且变例得晓矣,熟读深思,详为剖析,心知其意,严以考核,马迁作史之意,由是而得焉。"① 司马迁在编纂史书方面,不循旧轨,敢于突破旧例,颇有卓识。

据钱基博早年的学生吴忠匡的读书笔记,钱基博曾在1938年给他与高君昌讲过《史记》课,钱基博逐篇讲解《史记》,说《项羽》《高祖本纪》写高祖多涉神怪,"言下见得高祖并无功德,所以得天下,不过命当贵,得天独厚耳"。班氏《汉书·高帝纪》与《项籍传》事迹文字,多刊《史记》之文而添减其助词。《史记》俊迈恢奇;《汉书》秩然严肃。《史记》义必相辅,气不孤伸,感慨愤发,多弦外之音;《汉书》正面叙述,忠实报道,后代史家之例,皆由此出。就文论,推《史记》;就史论,首《汉书》。诸表序,文见于此,起义在彼,跌宕昭彰,文词轶荡有奇气,其中以《六国表》《秦际之际月表》为最。司马迁之文所以卓绝千古、自成一家者,徒以叙事之中有唱叹而已。一推其原,盖本于《诗三百》,所谓"言之不能尽,而发于咨嗟咏叹之余"者是也。《国风》而后,屈原得之;《楚辞》而后,太史公得之。香草美人,灵均借以抒发幽愤;《刺客》《滑稽》,史迁假以发牢骚。《太史公》三百篇,其文则史记,其情则《诗》《骚》。故有唱叹;因有唱叹,故有不尽之意;因不尽之意,故有神韵。② 据此可知,钱基博是非常重视《史记》的,对《史记》风格的源头追到《诗经》,赞赏《史记》的思想性。他主张采用比较的方法阅读《史记》,在比较中发现《史记》的特点。

---

① 钱基博:《后东塾读书杂志》,华中师范大学出版社2014年版,第88页。
② 同上书,第128~131页。

二、对《文史通义》的研究

《文史通义》是清代著名学者章学诚撰写的一部史学理论著作。钱基博在1933年撰《文史通义解题及其读法》,当年由中山书局出版。钱基博在此书中说:"作者以实试于大学讲筵,稿亦再三写定,一以辟斯文之阃奥,一以通国学之津梁。是书于章氏生平著作,提玄钩要;于章氏生平事实及其时代环境,叙述尤详。读此一书,胜读千百书矣。"

钱基博开篇就说:"中国之书,总以四部,四部之学,经史为大。特是经名学而史不闻,史有书而学罕述。"[①] 由这段话可知,钱基博认为历史上对史部之学的重视不够,远不如对经学的重视。

在《文史通义解题及其读法》中,钱基博写了《论世》一节,叙述了章氏的学源,记载了顾炎武、江永、戴震、惠栋、余萧客、孔广森、段玉裁、王念孙、俞樾、孙诒让、章太炎等大师的学术传承。在众多的硕儒之中,钱基博高度评价了章学诚,说:"章学诚生当举世溺于训诂、音韵、名物、度数之时,谓君子学以持世,不宜以风气为轻重。治学蕲于明道,立言必有宗旨,言道之不离于事,将以实事求是,砭宋儒之空,明经之不外于史,亦以疏通致远,救汉学之碎。理贵实证,言不离宗……常州既以索隐行怪不厌人意,桐城复以浅见寡闻诒讥儒林。独章氏疏通知远,阐扬书教,以起为浙东开山之祖。"(第199~200页)

钱基博又写了《叙传》一节,介绍了浙东史学的大家,如黄宗羲、刘宗周、万斯同、全祖望、邵晋涵等。章学诚的父亲章镳曾经研究过《史记》,对章学诚治学也有很大的影响。钱基博对章学诚的一生作了简要叙述,说章学诚"自以读书当得大意,方年少气锐,专务涉猎,四部九流,泛览不见涯矣。好立议论,高而不切,攻排训诂,驰骛空虚"。章学诚在20岁时就与戴震讨论学问,敢发己见。23岁到京城应试,累

---

① 钱基博:《后东塾读书杂志》,华中师范大学出版社2014年版,第196页。本小节原文后的括号页码,均出自此书。

举不得意。31 岁时,中顺天乡试副榜,稍有名声。章学诚虽然自负,但他很推崇邵晋涵的《思复堂文集》,而邵晋涵自谦,不敢领情。章学诚对历史上的许多学者有批评,说"郑樵有史识而未有史学,曾巩具史学而不具史法,刘知几得史法而不得史意"(第 206 页)。正因为发现先哲有如此多的问题,章学诚于是撰写了《文史通义》。《文史通义》上探班固、刘向,溯源官礼;下贬《雕龙》《史通》,甄别名实。钱基博提出:"学诚之学,可谓集浙东学术之成者焉。其好学深思,于史学盖有天授。"(第 201 页)

钱基博在《叙传》肯定了章学诚在方志学的成就,说:"初,学诚随父镳客湖北天门;适改修县志,请镳主其事,为撰《修志十议》;时在乾隆二十九年甲申,学诚之二十七岁也。其后二十六年间,历修成和州、永清、亳州诸州县志……盖学诚方志之学,于是为大成也。"(第 207 页)

钱基博认为历史应该为忠实之客观的记载,他赞同章学诚所言:"史之大原,本乎《春秋》。《春秋》之义,照乎笔削。笔削之义,不仅事具始末,文成规矩;以夫子'义则窃取'之旨观之,固将纲纪天人,推明大道;所以通古今之变,而成一家之言者,必有详人之所略,异人之所同,重人之所轻,而忽人之所谨,绳墨之所不可得而拘,类例之所不可得而泥,而后微茫杪忽之际,有以独断于一心;及其书之成也,自然可以参天地而质鬼神,契前修而俟后圣。此家学之所以可贵也。"(第 208 页)

钱基博认为,"史之明家,断自二家:唐有刘知几,近推章学诚。刘知几作《史通》;章学诚撰《文史通义》;千载相望,骈称绝作!然而有不同者:刘知几别出经生而自成史家。章学诚综赅经学而贯以史例。刘氏之业专,而章氏之学大!其不同者一也。刘知几著书言史法,章学诚发凡籀史意。刘氏之裁断有法,而章氏之议论入微!其不同者二也。刘知几议馆局纂修之制。章学诚明一家著述之法。刘氏之论备,而章氏之道尊！其不同者三也……明乎章氏之不同于刘氏，而后可读章氏之书！"（第196页）钱基博把刘知几与章学诚进行比较，概括了两人的特点，这对于学者阅读刘与章的著作是很有帮助的。

钱基博还撰有《解题》一节，指出：《文史通义》何谓也？曰：章氏著书以明"文史通"之义云尔。达于大道，故曰通也。章学诚"推见一切文之通于史，而著书阐明其义焉尔，故题目之曰《文史通义》也"。章学诚认为："盈天地间，凡涉著作之林，皆是史学。"（第214页）

钱基博还撰有《读法》一节，指出："记诵者，启悟之所资也；析篇者，将以启记诵之途径，深学问之堂奥。然析篇之事，先以辨本者；盖善本不得，则记诵末由。"于是，钱基博对《文史通义》的版本作了介绍，有大梁本、黔刻本、粤雅堂刻本、浙刻本等，认为其中浙刻本最佳。《文史通义》的篇名可以分为通论、穷经、核史、衡文、校雠，类别即明，内容就很清楚了。接着，钱基博查了许多书籍，写了《异议》。在《异议》中，钱基博指出，章氏之学，学术界见仁见智，虽有好评，亦有批评。湘潭王闿运批评《文史通义》："别立文征一门，未为史法，其词亦过辩求胜。"会稽李慈铭批评章氏："自信太过，喜用我法。"章炳麟说《通义》："误学者不少。"张尔田说："六经之出于史，而非六经之即皆史。"针对这些批评，钱基博一一点评。钱基博最后说："博端诵章书，发蒙髫年，迄今四十，玩索不尽。"（第223~231页）由此可知，钱基博从幼年到不惑，从未间断读《文史通义》，从中受到许多启示，深受其益。

三、对史家的看法

笔者读钱基博的《中国文学史》[①]，注意到这虽然是讲文学的著作，但其中是依据时间，按历史人物陈述内容，谈到了古代的一些史学家。

---

① 钱基博：《中国文学史》（上册），华中师范大学出版社2011年版。本小节原文后的括号页码均出自此书。

于是，笔者摘出若干材料，供读者分享。

谈到先秦时期的左丘明，钱基博说：自从孔子整理《春秋》，孔子的弟子们随意解读，而"鲁君子左丘明惧弟子人人异端，各安其意，失其真，故论本事而作传，明夫子不以空言说经也"（第26页）。于是，左丘明就撰写了《左传》，接着又写了《国语》。"左丘明既为《春秋内传》，又稽其逸文，纂其别说。分周、鲁、齐、晋、郑、楚、吴、越八国事，起自周穆王，终于鲁悼公。别为《春秋外传》，即《国语》，合为二十一篇。其事以方内传，或重出而小异。而其体则《左传》以经编年，《国语》以国分部，体制不同。《国语》以国为分，盖本《诗》之十五《国风》；然《国风》为有韵之诗，而《国语》则无韵之文也。"（第28～29页）这段话道出了左丘明作为史家的责任心，可见钱基博对左丘明撰写《左传》与《国语》给予了肯定。

谈到东汉的班彪与班固，钱基博说："彪既才高而好述作，遂专心史籍之间。武帝时，司马迁著《史记》，自太初以后，阙而不录。后好事者，颇为缀集时事，然多鄙俗，不足以踵继其书。彪乃继采前史遗事，傍贯异闻……论者以为得实。固承其学，遂博贯载籍。父彪卒，固居乡里，而以彪所续前史未详，乃潜精研思，欲就其业……勒成一史，目为《汉书》，盖仿《虞书》《夏书》《商书》《周书》之名。其文体异于《尚书》，全仿司马迁例也，但不为世家，改书曰志而已。惟迁文直而气肆，固辞赡而裁密；迁寄微情妙旨于文辞蹊径之外，而固则情旨尽露于文辞蹊径之中。"（第93页）这段话，把班固治史的缘由，班固与司马迁的区别说得很清楚了。班彪之子班固奉诏完成其父未尽之业，用20年时间修成《汉书》。《汉书》是我国第一部纪传体断代史，以纪传体形式编写断代史，这是班固的创新。全书有十二纪、八表、十志、七十列传，内容涉及西汉两百多年历史。《汉书》十志比《史记》的八书详备，新创了《刑法》《五行》《地理》《艺文》四志。

谈到晋代的谯周、陈寿，钱基博说："陈寿，字承祚；少师事周，为文章，不如周之典丽，而闲畅过之。盖周有扬子云之遗规，而未得其瑰奇；而寿则太史公之别子，而变之以简隽者也……其文章不事雕饰而波澜老成，一出一入，高简有法；撰魏、蜀、吴《三国志》凡六十五篇。时人称其善叙事，有良史之才；于司马迁、班固以外，自成一格。盖史公短长相生，而出以雄肆；《汉书》奇偶错综，而求为雅练；寿志三国，雄肆不如史公，雅练亦逊班固；而不矜才气，自然温润，平流跃波，曲折都到焉。马迁意态雄杰，寿则体态闲暇，此其较也。"（第123~124页）这段话，把陈寿的学术渊源，陈寿与司马迁的异同作了归纳。陈寿撰《三国志》，记述三国历史，裴松之为此书作注。

谈到宋代的欧阳修，钱基博称赞他开宋代文风，不仅文章写得好，而且对历史也很有研究。"生平于物无所嗜，独好收蓄古文图书，集三代以来金石铭刻而为之考题，成《集古录》一千卷，以校正史传百家之讹谬。"（第416页）

在《中国文学史》，钱基博还谈论了范晔、刘知几、洪迈等史学家，不乏独见。唐刘知几提出史家必须具备三个条件：才、学、识。清章学诚提出史家必须具备四个条件，史才、史学、史识、史德。这些史观，都是钱基博非常欣赏的。

关于明清历史，钱基博修撰的《明鉴》《清鉴》先后由台北启明书局在20世纪50年代出版，被台湾学者称为"研究国史者，不得不备之书"①。

第二节　历史教学

一、史学教学

钱基博一生都重视教学工作，对史学也不例外。

钱基博晚年在华中师院的历史系教书，他的学生崔曙庭教授专门

---

① 参见傅宏星编撰《钱基博年谱》，华中师范大学出版社2007年版，第201页。

撰写了一篇《回忆钱老给我们讲授中国古代史》,对钱基博的历史教学讲得很具体。1978年,笔者在华中师院读本科时,崔教授为笔者讲授中国历史文选课。笔者留校任教后,与崔教授是同事,经常听崔教授谈钱基博。崔教授有写日记的习惯,他根据日记所写的回忆是很有价值的。从中我们可知:1956年,华中师院已经整体搬迁到了新校区,即广埠屯的桂子山。钱基博仍然住在华中师院的老校区,即武昌县华林华中村,和他的女婿石声淮住在一起。当时,钱基博仍然愿意承担一些培养青年教师的教学任务。历史系领导考虑到钱先生年事已高,就安排他在家里给青年教师上课。崔曙庭、吴量恺、刘慧琪、邹贤俊、魏永昭、范植清六人,每周到钱基博的家里,听他讲授中国古代史。

从1956年10月到1957年6月,钱基博为青年教师讲授了一年的中国古代史课。共进行了34次的讲课,第一学期讲了19次,第二学期讲了15次。每次讲课,钱基博都做了充分的准备,备课本上写有详细的提纲和要点。

如何才能提高青年教师的史学功底?钱基博选择了《通鉴辑览》作为课本,理由有三点:一是该书有典章制度部分,学习中很需要;二是地理部分注明了清代的名称,便于学习;三是此书涉及的时间久远,从远古到明末,可以了解历史的全貌。此书是乾隆三十二年(1767)由大学士傅恒等奉敕编撰的一部编年体通史。据《四库全书提要》介绍,本书是在明代李东阳所撰的《通鉴纂要》一书的基础上,经过增删,加上明代部分而成。通过读此书,还可以提高青年人阅读古书的能力。

读书要明体例。钱基博结合《通鉴辑览》讲述了史书的三种基本体裁,他认为:纪传体史书的本纪、列传、表、志源于《尚书》,正式形成于司马迁的《史记》;编年体的史书源于《春秋》,以后有荀悦的《汉纪》,袁宏的《后汉纪》,而最著名的是北宋司马光编撰的《资治通鉴》;纪事本末体史书始于南宋袁枢。三者之中,纪传体以人为主,编年体以年月为主,纪事本末体以事为主,编写时体例各有特点,可以并行不悖。

读古书要研习句读。钱基博在教学中，通常用大量时间训练标点。在学习《通鉴辑览》时，他让青年教师在课前先标点，上课时一句一句地核对标点，什么地方该用逗号，什么地方该用分号，什么地方该用句号，什么地方该用冒号，一一交代清楚，一点也不含糊。他认为，点读古书，培养阅读能力，是每一个从事古代文史研究者的必修功课，是最基本的必备条件。

读书要从中了解历史，并有所侧重。钱基博讲述中国古史时，对各个历史阶段不是平铺直叙，而是根据各个不同时期的特点，重点讲几个问题。如夏代，讲夏禹治水，如何采取疏导的方法。疏导方法又分三个方面：一为浚，即使河床加深，使束水淘沙，或人力疏浚，以使水流通畅；二是播，即分流以减弱水势，如孟津以下，分为九河便是；三是潴，即蓄水于湖泽，这也是治水方法之一。

历史教学，不仅要读书，还要读"物"，即品评文物，以加强对历史的认识。钱基博给青年教师讲述商周历史时，带青年教师到历史系文物陈列室，观察实物的形状，讲述了各自的特点，比较其相同和不同之处，以见其时代的特点。钱基博指出，商周时是我国青铜器最为发达的时期，两代形制、花纹、种类等，有不同的特点。单就铭文来看，商器铭文简略，一般只有几个图画文字，而周器铭文则很长，最多时达到四百余字。如毛公鼎、散氏盘，就是有名的铭文最多的青铜器。从铭文的内容上，则可以分析出是私造还是官造。私造多无铭文或少铭文，有较多铭文的多是官造。至于鉴别一件器物的时代，可从三个方面来着手：一是从直接发掘可知者；二是知为某地出土，因而确定其时代；三是不知为何时何地出土，则可以对照已知文物的形制来确定其时代。但是确定一件器物的时代，是一件复杂的工作，必须从多方面分析考察，才能得出正确的判断，切忌主观武断下结论。

二、对古史的见解

钱基博在讲述中国上古历史时，多有自己的独到见解，绝少人云亦云之处。关于春秋时期的历史,钱基博认为五霸之说不确切,宋襄公算不上霸主,而南方的吴、越则曾称霸一时。秦穆公仅称霸西戎,不若郑之在中原称雄。所以在春秋时期真正称霸争长的应是齐、晋、郑、楚、吴、越六国。春秋时期有戎蛮夷狄的融合,十多个少数民族在不断的斗争中,逐渐融合到了中华民族这个大家庭中,即所谓"夷而进入中国,则中国之"。

关于战国历史,钱基博关注诸侯国合纵连横的情况,西边的秦国与山东六国的关系,就是合纵连横的问题。山东六国联合起来共同抗秦为合纵,秦国拆散六国之联合,各个击破,称为连横。他认为,纵有群众之意,横有横恣之意。《汉书·艺文志》的《诸子略》中有纵横家一类,就是记载当时的情况的。持纵横之说的游士们以言辞使各诸侯信服,从而取得卿相之位,表明知识分子在社会上的地位得到很大的提高。他特别强调知识分子在各个历史时期社会发展中的积极作用,充分反映他对自身价值的认识。

关于秦汉时代,钱基博讲过一个新的观点:秦帝兴而秦民歼,楚国亡而楚人兴。为什么说秦帝兴而秦民歼呢?从《通鉴》中的史料即可以看出这个问题。在秦国统一六国过程中,打了不少歼灭战,死伤很大。例如公元前260年,秦赵长平之战,秦将白起坑赵降卒40万,而秦发15岁以上悉诣军,虽然最终取得胜利,而秦军死者过半。秦以60万大军灭楚,其本身之损失也不在少数。到秦楚之际,项羽在新安坑秦降卒20余万,又屠咸阳。刘邦将三秦之兵又败于彭城之郊。可见在秦国统一过程中及以后的灭亡中,秦民大量死亡。而楚国虽然被灭亡了,到秦国末年,从陈胜、吴广起义,到项羽、刘邦推翻秦帝国,建立汉朝,均是以楚人为首,所以说楚国亡而楚人兴。钱基博还认为,汉朝之盛乃承周之礼教、秦之政治、楚之文艺而成。

关于汉朝的历史,钱基博也讲了一个独到的见解:汉朝承袭了楚国的文艺。钱基博谈到了四点理由:一是汉之辞赋,体制格调出自楚辞,史称汉武帝好楚辞；二是汉之歌舞多为楚舞，戚姬为刘邦楚舞，刘邦为之楚歌；三是汉隶字体同楚器，字体方肥；四是汉之工艺品多为楚之型制，如汉尚方三字母镜，型制与长沙出土之楚镜同。有此四点，足以证明汉之文艺多继承楚。

钱基博重视先秦与汉代的学术，有"书非三代两汉不读"之语。①他在20世纪50年代初给青年老师上中国古代史课，就是用了一大半时间讲先秦与汉代。②

第三节　学术史

一、地缘学术

任何学术都有区域性，或称地缘性。区域地缘文化是从特定的生态环境圈滋长的地区性文化，具有独特的文化特质、人文内聚性。中国区域的概念可以追溯到夏代，传闻《禹贡》根据自然条件把天下分为九州，有冀、兖、青、徐、扬、荆、豫、梁、雍等地名。西周初年的分封，始有鲁、晋、齐、燕、吴等区域概念。《国语》按周、鲁、齐、晋、郑、楚、吴、越八个区域叙述历史。汉代司马迁在《史记·货殖列传》按区域论列经济、文化，涉及齐、越、关中、晋、燕、楚等地，从上古一直追溯到西汉。钱基博非常重视区域地缘学术的研究，尤其是对江

---

① 钱基博：《国学历代变异的问题》，傅宏星编：《大家国学：钱基博卷》，天津人民出版社2008年版，第13页。

② 崔曙庭听了钱基博的课之后，在1956年11月8日的笔记中对钱基博有一段评述："听课之余对老先生治学及思想之体验深者：在治学上，刻苦勤劳，终生不倦。从其几十年前之日志，以及今日仍不稍荒废可知……而尤可钦佩者，则其强烈的爱国主义与民族自豪感，贯彻于各种讲话中。从证实古代文化非西来，乃中国历史之悠久，如商殷前就有史前之说……较之我们国内某些人之自卑、媚外，实相去万里，而其激情，是很使人深受其说之叹服也。研究历史，没有这种思想，也是不能有成的。"详见钱基博《潜庐经世文编》，华中师范大学出版社2016年版，第343页。

苏、湖南、湖北等地的学术均有研究。

在江苏省立第三师范学校任教期间，钱基博编写了《江苏省立第三师范学区纪念人物志》，为学生介绍本区域内近五六百年来在人文、艺术、科学等方面有杰出成就的人物的生平事迹。他希望以本地区的先贤做榜样，激发学生的历史自豪感。

钱基博对浙东学术的学术谱系予以考辨："浙东学术，始余姚黄宗羲，盖出山阴刘宗周蕺山之门，而开鄞县万斯大充宗、斯同季野兄弟经史之学；再传而得鄞县全祖望谢山，三传而得余姚邵晋涵二云，皆以史学有闻于当世；而晋涵，廷采从孙，与学诚欢好。"① 邵晋涵是清代著名史家，乾隆朝修《四库全书》时曾为正史撰写提要，史识超凡，可谓浙东史学的代表性人物。

钱基博曾经为常州学者作传，撰写了《倪瓒恽格传》。他提出，为人作传，应有原则。他有《致喆肫论史笔》一文说："记传之作有二宜焉，一曰宜有依据，二曰宜有剪裁。失所依据，是曰杜撰，不知剪裁，则为钞胥。"②

钱基博一直认为，做文字工作，一定要言必有据。他读到常熟人曾孟朴撰写的《孽海花》小说，人们以为此小说言必有据，而钱基博指出此小说"信口开口之多不情不实"。"《孽海花》第三、四两回叙龚定庵父子事，尤为荒唐滑天下之大稽，而按之本集，无一非诬。"其中说到龚定庵之死，与真实历史完全不符，钱基博对此作了考订。《孽海花》第十三回叙吴县尚书潘祖荫会试事，亦多有不实。还有赛金花事迹，完全经不起推敲。钱基博对此一一加以驳斥。③

---

① 钱基博：《文史通义解题及其读法》，傅宏星编：《大家国学：钱基博卷》，天津人民出版社2008年版，第305页。
② 钱基博：《后东塾读书杂志》，华中师范大学出版社2014年版，第12页。
③ 同上书，第92～96页。

二、对荆楚学术思想史的研究

我国地域辽阔,区域之间发展不平衡,因而在不同的历史时期形成了不同的地域文化,也因为地理环境而形成了不同特色的学术文化。

钱基博研究过《楚辞》。他充分肯定了屈原的拳拳爱国之心,说:"《史记·屈原贾生列传》叙:'屈平忧郁幽思而作《离骚》;离骚者,犹离忧也,信而见疑,忠而被谤,屈平之作《离骚》,盖自怨生也。'怨生为《离骚》一篇之主旨。乱曰:'国无人莫我知兮,又何怀乎故都,既莫足与美政兮,吾将从彭咸之所居。'醒出怨生之意,为一篇结穴。莫我知,为一己言之也;莫足与为美政,为天下国家言之也。莫我知,不过一己之放废;莫足与为美政,则死丧无日,在乱随之矣。望绝心死,而号曰'已矣哉,吾将随彭咸之所居。'斯其怨生也,非为一己也,为天下国家也。"钱基博又分析了屈原思想转变的三个阶段,先是"重之以修能",接着是"游目以观四荒",最后是随彭咸而去。钱基博最后说"'既莫足与美政兮,惟有从彭咸之所居'耳!此屈子之所以沉湘而不悔也。若商鞅、范雎,则何有焉!"①屈原希望实现美政,最终因政治的昏浊而以死为谏。对此,钱基博认为屈原是个有独立思想的人,绝不亚于商鞅等改革先贤。

钱基博著有《江汉炳灵诗文谈》,其中说到了监利人王柏心的《百柱堂全集》、蒲圻人魏裳的《云山堂集》、黄冈人王廷陈的《梦泽集》、公安人袁宏道的《中郎集》等湖北文献。他论述明代宰相张居正,对张居正的《太岳集》评价很高:"其实诗文有茂意,公牍有辣气,兼能骈偶,以余所见明人文集,罕有居正之比。"钱基博特别欣赏张居正的书牍能够对"浮议党论,一扫而空",称赞"居正为治,循名责实,不惟以绳人,而亦以裁己"②。钱基博说,明代江汉之间有一文一武的将相值得纪念,张居正为相,熊廷弼为将,他们两人都不以功名终,但都是

---

① 钱基博:《后东塾读书杂志》,华中师范大学出版社2014年版,第78、80页。
② 同上书,第335页。

明代的"扶衰"之人，熊廷弼的书牍"事昭而理辩，气盛而辞断，经事综物，文不雕饰，而丁宁周至，忠诚之心，形于文墨"①。在学术界，对于明代湖北的两位重量级人物张居正与熊廷弼的比较研究，始于钱基博，评论最高的也是钱基博。钱基博的这项研究，值得后人跟进。

钱基博注意搜集湖北地方文献。他说："余客授华中大学以来武昌，偶在坊间睹沔阳卢木斋先生辑刊《湖北先正遗书》720卷而善之，亟购而归以赠图书馆。"作为一名普通教师，钱基博在书店见到了有价值的书，就不惜资金，买来送给学校，真是不多见。后来，钱基博还应约为《卢木斋先生遗稿》作序，在序中高度评价了湖北先贤卢木斋的学术贡献：一是著《火器真诀释例》；二是对科举制提出批评；三是为南开大学捐书；四是刊刻古籍。钱基博在序中评说，特别是卢木斋能"舍其旧而新是谋，以开一时风气"，时而日新又新，时而与古为徒，有士人独到的处世原则。②

近代湖南是文化的重镇，出现了一大批学者，学术成就巨大，有开创之功。钱基博敏锐地注意到这一现象，利用在湖南教书的机会，搜集相关资料，从近现代学术转型的角度，撰写了《近百年湖南学风》。《近百年湖南学风》采用传记的形式，分群别类，合传诸人，旨在彰显湖南学人独立自由之思想、坚强不磨之志节。

钱基博在《导言》中，从地理环境的角度解读了湖南的人文，说："湖南之为省，北阻大江，南薄五岭，西接黔蜀，群苗所萃，盖四塞之国。其地水少而山多。重山迭岭，滩河峻激，而舟车不易为交通。顽石赭土，地质刚坚，而民性多流于倔强。以故风气锢塞，常不为中原人文所沾被。抑亦风气自创，能别于中原人物以独立。人杰地灵，大儒迭起，前不见古人，后不见来者，宏识孤怀，涵今茹古，罔不有独立自由

---

① 钱基博:《后东塾读书杂志》，华中师范大学出版社2014年版，第343页。
② 钱基博:《序跋合编》，华中师范大学出版社2014年版，第279页。卢木斋是沔阳（今湖北仙桃）人，教育家、藏书家、版本学家。他提倡"保存国粹、宣传文化、辅助学校教育、增长社会知识"的教育思想和理念。

之思想，有坚强不磨之志节。湛深古学而能自辟蹊径，不为古学所囿。义以淑群，行必厉己，以开一代之风气，盖地理使之然也。"① 从中可见，钱基博称赞了湖南学人学风的特点："罔不有独立自由之思想，有坚强不磨之志节。湛深古学而能自辟蹊径，不为古学所囿。"

钱基博认为，湖南学术史的源头，"弁冕史册者，有两巨子焉：其一楚之屈原，著《离骚经》，以香草美人为比兴，以长言永叹变四言，铿锵鼓舞，于三百篇之外，自成风格，创楚辞以开汉京枚马之词赋。其一宋之周敦颐，作《太极图说》《通书》，契性命之微于大易，接孔颜之学于一诚，而以太极人极发明天人之蕴，倡理学以开宋学程朱之性理。一为文学之鼻祖，一为理学之开山，万流景仰，人伦模楷，风声所树，岂徒乡邑之光哉！"

然而，说到近世以来，湖南最值得纪念的是周敦颐与王夫之。他说："为生民立极，为天地立心，而辅世长民，一本修己者，莫如周敦颐之于宋，其次王夫之之于明。周敦颐以乐易恬性和，王夫之以艰贞拄世变；周敦颐探道原以辟理窟，王夫之维人极以安苦学。故闻夫之之风者，顽夫廉，懦夫有立志；闻敦颐之风者，鄙夫宽，薄夫敦也。敦颐，道州人；夫之，衡阳人。湖南人而有此，匪仅以自豪乡曲，当思以绍休前人。"

该书重点论述了湖南的13位学人，选择的标准是："所贵好学深思，心知其意，用之则辅世长民，不用则致知穷理。"其中，"上推周敦颐、王夫之两贤以端其趣，而行毋绳以求备。人不拘于一格，大者经文纬武，次则茹古涵今，略其是非功罪之著，而彰劬学暗修之懿"②。"汤鹏尚变以自名一子，魏源通经而欲致之用，胡林翼、曾国藩、左宗棠扶危定倾以效节于清，郭嵩焘、谭嗣同、章士钊变法维新以迄于革命。"③

---

① 曹毓英选编：《钱基博学术论著选》，华中师范大学出版社1997年版，第56~57页。
② 钱基博著，傅道彬点校：《近百年湖南学风》，中国人民大学出版社2004年版，第7页。
③ 同上书，第6页。

钱基博在《余论》中把湘学和东林讲学进行比较，认为湘学不存门户之见和意气用事，而以学理的探讨和现实关怀为旨归；而东林党人尤其顾宪成讲学高张门户，充满虚骄浮夸之气，开启明末士人不顾国家的安危而溺于党争的祸端，"国事愈坏，虚誉方隆。而东林讲学实阶之厉。始作俑者，顾宪成焉"。①

对湖南文化的印象，早在钱基博年轻时就已形成。他 16 岁撰写《中国舆地大势论》，对湖南学术文化评价很高，认同梁启超所说："湖南，古南楚也，北通江域，南接瑶疆，故其人进取之气颇盛而保守之习亦强。近数十年，自乏其功，嚣张大甚，然其尚气敢任有足多者。"在钱基博看来，正因为湖南学者"尚气敢任"，才有了如此了不起的成就。

第四节　为当代人作传

钱基博特别关注现代史，并坚持口述史学，从民间搜集历史资料。他为当代人写史，从政治家、军事家、文学家、官员，到平民百姓，甚至妇女、家佣等，都是钱基博作传的对象。早在 1918 年，钱基博就萌生了写当代人物的思想，到 1922 年，他完成了《无锡人物志稿》，为薛福成、徐寿、华蘅芳等人写了生动的传记，保留了珍贵的史料。②

如何为历史人物写传记？钱基博说："博自信不为钞胥……历来作者，不言援引，无以见其用心，所谓良工不示人以璞也。"③ 写传记，靠的是史学功夫，一要言之有据，二要善于取舍。本着这两个原则，钱基博写了多篇传记。所写传记，脍炙人口，有一定的思想性与趣味性。

钱基博在《记彭刚直》一文说道："庚子游赣，乘轮驶湖口。同载一老叟殷姓，口吐楚音，颇能道太平军战事，其人髯发雪白，逾六七十

---

① 钱基博著，傅道彬点校：《近百年湖南学风》，中国人民大学出版社 2004 年版，第 114 页。
② 钱基博：《序跋合编》，华中师范大学出版社 2014 年版，第 35 页。
③ 钱基博：《后东塾读书杂志》，华中师范大学出版社 2014 年版，第 12 页。

矣。自言少随衡阳彭刚直公为亲从,以功历阶至参将,故能言公治军事甚悉,口讲指画,不觉须眉奋张,勃勃作气势,犹若饶余勇可贾也者。"[1] 于是,钱基博就抓住机会,听那位说楚地方言的殷姓老汉讲彭刚直的故事。

彭刚直(1816—1890),即彭玉麟,字雪琴,晚清历官至兵部尚书,加太子少保,卒谥刚直。他与曾国藩、左宗棠并称大清三杰,与曾国藩、左宗棠、胡林翼并称中兴四大名臣,湘军水师创建者、中国近代海军奠基人。咸丰七年(1857)八月,彭刚直在湖口统领水军,作为一名主帅,他晚上一人独驾一小船在江上巡视,发现泊在岸边的一只巡逻的小船上有松懈的情况,就摸上小船,谁知船上的士兵高兴地大喊"我固知汝之至也,汝中余绐矣"。彭刚直一听有埋伏,赶紧跑掉了,跑了老远还听着那小卒在大骂。第二天,彭刚直把那小卒喊来,问昨晚之事,知小卒叫张胜,好骂人。彭刚直对张胜说:"徒以口舌相诟厉,非武也……汝骂人之母,人必反之,是汝一言之无礼,贻诟及于先人。"彭刚直以军纪处分了张胜,全军上下个个警觉,值勤不敢松懈,更不敢骂人了。(第4页)此事虽小,但可见彭刚直其人治军之严,故常能打胜仗。

钱基博在《吴禄贞传》一文记载了近代志士吴禄贞的生平事迹,说他自小学兵法,志趣殊常,雄杰有大略。为了推翻清朝统治,他观察天下形胜,寻找首义的地点,"默相天下大势,自以楚产,悉江汉间情势,谓夏口兵冲要地,襟带江沔,依阻湖山,左控庐滁,右连襄汉,南北二途,有如绳直,一旦骤有变,则河洛震惊,南服均阻"。辛亥革命后来果然在武昌爆发,吴禄贞似有神算。吴禄贞一方面看好武昌的区位优势,另一方面也尝试着做了一些准备工作。他为了消灭清军,就参加到清朝的新军之中,"乘机进用,揽北方兵柄,伺隙而动,入虎牙,得虎子,斯其时矣"(第8页)。当代人研究吴禄贞,不能不读钱基博提供的

---

[1] 钱基博:《碑传合编》,华中师范大学出版社2014年版,第3页。本小节以下引文均出自该书,出处见括号中的页码。

重要史料。

钱基博关注的历史人物，多是一些与他意气相投的人物，虽未谋面，但心思相通。他写《魏铁三传》，说魏铁三少负不羁才，倜傥自豪，尝拳殴西洋人致死。后来，魏铁三折节读书，"于文无所不工，尤以诗词名天下，瑰伟绝特"。然而，最令钱基博赞许的是魏铁三的义气，"铁三之为人，怀奇负气，不肯规循尺度，若不可以法度拘者，当不复礼法儒所宜有。退而质其生平趣舍大节，无了悖于义者，介然持节，不委随流俗，严取予审去就之辨，君子多之"（第 13 页）。钱基博少好武术，敬佩有功夫之人，对武德特别推崇，之所以写魏铁三，与敬慕有关。

钱基博年轻时，曾受到江西提法使陶大均的欣赏。陶大均，字杏南，52 岁去世，钱为之作传，名之曰《会稽陶杏南先生行状》。钱基博记载：陶杏南出生于会稽望族，"自唐宋而明清，代有闻人。曾大父雨生先生，历官广东罗定州州判，高要、鹤山等县知县；大父春甫先生，广西贺县知县；父久芳生生，福建补用通判，皆以文学起家，积德累光，至公而益大，有声于朝。赠其三代如例。凡公所为书，曰《中日战纪》二卷、曰《戊戌政变纪要》一卷、曰《庚子劫余录》三卷，曰《平甈文存》四卷、曰《劫余委游草》一卷、曰《平甈公牍》五卷、曰《平甈日记》。自甲午迄今十三卷，都二十四册三百四十一万言。"由此可知，陶杏南之所以欣赏钱基博，实因陶也是文学起家的，有著述存世。陶杏南曾在李鸿章手下做过幕僚，出过不少务实的主意。他自己也喜好交结人才，给予奖励。"公宏奖人才，惟恐不及，当世知名人士，未尝不延揽。留学外国以换取新知识者，资之都二十余人。闻其人有异才，辄以书币征聘，如恐失之。天下士归公者，人人自以为公厚我。"（第 200 页）

钱基博在《会稽陶杏南先生行状》《江西提法使陶杏南先生哀辞》记载了陶杏南的为人。他提及陶杏南在赴江西为官时，读到了他的文章，便打听他的状况。陶杏南辗转邀请钱基博，"博辞以不晓文牍，且性傲不耐与仕宦周旋，公曰：余本不强君所不能，从容讽议，如吴南屏客曾文正公所"。陶杏南希望年轻的钱基博"从容讽议"即可，于是钱基博就到了陶杏南的身边。陶曾读长洲严竹筠的诗文，长叹"立言不如立德立功之可贵也"。一次，钱基博诵读韩愈的《张中丞传后序》，声音琅琅震屋壁，陶杏南告诉钱基博，诵读是有讲究的，"古人文有阳韵，有阴韵，而后之人读之者，抗吾气以与古人之气相翕，当随其韵之阴阳而有强弱之别"。陶杏南指出钱基博的诵读"有阳而无阴，有高声疾读而无恬吟密咏，有喷薄而无吞吐，有亢而无抑，此其所以病也"。从此，钱基博在诵读时，特别注意抑扬顿挫，按照文章的内容阅读。钱基博感叹说："呜呼，知博义者未有如公者也，人多知其雄放可喜矣，而未有知其文之短者也，公可谓知其短者也。夫维知其短者，而后其道我之长也勿欺，而我乃有以自信。"（第155、240页）

钱基博对文人雅士的事迹特别关注，撰有《章先生墓碣铭并序》。章先生，即章际治，字琴若，咸丰五年（1855）出生，进士出身，曾在京师大堂任算学教习，采用美国长老会传教士狄考文所著《演详草》作为参考，并指出《演详草》中的错误。康梁变法失败后，章际治后到江阴，主持礼延书院，"寻改学堂，订规程，礼贤师，风气所鼓，来学者众"。"尝搜刻清儒经解一千四百三十卷，名曰《皇清经解续编》，以续阮元书。"章际治最着力的是数学，"先生研治古学，尤嗜《九章算术》。《九章算术》者，盖周官保氏之遗法，汉张苍删补校正而算书之最古者也。先生即治之有会，则纳交西士傅兰雅，与译泰西算法，如有明徐文定之于利马窦，近代李壬叔先生善兰之于伟力亚列。由是洞明数理，倬然名畴人之学焉"（第210页）。

钱基博曾为江苏阳湖人李兆洛作传。李兆洛（1769—1841），清代学者、文学家。钱基博称赞李兆洛"论学无汉宋，惟以心得为主"；"于学无所不窥，而不以一艺自名"；"撰《邑志》十卷，道雅有法度"；"叹为近代通儒一人而已"。（第61页）

钱基博还记载了商人的事迹，在《王蓉斋先生墓碣铭》记载无锡商人王耀锟的商德。王耀锟，字蓉斋，15岁跟着当地的商人吴保三学习货殖，做钱庄生意。后来，王耀锟自己"与人合资开厚仁钱庄"，不料经营不当，需要赔钱，"君不以自堕，悉历年所赢偿之，不足则益以称货，由是信用著而业益大"。因为讲究诚信，于是又发展起立仁、恒升达、源慎等钱庄。王耀锟不仅经营金融，还做实业，兴办蚕丝商号，"君为人沉几善觇变，以吾邑丝茧产多而储货无栈，业此者将为沪商操纵，议创设源慎茧栈，并经纪保险事，时光绪戊申年也。今邑中丝茧栈林立，并得就贷款，一时殖货鬻财者胥称便焉。其创始，盖自君"。尽管积蓄了许多财富，但王耀锟很节俭。"君为人能忍嗜欲，薄饮食，然喜施与，水旱赈无吝，尤笃天亲之爱。"（第200页）

在《唐保谦先生墓志铭》，钱基博记载了企业家唐保谦的慈善义举，唐氏经营面粉厂、丝厂、纺织厂、砖瓦厂，"其言利非以自饶乐，思自效工贾，宏此远谟，而为国家塞漏遗，为邑里兴大利"。他虽然富有，从不奢侈，而是"济人急难，必逾所望，挥霍巨亿，若己无与。凡有募施，皆出己资，尤尽心于救荒。自邑里以推之，大江南北，楚豫陕直，远而至于黑龙江，蠲动则巨万，滂仁宏义，泽满天下，而不欲尸其名，每假溥仁慈善会以纾焉"（第230页）。像唐保谦这样的企业家、慈善家，正是社会最需要的人，所以钱基博作了充分的肯定，大加赞赏。

钱基博对有实实在在贡献的外国人，也有专门记述。他在《圣约翰大学校校长卜先生传》介评了美国人卜舫济，说他来到中国后，在原来的圣约翰书院的基础上，"度宏规而大起，成之以勇迈不回之气，佐之以坚苦廉毅之操，三十年间，增殖校产二百万元，拓校地二百二十八华亩。其教程自中学、大学以底有大学院，其大学科自神学、医学、文理三科以底增工科学院，其学舍自办公室、礼堂、课堂、寝室以及图书馆、博物馆、实验室、体育室、交谊室之属，无不建"（第70页）。圣约翰大学的学生遍及全中国，学生毕业后遍布美国、菲律宾等地。

钱基博在写传的过程中，亦对照自己的人生，发表一些感慨。例如，在写《安陆程逸滨先生家传》时，钱基博自叹与程逸滨有相通的心思，而程逸滨做在前面了。程逸滨当官十余年，把俸禄基本上都用于购书，临终前把三千余册藏书，全部赠给了武昌华中大学。虽然身处民国乱世，程逸滨的家资经常被抄掠，但他未尝吝惜，唯把图书看得很重，不让图书散失，"独牢持其书，如获头目，惟恐放弃。既以清白贻子孙，贻谷厥后，而不欲私其书于子孙，天下为公，遗命举以赠大学图书馆"。程君的行为，对钱基博颇有触动，他接着写道："博自弱冠至于衰老，舌耕笔耨四十余年矣，购书已逾七万册，他日亦欲赠予一图书馆，不使为子孙累。而程君先得我心，吾道不孤矣。"（第141页）后来，钱基博果然仿程逸滨捐书例，把私藏的图书捐给了华中大学。

程逸滨曾受福建巡按安排，到台湾调查土地制度。虽突染冯痢，但他仍然坚持前往，自称"人固不可卤莽以败事，亦不可退缩以沮志，行了不得不行，事到其间，仍当挺身赴之，忠以帅气，病魔退舍，有昧哉言乎"。对于程逸滨这种不畏疾病的精神，钱基博颇有同感，发表了一番感叹："二十年来，博无一日一时不疾痛，无一夜安寝，无一食甘味。忧博者皆谓博宜静卧以自护，博亦自知甚矣吾惫，然而无一日不强起。教书之余，无一日废书籍楮墨。盖与其卧以待死，孰若起而用我未衰之神明乎！博恒举此言以告人，不期君先我言之也。"（第142页）

从《安陆程逸滨先生家传》可知：程逸滨，湖北省安陆县（今安陆市）人，四岁时发蒙。父母信奉棍棒之下出人才，对逸滨非常严厉，时常捶打，奶妈在一旁流泪求饶亦无济于事。在这样的家教之下，逸滨终于成为当地的优秀学生，"君之大成，盖造端乎是"。后来，程逸滨到日本早稻田大学留学，学成归国，应试授法政科举人。他先后撰写《日本登记制度调查报告》《条陈闽省土地清丈办法》《台湾土地制度考察报告书》等文，后合刊成书。这部书成为我国论地籍制度整理最先文典之一。后来，因父母病重，程逸滨回老家安陆雷公店侍候双亲。日军入侵，安陆沦陷，听说程逸滨精通日语，日军千方百计寻找程逸滨。程逸滨隐藏不见，誓不与日寇效力，表现出强烈的民族精神。程逸滨身患溺血顽疾，坚决不肯到县城治病，不愿落入日军之手，不幸在抗战胜利前夕去世。程逸滨有国学方面的遗作《新方言简端记》《切韵说》《安陆方言考》《性兼善恶说》。程逸滨的女儿请钱基博为父作传,钱基博有感于程氏人格与学识,慨然而成传记。传记完成于 1948 年,时钱基博已经在华中大学任教,实是对程氏把书都捐给华中大学的点赞与回应。

从地缘研究学术是一个趋势,如地缘政治学、地缘军事学、地缘经济学,都是很重要的学科。钱基博在地缘史学方面已经做了开拓工作,如果我们沿着他的学术路径,可以建立一门独立的地缘史学,这或许就是我们当下的一个重要任务。

第六章　钱基博的子学

本章介评钱基博的子学论著、对诸子的观点，及思想史方面的问题。子部与经部的内容多有交叉，如儒家学派的《论语》《孟子》等书，已经在经部作过论述，此章从略。兵家是诸子百家之一。钱基博在研究《孙子兵法》时，以其与抗战密切结合，作经世之学，在另章有专论。

第一节　子学论著及思想

国学是可以从不同角度分类的。子部实际上是思想史类，包括先秦诸子、儒道释三家等，而儒家贯穿并主导中国思想史。《四库全书》中的子部分为"儒家类""兵家类""法家类""农家类""医家类""天文算法类""术数类""艺术类""谱录类""杂家类""类书类""丛书类""汇编类""小说家类""释家类""道家类""耶教类""回教类""西学格致类"，重要书目有《老子》《墨子》《庄子》《荀子》《韩非子》《管子》《尹文子》《慎子》《公孙龙子》《淮南子》《抱朴子》《列子》《孙子》《山海经》《艺文类聚》《金刚经》《四十二章经》等。

一、子学论著

钱基博在《自传》中称自己"子部钩稽，亦多匡发"，撰《老子解题及其读法》《祭孔子文》《孟子约纂》《周秦诸子聚讼记疏证》《名家五种校读记》《四书解题及其读法》《读庄子天下篇疏记》《孙子章句训义》。

《国学文选类纂》列有子学之部，所辑篇目较多。钱基博认为读经之后，继以读子。"子有益于经者三：一证佐事实，一证补诸经佚文讹文;一兼通古训古音韵……大抵天地间人情物理,下至猥琐纤末之事,经所不能尽者,子部无不有之;其趣妙处,较之经史,尤易引人入胜。故不读子,不知瓦砾糠秕,无非至道。不读子,不知文章变化,无可端倪也。(引张之洞的《輶轩语》)"①

读子书,不能不了解诸子的起源、宗旨及其整个流别。子部首排《庄子·天下篇》,正是为了说明诸子的缘起。录太史公谈《论六家要旨》,意在阐述诸子的宗旨。而录刘孚京《诸子论·甲·儒家》至孙诒让《墨子间诂序》八家,则旨在阐明儒家、道家、阴阳家、法家和墨家四大宗旨纯粹的诸子的流别。在班固所录的十家诸子中,钱基博认为,仅宗旨纯粹的儒、道、阴阳、法、名、墨六家可观。其中尤以儒、道为一切学术之宗。法术之学原于道;名、墨、阴阳出于儒,又各有特点、差异。

关于诸子之学,钱基博在《读太史公谈论六家要指考论》中有议论。

钱基博注意到司马迁对道家的推崇,说:"太史公谈论阴阳、儒、墨、名、法、道德六家要指,独推重道家,谓'因阴阳之大顺,采儒墨之善,撮名法之要',兼综五家者,盖习道论于黄子,尊其所学然也。"

钱基博还指出:汉代,儒道博弈,争夺地位。窦太后死后,武安侯田蚡为丞相,绌黄老刑名百家之言,延文学儒者数百人。自是儒者制治之局定,而道家言乃大绌。孝武之治,法家傅儒以决事。

钱基博充分肯定了司马迁对诸子学说的传承,指出《史记》所列"先秦诸子,儒家有《孔子世家》《仲尼弟子列传》《孟轲荀卿列传》,道家有《管晏列传》《老子庄子列传》,法家有《商君列传》,兵家有《司马穰苴列传》《孙武吴起列传》,纵横有《苏秦列传》《张仪陈轸犀首列传》。其不列传而附见者:有如法家之申不害、韩非附《老庄列传》,则以刑名法术之学'原于道德之意'也;阴阳之邹衍、邹奭附《孟轲列传》,则曰'要其归必止乎仁义节俭君臣上下六亲之施'也;罔不论列

---

① 钱基博编:《国学文选类纂》,华中师范大学出版社2013年版,第205页。

言行，详其事指而为之传"①。

二、子学思想

诸子是时代造就的应时的思想学派。《汉书·艺文志》记载"诸子出于王官"，如"儒家者流，盖出于司徒之官"。近人胡适撰《诸子不出于王官论》，否定之。诸子之中，最重要的莫过于儒家与道家。钱基博在陈三立《读荀子》一文的末尾考证说：道家宗旨，明天者也。儒家宗旨，明人者也。孔子儒而兼道，故明天人相与之际。道家纯任天道，孔子则修人道以希天。儒家务尽人道，孔子则本天道以律人。大抵修人道以希天者，《春秋》教也。本天道以律人者，《易》学也。汉代经生近承荀学，宋儒理学上衍道统。②

钱基博以"内圣外王之道"品评先秦诸子。谈到内圣外王，钱基博认为诸子各家不一。他在《读庄子天下篇疏记》说：有内而不"圣"，外而不"王"者，墨者之墨翟、禽滑厘，辩者惠施、桓团、公孙龙之徒是也。有力求"外王"而未能"内圣"者，道者之支与流裔彭蒙、田骈、慎到是也。有欲为"内圣外王"而未底其境者，墨者之支与流裔宋钘、尹文是也。有已底"内圣外王"而未造其极者，庄周之自叙是也。庄子独许关尹、老聃为博大真人者；特以关尹、老聃悦古道术之有在，而明发"内圣外王之道"，有不同于诸家。

钱基博喜欢读《庄子》的前两篇《逍遥游》与《齐物论》。他说："'内圣外王之道'，庄子所以自名其学；而奥旨所寄，尽于《逍遥游》《齐物论》两篇。盖《逍遥游》，所以喻众生之大自在；而《齐物论》，则以阐众论之无不齐。则是《逍遥游》者，所以适己性，内圣之道也；《齐物论》者所以与物化，外王之道也。"③ 他之所以喜欢这两篇，是因

---

① 钱基博编：《国学文选类纂》，华中师范大学出版社2013年版，第221～223页。
② 同上书，第230页。
③ 钱基博：《读庄子天下篇疏记》，曹毓英选编：《钱基博学术论著选》，华中师范大学出版社1997年版，第359页。

为其中讲述了内圣外王之道。钱基博在《读庄子南华真经卷头解题记》中说:"内圣得其自在,外王蕲于平等。'维纲所寄,其唯《逍遥游》《齐物论》二篇';斯章生炳麟之所云,信有当于知言也!体任性真,故自由而在我;《逍遥游》之指也。理绝名言,故平等而咸适;《齐物论》之指也。"钱基博一生,就是践行内圣外王、宣扬内圣外王的一生。内圣外王是哲人的追求,是衡量君子的标准,也是中华民族历史上极具正能量的思想境界。

诸子的思想非常丰富,钱基博对其中的兵学情有独钟。他曾说:"余少喜论兵,五经四子书毕,能烂诵孙武书十三篇,而贯串诸史,出以己所独见。又读陈亮《酌古论》而善之,每学所为,下笔缅缅不能以自休,于山川形势险要,古今用兵战守攻取成败得失之迹,皆有折衷。"[①] 钱基博著有《孙子章句训义》,曾经到军队中作智囊,到军营讲兵学,是一位把学术与实践相结合的兵学家。他在兵学上的成就,本书将在第九章述说。

第二节 对道家的研究

一、对老子的研究

1927年,钱基博在光华大学撰《老子道德经解题及读法》[②]。钱基博为什么要写这篇小册子呢?他说:"老子之学,澹泊无为,即不善国,亦以自宁。因撰是篇,以诏学者。"(第341页)关于书名,钱基博指出:"老子著书言道德之意,后人尊之为经,遂题之曰《道德经》云尔。"全篇讲了四大部分:一是介绍老子其人;二是介绍老子《道德

[①] 钱基博:《序跋合编》,华中师范大学出版社2014年版,第249页。

[②] 此书由大华书局1934年10月出版。现载于钱基博《子部论稿》,华中师范大学出版社2014年版。此小节引文均出自该书,出处见括号中的页码。

经》；三是《道德经》之本子；四是《道德经》之读法。①

(一) 成书与篇名

老子学说兴起的原因是社会动荡。钱基博说："当孔子之时，其道未大显。至战国，世益陵夷狙诈，争战之风日炽；贤者自放不得志，痛其时诸侯王，亡虑皆为民害；而世儒又貌袭多伪，乃发愤取老子之说，务推本言之以救其失，则庄周之徒兴焉！其词恍洋放恣以适己，其意则重可悲矣！秦得天下，益尚诈力，烧《诗》《书》。民萌凋瘵，天下滋欲休息，慕黄、老之无为，载其清静，民以宁一。质文异尚，时各宜也。上自文、景之君，萧、曹之相国，儒者司马氏父子、贾谊之论大道，皆右黄、老。黄、老之学，于是为极盛！"（第341页）这就是说，老子的思想在春秋时期并不是很流行的思想，到了战国，因为社会动荡而成为显学，而到了汉代则成为治国思想。

古人撰书，有述有论。老子撰《道德经》，其立意是述，还是作？钱基博有一番考证，认为是"述而不作"。钱基博引用《论语·述而》孔子语"述而不作，信而好古，窃比于我老彭"作为佐证。然后，旁征博引，引《庄子·逍遥游》、《世本》、《汉博陵太守孔彪碑》、《吕氏春秋》、贾谊《新书》。通过分析"将欲取之，必姑与之"，此《周书》之辞也；"强梁者不得其死"，此周庙《金人铭》之辞也；"天道无亲，常与善人"，东汉郎顗上《便宜七事》，引以为《易》之辞。钱基博得出结论："《老子》书，盖张前人之义而说之，'述而不作'也。"（第351页）在钱基博看来，《老子》这本书虽有原创，亦有继承，其中有些语句是可以找到源头的。

钱基博认为，从《老子》到《道德经》，书名有一个演变的过程。起初称为《老子》，后来称为经，再后来称为《道德经》。钱基博对文献的传承进行了一番考证：《史记·老庄申韩列传》曰："老子著书上下

---

① 熊铁基在《再读老子道德经解题及读法》一文对钱基博的《老子道德经解题及读法》颇多赞誉，他说：钱基博是真正懂得了老子的辩证法思想，有原创性和前沿性，言必有据，没有空话，提出的问题至今仍值得思考和研究。

篇，言道德之意，五千余言。"《儒林传》曰："窦太后好《老子》书。"《汉书·景十三王传》曰："献王得古文《孟子》《老子》之属。"皆直曰《老子》，无《经》名。《汉书·艺文志·诸子略》，道家有《老子邻氏经传》四篇，《老子傅氏经说》三十七篇，《老子徐氏经说》六篇，刘向《说老子》四篇，邻氏、徐氏不知何时人？班固以次刘向《说老子》前，盖元成以先人也。刘向《说老子》不称'经'，而邻氏、傅氏、徐氏皆称《经》者，殆班固所谓"传其学者尊其师"，故然。然尚不曰《道德经》也。《太平御览》191卷引扬雄《蜀王本纪》曰"老子为关尹喜著《道德经》"，当为《道德经》一名之权舆。（第351页）

钱基博认为，《道德经》分为上下篇，这也有一个演进的过程。他考证说：晁以道《记王弼注老子后》曰："弼题是书曰《道德经》，不析乎道德而上下之。"董逌《藏书志》曰："唐玄宗既注《老子》，始改定章句为《道德经》；凡言道者类之上卷，言德者类之下卷。"这就是说，王弼在世时，《道德经》是不分篇的，后世才有上下篇。（第351页）

针对有人把《道德经》分为上下篇的起点归于唐玄宗，钱基博表示了不同的意见，他举出史料辨析说：然陆德明生于隋唐之际，所撰《释文》，正用《王弼注本》，而题云："《道经》卷上，《德经》卷下。"贾公彦《周礼师氏疏》引《老子·道经》云"道可道"；《德经》云"上德不德"。颜师古《汉书注》，《魏豹传》引《老子·道经》云："国家昏乱，有忠臣。"《田横传》引《老子·德经》云："贵以贱为本，高以下为基，是以王侯自谓孤、寡、不谷。"……章怀太子《后汉书·翟酺传》注引《老子·道经》云："鱼不可以脱于渊。"钱基博据此得出结论说："是古人引《老子》皆以道、德分经，盖不始于唐玄宗矣！"（第351~352页）

《老子》上卷说道，下卷说德。针对这种情况，钱基博根据《老子》的原文，提出"道德混说，无分上下"。他指出：上卷有说德的内容，如"孔德之容"。下卷有说道的内容，如"反者道之动，弱者道之用"，"道隐无名"，"道生一"，因此不能片面地讲上卷说道，下卷说德。（第352页）钱基博意在强调《老子》中的道德思想是一个整体，不可把上下篇的内容决然分开。

(二) 关于道与德

钱基博辨析了道与德的区别。

何谓"道"？何谓"德"？钱基博对这两个概念作了辨析，引用《韩非子·解老篇》："德者内也，得者外也。上德不德，言其神不淫于外也；神不淫于外，则身全；身全之谓德。德者，得身也，凡德者，以无为集，以无欲成，以不思安，以不用固；为之欲之，则德无舍；德无舍则不全。用之思之，则不固；不固则无功，无功则生于德；德则尤德。不德则在有德。故曰：'上德不德，是以有德。'道者，万物之所然也，万理之所稽也；理者，成物之文也；道者，万物之所以成也。故曰：'道，理之者也。'物有理，不可以相薄。物有理不可以相薄，故理之为物之制，万物各异理。万物各异理，而道尽稽万物之理，故不得不化；不得不化，故无常操；无常操，是以死生气禀焉，万智斟酌焉，万事废兴焉。"（第352页）

道与德有什么区别？钱基博也作了阐述："道"无方体，"德"有成亏，陆德明《释文》曰："道，生天地之先。""德，道之用也。""德者得也，道生万物，有得有获。"此其义也。《庄子·徐无鬼》曰："故德总乎道之所一。""道之所一者，德不能同也。"此"德"与"道"之枢也，然则无乎不在之谓道；自其所得之谓德。老子曰："孔德之容，唯道是从。"《庄子·天下篇》曰："古之所谓道术者，无乎不在。""道"者，人之所共由；"德"者，人之所自得也。然"道"非有余于"德"也，"道"散而"德"彰。"德"非不足于"道"也，"德"成而"道"隐。（第352页）

(三)《道德经》之本子

钱基博认为，考《道德经》之最古者，当推战国时《河上丈人注本》。《史记·乐毅列传》记载太史公叙述的传承关系："乐臣公学黄帝、老子，其本师号曰河上丈人，不知其所出。河上丈人教安期生，安期生教毛翕公，毛翕公教乐瑕公。乐瑕公教乐臣公，乐臣公教盖公，盖公教于齐高密、胶西，为曹相国师。"可惜，河上丈人的注本久佚。而"葛洪《神仙传》谓：'河上公者，莫知其姓名，汉孝文帝时，居河之滨。侍郎裴楷言其通《老子》。孝文诣问之，即授《素书道经》。'"（第354页）《隋书·经籍志·道家》载老子《道德经》二卷，汉文帝时河上公注。钱基博认为，汉文帝问道之河上公，非乐臣公所师之河上丈人也。

钱基博对《河上公注本》持怀疑态度，他考证说：太史公习道论于黄子，论大道则先黄、老而后六艺，尊其所学……使汉文帝有问道之河上公，焉容不纪？然按其书言河上丈人，而不及河上公，其不可信者一也。刘向有《说老子》四篇，亦不及《河上公注》。倘有其书，岂有不见之理！其不可信者二也。（第354~355页）

钱基博评论说：盖本流俗人所为，托于神仙之说。其分章均有标题，如第一章曰"体道第一"，第二章曰"养身第二"，得八十一章。以《上经》法天，天数奇，故有三十七章；《下经》法地，地数偶，故有四十四章；遂为后世言老子章句者之祖。此一本也。汉成帝时，蜀人严遵乃以阴道八，阳道九，以八行九，故七十二章，上四十章，下三十二章，全与河上公不合；然其书不传，仅吴澄《道德经注跋》中连称及之耳。此又一本也。至魏正始之世，山阳王弼，幼而察惠，年十余，好老氏，通辩能言，以为书中"佳兵者不祥之器"，至于"战胜以丧礼处之"，非老子之言。注《老子》，为之指略，题其书曰《道德经》，不析乎道德而上下之。此又一本也。（第354页）

钱基博对魏晋时期的老子学说持有否定的态度，他说："正始以来，士大夫尚清谈，崇高致；人人言老庄，卒放弃礼法，天下大乱！老、庄氏之教，外形骸生死，宁静自胜；王衍、何晏之伦，溺心势物，殆不啻与之背驰绝远；而老、庄不幸蒙其名！"（第341页）

钱基博对河上本与王弼本有所考证。他说：隋陆德明《老子音义》，自称"依《王本》"，而析上篇为《道经》，下篇为《德经》；则王弼本有分经、不分经之两本矣。德明又屡言："河上公为章句四卷"，"河上公授汉文以《老子章句》四篇"，与《隋书·经籍志》载"老子《道德经》二卷，汉文帝时河上公注"者又不同；则河上公本亦有二卷、四卷之两本矣。是王弼本与河上公并行。唐贞观初邺人傅奕考核众本，勘数其字云："王弼本有五千六百八十三字，或五千六百一十字。河上公本有五千三百五十五字，或五千五百九十字。"则是河上公、王弼两家之书，各有二本；歧之中又有歧焉。（第354~355页）

王弼注有武英殿《校刊华亭张之象本》；有浙江官书局重刊张本；有遵义黎氏《古佚丛书·集唐字本》。《河上公章句》有《易州景龙刻石本》、吴云刊《广明元年经幢残本》，绩《语堂碑录广明元年经幢残本》，刘承幹刊《道藏·成玄瑛道德经义疏本》，常熟虞氏《铁琴铜剑楼藏宋刊本》，涵芬楼《四部丛刊》影宋本，《世德堂本》。京师图书馆藏有《唐人写卷子残本》，亦与河上本合。（第355页）

钱基博推崇马叙伦撰写的注本，说："马叙伦会核众本，而旁参近代王昶、纪昀、毕沅、严可均、王念孙、俞樾、孙诒让、谭献以及陶方琦、易顺鼎、刘师培诸家之校识，钩钛稽谂，撰《老子核诂》四卷，罔不订其同异，证其是非，良足以资讲诵，备考论者焉。"（第355页）

（四）如何读《道德经》

钱基博提出了四点建议：

第一，通其指意。要明白老子为什么要讲道德。老子之观道，始于"知常"，终于"斠玄"。常与尚，古通，有不变之意。"知常"要于"观复"；而"观复"必先"守静"。老子之语，"正言若反"，"常无欲以观其妙，常有欲以观其徼"。

钱基博以科学常识谈论老子思想。如居热地人，生未见冰，忽闻水上可行。如不知通吸力理人，初闻地圆对足底之说，茫然而疑，翻谓世间无此理，实告者妄言；此谓"不能思议"。全于"不可思议"之物，则如云"世间有圜形之方"，"有无生而死"，"有不质之力"，"一物同时能在两地"诸语，方为"不可思议"。"不可思议"一言，乃佛书最为精微之语也。佛所称"涅槃"，即其"不可思议"之一。

钱基博把道教与佛教的思想进行比较，并分析了造成两者差别的原因。老之称"玄"于"不言",与佛之证"涅槃"于"不可思议"同;而所以证之者则大异。盖一修般若以证涅槃;一弃知以求玄同;一明心见性;一归真返朴,故有异也。道之常曰"玄";而得道之常以体诸身者曰"玄德"。德之证玄,极于致虚,笃于守静;而欲守静,必先为雌。(第357页)

第二,审其篇章。《老子》分章,世率依河上公《八十一章》本,然支离胶扰,多不可通。钱基博介绍了以前的学者对《老子》分章的看法,以及他们的分章,如:

元代吴澄撰《道德真经注》,不以《河上公章句》为准。其在跋中云:"庄君平所传章七十二;诸家所传章八十一;然有不当分而分者,定为六十八章:上篇三十二章,二千三百六十六字;下篇三十六章,二千九百六十二字。凡五千二百九十二字。"(第359页)

清代姚鼐在《老子章义》认为:《老子》的河上公章句,"盖流俗妄人作之而托于神仙之说"。他自作主张,重新对《老子》分章,"少者断四字(报怨以德),七字(治大国若烹小鲜),八字(天道无亲,常与善人),九字(民不畏威,则大威至矣)为章;多则连字数百为章;其间以意易置前后,仍得八十一章,上篇三十一,下篇五十"。(第359页)

俞樾撰《古书疑义举例》中论《分章错误》,言:"《老子》五十七章'以正治国,以奇用兵,以无事取天下,吾何以知其然哉,以此'数句,当属上章。如二十二章曰:'吾何以知众甫之然哉,以此';五十四章曰:'吾何以知天下然哉,以此';并用'以此'二字为章末结句是也。'天下多忌讳而民弥贫',乃别为一章。"姚鼐《章义》则去"以此"二字,而移四十六章"天下有道,却走马以粪,天下无道,戎马生于郊"两语,于"然哉"之下,接"天下多忌讳而民弥贫"之上;言:"有道不以兵为正,则走马以供粪田事矣!无道以兵为正,则戎马生郊,天下多怨恶而民贫矣。'粪''贫'与下'民多利器,国家滋昏'之'昏'合韵。"与俞樾说又不合也。(第359~360页)

马叙伦谓:"姚鼐颇欲谠正,又率尔不择事据。钩铍稽谂,俞氏为胜！"然俞氏零章偶举，未逮全书！马氏会勘众家，重有核定，写附《老子核诂》之后，不分上下篇，得一百一十四章，少者断六字乃至十字为章，"多言速穷，不如守中"，八字为章。"反者道之动，弱者道之用"，十字为章。"治大国若烹小鲜"，七字为章。"为无为，事无事，味无味"，九字为章。"言有宗，事有君"，六字为章。"天道无亲，常与善人"，八字为章。多者不过百余字。"大国者下流"，至"则大者宜为下"，百四字为一章最长。然马氏徒核于字句，而疏于篇章；分章太碎，义未融贯，视诸家伯仲之间耳！《老子》原分章次不可知，或据《韩非子·解老篇》以为分五十五章者，亦未可信。（第360页）

第三，旁籀诸子。钱基博认为，读《老子》，一定要注意相关的诸子文献。如道家的《文子》《庄子》《列子》，法家的《慎子》《韩非子》，名家的《尹文子》，杂家的《吕氏春秋》《淮南子》诸书。其中《文子》《列子》出伪托；然造自魏、晋人手，要是汉以前古说。从长时段历史来看，庄子与老子的时间较近，因此，应当多读《庄子》。"欲籀明其指，要必借乎《庄》《列》诸子说《老》之书。何者？以其近古而俗变类，闻见亲而知真也。"《庄子》外篇《胠箧》引《老子》"鱼不可脱于渊，国之利器，不可以示人"；引《老子》"大巧若拙"；《在宥》引《老子》"绝圣弃知"；《知北游》引《老子》"失道而后德，失德而后仁，失仁而后义，失义而后礼，礼者，忠信之薄，而乱之首也"；引《老子》"为道者日损，损之又损，以至于无为，无为而无不为也"。（第360～361页）

此外，还应多读其他诸子书。如：《淮南子·原道训》引《老子》"天下至柔，驰骋天下之至坚，出于无有，入于无间，吾是以知无为之有益"；引《老子》"天下神器不可为也，为者败之，执者失之"。独《尹文子·大道上》说《老子》"道者万物之奥，善人之宝，不善人之所宝"；《大道下》说《老子》"民不畏死，奈何以死惧之"；皆先引《老子》曰，而后敷畅其义。（第361页）

第四，会核众注。《老子》书，唐朝以前，解者甚众。钱基博主张读历代注释，要明辨各家注释的特点和优劣，即"诸家禀学，立宗不同；严君平以虚玄为宗，顾欢以无为为宗，孟智周、臧玄静以道德为宗，梁武帝以非有非无为宗，孙登以重玄为宗"。

钱基博具体解释说：朱子谓其援儒入墨，作《杂学辩》以箴之。然在儒家为异说，在道家则本旨也。临川吴澄，元之儒者，学出象山，以尊德性为本；所撰《道德真经注》四卷，与苏辙指意略同，亦足以自畅其说。

焦竑采韩非以下解《老子》者六十四家，而纂其精要，裒为《老子翼》一书。钱基博评价说："其首尾完具，自成章段者"，"所采诸说，大抵取诸《道藏》，多非世所常行之本。竑之去取，特为精审；其大指主于阐发玄言。"（第362页）

释德清，号憨山道者，参修心宗，精习《楞严》《法华》，于《老子》书恍有得，撰《道德经解》，乃以禅证老，以惟心止观印决五千言。钱基博评价他"深有得于离言之旨"。（第363页）

杨文会湛深禅觉，撰《道德经发隐》，乃以禅悟发老学，重申"重玄"之旨。其书用"有""无"二门交互言之，以显玄旨，为《道德》五千言之纲领。钱基博评价说：犹之《心经》用"色""空"二门，两相形夺，以显实相，为般若六百卷之肇端也，"无"亦"玄"，"有"亦"玄"，度世经世，皆无二致，乃此经之正宗，可谓理事无碍法界矣！"如杨文会者，则可谓嗣孙登之绝响，而能发老氏之玄谛者也！"（第363页）

（五）老子与孔子的关系

钱基博以史料学的方法，用大量篇幅论述了老子与孔子的关系。

据《庄子·天道篇》，孔子打算藏书于周室，见到了老子。两人对仁与道有一番对话。孔子说："要在仁义。"老子说："请问仁义，人之性邪？"孔子说："然！君子不仁则不成，不义则不生。仁义，真人之性也；又将奚为矣？"老子说："请问何谓仁义？"孔子回答："中心物恺，兼爱无私，此仁义之情也。"老子感叹地说："噫！几乎后言！夫兼爱，不亦迂乎！无私焉，乃私也！夫子若欲使天下无失其牧乎？则天地固有常矣，日月固有明矣，星辰固有列矣，禽兽固有群矣，树木固有立矣。夫子亦放德而行，循道而趋，已至矣！又何偈偈乎揭仁义，若击鼓而求亡子焉！"（第 342 页）这个故事说明，孔子与老子各有不同的思想取向，孔子尚仁，老子尚道。

据《庄子·天运篇》，孔子谓老聃曰："丘治《诗》《书》《礼》《乐》《易》《春秋》六经，自以为久矣，孰知其故矣！以奸者七十二君，论先王之道，而明周召之迹，一君无所钩用。甚矣夫！人之难说也！道之难明邪？"老子曰："幸矣！子之不遇治世之君也！夫《六经》，先王之陈迹也，岂其所以迹哉！今子之所言，犹迹也。夫迹，履之所出；而迹岂履哉！夫白鶂之相视，眸子不运而风化。虫雄鸣于上风，雌应于下风而风化。类自为雌雄，故风化。性不可易，命不可变，时不可止，道不可壅，苟得于道，无自而不可。失焉者无自而可。"孔子不出，三月复见；曰："丘得之矣！乌鹊孺；鱼傅沫；细腰者化；有弟而兄啼；久矣夫！丘不与化为人！不与化为人，安能化人？"老子曰："可！丘得之矣！"（第 343 页）

钱基博认为《庄子·天道》与《天运》都载有孔子与老子对话，应是同一件事。《庄子·天道篇》称：孔子见老聃翻十二经以说，曰"要在仁义"。《天运篇》载孔子见老聃而语仁义。老聃所以难之者，辞意略同，疑是一事两记，故节并之。据《庄子·田子方》，孔子见老聃。孔子出，以告颜回曰："丘之于道也，其犹醯鸡与！微夫子之发吾覆也，吾不知天地之大全也！"据《庄子·知北游篇》，孔子问于老聃曰："今日晏闲，敢问至道？"老聃曰："人生天地之间，若白驹之过隙，忽然而已；注然勃然，莫不出焉；油然漻然，莫不入焉；已化而生，又化而死；生物哀之，人类悲之。解其天弢，堕其天袠，纷乎宛乎；魂魄将往，乃身从之，乃大归乎！不形之形，形之不形，是人之所同知，非将知之所务也，此众人之所同论也。彼至则不论，论则不至；明见无值，辩不若默。道不可闻，闻不若塞，此之谓大得。"（第 344 页）

据《庄子·天运篇》，孔子行年五十有一而不闻道，乃南之沛，见老聃。老聃曰："子来乎？吾闻子，北方之贤者也；子亦得道乎？"孔子曰："未得也。"老子曰："子恶乎求之哉？"曰："吾求之于度数而未得也。"老子曰："子又恶乎求之哉？"曰："吾求之于阴阳，十有二年而未得。"老子曰："然！使道而可献，则人莫不献之于其君；使道而可进，则人莫不进之于其亲；使道而可以告人，则人莫不告其兄弟；使道而可以与人，则人莫不与其子孙；然而不可者，无它也；中无主而不止，外无正而不行。由中出者，不受于外；圣人不出。由外入者，无主于中；圣人不隐。名，公器也，不可多取。仁义，先王之蘧庐也，止可以一宿而不可久处，觏而多责。"（第344～345页）

据《史记·孔子世家》及本传，孔子曰："吾闻诸老聃曰：'天子崩，国君薨，则祝取群庙之主而藏诸祖庙，礼也。'"孔子曰："昔者吾从老聃助葬于巷党，及堩，日有食之。老聃曰：'丘！止柩！'就道右，止哭以听变。既明，反而后行。"[1]

据《史记》本传，老子修道德，其学以礼为忠信之薄；然处不违俗而为周史，守其藏室；以故明于礼而能对孔子之问也！以上孔子问礼于老子。居周久之，见周之衰，乃遂去，至关，关令尹喜曰："子将隐矣！强为我著书！"于是老子乃著书上下篇，言道德之意，五千余言。

据《礼记·曾子问》，子夏问："三年之丧卒哭，金革之事无辟也者，礼欤？"孔子曰："吾闻诸老聃曰：'昔者鲁公伯禽有为为之也。'今以三年之丧从其利者，吾弗知也。"[2]

钱基博详尽地引用了《庄子》各篇（如《庚桑楚篇》《天下篇》《则

---

[1] 孔子曾向老子学习。《史记·老子韩非列传》记载："孔子适周，将问礼于老子。"《史记》载孔子三十多岁时曾问礼于老子，临别时老子赠言曰："聪明深察而近于死者，好议人者也。博辩广大危其身者，发人之恶者也。为人子者毋以有己，为人臣者毋以有己。"这是老子对孔子善意的提醒，也指出了孔子的一些毛病，就是看问题太深刻，讲话太尖锐，伤害了一些有地位的人，会给自己带来很大的危险。

[2] 《孔子家语·观周》有孔子对老子的回忆，以老子为师。在孔子的心目中，老子确实有经验，循循善诱。

阳篇》《养生主篇》《天道篇》《在宥篇》《应帝王篇》《知北游篇》《田子方篇》《天运篇》）中有关老子与孔子的材料，与《史记》对证，认为《庄子》的记载基本上是可以相信的。他说：

> 余观古之称老聃者，莫详于庄生。庄生寓言著书十余万言，无所不窥；然其要本归于老子，而于老子论议所从游及其死，凿凿言之，有始有卒，不类无端崖之辞；疑出古道者之传说，而庄生闻见所逮以著诸篇者也。其言"周之征藏史有老聃"，孔子往见，退而谓弟子，喻以"见龙"；又称"老聃西游于秦"，俱与《太史公书》合。而《太史公书》两叙孔子问礼老子，或者疑其不类；然可征信于《礼·曾子问》之篇者也。虽行年不可核考，而其人其事，要非无征不信者矣！然庄生书，特会老子之指。（第350页）

钱基博认为老子的学问是先秦诸子的重要源头。他在刘孚京《诸子论·乙》一文的末尾考证说："大约老子之学无所不赅，彻上彻下，亦实亦虚，学之者不得其全，遂分为数派：其得老子之玄虚一派者，为杨朱，为庄周。得老子之刻忍一派者，为刑名家，为法家。得老子之阴谋一派者，为兵家，为纵横家。"[①]

在钱基博看来，由于老子的思想涉及面广，所以在后世就分衍出不同的学术流派。其实，根本的原因在于老子思想的哲学性，哲学是具有普遍意义的学问，必然为各个学派所利用。

二、对庄子的研究

钱基博对《庄子》颇有研究，著《读庄子南华真经卷头解题记》《读庄子天下篇疏记》及其《叙目》等。

---

① 钱基博编：《国学文选类纂》，华中师范大学出版社2013年版，第234～235页。

（一）《读庄子南华真经卷头解题记》

钱基博在《读庄子南华真经卷头解题记》说，战国时期的思想家有一个共同点：纵横驰骋，视野开阔，不论是庄子，还是孟子，都擅长纵横策论。他们"上知造物无物，下知有物之自造也，恢恑憰怪，道通为一。盖庄子之学出于老子，而发以纵横家言；犹孟子之学出于孔子，而发以纵横家言也。战国策士，纵横抵巇，以谬悠之说，荒唐之言，无端崖之辞，虽儒者之纯实，道家之清净，吐辞为经，犹不能出纵横策士之囿焉"①。

钱基博论述了老子与庄子的关系：老子讲道法自然，庄子畅发其意；老子提要钩玄，庄子博学详说；老子正言欲反，庄子寓言用譬。②

钱基博说：《庄子》有古本与今本，读《庄子》要注意版本。"《汉书·艺文志·诸子略》：'《庄子》五十二篇。'晋向秀注二十八篇，未卒业；郭象得其书而足成之，自注《秋水》《至乐》二篇，又易《马蹄》一篇，为三十三篇，内篇七，外篇十五，杂篇十一；凡六万五千九百余字，唐开元十九年，侍中裴光庭请册四子；天宝元年，诏册《庄子》，宜依旧曰《南华真经》，义取离明光华，发挥道妙也。"（第45页）钱基博认定今本《庄子》是向秀、郭象在古本的基础上删定的，郭象继承并发展了向秀的庄学思想。

《庄子》有《内篇》《外篇》《杂篇》。钱基博说："大抵《内篇》七，皆抒所自得，辞趣华深，故别立篇目，特标三字以揭指归，如《逍遥游》《齐物论》之属，是也。《外篇》《杂篇》非所经心，则任取篇首二字标题而已。"（第45页）

---

① 钱基博：《读庄子南华真经卷头解题记》，原载《光华大学半月刊》。此引自《华中师范大学学报·纪念钱基博先生诞辰百周年专辑》（1987年增刊），第45页。本小节括号内页码均出自此篇。

② 老子是庄子没有见过面的老师，但庄子对老子的思想有很大的发挥：老子讲道法自然，庄子用自然为喻；老子正言欲反，庄子寓言用譬；老子言"道德"，庄子言"内圣外王"。

关于《内篇》，钱基博说："俯仰乎天地之间，逍遥乎自得之场，固养生之主也。然人间世情伪万端，而与接为构，日以心斗；惟无心而不自用者，为能放乎逍遥而得其自在也。夫惟逍遥之至者，为能游心乎德之和，不系累于形骸，而见其所丧；视丧其足，犹遗土也；斯固德充之符矣！若是则虽天地之大，万物之富，其所宗而师者无心也。夫无心而放乎自在，任乎自化者，应为帝王也。然则《养生主》《人间世》及《德充符》三篇，所以尽《逍遥游》不言之指，而《大宗师》及《应帝王》，则以竟《齐物论》未发之蕴者也。此《内篇》七也。"（第45~46页）

关于《外篇》，钱基博说："凡《外篇》十五：曰《骈拇》，曰《马蹄》，曰《胠箧》，曰《在宥》，四篇言绝圣弃知、绝仁弃义以去性命之桎梏。曰《天运》，言逍遥无为之为采真之游。曰《刻意》，言逍遥之在恬淡寂寞虚无无为。曰《缮性》，言以恬养知之为逍遥。曰《至乐》，言至乐惟逍遥于无为。曰《达生》，言弃世则无累于逍遥。曰《山木》，言虚己以游世之孰能害。曰《田子方》，言游于物之初。此言《逍遥游》也。曰《天地》，言不同同之之为王德。曰《天道》，言静而圣、动而王之一于虚静恬淡寂寞无为；所以明内圣外王之无二道；亦《齐物论》之指也。《秋水》言小大之齐，《知北游》言死生之齐。此言《齐物论》也。"（第46页）

对《庄子》的《内篇》与《外篇》，钱基博还进一步辨析说："大抵《内篇》，庄子立言以自抒所见；而《外篇》则引释老子之言者为多；疑庄生先读《老子》有所会，而笔之成《外篇》；又以意有未尽，乃自著书，成《内篇》；故《外篇》十五，可作老子注读；而《内篇》则多老子之所引而未发者，题曰《内篇》以别于外者；推其意，若曰：《外篇》所记，不过得老子之所得，犹为外铄我而未能自有得也；未若《内篇》之自得其得，内心有耀也。此《外篇》与《内篇》之别也。"（第45页）

历来有人怀疑《庄子》的《杂篇》，钱基博却认定是庄子所撰。"《杂篇》只以记琐闻，备遗忘；其与《外篇》有殊者，盖《外篇》如近人之读《老》札记；而《杂篇》则庄生之见闻随笔也，其语浅深杂出，如《让王》《盗跖》《说剑》《渔父》四篇，率尔而谈，乏闳雅之致。"（第45页）针对"世儒多疑为后人搀入者"，钱基博考证说："《太史公书》传《庄子》，已云'作《渔父》《盗跖》《胠箧》'，则固庄生书所旧有。盖随笔杂记，不经意之作，浅率亦复何害；非若《内篇》之成一家之言，自铸伟词，未宜以轻心掉之也。终之以《天下篇》，则庄生自明其著书之趣也；宜出《杂篇》，而别署为《叙录》，以殿于后，如《太史公书》之终以《自序》，班固《汉书》之竟以《叙传》也。"（第45页）

关于《庄子》与《老子》的旨意，钱基博说：老子言"道德"，庄子言"内圣外王"。道也者，人之所共由也；庄子谥之曰"外王之道"。德也者，我之所自得也；庄子谥之曰"内圣之道"。内圣得其自在，外王蕲于平等。（第45页）

关于老、庄的关系，钱基博认为庄子思想源本在老子。"昔老子著书上下篇，言'道法自然'，庄子乃畅发其意；老子提要钩玄，庄子博学详说；老子正言欲反，庄子寓言用譬。"（第45页）钱基博在《老子道德经解题及读法》曾说："余观古之称老聃者，莫详于庄生。庄生寓言著书十余万言，无所不窥；然其要本归于老子，而于老子论议所从游及其死，凿凿言之，有始有卒，不类无端涯之辞；疑出古道者之传说，而庄生闻见所逮以著诸篇者也……然庄生书，特会老子之指。谨撰生书所纪，旁参史公之书，次其行事，以备读《老子》书者考览焉。"[①]

对于《庄子》的内容分篇，钱基博说可以分为两大类别，其中讲逍遥的有二十篇，讲齐物的有十二篇，另有《天下篇》为《叙录》。从篇名，《庄子》详于内圣而略于外王。

钱基博认为《逍遥游》之旨在于"体任性真，故自由而在我"（第45页）。《养生主》《人间世》《德充符》《天运》《刻意》《缮性》《至乐》《达生》《山木》《田子方》《外物》《让王》《盗跖》《渔父》《列御寇》等都是讲逍遥的。它们分别表达逍遥无为之为采真之游，讲了恬淡、寂

[①] 曹毓英选编：《钱基博学术论著选》，华中师范大学出版社1997年版，第443页。

寞、虚无、无为等逍遥之形式，以恬养知之为逍遥。

钱基博认为《齐物论》之旨在于"理绝名言，故平等而咸适"。（第45页）《大宗师》《应帝王》《天地》《天道》《秋水》《庚桑楚》《徐无鬼》《则阳》《寓言》《说剑》等都是讲齐物的。

钱基博说，尽管《庄子》一书的内容洋洋洒洒，但"一言以蔽之，曰道法自然，无殊于内圣外王也。不任自然，则失其性命之情。一任自然，则安于性命之情。性命之安在我，则放乎逍遥之游，内圣之德也。性命之安在物，乃以征物论之齐，外王之道也。此庄子书之大指也"（第46页）。

针对荀子讥讽"庄子蔽于天而不知人"，钱基博反驳说："庄子不云乎：道之真以治身，其绪余以为国家，其上苴以治天下，由此观之，帝王之功，圣人之余事也，非所以完身养生也。"（第46页）

钱基博把《庄子》与《战国策》的文风进行了比较，说："庄子之文，纵横轶荡，长于讽喻。略似《战国策》。然庄子之文，以无为有；《国策》之文，以曲作直；为言不同，而兴象则一；亦不可不知也。"（第46页）

(二)《庄子闲谈》[①]

钱基博撰《庄子闲谈》，以问答的形式阐述了以下几个观点。

第一，如何读《庄子》？

钱基博回答："读《庄子》书，不可不知庄生。"庄子写此书，是为了"曼衍穷年"。所谓"曼衍穷年"，就是"穷人之说以伸己说"。穷，穷究之意。钱基博说："余读《庄子》书《外篇》，多引老子之言而申之；而《内篇》则自言其言，多与老子殊指。疑生者先读《老子》书，随记所解，成《外篇》；既而别有会心，出《老子》书之外，因纂《内篇》，以申所见。然则《外篇》者，庄生读老之记；而《内篇》则生自

[①] 原刊于《清华周刊》1926年第25卷第4期。现收录在《子部论稿》，华中师范大学出版社2014年版，第9～10页。此小节引文均引自此处。

著之书也。"《庄子》的内外篇有区别,《内篇》内容多是庄子自己的思想,《外篇》是对《老子》思想的发挥。

第二,读《庄子》之后,容易使人产生放任自流的观念,这是不是有益于人生?

钱基博回答:这要取决于各个人是努力还是不努力。如果知道努力,《庄子》又怎么会伤害人的进取心呢!《庄子》的《齐物论》与《逍遥游》各有功效,人要相力而作抉择。"夫物未尝以大欲小,而必以小羡大。故《逍遥游》举鲲鹏之大,蜩鸠之细两相形;而后知大以成大,小以成小,物任其性,事称其能,各当其分,无所用羡,则羡欲之累可以绝矣。夫患生于累,累绝则患去,患去而性命不安者,未之有也!若乃失乎忘生之主而营生于至当之外,事不任力,动不称情;则虽垂天之翼,不能无穷;决起之飞,不能无困矣!"

(三)《读庄子天下篇疏记》

对于《庄子》,钱基博下力最多的是《天下篇》,他将《天下篇》从杂篇中分出,认为此篇是全书的叙录。他撰有《读庄子天下篇疏记》,这是一部3万字的著作,商务印书馆1930年出版。

钱基博在《读庄子天下篇疏记》中介绍了自己的写作经过,说在教学中"论庄生此篇以授及门,壬戌以来,四年六度矣,今年第七度也"(第221页)[①]。他追求的是"务正学以言,毋曲学以阿世"(第221页)。对于庄学,钱基博有一个基本的出发点,那就是庄子之学,本之于老子之言。庄子之学含有"内圣外王之道"。庄子奥旨所寄,尽于《逍遥游》《齐物论》两篇:《逍遥游》喻众生之大自在;《齐物论》阐众论之无不齐。《逍遥游》讲适己性,是内圣之道;《齐物论》讲与物化,是外王之道。

《读庄子天下篇疏记》不仅引用《庄子》其他篇的内容考证《天下

[①] 以下引文后标注括号页码均出自钱基博《子部论稿》,华中师范大学出版社2014年版。

篇》，还旁征博引了诸子文献，特别是后世对《庄子》的研究文献，逐字逐句考证《天下篇》，使这篇注释达到了很高的水平，为我们研究古代学术史提供了新成果。

研读《庄子》，钱基博采用了四种方法：以子解子；稽流《史》《汉》；古训是式；多闻缺疑。所谓以子解子，主要是本证方法。"凡微言大义之寄：墨之言解以《墨子》书，老之言解以《老子》书，庄之言解以《庄子》书，公孙龙之言解以《公孙龙子》书。"（第218页）或者，采用一学派相近的文本，"其书之后世无传焉者，则解以所自出之宗：如宋钘之明以墨，田骈、慎到之明以老、庄，惠施之明以老、庄；犹不足，则旁采诸子书之言有关者，如宋钘之明以荀、孟"（第219页）。所谓古训是式，即"凡名物训诂之细，陆氏《释文》有置之不解，解不可通者，必稽训于古经、古子、古史以求义之所安"（第219页）。

钱基博注重诸子之间的传承关系与特点。他提出庄子之学出自老子；庄子讲内圣外王；惠施是道家之旁门。钱基博自评他撰写的《读庄子天下篇疏记》："匪徒一家之疏记，将发九流之管钥。"（第220页）钱基博认为在庄子眼中，各家学术虽有所不同，但从源头来看，都出自"古之道术"："庄生著篇以论衡天下之治方术者……皆许为出'古之道术'，而不私'道'为一家之所有；且历举其人，明其殊异，而不别之曰某家某家。"（第220页）至于后来司马迁谈及刘向父子将诸子分为各家，主要是为了称呼之便，并非为标明诸子思想的差异："盖诸子之别某家也，始著于史谈之《论六家要指》；论定于刘向父子之校《诸子略》；徒以便称举明概念耳；非其本真如此；按之庄生此篇而可知也。"（第221页）

钱基博在《读庄子天下篇疏记·叙目》中，控诉军阀混战给国家和人民带来的苦难："徒以强藩称兵，民政解纲，国且不国，何有于民？流离死亡者，百万不尽数。赤地千里，城门昼不开者三日。戎马生郊。天下汹汹，未知何时可已。而仆家居江南，荐毁其室；方跻强仕之年，重闵有生之酷；即此足以刳心去智，齐得丧，一成毁，放乎自得之天，而不以桎我神明；宁必以梁元帝围城讲老子为大厉哉！斯固圣者之遂

命,而为庄生之所许已。"(第221页)

钱基博认为老庄思想中有救乱世之方:"大抵百家之所为殊异于老、庄者:老、庄弃智而任道,百家遗道而徇智……盖道者主'一'以窥大道之全;而百家裂'道'以明'一曲'之智;'浑沦'之与'琐碎'异,'玄同'之与'相非'违也……此道者所以于百家为最高,而救一切圣智之祸也!"(第232~233页)

钱基博对向秀、郭象的《庄子注》和陆德明的《经典释文·庄子音义》评价较高。他认为焦竑的《庄子翼》、王先谦《庄子集解》和郭庆藩《庄子集释》虽各有所短,但也有参考价值。

钱基博指出庄子本于老子之意旨,用寓言作譬的形式阐发"道法自然"的大意,"盖庄子之学出于老子,而发以纵横家言"。他分析了《庄子》内、外、杂三篇与老子的关系、篇章的含义及其注疏流传情况,指出:"《庄子》言之注者夥矣,要以晋向秀、郭象《注》为能会玄旨;而以唐陆德明《音义》为多存旧诂;后人合刊为一而相辅以行;如车之有两轮,鸟之有双翼也。明焦竑撰《庄子翼》,搜采众家,观其会归,而未核于诂。近儒王先谦《庄子集解》,郭庆藩《庄子集释》,于旧诂咸多核定,而未顺于训。亦各有所蔽也。倘以资参证,勘异同,斯亦通人所不废焉。"[①]

近代以来,研究《庄子》的学者很多,如王先谦撰《庄子集解》,郭庆藩撰《庄子集释》,而钱基博对《庄子》的研究侧重于比较分析,自成一说。

第三节 对墨家、法家、名家的研究

一、对墨家的研究

关于墨家,钱基博在《读太史公谈论六家要指考论》《周秦诸子聚

[①] 钱基博:《读庄子南华真经卷头解题记》,《华中师范大学学报·纪念钱基博先生诞辰百周年专辑》(1987年增刊)。

讼记疏证》《读庄子天下篇疏记》《墨辩学考略》都有论述。

钱基博在《读太史公谈论六家要指考论》谈论墨家，指出："自来论墨者多訾其兼爱；而《太史公书》独论其节用。"墨子于《太史公书》两见：一附见《孟轲荀卿列传》之末，其文："盖墨翟宋之大夫；善守御，为节用。或曰并孔子时。或曰在其后。"一见《论六家要指》，其文："墨者俭而难遵，是以其事不可遍循；然其强本节用，不可废也。"

钱基博《读庄子天下篇疏记》比较了庄、墨两家，提出："庄生之道，在贵身任生，以无为而治；而见墨者之教，劳形动生，以自苦为极……墨翟'以绳墨自矫而备世之急'，其权略足以持危应变，而所学该综道艺，洞究象数之微；此庄生所以甚非其行而卒是其意。"①

以下重点介绍两本书。

（一）《周秦诸子聚讼记疏证》

钱基博撰有《周秦诸子聚讼记疏证》②。聚讼，就是争议，钱基博发表了对争议的看法。全篇采用了"以子证子"的方法。钱基博说："余之为学，向持以经诂经，以子治子之法。昔尝授同学诸子，因刺取诸子书中之相互诋讥者，彼此勘论，疏通证明，以发其真。"这是朴学向来流行的本证方法，以诸子证诸子，从内部寻找依据，最能说服人。

1. 墨学的源头

墨子之学，出于夏禹。

大禹者，墨翟之所宗，而杨朱则老聃之支裔。钱基博引用《庄子·应帝王篇》《寓言篇》两记杨子居见老聃事，作为证据。钱基博引《列子·杨朱篇》杨朱语："人肖天地之类，怀五常之性。有生之最灵者，人也。人者，爪牙不足以供守卫，肌肤不足以自捍御，趋走不足以逃利害，无毛羽以御寒暑，必将资物以为养性，任智而不恃力。故智之所

---

① 钱基博：《读庄子天下篇疏记》，曹毓英选编：《钱基博学术论著选》，华中师范大学出版社1997年版，第379页。
② 此书现收入钱基博：《子部论稿》，华中师范大学出版社2014年版，本小节引文均出自该书。

贵，存我为贵。力之所贱，侵物为贱。然身非我有也，既生不得不全之。物非我有也，既有不得不去之。身固生之主，物亦养之主。虽全生身，不可有其身，虽不去物，不可有其物。有其物，有其身，是横私天下之身，横私天下之物。其唯圣人乎？公天下之身，公天下之物。其唯至人矣！此之谓至至者也。"钱基博说："'然则杨朱者，其指在存我而不侵物者也。损一毫，利天下，不与也。悉天下，奉一身，不取也。'而要其归于圣人'公天下之身，公天下之物'，是岂为我而'无君'者哉！至于墨翟兼爱而非无父，犹之杨氏为我而非无君。"（第41页）

2. 墨学的思想

墨子推崇贵俭、兼爱、尚贤、节葬、右鬼、非命、尚同。钱基博对墨子的节葬思想进行了重点研究，他指出：凡生于天地之间，其必有死，所不免也。孝子之重其亲也，慈亲之爱其子也，痛于肌骨，性也；所重所爱，死而弃之沟壑，人之情不忍为也，故有葬死之义。葬也者藏也，慈亲孝子之所慎也；慎之者，以生人之心虑；以生人之心为死者虑也，莫如无动，莫如无发。葬不可不藏也，葬浅则狐狸抇之，深则及于水泉，故凡葬必于高陵之上，以避狐狸之患，水泉之湿，此则善矣；善棺椁，所以避蝼蚁蛇虫也。（第37～38页）

钱基博批评厚葬风气，指出：今世俗大乱之主，愈侈其葬，则心非为乎死者虑也，生者以相矜尚也；侈靡者以为荣，俭节者以为陋，不以便死为故，而徒以生者之诽誉为务，此非慈亲孝子之心也。（第38页）

钱基博主张薄葬，其引《吕氏春秋》之言：尧葬于谷林，通树之。舜葬于纪市，不变其肆。禹葬于会稽，不变人徒。是故先王以俭节葬死也……故先王之葬，必俭，必合，必同。何谓合？何谓同？葬于山林，则合乎山林；葬于阪隰，则同乎阪隰；此之谓爱人。（第38页）钱基博认为，早在春秋时期就有主张节葬的思想，节葬思想不始于墨子。"且言节葬者，奚独墨子也？"钱基博列举了《左传》"成公二年八月，宋文公卒，始厚葬，用蜃炭，益车马，始用殉，重器备，椁有四阿，棺有翰桧"，以史料说明，墨子之前已有士大夫批评君主，"君生则纵其惑，死

又益其侈"。(第37页)

与丧葬思想相关的是鬼神论,历来的儒家总是批评墨子的鬼神论,汉代王充《论衡·薄葬篇》介绍说:"墨家之议右鬼,以为人死辄为神;鬼而有知,能形而害人……儒家不从,以为死人无知,不能为鬼。"针对这两种不同的思想,钱基博认为"墨子亦有可议,而儒论未可厚非者"。钱基博赞赏近人夏曾佑的持中观点。夏曾佑在撰写的历史书中,认为墨家的薄葬思想与佑鬼思想"不相违而相成",与汉代王充《论衡》中的思想有差异。墨子既欲节葬,必先明鬼;有鬼神,则身死犹有其不死者。天下流行的鬼神之教,诸职佛教、耶教、回教,其丧礼都是从简的。有鬼神观念,就会看淡生死,就会认定"生之时暂,不生之时长,肉体不足计"。钱基博认为夏曾佑的观点"傥足以发墨氏之症结,而能持论家之平者耶"。(第39~40页)

3. 墨学无父

《孟子》一书对墨子的思想有一些评述,说"圣王不作,诸侯放恣,处士横议,杨朱、墨翟之言盈天下!天下之言,不归杨,则归墨。杨氏为我,是无君也。墨氏兼爱,是无父也。无父无君,是禽兽也"。《孟子》曾经批评墨子"无父",曰"以薄为道"。

针对《孟子》,钱基博举了大量例子,证明墨子重视亲情,"孝利亲也"。钱基博批评《孟子》对《墨子》的解读"皆属望文生义","其辞而加之罪;未为挚论也"!

钱基博指出:《庄子·天下篇》历引天下之治方术者,自墨翟、禽滑厘以迄桓团、公孙龙辩者之徒,不及杨朱。《韩非子·显学篇》并称儒墨,而杨朱不与焉。独孟子称"天下之言,不归杨,则归墨",而《庄子·徐无鬼篇》亦称儒墨杨秉四与惠子为五,则亦以显学目杨朱矣。(第40页)

《孟子》认为杨子与墨子各有偏执:"杨子取为我;拔一毛而利天下,不为也!墨子兼爱;摩顶放踵,利天下为之。"《孟子》提出不要执中。"子莫执中,执中为近之。执中无权,犹执一也。所恶执一者,为其贼道也，举一而废百也。"

针对《孟子》的这种见解，钱基博指出孟子的思想本身就有折衷：孔子言"仁"，而孟子兼权以"义"，盖即折衷杨、墨之说。何者？"义"从我羊，谊取"善我"，非即"杨氏为我"之指乎？"仁"从"人二"，训为"人偶"，非即"墨子兼爱"之义乎？钱基博分析认为，自孟子之言推之：徒"仁"而不制"义"，则舍己而以徇人，人情之所难能也……徒"义"而不体"仁"；则背群而私利己，人道或几乎息矣！徒"义"而不体"仁"者，杨氏之"为我"也。徒"仁"而不制"义"者，墨子之"兼爱"也。为蔽不同，"执一"则钧。孟子"执中"而权，故交讥焉。审乎是者，可以得孟子距杨墨之情矣。（第47～48页）

(二)《墨辩学考略》

钱基博撰有《墨辩学考略》①。《墨子》一书内容丰富，其中有些内容是讲墨辩。历来有学者研究墨辩，其学术演变的路径如何？钱基博在《墨辩学考略》，作了条辨。钱基博是按时间线索考证的：

鲁胜有《墨辩注》，称《经》《经说》为"辩经"。其叙见《晋书·隐逸传》。钱基博说鲁胜"实开后世言《墨辩》者'引《说》就《经》'之先例。然其书不传"。

到了清代，有仁和卢文弨、阳湖孙星衍始校《墨子》书，多所是正。毕沅根据卢、孙二校，以意折衷，所正复多于前，文义粲然；更为注解，成《墨子注》，其中考见了《墨辩》古本写法。武进张惠言著《墨子经说解》，正其句读，通其指要，《墨辩》乃有专注。后来研究《墨辩》的人都以张惠言为宗师。

钱基博对近代以来的墨学家给予了充分肯定，他推崇瑞安孙诒让，说他"集众家说墨，下以己意，成《墨子间诂》十五卷，最称精博"。钱基博认为，余杭章炳麟撰《原名明见》，以欧土逻辑、印度因明诂说

---

① 原刊于《清华周刊》1926年第25卷第15期。现引自钱基博《子部论稿》，华中师范大学出版社2014年版，第20～22页。

《墨辩》，著《国故论衡》；而后读者知《墨辩》所涵有因明，有逻辑！长沙章士钊有《名学他辩》《名墨訾应考》之篇，绩溪胡适有《墨经新诂》之作，以欧土逻辑治《墨辩》，有所浚发。新会梁启超年积二十年之功力，著《墨经校释》。

在墨辩学流传的过程中，出现了一些分歧的观点。如胡适依鲁胜之序，称《庄子·天下篇》所叙惠施、桓团、公孙龙辩者之徒为"别墨"，与梁启超同。而章士钊明其不然，以为"施、龙祖述墨学，说创鲁胜，前未有闻"。针对这种分歧，钱基博发表了个人的见解。他说：《汉书·艺文志》名墨流别，判然不同；施、龙之名，隶名而不隶墨。《荀子·解蔽篇》云："墨子蔽于用而不知文，惠子蔽于文而不知实。"墨、惠并举，而所蔽之性，适得其反。惠、墨两家，同论一事，其义莫不相反。钱基博以"一尺之棰，日取其半，万世而不竭"为例，说墨子与惠子的解读是完全不一样的。

此外，钱基博还写了《书梁启超墨经校释后》，对清代以来的墨学家一一作了点评，说孙星衍"多所是正"，毕沅"文义灿然"，张惠言"通其指要"，称赞"南海邹伯奇素治西来天算重光之学，比次重差旁要诸术以解《墨经》，具著其说于《学计一得》，转相发明，而后读者知《墨辩》所涵，有算术，有光学，有重学"[①]。

二、对法家的研究

法家是先秦时期的重要学术流派。钱基博撰有《读韩非子卷头解题记》[②]，其中体现了他对法家的见解。关于《韩非子》成书的过程，钱基博认为："非所著书本各自为篇。非殁之后，其徒收拾编次以成一帙；故在韩在秦之作，均为收录，并其私记未完之稿，亦收书中；名为非撰，实非非所手定也。"

---

① 钱基博：《序跋合编》，华中师范大学出版社2014年版，第378页。
② 此篇原刊于《中国语文学研究》，中华书局1935年版。现引自钱基博《子部论稿》，华中师范大学出版社2014年版，第29~32页。

钱基博分析韩非子撰《韩非子》的原因，是有感于诸侯国"治国不务修明其法制……反举浮淫之蠹，而加之功实之上……儒者用文乱法，而侠者以武犯禁。宽则宠名誉之人，急则用介胄之士；今者所用非所养，所养非所用"。于是，"观往者得失之变，故作《孤愤》《五蠹》《内外储》《说林》《说难》十余万言"。

针对汉代司马迁《太史公自序》称"韩非囚秦，《说难》《孤愤》"，钱基博认为这"乃史家驳文，不足为据"。理由是秦王囚禁韩非之前，就已读到了《孤愤》《五蠹》等书，"非之著书，当在未囚秦前"。

钱基博又对《韩非子》中的法、权、势这三方面的内容进行了分析。凡法家之言三十八篇，而其为义也三：曰"法"，曰"术"，曰"势"，而不徒"法"者，盖"法"行以"势"，则有威；而"法"驭以"术"，则不测。

对《韩非子》的篇章，钱基博进行了分类，指出：《有度》第六，《孤愤》第十一，《南面》第十八，《饰邪》第十九，《安危》第二十五，《守道》第二十六，《用人》第二十七，《大体》第二十九，《外储说左上》第三十二，《外储说左下》第三十三，《问田》第四十二，《说疑》第四十四，《诡使》第四十五，《六反》第四十六，《八说》第四十七，《饬令》第五十三，《心度》第五十四，《制分》第五十五，凡十八篇，都是论"法"的。《二柄》第七，《观行》第二十四，两篇，是谈"术"的。《爱臣》第四，《八奸》第九，《奸劫弑臣》第十四，《三守》第十六，《备内》第十七，《功名》第二十八，《难势》第四十，《人主》第五十二，凡八篇，是说"势"的。此外，有杂论"法""术"的，如《和氏》第十三，《内储说上七术》第三十，《定法》第四十三，《八经》第四十八，凡四篇。有杂证"法""势""术"的，如《内储说下六微》第三十一，《难一》第三十六，《难二》第三十七，《难三》第三十八，《难四》第三十九，凡五篇。有辩"法"与"术"所以异趣的，如《定法》第四十三。有论"法"与"势"所相须的，《难势》第四十。"法术之学"是《韩非子》的中坚。

《韩非子》虽然是法家书籍，但与法家书籍《商君书》是有区别的。钱基博指出："术者，因任而授官，循名而责实，人生之所执，藏之于胸中，以偶万端而潜偶群臣者也。法者，臣之所师，宪令著于官府，刑罚必于民心，编著之图籍，而布之于百姓者也。故法莫如显，而术不欲见。此非之学所以自成其为刑名法术之学，而不同于《商君书》者也。"

关于《韩非子》一书的属性，针对《汉书·艺文志》以非书入法家，钱基博提出《韩非子》不能仅以法家属性限定其书，《韩非子》有多种属性，"今读《五十五篇书》，然后知非之学，兼综百氏，原道修法，执势正名，辨难出纵横，博喻似小说，不名一家，而非暧暧姝姝一先生之言者可比也"。《难言》第三，《说难》第十二，《初见秦》第一，《存韩》第二，捭阖飞箝，以为抵巇；纵横家言。《说林上》第二十二，《说林下》第二十三，道听途说，比于拾遗；小说家言。《十过》第十，《亡征》第十五，兼儒墨之义，综名法之论，杂家言。还有非议其他学派的，如《忠孝》非道家，《显学》非儒墨，《问辩》非儒名，《五蠹》非纵横。

钱基博评价《韩非子》有杂家性质，"大抵韩非尽斥尧、舜、汤、武、孔子；而兼取道德、刑名、法术之说，加刻核焉；指事类情，剽剥儒者"。

钱基博甚至认为韩非思想的本源与道家有某些关系。他以《太史公书》中的资料为例："老子所贵道虚无，因应变化于无为。申子卑卑，施之于名实。韩子引绳墨，切事情，明是非，其极惨礉少恩，皆原于道德之意。"他又分析了《韩非子》的一些篇名，如：《解老》第二十，《喻老》第二十一，道家言也。《主道》第五，《扬权》第八，大指言"道以名为首，名正物定，名倚物徙。故圣人执一以静，令名自命，令事自定。有言者自为名，有事者自为形，形名参同，君乃无事焉"。钱基博说："此本道者之无为，而用名家之正名也。"

钱基博推荐《韩非子》之中有代表性的篇章，说："谨汰其烦复，录其精要，凡十二篇：曰《忠孝》第一，非道家也。曰《主道》第二，明术之出于道也。曰《定法》第三，论法之别于术也。曰《难势》第四，明法之待于势也。曰《难一》第五，《难二》第六，《难四》第八，明法以诘难儒也。曰《显学》第九，非儒墨以中法也。曰《问辩》第十，非儒名以申法也。曰《五蠹》第十一，非纵横以申法也。曰《说难》第十二，事游说以不废纵横也。"

《韩非子》排斥仁义，钱基博认为这是偏激，是影响秦国政治的祸根，咎由自取。"余读《韩非子》书，杂取诸家；独儒墨无所取，而慨乎言之曰：'孔墨不耕耨，则国何得焉！曾史不战攻，则国何利焉！'凡仁人君子，有行有侠之得民者，皆以为匹夫之私誉，人主之大败，实启秦政焚书坑儒之端；而韩非亦不能自免也！"

《韩非子》虽然排斥仁义，但有些篇章却是赞同仁义的。钱基博说：余读《解老篇》称："仁者，谓其中心欣为爱仁也。义者，君臣上下之争，父子贵贱之差也，知交朋交之接也，亲疏内外之分也；臣事君宜；下怀上宜；子事父宜；众敬贵宜；知交友朋之相助也宜；亲者内而疏者外宜；义者谓其宜也。"钱基博评说这是"纯乎纯儒者之言也！斯岂荀卿之教欤？"

《韩非子》自身有矛盾性。一方面，其书"嫉文学之士弥甚"，其言曰："今修文学，习言谈，则无耕之劳，而有富之实；无战之危，而有贵之尊。"另一方面，钱基博评论说："其著书，则文章整赡而切于事情；如《内、外储说》，古以为即连珠之体所肇。淮南《说山》实首模效之。扬雄、班固乃约其体而号连珠矣！"

对《韩非子》的注释与版本，钱基博也有论述。他说：旧有《尹知章注》，见《唐书·艺文志》，不载卷数，盖其亡久矣！清儒卢文弨《群书拾补》、王念孙《读书杂志》、俞樾《诸子平议》都对《韩非子》有研究。王先慎旁采诸家，而折衷以己意，为《韩非子集解》一书，校其讹阙，正其义故，视旧注后来居上。

钱基博在《中国文学史》第二章谈到李斯，对李斯有正面评价，说："丞相李斯，与韩非同事荀卿，不师儒者之道，而以法术为治。"钱基博认为秦时的文风与政风有相通之处："斯初入秦，以楚人拜客卿，会韩国人郑国来间秦，已而觉，秦宗室大臣请一切逐客，李斯议亦在逐中。"李斯"上书谏逐客，辞特弘赡，而用笔急转直驶，终是削刻本色。大抵秦法峻急，秦文刻核，骨多少肉，气峻无韵，比周文意欠温醇……与政通矣"①。

三、对名家的研究

（一）《名家五种校读记》②

名家是诸子学派之一，钱基博对名家有深入的研究，撰《名家五种校读记》，民国二十年（1931）完稿于无锡后东塾之南廡。此书由无锡国学专修学校1935年5月印行。《名家五种校读记》包含有尹文子校读记、邓析子校读记、慎子校读记、惠子征文记、公孙龙子校读记，另外还分别撰写了尹文子传、邓析子别传、慎子传、惠子传、公孙龙子传。校读记主要是从文献学的角度整理文本，而传记则是对名家各人物的义理分析。

1.《尹文子校读记》

在《尹文子传》，钱基博对其人其事作了考述。尹文子，古人说他源自周朝的尹氏，此人能言善辩。一次，尹文子见齐宣王，宣王不言而叹。尹文子问为什么而叹？齐王回答："吾叹国中寡贤。"尹文子巧妙地回答说："使国悉贤，孰处王下，谁为王使？"在回答之中完成了吹捧。（第290页）

尹文子有无为思想。当齐宣王问治国之事时，尹文回答："人君之事，无为而能容下。夫事寡易从，法省易因，故民不以政获罪也。大道容众，大德容下，圣人寡为而天下理矣。"尹文著书上下篇，言刑名道

---

① 钱基博：《中国文学史》（上册），华中师范大学出版社2011年版，第44页。
② 《名家五种校读记》，载于钱基博《子部论稿》，华中师范大学出版社2014年版。本小节原文均引自此书。

德之意五千余言。其书先自道以至名，自名以至法，以名为根，以法为柄，所贵道虚无因应变化于无为。（第290~291页）

钱基博在《后叙》说：余睹《尹文子》四本：一涵芬楼影印正统道藏本；一涵芬楼影印江南图书馆藏明翻宋本；一中华书局翻印金山钱熙祚守山阁本，后附校记；一湖北崇文官书局刻百子全书本。其中钱校称审核唐魏徵《群书治要》，马总《意林》，采猎所及，有不同他本而字句剧胜者。遂据道藏本以为主，而他本异同，旁逮魏、马所采，雠记于册，亦有钱校所未及者。又以魏、马钩提未得玄要，汰芜存英，而为提要以附于篇。而支分节解，标题于端，以最指要，援《河上公老子章句》之例也。（第291页）

在《尹文子校读记》"大道上"条，钱基博校勘"不待审察而得也"一句，指出涵芬楼子影印江南图书馆藏明翻宋本"待"作"得"，认定是形近而讹。"故明主诛之"句，明翻宋本"明"作"名"，音近而讹。（第284页）

钱基博注意到若干个关键词之间的链接关系，说："大道治者，则名、法、儒、墨自废；以名、法、儒、墨治者，则不得离道。道不足以治，则用法；法不足以治，则用术；术不足以治，则用权；权不足以治，则用势。势用则反权，权用则反术，术用则反法，法用则反道，道用则无为而自治。故穷则徼终，徼终则反始，始终相袭，无穷极也。"（第286页）

形名关系——

在《尹文子校读记》中，钱基博对"形名"作了详细解读。他引用尹文子的观点：大道无形，称器有名。名也者，正形者也，形正由名，则名不可差……有形者必有名，有名者未必有形。形而不名，未必失其方圆白黑之实。名而不可不寻名，以检其差，故亦有名以检形。名者，名形者也；形者，应名者也。然形非正名也，名非正形也，则形之与名，居然别矣，不可相乱，亦不可相无。无名，故大道无称；有名，故名以正形。今万物具存，不以名正之则乱；万名具列，不以形应之则乖。故形名者，不可不正也。

钱基博认为名是划分为不同类别的。他引用尹文子的观点认为，名有三科：一曰命物之名，方圆白黑是也；二曰毁誉之名，善恶贵贱是也；三曰况谓之名，贤愚爱憎是也。

钱基博认为定名称是为了区别。他诠释尹文子的观点说："名称者，别彼此而检虚实者也。今亲贤而疏不肖，赏善而罚恶，贤、不肖、善、恶之名宜在彼，亲、疏、赏、罚之称宜属我。我之与彼，又复一名，名之察者也。"（第286～287页）

刑罚观——

钱基博认为刑罚要适度："凡民之不畏死，由刑罚过，刑罚过则民不赖其生，生无所赖，视君之威末如也。刑罚中，则民畏死，畏死，由生之可乐也，知生之可乐，故可以死惧之。此人君之所宜执，臣下之所宜慎。"（第289页）

别宥观——

钱基博说："余读《庄子·天下篇》，称宋钘、尹文'接万物以别宥为始'。何谓别宥？此其说见于《吕氏春秋·去宥》之篇，设譬以明之。曰：'……故凡人必别宥然后知，别宥，则能全其天矣。'宥，古通囿……疏囿者，筑墙为界域而禽兽在其中也……别囿者，谓不囿于畛域，别而去之也……夫惟别宥，斯能通方。"（第291～293页）

群众观与人才观——

钱基博很欣赏尹文子的观点，说："为善与众行之，为巧与众能之，此善之善者，巧之巧者也。所贵圣人之治，不贵独治，贵能与众共治。工倕之巧，不贵独巧，贵能与众共巧也。今世之人，行欲独贤；事欲独能；辩欲出群；勇欲绝众。独行之贤，不足以成化；独能之事，不足以周务；出群之辩，不可为户说；绝众之勇，不可与征阵。凡此四者，乱之所由生。"（第287页）

钱基博引用尹文子的观点说："是以圣人任道以通其险，立法以理其差，使贤愚不相弃，能鄙不相遗。能鄙不相遗，则能鄙齐功；贤愚不相弃，则贤愚等虑，此至治之术也。"（第287页）钱基博注意到：明君虽能纳正直，未必亲正直；虽能远佞人，未必能疏佞人。钱基博意在强调：君主的言行往往有悖于常理，嘴上说的与行动上做的有差异。作为君主，要改进。作为臣子，要有思想准备。

2.《邓析子校读记》

1931年初，钱基博在光华大学任教时完成《邓析子校读记》。

邓析（前545—前501），河南新郑人，郑国大夫，春秋末期思想家，"名辨之学"倡始人。与子产同时，名家学派的先驱人物。《吕氏春秋·审应览·离谓》记载：邓析操两可之说，设无穷之辞。

世传《邓析子》二篇，其中言天于人无厚，君于民无厚，父于子无厚，兄于弟无厚。势者君之舆，威者君之策。则其旨同于申韩。钱基博认为邓析属于刑名之学，他分析说：言令烦则民诈，政扰则民不定。心欲安静，虑欲深远。则其旨同于黄老。由黄老而为申韩，邓析实管其枢，盖刑名之鼻祖也。大抵刑名之学，要在形名参同。刑者形也，著其事状也；名者命也，命其事物也。今按邓析书曰："无形者有形之本；无声者有声之母。循名责实，实之极也；按实定名，名之极也。参以相平，转而相成，故得之形名。"此形名参同之说也，原不限于言刑法。而后世刑法图籍之编纂，乃以此为帜墨。（第299页）

钱基博认为《邓析子》中"目贵明，耳贵聪，心贵公。以天下之目视则无不见，以天下之耳听则无不闻，以天下之智虑则无不知。视于无有则得其所见，听于无声则得其所闻，故无形者有形之本，无声者有声之母""循名责实，实之极也，按实定名，名之极也""夫治之法莫大于私不行，君之功莫大于使民不争"（第296页）等思想较为重要。

邓析重视农业灌溉技术的推广。《说苑·反质篇》记载：卫有五丈夫俱负缶而入井，灌韭，终日一区。邓析过，下车为教之曰："为机，重其后，轻其前，命曰桥，终日溉韭，百区不倦。"五丈夫曰："吾师言曰：'有机智之巧，必有机智之败。'我非不知也，不欲为也。子其往矣！我一心溉之，不知改已。"（第297页）这样的故事，在春秋末子贡周游列国时也遇到过,说明民风朴实,不尚机巧。

针对《列子·力命篇》说子产杀邓析,钱基博作了一番考证,提出"杀邓析者子然也,非子产也。且子产之死,余二十年矣。而诸子书之言邓析者不一,皆以与子产连称。何哉?信以传信,疑以传疑。"(第298~299页)

《吕氏春秋·审应览》传邓析书五篇,至汉哀帝时,侍中奉车都尉刘歆以相校除复重为二篇。钱基博采用的《邓析子》有三个版本:一涵芬楼影印江南图书馆藏明初刊本;一中华书局翻印金山钱熙祚指海本,有校记;一湖北崇文官书局刻百子全书本。而唐马总《意林》、清马骕《绎史》,于邓析书亦有采猎。钱基博不仅对《邓析子》中的文字校对,还对相关记载邓析的史料也校勘。(第299~300页)

钱基博主要是从文字上校勘,如"驷歜"作"子歜","令"作"全","修"作"循","舟"作"船","渡"作"涉","而"作"之","痛"作"病","呼"作"唾","能"作"得","瘠"作"疲","督跛"作"责兀","凡"作"风","惑"作"感","操"作"据","志"作"忘"等一一校对。例如,"与辩者言,依于要"一句,钱基博说:明初刊本、《绎史》引、百子全书本"要"作"安",此依《鬼谷子》改,然作"安"亦通;"安",即老子"大辩若讷"之意。又,"臣下闭口"一句,明初刊本、百子全书本"闭口"作"闵之",此依《文选·谢平原内史表》注引《慎子》改。

钱基博的校勘方法,大抵是继承了清代乾嘉学派的做法,尽可能广泛搜寻文献,采用了本校、他校、理校,对字形、字义加以辨析,试图董理出一个较完善的本子。

3.《慎子校读记》

慎到,赵人。《荀子·非十二子》《汉书·艺文志·诸子略》《群书治要》《艺文类聚》《太平御览》有相关资料。《慎子》,刘向校定四十二篇,隋、唐《志》皆十卷,《崇文总目》二卷三十七篇。陈振孙《书录解题》著录《慎子》一卷,麻沙刻本五篇,分别是《威德》《因循》《民杂》《德立》《君人》。

据《战国策·楚策》，慎子曾经在楚国为官。楚襄王为太子时，质于齐，怀王薨，太子就回到了楚国。慎子为太子傅，从齐国一直跟到楚国。齐国曾经想获得楚国五百里土地，全靠慎子巧妙地周旋于秦国，而保全其地。

当时，楚人环渊经常向慎子问学。环渊问养性，子慎子回答："故养心必先知自慎也。慎以畏为本，士无畏，则简仁义；农无畏，则惰稼穑；工无畏，则慢规矩；商无畏，则货不殖；子无畏，则忘孝；父无畏，则废慈；臣无畏，则勋不立；君无畏，则乱不治。是以太上畏道，其次畏天，其次畏物，其次畏人，其次畏身。忧于身者不拘于人，慎于小者不惧于大，戒于近者不悔于远。"环渊问："士之或穷或达，何欤？"子慎子回答："士穷于穷，亦通于穷；达于达，亦病于达。故穷之者所以达之也，而达之者所以穷之也。"（第 317~318 页）

钱基博阅读了有关《慎子》的三个版本，评价说：一金山钱熙祚守山阁丛书本，有校记，并辑佚文缀于后，颇称善本；一湖北崇文官书局刻百子全书本；一涵芬楼影印江阴缪荃荪藕香簃写本。三者之中，缪写独多，盖从明万历间吴人慎懋赏刻本写录者。（第 320 页）

钱基博评价道：慎子之学，本于黄老而主刑名，蔽于法而不知贤，然而其持之有故，其言之成理。钱基博对传说中的慎到与滑厘进行了考述，指出慎到与滑厘或许就是慎子：

> 以吾观于战国，而慎氏之有闻者二人焉，曰到，曰滑厘。到之论，尊主以齐民，断法以衡事。先申韩，申韩称之，（语见《汉书·艺文志·诸子略》。）为法家宗。而滑厘则善用兵者，（赵岐《孟子注》语。）鲁欲使慎子为将军，孟子曰："一战胜齐，遂有南阳，然且不可。"慎子勃然不悦，曰："此则滑厘所不识。"著见七篇书者是也。或且为之说曰："滑厘，即到也。"按厘与来通，《诗·周颂·思文》："贻我来牟。"《汉书·刘向传》作"饴我厘麰"是

也。《尔雅·释诂》云："到，至也。"《礼记·乐记》云："物至知知。"注："至，来也。"到与来为义同，然则慎子名滑厘，其字为到欤？（第 319 页）

钱基博在《后序》对《慎子》的辑佚发表了见解，他说：明代流行万历年间吴人慎懋赏的刻本，有人"诩为惊人秘籍"。钱基博不以为然，指出："明人骛古不学，好为矫伪，如丰坊杨慎辈，数见不鲜，固不止一慎懋赏。《慎子》书，陈振孙所见已止五篇，安得明代独出完本。"（第 320 页）慎懋赏不过是缀辑《治要》《意林》《御览》《国语》《国策》《鹖子》《管子》《庄子》《列子》《韩非子》以及汉《贾谊新书》《韩诗外传》《刘向新序》《孔子世家》诸书而已。有些辑佚还出现了问题。

有鉴于此，钱基博作了校勘，"以守山阁本为主，雠记他本字句，旁逮《治要》《意林》诸书所引。其慎懋赏书所独有者，就睹记所及，著其自出，雠校字句，以备考览焉，而所不知，盖阙如也"。（第 321 页）

4.《惠子征文记》

惠子，名施，宋人。与庄子同时。钱基博把有关惠子的资料汇编在一起，为学人研究惠子提供了方便。钱基博对惠施的思想进行了比较性的辨析，说：惠施名而入于辩；邓析名而丽于法。然惠施反人以为怪，邓析舞文以弄法，而一为辩者，一为法家。惠施之学，独传历物。饰辞以相悖，巧譬以相移，饰人之心，易人之意，其大指在玄名相、泯异同而归之于天地一体。（第 329 页）

5.《公孙龙子校读记》

公孙龙，六国时辩士。钱基博主要依据有关《公孙龙子》的三个版本：一涵芬楼影印正统道藏本；一乌程严可均校道藏本；一湖北崇文官书局刻百子全书本。

传闻公孙龙著书十四篇，《汉书·艺文志·诸子略》记载为六篇。史家评价公孙龙：疾名实之散乱，因资材之所长，为守白之论。

据《公孙龙子·迹府》："楚王张繁弱之弓，载忘归之矢，以射蛟兕于云梦之圃，而丧其弓。左右请求之。王曰：'止。'楚王遗弓，楚人得之，又何求乎？仲尼闻之曰：'楚王仁义而未遂也。亦曰人亡弓，人得之而已。何必楚？'若此，仲尼异楚人于所谓人。"

钱基博对名家的一些讨论话题作了辨析。根据《庄子·德充符》载，庄子应惠子曰"今子外乎子之神，劳乎子之精，傍树而吟，据槁梧而瞑。天选子之形，子以坚白鸣"，可以推断"坚白鸣者，惠子也"。根据《骈拇篇》"骈于辩者，累瓦结绳，窜句游心于坚白同异之间，而敝跬誉无用之言，非乎？"他推断："窜句游心于坚白同异之间者，杨墨也。"《荀子·儒效》称坚白同异之分隔，亦指惠施、邓析，而不及公孙龙。钱基博认定："合同异，杂坚白者，非独公孙龙也。"这就是说，不能把名家讨论的问题只归于公孙龙。（第337页）

在《后序》，钱基博针对《汉书·艺文志》"名家者流，盖出于礼官"一句，展开了讨论，指出："班氏之论，未为得名家之意也。夫名之不可不正，起于行礼。"又说："谓正名原起用礼则可，而谓名家出于礼官则不可。"（第338～339页）

钱基博采用比较方法，把儒家之礼与名家之礼进行了分析：

> 盖礼官正名以昭别，而名家玄名以混同，言名同而所以言则殊致。
>
> 礼论小大之殊，而惠施则谓至大无外，谓之大一，至小无内，谓之小一；无厚不可积也，其大千里，小大一体也。
>
> 礼叙尊卑之别，而邓析、惠施则谓山渊平，天地比，尊卑无二也。
>
> 礼重亲疏之等，而邓析、惠施则谓齐秦袭，泛爱万物，亲疏一律也。
>
> 礼别同异之嫌，而惠施则谓大同而与小同异，此之谓小同异，万物毕同毕异，此之谓大同异，同异一致也。
>
> 礼谨是非之辩，而邓析操两可之说，设无穷之辞，以非为

是，以是为非，是非无度，而可与不可日变。公孙龙则谓物莫非指而指非指，是非无定也。

大抵儒者征其有以正名，礼义之教也。名家僈其等以混同，道德之意也。

钱基博最后说，清代章学诚主张把名家排列在法家之前，而《汉志》却把名家排列在法家之后，"失事理之伦叙矣"。（第339页）

（二）《读庄子天下篇疏记》①

名家的学说，可以与《庄子》一书联系起来解读。钱基博在《读庄子天下篇疏记》说：推惠施"历物之意"，其大指在明万物之泛爱，本天地之一体，亦与庄生"抱一"之指无殊；要可索解于《庄子》书耳！世儒好引墨子《经》《经说》以说惠施之历物，谓为祖述墨学，强为附会，非其本真也！庄生之道，在贵身任生，以无为而治；墨者之教，劳形勤生，以自苦为极。（第254页）

钱基博提出："惠施为庄学之别出。"（第257页）"自惠施观之，则见天地之一体。自庄生论之，则知'内圣''外王'之'原于一'。惟惠施以形体论，偏于惟物；而庄生以圣王论，证以惟心耳。"（第254~255页）他认为惠施和庄子虽然关注的角度有别，但其基本思想的实质是一样的。

钱基博认为名家的道论不如道家的道论，他在《读庄子天下篇疏记》中说：道者体"道"以得"德"，内证之神明。而惠施"历物"以遍说，外证之物理。夫惟道者"抱一""守静"，乃能知化而穷神。至于惠施"外神""劳精"，不免"用知"之"自累"。惠施所以不如"道者"。

钱基博在《读庄子天下篇疏记》对名家提出的一系列命题发表了看法。如说"有穷"者，所见者小，"际之不际"也。"无穷"者，大宇之广，"不际之际"也。（第256页）

---

① 《读庄子天下篇疏记》，载于钱基博《子部论稿》，华中师范大学出版社2014年版。本小节标注的页码均出自该书。

解读"今日适越而昔来"。钱基博说：今日适越，昨日何由至哉？思适越时，心已先到；犹之是非先成乎心也。南方之广漠，本无穷也；而曰"有穷"者，限于知也。旅人之适越，在今日也；而云"昔来"者，心先驰也。一以证心量之狭，不足以尽大宇之广。一以见行程之迟，不足以称心驰之速。两者之为事不同，然要以"历物之意"，以见意之悬殊于物，而"知"之不可恃则一耳！（第257页）

解读"连环可解也"。钱基博说：庄周每好以连环喻道。惟道圜转若环，故随所皆中，不论"燕之北，越之南"下三语，即申第一语"连环可解"之指。我何以知"天下之中央"，"燕之北，越之南是也"？则以解"连环"也。夫"连环"无端，所行为始。天下无方，所在为中。

解读"泛爱万物，天地一体也"。钱基博引了《齐物论》："天地与我并生，而万物与我为一。"《田子方》："天下也者，万物之所一也。得其所一而同焉，则四支百体，将为尘垢，而死生终始，将为昼夜，而莫之能滑；而况得丧祸福之所介乎？"钱基博说："苟明天地之一体，致泛爱于万物；则众生放乎逍遥，物论任其大齐矣！"（第258页）

解读"卵有毛"。钱基博说：此即惠施大同异之所谓"万物毕同"。又引庄子《德充符》"自其同者视之，万物皆一也"。（第259页）

解读"郢有天下"。钱基博说：此即惠施"大一""小一"之指。"大一""小一"，非为二"一"。"郢"与"天下"，非有二量。苟睹于"差数"，而"知天地之为稊米也，知毫末之为丘山也"，斯知"郢有天下"之说矣。辩者言"郢有天下"者，犹宋儒云"一物一太极"也。（第260页）

解读"火不热"。钱基博说：此可以"知"之不为"知"也，其意亦本庄子。火之热，物之所同是，而人之所咸知也；"大泽焚而不能热"（《庄子·齐物论》）则是"火不热"也。（第261~262页）

解读"目不见"。钱基博说：目有见而曰"不见"者，其说亦本庄子。眼睛所见是有限的，庄子《天运》："目知穷乎所欲见，力屈乎所欲逐，吾既不及已夫！""物不尽于目见也。"庄子《秋水》曰："自细视大者不尽，自大视细者不明。"天下之所谓"知"者，不过物之表象，接

于人之官觉而已。(第263页)

钱基博注意到，惠施的辨析在于抽象的意义，而接应者常以实物为应。钱基博说："卵有毛"等二十事，"大抵惠施发其意，而辩者历于物"。如惠施明"小一""大一"之意，而辩者则应之曰"郢有天下"以为证。惠施明"毕同毕异"之意，而辩者则应之曰"卵有毛"，"马有卵"，"丁子有尾"，以历证万物之"毕同"。

钱基博认为，惠施思想的宏旨在于抱一、齐物、无名、去知、存神、致虚、守静七个方面①。

"抱一"，有六个命题。1. 泛爱万物，天地一体也。此为历物之究竟义。2. 至大无外，谓之大一；至小无内，谓之小一；无厚不可积也，其大千里。此以明"大一""小一"之非二"一"。3. 郢有天下。此辩者举以证"大一""小一"之例。4. 一尺之棰，日取其半，万世不竭。此辩者举以证"小一"之有不可析。5. 连环可解也。我知天下之中央，燕之北，越之南，是也。此以明宇宙之"大一"，亦整一而不可析，所谓可析者，亦如连环之以不解解，所谓"不际之际"也。6. 日方中方睨。物方生方死。此以明"有无死生之为一守"；而时间之相续，亦整一而不可析也。

"齐物"，有八个命题。1. 大同而与小同异，此之谓小同异。万物毕同毕异，此之谓大同异。此所以籀齐物之大例。2. 天与地卑，山与泽平。此以证"万物毕同"之例。3. 卵有毛。4. 马有卵。5. 丁子有尾。以上三事，辩者以证"万物异同"之例。6. 矩不方。规不可以为圆。7. 凿不围枘。8. 狗非犬。以上三事，辩者以证"万物毕异"之例。

"无名"，有四个命题。1. 指不至，至不绝。博按辩者多具体的历物以应惠施之言；独此"指不至，至不绝"一事，"历物之意"以补惠施所未逮，而籀"可名非常名"之大例耳。2. 犬可以为羊。3. 白狗黑。4. 孤驹未尝有母。以上三事，辩者以证"可名非常名"之例。

"去知"，有四个命题。1. 南方无穷而有穷。此以明大宇无穷而所

---

① 可参见钱基博《子部论稿》，华中师范大学出版社2014年版，第267~269页。

知有穷，心知之狭，不足以尽大宇之广也。2. 今日适越而昔来。此以明行程有限而所思无阻；行程之迟，不足以称心驰之速也。3. 火不热。此辩者以证物之本体不可知。4. 目不见。此辩者以证官觉之知不为知。

"存神"，知识有限，神行无方。夫惟绝知，乃贵存神。有两个命题：1. 鸡三足，此辩者以生理证神行；2. 轮不辗地，此辩者以物理证神行。

"致虚"，有一个命题：山出口。此辩者以证致虚之大用。

"守静"，有两个命题：1. 飞鸟之影，未尝动也；2. 镞矢之疾，而有不行不止之时。以上两事，辩者以物理证守静。

这七个方面是有机联系的，钱基博指出其链接关系：

> 惟"抱一"，故能"齐物"；惟"齐物"，斯明"无名"；惟"无名"，斯欲"去知"；惟"去知"，斯贵"存神"；惟"存神"，斯"致虚守静"；六者一以贯之，彻始彻终，大抵"抱一"而"齐物"，"无名"而"玄同"，斯"外王"之道；"去知"而"存神"，"致虚"而"守静"，斯"内圣"之道；诚为道者之所贵，而亦辩者之欲晓也。惟道者体道以得德，内证以神明，而惠施历物以遍说，外证之物理。（第269页）

此外，钱基博对其他诸子也有研究。诸子有许多学派，如农家、小说家、阴阳家、纵横家等，头绪众多，思想纷繁，钱基博一一梳理。如《荀子》一书，属于儒家，但又未列入《十三经》。钱基博经常论述荀子，他曾把荀子与庄子进行比较，说："荀子读礼，化性而起伪；庄生任天，齐物于无为；所尚不同，然原大道之无不在，訾百家之多得一，则亦有不相为谋而同者。"[①] 钱基博指出荀子和庄子虽"所尚不同"，但却不谋而合地批评百家拘于一偏之见、认识问题过于片面。子学的思想性很强，与经学内容紧密联系，酷好经学的钱基博不可能不研究子学，于是就有了以上丰富的学术成果。

---

① 钱基博：《治学篇（上）》，曹毓英选编：《钱基博学术论著选》，华中师范大学出版社1997年版，第30页。

第七章　钱基博的集部之学

集部，主要指文学。集，本义是鸟聚集在树上，有杂绘之意。古人的文集中，包括了经部、史部、子部的书。因此，集部是学术的总汇，实是真正的杂家之学。本章涉及钱基博对集部之学的论著，还有关于文学方面的研究。

第一节　集部论著与思想

《四库全书》的集部分为"楚辞类""别集类""总集类""词曲类""闺阁类"等，重要书目有《楚辞》《全唐诗》《全宋词》《乐府诗集》《楚辞》《文选》《李太白集》《杜工部集》《韩昌黎集》《柳河东集》《白香山集》等。《四库全书总目提要》解释集部说："集始于东汉……其体例均始于齐梁。"集有总集与别集之区分。总集有《诗经》《楚辞》《昭明文选》等。别集主要是个人文集，是一个人一生作品的总汇，如《王安石集》《苏轼集》。别集与总集是相对的称呼，清代文集有三万家。

一、相关论著及见解

钱基博以集部名家，受到学术界的赞誉。他在《自传》非常自负地说："自谓集部之学，海内罕对。"据笔者考察，钱基博的集部研究，并不是对宋人文集、明人文集、清人文集、民国文人文集的研究闻名，而是对中国古代文学史、近现代文学史、韩愈文学、古文阅读赏析与写作这些方面擅长，有专深的研究，有重要学术成果。

钱基博《国学文选类纂》1926年由商务印书馆出版；《文心雕龙校读记》由无锡国学专门学校出版；1932年《韩文读语》载《光华大学

半月刊》第 1 卷第 1、2、3、4 期；1933 年因教授侄儿锺汉读陈澧《东塾读书记》，成《后东塾读书记》，是年 10 月由上海书局出版，改名《古籍举要》；1933 年《古文辞类纂解题及其读法》由中山书局出版，《现代中国文学史》由上海世界书局出版，《骈文通义》由大华书局出版；1934 年《明代文学》由商务印书馆出版，《韩愈文读》由商务印书馆出版，《离骚讲话》刊于《光华大学半月刊》第 3 卷第 1、2 期，《陶渊明集》刊于《光华大学半月刊》第 3 卷第 3 期，《古诗十九首讲话》刊于《光华大学半月刊》第 3 卷第 4 期；1935 年《韩愈志》《模范文选》由商务印书馆出版；1936 年《读清人集别录》刊于《光华大学半月刊》第 4 卷第 6 期至第 5 卷第 10 期。此外，钱基博还撰有《江汉炳灵诗文谈》。

钱基博在《读清人集别录》的序里，非常自信地谈到了对集部的研究，说："近人侈言文学史，而于名家集，作深刻之探讨者卒鲜！余读古今人诗文集最多，何啻数千家；而写有提要者，且不下五百家。唐以前略尽。严可均《全上古三代秦汉三国六朝文》、邑人丁福保《全汉三国晋南北朝诗》及清修《全唐诗》《全唐文》，通读一过，人有论评；而于其人之刻有专集者，必取以校勘篇章，著录异同。儿子锺书能承余学，尤喜搜罗明清两朝人集。以章氏文史之义，抉前贤著述之隐。发凡起例，得未曾有。每叹世有知言，异日得余父子日记，取其中之有系集部者，董理为篇。乃知余父子集部之学，当继嘉定钱氏之史学以后先照映；非夸语也！"[①] 在学术界，像钱基博那样，把唐代以前的集部读完，又读完严可均的《全上古三代秦汉三国六朝文》、丁福保的《全汉三国晋南北朝诗》及清修《全唐诗》《全唐文》，并且对书中涉及的人物分别加以点评，做出这样研读的人实在是不多。

对于集部的一些相关术语，钱基博作过考述，他在《中学校教授中国文学史之商榷》辨析了一些概念，如"一人著述，则有别集；掇其菁英，则有总集；纪文人行事，则有《文苑》等传；评论文章流别及其利

---

① 钱基博：《中国文学史》（下），华中师范大学出版社 2011 年版，第 773 页。

病，则有文史。咸作者得失之林，后世研索之阶梯也"。他又说："文章与文学非同一物，盖成事成文曰章。章者，条也，程也。文之综事布意，有条不紊者，谓之文章。六朝谓之笔，今人谓之散文。"①

二、《我之中国文学的观察》

钱基博写过一篇《我之中国文学的观察》②，这篇文章基本上可代表钱基博对文学的看法。全文除导言与余论之外，有五大部分。

文学之定义。钱基博把文学分为狭义与广义。狭义的文学，专指美的文学。"所谓美的文学者，论内容则情感丰富，而不必合义理；论形式则音韵铿锵，而或出以整比，可以被弦诵，可以欣赏。"他说："吾人倘必持狭义以绳文学，则所谓文学者，殆韵文家之专利耳！"不过，他又说："倘求文学之平民化，则不得不舍狭义而取广义。"说到广义的文学，不限于韵文。"文学者，述作之总称；用以会通众心，互纳群想，而表诸文章，兼发知情；知以治教，情以彰感；譬如舟焉，知如其柁，情为帆樯；知标理悟，情通和乐；得乎人心之同然矣！"③ 所谓"知情"，钱基博作了一些比喻："知以治教，情以彰感；譬如舟焉，知如其柁，情为帆樯；知标理悟，情通和乐。"钱基博在研究文学中，既对美的文学作了探究，又不限于韵文，对平民化的文学也作了研究。

文学之起源。钱基博认为："诗歌者，一切文学最初之方式也。"如《荷马史诗》是希腊第一部流传之文学作品。《诗经》为我国古代之诗歌集。他说："夏虞有书无诗，非无诗也，诗佚不传耳。"他考证了《列子》中的《康衢歌》、《高士传》中的《击壤歌》、《尚书》中的《明良喜起歌》，说明诗歌是最早的文学形式。他认为，初民诗歌的动机有两种

---

① 钱基博：《中学校教授中国文学史之商榷》，《国文教学丛编》，华中师范大学出版社2013年版，第39页。

② 原刊于《无锡新报·新潮月刊》，1923年2月1日、3月1日、4月1日。现载于钱基博《国文教学丛编》，华中师范大学出版社2013年版。

③ 钱基博：《我之中国文学的观察》，《国文教学丛编》，华中师范大学出版社2013年版，第80~81页。

情况，一是赞美，二是恋爱。"由赞美自然之美好，进而赞美人物之伟大，又进而赞美人格化之天帝。"恋爱诗在《诗经》有好多，如《周南》《召南》中都有。①

文学之沿革。中国文学之沿革，此兴彼仆，如水波之相续，循环起伏。虽质点不同，后波之水，非复前波。而就外形论，则逝者如斯，后波之起，还仍前波。大抵情况可从两方面理解："就内容论，则浪漫文学与现实文学迭兴仆。就外形论，则白话文学与文言言语迭兴仆，而就文言论文言，则又散文与骈文迭兴仆。"钱基博举例说：《论语》，现实文学也；《孟子》，富有浪漫之色彩。《春秋》，现实文学也；《左传》，富有浪漫之色彩。《老子》，犹不脱现实风度；《庄子》，浪漫文学。战国时，超现实之浪漫文学兴，与春秋时期的现实文学作品不同。到了汉代，文学之士极盛一时，有司马相如等。唐代有韩愈"一变浪漫文学之作风，而返之现实而已"。

中国文学之分类。钱基博说："中国之文学的观察，亦不可不注意分类，以分类不讲，即不能即异见同。"钱基博列举了昭明太子《文选》中的分类，又列举了清代姚鼐在《古文辞类纂》的分类，还列举了曾国藩在《经史百家杂钞》的分类，最后提出来文学分为三大类：一曰说理；二曰记事；三曰表情。他又说："一切文学可以赋、比、兴分类也。"他以散文举例说："赋者直陈其事，例如荀子《性恶篇》、韩非《说难》……比者以彼喻此，例如庄子《马蹄》……兴者托物兴辞，例如庄子《逍遥游》。"

有价值之文学作品。钱基博提出了基本的标准，就作意论，要独创，有共喻。就修辞，要简，要尽。关于独创，钱基博说就是"辟去常解，独抒己见"。"盖意之独创者，必是常人所不喻；而众人所共喻者，必落寻常窠臼而非创解。"钱基博说："昔人论文，有两语最好，曰：人

---

① 钱基博：《我之中国文学的观察》，《国文教学丛编》，华中师范大学出版社2013年版，第81～82页。

人笔下所无，人人意中所有。人人笔下所无，斯为独创；人人意中所有，斯能共喻。""盖意不独创，无以见作者之智；文匪共喻，无以见作者之仁。"

钱基博认为，虽然古人有文言文，但我国之有白话文，由来已久。古人有古人的通俗用语，《尚书》中的《尧典》等就是当时的对话文，而《牧誓》等就是演说辞，可见古人的话，自另有一种，而非即今之所谓文言文也。

关于文言文的起点，钱基博认为与老子、孔子有关。钱基博的这个观点未必正确，但这里有必要作简要介绍，以开阔我们的思路。钱基博说：考文言，创于老子。而孔子问礼老子，遂以老子《道德》五千言之文体，赞《易》乾坤两卦，正其名曰文言（文言多用韵语，多用虚字，皆仿自老子，为前此所未有），以为三千弟子之模式文。于是，孔门著书，皆用文言。孔子作而文言行，白话废矣。先民说话，不可能用文言文说，那样的书面文字是不可能用于口头交流信息的。钱基博推测先民另有一套白话文，这是完全能成立的。不过，把文言文说是老子、孔子开始的，还有待商榷。老子、孔子之前就有简洁而谐音的书面文字，西周的文献应当就是文言，不宜以《易传》的《文言》作为文言的起点。

钱基博认为，佛教在传入中国的过程中，促进了白话文的传播。他说六朝时，印度佛典输入，译者以文言不足达意，故以浅近之文译之，其体已近白话。其后佛氏讲义语录，尤多用白话为之者，是为语录体之始。及宋儒讲学，以白话为语录，此体遂成讲学文字正体。

第二节 对文学史的研究

钱基博的集部之学，主要集中在文学史。他撰写了三部文学史著作：《明代文学》《中国文学史》《现代中国文学史》①，还写过一系列文学史文章，这些构成了他的文学史研究体系。钱基博研究文学史，有两个明显的特点。其一，采用国学的方法。中国学术，文史不分家，国学更是一个系统的学术。中国文学史虽然主要是讲文学，实际上讲的是国学。钱基博仿《汉书·儒林传》，分别为古文学、今文学，昭明师法与流变。钱基博研究了从上古到民国年间数以千计的学者，又将这些学者归之于各个学派，明辨其学统。没有对国学深入的研究，就不可能有精当的归类与论述。其二，体例有独创性。钱基博撰写文学史有一个基本原则，即"详人之所略""重人之所轻"，对别人讲过的从略，主要讲自己的独到之处。他撰写中国文学史的原则："不苟同于时贤，亦无矜其立异；树义必衷诸古，取材务考其信。"②

一、对文学的基本看法

钱基博认为，治文学史，不可不知何谓文学；欲治文学，不可不知何谓文。文的含义有复杂、组织、美丽三层意思。"所谓文者，盖复杂而有组织，美丽而适娱悦者也。复杂，乃言之有物。组织，斯言之有序。然言之无文，行之不远，故美丽为文之止境焉。"③

钱基博对"文学"二字有独到的解释，他在《中国文学史》中提出："所谓文学者，用以会通众心，互纳群想，而兼发智情；其中有重于发智者，如论辩、序跋、传记等是也，而智中含情；有重于抒情者，如诗歌、戏曲、小说等是也。大抵智在启悟，情主感兴。"④ 如对八股文，他认为其中有好文章，有可取的思想。

---

① 《现代中国文学史》有上海世界书局1933年版，又有岳麓书社1986年版、华中师范大学出版社2011年版、上海古籍出版社2011年版。《明代文学》有商务印书馆1933年版。《中国文学史》有中华书局1993年版、华中师范大学出版社2011年版、上海古籍出版社2011年版。
② 钱基博：《中国文学史》（上册），华中师范大学出版社2011年版，第11页。
③ 钱基博：《现代中国文学史》，华中师范大学出版社2011年版，第1页。
④ 钱基博：《中国文学史》（上册），华中师范大学出版社2011年版，第5页。

关于"文学"这个名称，钱基博在《古书治要之教材举例》一文有过叙述，他说："文学分而文集之名起。两汉以前，文学者，学术之总称。《韩非子·五蠹篇》力攻文学而指斥及藏管、商、孙、吴之书。李斯因博士诸生之议，请悉烧诸有文学《诗》、《书》、百家语。文学一名词，冠于'《诗》、《书》、百家语'之上。是两汉以前，文与学不分。逮两汉以后，文与学始歧。六艺各有专师，而别为经学矣。诸子流派益多，而蔚为子部矣。史导源于《尚书》《春秋》而史部立矣。文章流别分于诸子，而集部兴矣。经史子集，既分部居；而文之一名词，渐为集所专家有。"①

钱基博认为一切文学来源于学术。他把文学分为狭义文学和广义文学。狭义文学专指美的文学，即"论内容，则情感丰富，而或不必合义理；论形式，则音韵铿锵，而或出于整比；可以被弦诵，可以动欣赏"②。

钱基博在《国学必读》的《我之中国文学的观察》一文讲述中国文学的源头，一般认为："诗歌者，一切文学最初之方式也。"但是，钱基博换一个角度作了探讨，说政书也是文学源头。他指出："若商以前，曰虞，曰夏，不传诗歌而有政书，即《书》之《虞书》《夏书》也。是我国皇古第一部流传之文学作品，非诗歌而政书也。"虽然谈到政书是文学的源头，但钱基博并没有否定诗歌，而是非常重视遗诗。他指出："虞、夏有书无诗，非无诗也；诗佚不传耳。"钱基博考察了遗文坠简，如尧时的《康衢歌》《击壤歌》，舜时的《明良喜起歌》《卿云歌》《南风歌》，这些诗歌分别见之于《列子》、皇甫谧《高士传》、《尚书·稷益》、《尚书大传》、《尸子》等书。文学的源头有悠久的历史，有文字之前的文学往往以口耳相传的简短诗歌形式，传承于民间。钱基博的这种考察是对文学史源头的尊重，既是历史文献方法，也是具有人类学方法的考察。

---

① 钱基博编：《国学文选类纂》，华中师范大学出版社2013年版，第38~39页。
② 钱基博：《中国文学史》（上册），华中师范大学出版社2011年版，第3页。

钱基博指出六朝之后的文学专指韵文，过于狭隘，如若求文学之平民化，则必须舍狭义文学而取广义文学；六朝之前的文学意为著述之总称，即广义的文学。他不赞成把文学理解为韵文的狭义文学观和文学即著述之总称的广义文学观。他说："今之所谓文学者，既不同于述作之总称，亦异于以韵文为文。"①

钱基博认为，文学史不同于文学。文学史是学术而非文学。文学主要在于抒情达意，而文学史则在于纪实传信，"文学史云者，记吾人之文学作业者也"②，主要手段是记述和论证，是一种科学的学术建构。钱的这种观点是正确的，文学史是以历史学的方法研究文学发展与演进的一门分支学科，介于历史学与文学之间，有其自身规律。

钱基博认为，文学史也不同于文学传记或文学选集。他认为文学史的主要任务在于"综贯百家，博通古今文学之嬗变，洞流索源"，并在此基础上提出文学史之三要：事、文、义。事来源于诸史的《文苑传》或《文学传》，文来源于诸家之文集，而义则遵循《周易》之原则，在于"见历代文学之动而通其变，观其会通者也"。三者合一，其核心则在于"知人论世，详次著述；约其归趣，详略其品；抑扬咏叹，义不拘墟；在人即为列传，在书即为叙录"③。

钱基博对文学有独到的分类。他把现代文学家按照文体的不同分类，"是编以网罗现代文学家，尝显闻民国纪元以后者，略仿《儒林》分经叙次之意，分为二派：曰古文学，曰新文学。每派之中，又昭其流别；如古文学之分文、诗、词、曲，新文学之分新民体、逻辑文、白话文。"④

钱基博对文学史有独到看法，他认为："所贵于史者，贵能为忠实之客观的记载，而非贵其有丰厚之主观的情绪也，夫然后不偏不党而能

---

① 钱基博：《中国文学史》（上册），华中师范大学出版社 2011 年版，第 5 页。
② 同上书，第 7 页。
③ 同上书，第 10 页。
④ 钱基博：《现代中国文学史·序》，华中师范大学出版社 2011 年版，第 1 页。本小节引文后括号页码均出自此书。

持以中正。"（第2页）"推而论之，文学史非文学。何也？盖文学者，文学也。文学史者，科学也。文学之职志，在抒情达意。而文学史之职志，则在纪实传信。"（第2页）"作史有三要，曰事，曰文，曰义。"（第5页）他对事、文、义三者打了一个生动的比喻："事譬则史之躯壳耳，必敷之以文而后史有神彩焉，树之以义而后史有灵魂焉。"（第5~6页）

钱基博强调文学作品的社会作用，认为精神文化的成就胜过物质文化的成就。在写《王国维传》时，谈到政治家与文学家的关系，他亦认同王国维所言，即"生百政治家，不如生一大文学家。何则？政治家与国民以物质上之利益，而文学家则与以精神上之利益。夫精神与物质，二者孰重？物质上之利益，一时的也。精神上之利益，永久的也。前人政治上所经营者，后人得一旦而坏之"（第266页）。"惟文学家能与国民以精神上之慰藉，而国民之所恃以为生命者。"（第266页）

中国文学的内容非常丰富，有必要进行分类。梁昭明太子《文选》、清代姚鼐《古文辞类纂》、曾国藩《经史百家杂钞》都分别对文学作品进行了分类。钱基博研究了这些分类，提出了三分法：第一类是说理，包括论辩、序跋；第二类是记事，包括传状、碑志、杂记；第三类是表情，包括书说、赠序、箴铭、颂赞、词赋、诗歌、哀祭。钱基博说还可以把文学分成赋、比、兴三类，赋是直陈其事，如贾谊的《过秦论》；比是以彼喻此，如《庄子》的《马蹄》；兴是托物兴辞，如《庄子》的《逍遥游》。

在浩瀚的文学作品中，如何确定有价值的作品？钱基博提出了两个标准：一是看其作意，即独创与共喻；二是看其修辞，是否简而能尽。钱基博说："所谓文学家者，无他谬巧，不过窥人心未发之隐而以文章发之耳！"在所有的作者中，钱基博非常推崇梁启超，说："若夫以共喻之文，抒独得之见者，其惟梁任公乎！"关于古今关系，钱基博说："古者，今之所自也。无古，安有今！有今，焉有不存古者？虽然，古者，又今之积也；无今，安所事于古？存古者，存其宜于今者也。"①

二、对中国古代文学史的研究

对于中国文学史，钱基博采用分阶段研究。在《中国文学史》的编首中，他将中国文学史划分为四个时期：第一期自唐虞以迄于战国，名曰上古，骈、散未分，而文章孕育以渐成长之时期也。第二期自两京以迄于南北朝，名曰中古，衡较上古，文质殊尚。上古之文，理胜于词，中古之文，渐趋词胜而词赋昌，以次变排偶，驯至俪体独盛之一时期也。第三期自唐以迄元，谓之近古。中古之世，文伤于华，而近古矫枉则过其正，又失之野，律绝之盛而词曲兴，骈文之敝而古文兴，于是俪体衰而诗文日趋于疏纵之又一时期也。第四期自明清两朝以迄于清。唐之韩愈，文起八代之衰，宋之言文章者宗之，于是唐宋八大家之名以起。而始以唐宋为不足学者，则明之何景明、李梦阳也。尔后治文章者，或宗秦汉，或持唐宋，门户各张。迄于清季，辞融今古，理通欧亚，集旧文学之大成而要其归，蜕新文学之化机而开其先。②

钱基博在《中国文学史》中对宋代文学有深入见解，他指出：宋之文章，大端不出二者，而推其原皆出于唐。其一原出李商隐，自宋初西昆之杨亿、刘筠、钱惟演以迄宋氏庠、祁兄弟，夏竦、胡宿、王珪，词取妍华而不免庸肤，此承唐人之颓波而未能出新意者也。其一原本韩愈，自宋初柳开、穆修以迄石介、严洙、苏舜钦、欧阳修、梅尧臣、王安石、曾巩、苏洵及其子轼、辙兄弟，秦观、张耒、黄庭坚、陈师道，气必疏快而力袪茂典，此发宋文之机利而以殊于唐格者也。诗古文然，推之于四六及词，亦无不然。其中欧、苏、曾、王，与唐之韩、柳，并称唐宋八大家，为后世言古文者之所宗。（第375页）

---

① 钱基博：《某社存古小学教学意见书》，《国学必读》，华中师范大学出版社2012年版，第398页。
② 钱基博：《中国文学史》（上），华中师范大学出版社2011年版，第10～11页。本小节括号内的标注参见页码均来自此书。

接着，钱基博又对欧阳修与苏轼的学术传承作了一番全面的议论。他说："然惟欧阳修，碑传议论，兼能并擅。苏氏轼、辙，策论得欧阳之明快，而碑传殊无体要。曾巩、王安石，碑传同欧阳之峻洁，而议论未能警发。曾巩、王安石，以平实发浩瀚，得西汉董仲舒、刘向之意；此宋人之学汉人文也。苏洵以廉悍为疏纵，有先秦孟轲、韩非之风；此宋人之学周人文也。学焉而皆得古人之所近。惟欧阳修之容与闲易，苏轼之条达疏畅，虽是急言竭论，而无艰难劳苦之态；大而万言之书，短则数行之记，一以自在出之，抑扬爽朗，行所无事；此则宋人之所特长，而开前古未有之蹊径者也。然欧阳修早习四六以取科第，而排比绮靡，心有不慊；遂以古文之顿挫，用之俪体之整对，而异军别张，语必老到，无一毫妩媚之态；妙造自然，无用事用句之癖。他日见苏轼四六，亦谓其不减古文。盖尚议论，有气焰，与古文同一机杼也，而于是宋四六之体以成。诗则欧阳修以韩学杜，以文为诗，仗气爱奇。而苏轼抑扬爽朗，天生一枝健笔，有必达之辞，无难显之情，意到笔随，无不如己所欲出。而以俗为雅，以故为新，苏轼为其易，黄庭坚为其难；苏轼抒以疏快，黄庭坚欲为生拗；而要之以文为诗，以韩学杜，则固一脉相衍。于是宋诗之体以成。词则欧阳修以蜀词化南唐，抒深婉以疏俊，清新闲逸。而苏轼抗首高歌，蹊径尽脱，以散行纵横之笔，盘屈而为词，跌宕俊迈，不可以方物，一变唐五代之旧格，而寖寖乎以文为词，于是宋词之体以成。然则有宋文学之所以继往开来，而自成一代者，欧阳修、苏轼，或推之，或挽之，后先济美以有成功也。特是诗古文词，虽代变生新，而体犹袭唐。独经义之体，前无所因，始王安石，实为创格。"（第375～376页）

钱基博接着又对王安石的学术贡献作了评价，他说："盖古人说经，汉注唐疏，诵数以为经，援引以有据，或伤破碎，罕会其旨。而安石则以古文阐经义，清空辨析，纬以论议，不为训诂章句，通而已。盖元明清三朝科举取士之所昉，而八股文之开山也。"（第376页）

钱基博接着还谈到朱熹等人与苏轼之间的关系，他说："学者则朱熹敩曾巩之平实，而微伤缓懦；陆九渊有苏轼之明快，而无其警辟。其他如金华、永康、永嘉学者之吕祖谦、陈亮、陈傅良、叶适辈，不谈心性，而侈经世，考古今成败，议论波澜，全是苏门法脉矣；固不仅词之有辛弃疾，诗之有陆游也。朱熹尤恶苏学，然辞而辟之，未能廓如也。一时学者翕然风从，而蜀士尤盛，至为之语曰：'苏文熟，吃羊肉；苏文生，吃菜羹。'播诵人口，施及蛮貊。女真崛起，骑射纵横，亦既荡覆神州，奄有河洛；顾以能篡宋朝之治统，而不能夺苏氏之文统，一道同风，诗则苏诗，文则苏文，词则苏词，润色伧荒，波澜莫二也。于戏，异已。"（第376～377页）

　　钱基博认为中国文学史经历了文学的自发、自觉、鼎盛、复兴和现代化等五个阶段。他把古代文学分为三个时期，并认为近代文学自明代文学开始。他在《明代文学·自序》中说："自来论文章者，多侈谈汉魏唐宋，而罕及明代，独会稽李慈铭极言明人诗文，超绝宋元恒蹊，而未有勘发。自我观之：中国文学之有明，其如欧洲中世纪之有文艺复兴乎？……然则明文学者，实宋元文学之极王而厌，而汉魏盛唐之拔戟复振；弹古调以洗俗响，厌庸肤而求奥衍，体制尽别，归趣无殊。此则仆师心自得，而《明史》序《文苑传》者之所未及知也。"[①] 据此可知，钱基博具有大历史观，把近代中国文学置入世界变革之中，是一种动态的考察。我国当代学者一般把1840年或1919年作为近代文学的开始，而钱基博在民国年间提出的观点，颇有新意，有超前性，有世界性。

　　学术界对钱基博的中国文学史研究有很高的评价。

　　周振甫在评价其师钱基博的《中国文学史》时指出，虽然这部文学史是按照传统文学观念来编纂的，是一部以诗文为主，包括赋和词的文学史，但这并不妨害此部《中国文学史》之根柢，并不因此而显得狭隘，相反倒成就了其"通古今之变，成一家之言"的学术地位。[②]

[①] 钱基博：《明代文学》，商务印书馆1933年版，第1页。
[②] 周振甫：《对钱子泉师〈中国文学史〉的审读意见》，《中国出版》1987年第1期。

吴忠匡在《中国文学史·后记》中评价钱基博《中国文学史》,言此书是在广泛研读古今专集基础上撰写的,溯源别派,殊多创获;认为该书采用的方法是比类比次,把作家所处时代环境、政治思潮、历史渊源综合考查,分析文学作品的发展及演变。

马厚文评价钱基博《中国文学史》,说"此书体大思精,包举宏富,由一人以贯十数人,抟数十人如一人,有往必复,无垂不缩"①。

胡鹏林认为,钱基博所持的传统文学观念和国学式的研究方法,有独到性,至少有两点值得借鉴②:

其一,钱基博以文学观、文学史观和学术史观统一的宏大视角把中国文学分为五个时期:上古、中古、近古、近代和现代。上古自唐虞以于战国,中古自两京以于南北朝,近古自唐以于元,近代明清两朝,现代则为民国之后。中古相对于上古有四变:由歧趋一;由复趋简;由散趋整;由奥趋显。近古相对于中古有三变:由骈趋散,由华反质;由情入理,由奥趋显;由辞尚气,由敛趋肆。

其二,钱基博在学术史观的视野下以文学观为基础建构的文学史观,以及以史为纲、以学为论的论从史出的文学史研究方法,也是值得我们深思的。钱基博坚守传统学术史观,以"辨章学术、考镜源流"为使命研究文学史,因此必然以史为纲、以学为论,明文学历史之变,辨文学学术之论,坚持文学史家的历史原则和学术原则。正如钱基博所言:"史不稽古,岂曰我思。然史体藏往,其用知来;执古御今,柱下史称;生今反古,谥以'愚贱'。文学为史,其义无殊;信而好古,只以明因;阐变方今,厥用乃神;顺应为用,史道光焉。"③ 文学史家如若不以史为纲、以学为论,而是史未作而论先行,以政统或道统之论取代学统之史,将会丧失知识分子安身立命之本。

---

① 马厚文:《从钱子泉基博受业记》,《华中师范大学学报·纪念钱基博先生诞辰百周年专辑》(1987年增刊)。
② 详见胡鹏林《钱基博文学史观考辨》,王玉德主编《钱基博学术研究》,华中师范大学出版社2008年版。
③ 钱基博:《现代中国文学史》,华中师范大学出版社2011年版,第7页。

三、对中国现代文学史的研究

钱基博对中国现代文学史的研究，主要体现在《现代中国文学史》一书，此书成书于 1925 年至 1930 年间，原由无锡国专学生会于 1932 年 12 月集资排印，同年 9 月由上海世界书局正式出版，1934 年、1935 年连续再版，1936 年又出增订版。[①]

在钱基博那个时代，还没有什么人写当时的文学史。现代人写现代文学史，这通常是史学的忌讳。对文学人物的评价，只有盖棺才能论定，这是史学的传统与习惯。然而，钱基博凭着自己的知识积累，一边读书，一边写稿，一边讲课，一边整理著作，一气呵成完成了这部开创性的著作。

《现代中国文学史》以介绍与分析 1911 年至 1930 年这一时期的代表作家、代表作品为主。这是一部研究近代文学的标志性著作，论述了清末民初的新旧两派文学及其代表人物，如王闿运、章炳麟、康有为、梁启超、陈三立、沈曾植、樊增祥、王国维、严复、林纾、章士钊、胡适等。此书按专章写人，详细地介绍了各位文学作者的生平、思想、创作、师承、历史地位、创作的源流、创新之处。书中将现代文学分为两类：一为古文学，以王闿运、章太炎、刘师培、陈衍、王国维、吴梅等为代表；一为新文学，以康有为、梁启超、严复、章士钊、胡适等为代表。民国时期，尽管胡适著有《五十年来中国之文学》，陈子展著有《中国近代文学之变迁》，但钱基博写现代文学史，有自己的思想框架，有独到的体例，有独自从"矿山"采出来的第一手材料，有大量的文学信息与文化内容。此书无疑是一部开创性的著作。

关于《现代中国文学史》的名称，钱基博对"现代"作了解释。所谓"现代"系指旧民国纪元之 1911 年至 1930 年这一时期。钱基博解释书名说："吾书之所为题'现代'，详于民国以来而略推迹往古者，此物

[①] 参考姜晓云《博古通今　藏往知来——论钱基博先生的现代文学史观》，王玉德主编《钱基博学术研究》，华中师范大学出版社 2008 年版。

此志也。然不题'民国'而曰'现代',何也?曰:'维我民国,肇造日浅,而一时所推文学家者,皆早崭然露头角于让清之末年;甚者遗老自居,不愿奉民国之正朔;宁可以民国概之?而别张一军,翘然特起于民国纪元之后,独章士钊之逻辑文学,胡适之白话文学耳。然则生今之世,言文学而必限于民国,斯亦廑矣。"①

《现代中国文学史》的体例是以文体为纲,以作家为目;在作家之中,以大师为主,"弟子朋从"为附。这些作家共有82人,包括王闿运(附:廖平、吴虞)、章炳麟(附:黄侃)、苏玄瑛、刘师培、李详(附:王式通)、孙德谦(附:孙雄)、黄孝纾、王树楠、贺涛(附:张宗瑛、李刚己、赵衡、吴闿生)、马其昶(附:叶玉麟)、姚永概、姚永朴、林纾、樊增祥、易顺鼎(附:僧寄禅、三多、李希圣、曹元忠)、杨圻(附:汪荣宝、杨无恙)、陈三立(附:张之洞、范当世及子衡恪、方恪)、陈衍(附:沈曾植)、郑孝胥(附:陈宝琛及弟孝柽)、胡朝梁、李宣龚(附:夏敬观、诸宗元、奚侗、罗惇曧、罗惇曧、何振岱、龚乾义、曾克耑、金天羽)、朱祖谋(附:王鹏运、冯煦)、况周颐(附:徐珂、邵瑞彭、王蕴章、龙沐勋)、王国维、吴梅(附:童斐、王季烈、刘富梁、魏戫、姚华、任讷、卢前)、康有为(附:简朝亮、徐勤)、梁启超(附:陈千秋、谭嗣同)、严复、章士钊、胡适(附:黄远庸、周树人、徐志摩等)。

《现代中国文学史》的写作体例受到《汉书·儒林传》和《后汉书·儒林传》的影响,钱基博在《序》中说:"余读班、范两《汉书·儒林传》分经叙次,一经之中,又叙其流别;如《易》之分施、孟、梁丘,《书》之分欧阳、大小夏侯,其徒从各以类次,昭明师法;穷原竟委,足称良史。是编以网罗现代文学家,尝显闻民国纪元以后者,略仿《儒林》分经叙次之意,分为二派:曰古文学,曰新文学。每派之中,又昭其流别;如古文学之分文、诗、词、曲,新文学之分新民体、逻辑文、白话文。而古文学之中,文有魏晋文与骈文散文之别,诗有魏晋、

---

① 钱基博:《现代中国文学史·序》,华中师范大学出版社2011年版,第7页。

中晚唐与宋诗之别,各著一大师以明显学;而其弟子朋从之有闻者,附著于篇。至诗之魏晋,其渊源实出王闿运、章炳麟,而闿运、炳麟已前见文篇,则详次其论诗于文篇,以明宗旨;而互著其姓名于诗篇,以昭流别;亦史家详略互见之法应尔也。"①钱基博还说:《汉书·儒林传》每叙一经,必著前闻以明原委,如班书叙《易》之追溯鲁商瞿子木受《易》孔子,范书之必称前书是也。是编亦仿其意,先叙历代文学以冠编首,而一派之中必叙来历,庶几展卷了如,要之以汉为法。②

笔者认为《现代中国文学史》有几个明显的特点:

第一,通史视野的现代。此书虽称为现代文学史,内容却远远不局限于现代。现代中有古代,断代中有通史,在现代的文学史中潜藏整个中国文学史。钱基博注重近代学者与古代学者之间潜在的关系。在谈近代作家的创作时,把他们与古典文学的传承联系起来。如谈王闿运,归在"魏晋文"的名目下;谈樊增祥与易顺鼎,归于"中晚唐诗";谈陈三立与郑孝胥,则归入"宋诗"。本书作者全书体例与史书中的《儒林传》相仿佛,在人即为传记,在书即为叙录,文献丰富,网罗广博,时有一些文坛掌故穿插于中。与其他几部专史为新文学张目不同,钱著叙述旧文学则较为详尽,立论对旧文学也多有回护。③

第二,注重转型中的学脉。钱基博在《序言》中特别强调现代文学转型中的传承关系,每一个派别都是动态的,有其传承的脉络。如怀疑古学,批评圣贤的学风,钱基博追到王闿运,并且注意到区域之间的传播。各个地方都出现了有批评精神的学者,不过,他们之间是否有传承关系,还有商榷的余地。

钱基博注重散文在文学史中的地位。今人张筱南、程翔章指出:在《现代中国文学史》中,中国近代散文的研究范式基本得以建立。晚清

---

①② 钱基博:《现代中国文学史·序》,华中师范大学出版社 2011 年版,第 1 页。
③ 张筱南、程翔章:《钱基博与中国近代文学》,王玉德主编:《钱基博学术研究》,华中师范大学出版社 2008 年版。

以降，随着西方"纯文学"观念的引进，作为"杂文学"的"散文"，由中心文类一转而为边缘文类。钱基博以散文为中心建立文学史，在某种意义上指向并达成了"古典散文的现代阐释"。① 这使得《现代中国文学史》与其他一些仅仅突出史学特色的文学史拉开了差距，它的理论研究优势得到了充分的展示。可以说，钱基博在这一时候逆潮流而动，选择以近代"旧文学"尤其是近代散文为中心，一方面是其深厚的国学修养使之对传统散文艺术难以割舍；另一方面，也表现出一代宿儒不随波逐流的学术品格。②

第三，关注文人思想。近现代是我国社会的大变革时期，本书所涉及人物如王闿运、郑孝胥、陈三立、陈衍、朱祖谋、王鹏运、严复、樊增祥、康有为、梁启超、林纾、沈曾植、刘师培、王国维、章炳麟、章士钊、胡适等，钱基博尽可能揭示这些学者在新旧交替时期的思想矛盾和苦闷。钱基博甚至幽默地自评说："读者以此一帙为现代文人之忏悔录可也。"

第四，有独立的评判观点。钱基博著书立说，不习惯辗转抄袭别人著作里的资料，而是乐于发表自己的评论，对于每个学人或学派，都有自己的判语。如，民国初期钱基博与林纾之间虽有一些纠纷，但钱基博在《现代中国文学史》中对林纾仍采取了两分法的评论。钱基博肯定了林纾在古文创作中为发展桐城文脉所作出的重要贡献："当清之季，士大夫言文章者，必以纾为师法。"③ 他又鲜明地指出林纾"晚年昵于马其昶、姚永概，遂为桐城护法；昵于陈宝箴、郑孝胥，遂助西江张目"④，批评林纾"独不晓时变，姝姝守一先生之言"⑤。

---

① 陈平原：《古典散文的现代阐释》，《中山大学学报》（社会科学版）2004年第6期。
② 张筱南、程翔章：《钱基博与中国近代文学》，王玉德主编：《钱基博学术研究》，华中师范大学出版社2008年版。
③ 钱基博：《现代中国文学史》，华中师范大学出版社2011年版，第170页。
④ 同上书，第174页。
⑤ 同上书，第176页。

此书有增订本，钱基博在《四版增订识语》中谈到了他的补充与创新，说："此次增订，有郑重申叙，而为原书所未及者三事：第一，疑古非圣。五十年来，学风之变，其机发自湘之王闿运；由湘而蜀（廖平），由蜀而粤（康有为、梁启超），而皖（胡适、陈独秀），以汇合于蜀（吴虞）；其所由来者渐矣，非一朝一夕之故也！第二，桐城古文，久王而厌。自清末以逮民国初元，所谓桐城文者，皆承吴汝纶以衍湘乡曾文正公之一脉，暗以汉帜易赵帜，久矣！惟姚永概、永朴兄弟，恪守邑先正之法，载其清静，而能止节淫滥耳！第三，诗之同光体，实自桐城古文家之姚鼐嬗衍而来；则是桐城之文，在清末虽久王而厌，而桐城之诗，在民初颇极盛难继也。此三事，自来未经人道，特拈出之。"

改革开放之后，钱锺书到日本访问，有人请钱锺书评价其父亲及《现代中国文学史》。钱锺书说："我们父子关系很好，主要是感情方面的良好；父亲对我文学上的意见，并不是常常赞同的，不过父亲许多优点之一，是开明、宽容，从不干涉我的发展。至于《现代中国文学史》，其中有许多掌故，是一本很有趣味的书，虽则现代方式的文学批评成分似是而似乎少了一些。"①

20世纪80年代末期，有一家出版社准备出版钱基博的《现代中国文学史》，征询钱锺书的意见。钱锺书回复说："先君遗著有独绝处，然出版尚非其时，数年后必有知者。"当时已经改革开放了，钱基博的学术已经被人们开始重视，而钱锺书为什么说"尚非其时"，不得而知。钱基博著作的"独绝处"何在，钱锺书也没有说明。②

附：关于《现代中国文学史》的一些存疑

撰写这本书稿之时，读到范旭仑先生撰写的《〈现代中国文学史〉率取近人成说》一文，引起了我对民国年间治学的一些思考。范旭仑先生以文字比对的方法，证明《现代中国文学史》曾经从周瘦的《十年来

---

① 孔庆茂：《钱锺书与杨绛》，凤凰出版社2011年版，第262页。
② 同上书，第291页。

之中国文学》借取很多内容。（周潋生平，详见本书的"交谊"之中。）

范旭仑发表感叹说："《现代中国文学史》长篇累页据用《十年来之中国文学》而了无只字声谢，教人心里老不痛快。"

范旭仑原文：

> 从前老觉得钱子泉《现代中国文学史》民国二十五年九月增订本《白话文》章"自适《尝试集》出诗体解放"以下一大篇为钱默存先生捉刀，因裁笔与前面不同，又因"文学不在白话与非白话"和"斯文一脉，本无二致"是钱默存先生向来持论如此（详见《与张君晓峰书》又《中国新文学的源流》《近代散文钞》《中国文学小史序论》《中国诗与中国画》）。近日翻看《光华大学半月刊》，竟一下子揭开了"诗体解放"的老底儿。
>
> 《光华大学半月刊》第3卷第9、10合期出版于二十四年六月，是"庆祝本校成立十周纪念特刊"，钱子泉《十年来之国学商兑》之后是周潋的《十年来之中国文学》。《十年来之中国文学》解题后有三章，"一诗歌"，"二小说戏曲"，"三散文"。《现代中国文学史》全采前两章，各损益一节……

周文：

> 自《尝试集》出，诗体解放。一时慕效者，竟以"新诗"自号！惟胡适亦谓"中国诗界，定有大放光明的一个时期"。（《五十年来之中国文学》）闻者骇走，长老虽疑，愧未知新。乃有渡重洋，读西文，且与适友善者，独能不欺其心，起作诤友！如任鸿隽、梅光迪、胡先骕辈，而胡辞尤鞭辟入里，辨析毫芒。（详见《学衡》）然而适则负气自强，（适为《东方杂志》作《逼上梁山》）未肯降心相从也！厥后新体之诗……

钱书：

> 自适《尝试集》出，诗体解放。一时慕效者，竟以新诗自鸣。适乃作豪语曰："中国诗界，必有大放光明之一时期！"又谓："少年新诗人之中，康白情、俞平伯之起最早！自由诗之提倡，白情、平伯之功不少！白情只是要自由吐出心里的东西，而平伯则主张努力创造民众化之诗；假如吾人以此读平伯之诗，则不能不谓之失败！平伯之诗，往往索解不得，何能民众化！"夫以"有什么话，说什么话，话怎么说，就怎么说"之白话诗，而云索解不得；此可知深入显出，文学别有事在；而不在白话与非白话也！厥后新体之诗……

周文：

> 最近林语堂善幽默，谋诸同好，号曰《论语》，三年未已。去岁更为"小品文"之提倡，有《人间世》之刊行。

钱书改作：

> 既以普罗文学不容于政府，而幽默大师林语堂因时崛起，倡幽默文学以为天下号；其为文章，微言讽刺，以嬉笑代怒骂，出刊物，号曰《论语》，而周树人、徐志摩、郭沫若、郁达夫之流，胥有作焉。一册风行，学子争诵，其盛况比于《新青年》。更进而为小品文之提倡，有《人间世》之刊行。

正因为钱书与周书有些文字相似，于是引出了范先生的感叹。今天应当如何看待这个问题呢？

我认为，《现代中国文学史》，其实最初称为《现代中国文学史长编》。既然是《长编》，本意是编写一部史料与学术信息汇聚之书。钱基博在很短的时间，为了用于教学，只能做成一部《长编》。这部《长编》，从当代文学史的角度，确有开风气之先，有搜集资料之功，在中国现代文学史上有重要的地位。但是，《长编》对于借鉴了哪些人的成果，介绍与交代的确实不够，是其缺陷。不过，民国初年的学者，大率都有这般借鉴的风气。例如，钱基博的《中国舆地大势论》一文，与梁启超的文章也颇相似。笔者起初读了钱文，甚是惊讶，梁启超竟然在自己主编的刊物上发表了钱文，并加以褒扬。

钱基博的学生兼好友周澂不会不知道《现代中国文学史》的内容与自己的《十年来之中国文学》有近似之处，但周澂从不提及。这一方面说明他们之间的关系密切，也说明当时的人认同这样的学术做法。

第三节　对韩愈的研究

钱基博对韩愈特别有研究，撰有《韩愈志》，编有《韩愈文读》《韩愈文谈》等书。韩愈是唐代大文豪，一代文宗，开创了中古新文风。钱基博在《韩愈志·叙目》说："昌黎韩愈崛起中唐，世称文宗，伯代所仰。"他又说从小就喜欢读韩愈的著作，有心还原韩愈真面目。"读唐、宋人杂记，其中有涉愈者，微言讽刺，不少概见；而知言行之核，相符实难；而愈之过不彰。"为了还原真实的韩愈，"因就睹记所及，自新旧《唐书》旁逮唐、宋、元、明、清诸家文集及稗官野记之属，其有片言只字及于愈者，靡所不毕采，互勘本集以验其信；旁涉诡闻以博其趣，成为是志。"[①]《韩愈志》有六篇，分别是《古文渊源篇》《韩愈行实录》《韩愈佚事状》《韩友四子传》《韩门弟子记》《韩集籀读录》。这六篇都是钱基博不拘格套，独抒伟意的作品。

钱基博对韩愈开创的古文之风很感兴趣。他说："古文者，自韩愈

---

① 曹毓英选编：《钱基博学术论著选》，华中师范大学出版社1997年版，第527页。

厌弃魏晋六朝骈俪之文，而返之于《六经》两汉，从而名焉者也。"在古文之风的开创过程之中，前代学者为韩愈作了铺垫。韩愈七岁就好学，言出成文。及长，日记数千言，能通六经。他参加科举考试，撰《不迁怒不贰过论》，充满自信。他曾撰《拟范蠡与大夫种书》，意出千古，理振群疑。韩愈在《答李翊书》自称"非三代两汉之书不敢观"。对于韩愈这样有开创性的学者，钱基博视为楷模，孜孜不倦地开展研究。

钱基博长期开设研究韩愈的专题课，宣扬韩愈，并从韩愈学到了精湛的文风。直到71岁，钱基博又对《韩愈志》作了一番修改。他在再版自序说自从43岁写《韩愈志》，28年来没有停止研究韩愈，在再版此书时，"末篇《韩集籀读录》第六，从前只论韩文，题《韩文籀讨集》；其实韩诗亦别出李、杜以开宗而自创格；遂别署题而与韩文并论之。从前论韩文，就韩论韩，而未能旁推交通，本之三代、两汉以穷究韩文之原委；缮写成篇"。

在《韩集籀读录》，钱基博以比较的方法，比较了屈原与韩愈，他说："《离骚》雅壮而多风，故伦序而寡壮；韩愈发轸以高骧，故卓出而多编。又《离骚》文丽而意婉，美人香草，比兴之辞多；韩愈情发而理照，浩气直节，赋之意多。"

在《韩集籀读录》，钱基博对《原道》这一篇进行了学术比较，他说："《原道》之作，不始韩愈；《淮南鸿烈解》、刘勰《文心雕龙》，皆以《原道》弁其书；而与愈同题而异趣。盖韩愈原道于仁义，二刘原道于自然；韩愈将以有为，二刘任性自然；此其较也。"钱基博非常推崇《原道》，称其篇"以孟子之排调，而远《论语》之偶句，奥舒宏深，气机鼓荡……文入妙来无过熟，自然意到笔随，行乎所不得不行，止乎所不得不止"。

在《韩集籀读录》，钱基博对韩愈的《进学解》也多有赞誉。他说："《进学解》虽抒愤慨，亦道功力；圆亮出以俪体，骨力仍是散文，浓郁而不伤缛雕，沉浸而能为流转，参汉赋之句法，而运以当日之唐格。"

针对有人说《进学解》是仿东方朔《客难》、扬雄《解嘲》，气味之渊懿不及，钱基博认为这些议论是"皮相之谈"。钱基博说："《客难》瑰迈宏放，犹是《国策》纵横之余；《解嘲》铿锵鼓舞，则为汉京词赋之体；而《进学解》跌宕昭彰，乃开宋文爽朗之意，此文格之不同也。所同者，则以主客之体，自譬自解以抒愤郁耳。"

在《韩集籀读录》，钱基博对韩愈的《杂说》也多有赞誉。他说："古人多以云龙喻君臣；而韩愈《杂说》云龙，却别有解。龙喻英雄，云喻时势。'云，龙之所能使为灵，若龙之灵，则非云之所能使为灵'，喻英雄能造时势，而时势不造英雄；无英雄，则无时势；无龙，则无云也。结穴于'其所凭依，乃其所自为也'，以策励英雄之自造时势。尺幅甚狭，而议论极伟，波澜极阔，层波叠浪，浑灏流转，如大海江洋之烟波无际。"

在《韩集籀读录》，钱基博对韩愈的杂著进行了概括性分析，说："读《昌黎集》卷十一之十三杂著，相其体制，不外二端：其一原道析理，轩昂洞豁，汲《孟子》七篇之流，如《五原》《对禹问》，是也。其一托物取譬，抑扬讽喻，为《诗》教比兴之遗，如《杂说》《获麟解》《师说》《进学解》《圬者王承福传》《讼风伯》《伯夷颂》，是也。"通过分类，使读者对韩愈的文章有了更加清晰的认识，阅读时更容易把握其内涵。

在《韩集籀读录》，钱基博对韩愈的书信也有一番论述，他说："韩愈书体，博辨明快，盖得孟子之笔；而沉郁顿挫，则又得太史公之神。其中《答李翊书》《答刘正夫书》《答尉迟生书》《与冯宿论文书》，皆韩愈所以自道文章功力及意趣；而《答李翊书》，尤自道尽一生功力所在。"

通观《韩集籀读录》，钱基博对韩愈真是赞誉不已，用尽了能赞誉的词汇。如："《送孟东野序》，《送高闲上人序》，凭空发论，妙远不测，如入汉武帝建章宫、隋炀帝迷楼，千门万户，不知所出；而正事正意，止瞥然一见，在空际荡漾，恍若大海中日影，空中雷声；此庄子《内外篇》《逍遥游》《秋水》章法也。《送孟东野序》，以'命于天'者为柱意，而多方取譬，细大不捐，叠以'鸣'字点眼，学《周官·考工记·梓人》章法。"

关于韩愈对后世的影响，钱基博说："韩愈之文，李翱得其笔，皇甫湜得其辞，皆于气上欠工夫；欧阳修得其韵，苏氏父子（洵、轼、辙）得其气，又于辞上欠工夫；韩愈所以为不可及。"①

今人对《韩愈志》评价颇高。陈慧在《韩愈志》的《校订前言》中说："《韩愈志》是一部以史家直笔，以贯串群像烘托主体的方式还原历史叙述中的韩愈形象的志传，又可视为一部勾勒古文发展脉络，借以观照韩愈之关键所在的韩学著作，其本身也是熔铸百书，别出机杼的宏文。"②

第四节　文章写作

一、钱基博的辞章

钱基博擅长写作，特别擅长用古汉语作文，堪称一代写作大家。他在《国学必读》的《作者录》中有自我介评："幼年为文学《战国策》，喜纵横不拘绳墨；既而泽之以汉魏，字矜句练。又久而以为厚重少姿致，叙事学陈寿，议论学苏轼，务为平易畅达。而论学则诘经谭史，旁涉百家，博学而无所成名。诋之者谓其博而不精，喜为附会，殆实录也。"③

钱基博作文，古朴而有内涵，有战国纵横家纵横驰骋之风格，旁征博引，煮字炼句，气势恢宏。至于他自称"博而不精"，当然是自谦之

---

① 本节所引原文均见之于《韩愈志》中的《韩集籀读录》，曹毓英选编《钱基博学术论著选》，华中师范大学出版社1997年版，第577～600页。
② 该序载于陈慧校订《韩愈志》，华夏出版社2010年版。
③ 钱基博编著：《国学必读·作者录》，华中师范大学出版社2012年版，第8页。

语。他的写作技巧是如何练出来的？他在《自传》解析说："取诂于《许书》，缉采敦《萧选》，植骨以扬、马，驶篇似迁、愈……"1942年，他在湖南的国师举办的国文学会发表演讲，谈到他学习写文章的经历[①]：

钱基博在10岁时读完了四书五经，与此同时，伯父督促钱基博练习写作，限一炷香的功夫，必须写二三百字。接着，钱基博跟从胡捷三先生学习，有两年之久。还有两个同学跟着胡先生学，胡先生有一些社会事务要做，就让钱基博给另两个同学讲书，于是"读书的悟性，语言表达的能力，增进了不少"。

钱基博13岁时，跟随许仁庵学写文章，有30多人一起学。钱基博有时帮同学代写文章，一个命题不得不发挥几个不同的意思，从正面写，又从反面写，使写作得到了很好的训练。

钱基博16岁时，偶尔看到梁启超写的《中国地理大势论》，觉得不甚满意，就写了一篇4万字的文章寄去，得到梁先生复书赞许，从此做文章的胆子就大了。

钱基博17岁时，《国粹学报》征文，题目为《说文》，便用陆士衡《文赋》韵，仿其体写了一篇，居然得了50元奖金。

民国元年（1912），钱基博在镇江做事，同事中有位姓杨的，善拳棒，总在一起谈武术。同事要钱基博把所述武术事记录下来，于是便有了《技击余闻补》。

钱基博在24岁时撰写了《吴禄祯传》，文笔流畅，气势恢宏，其才气受到广泛的认同。

综上所述，可知钱基博最初学习写作，是逼出来的，勤于锻炼出来的，兴趣促成的，成功激励出来的。

---

① 钱基博：《五十年之文章做老学到老》，《国师附中校刊》第7期，1942年12月20日。此引自钱基博《国文教学丛编》，华中师范大学出版社2013年版，第176~178页。

二、钱基博对写作的研究

钱基博重视对写作的研究,长期开设国文写作课,细心辅导学生写作,还主持过国文写作的竞赛,积累了丰富的写作经验。

钱基博认为,学做文章,一定要有生机勃勃的意向。钱基博写过一篇《题画谕先儿》,讲的是学生们从小就要有生意。有生机勃勃的意气,才有可能写出好文章。

(一)《中国文法说例》

钱基博著有《中国文法说例》①,其中的基本观点:言语是人最重要的方面,"言为心声,文字则尤言之至精焉者也"(第5页)。

中国语言有文法存在,"惟世之言中国文字者,辄曰文无定法,又曰文成法立,是则无法之中,未始不有法在"(第3页)。"人亦有言,法者,如规矩准绳,工程所借以集事者也。无法,则虽有般输之能,无所用其巧。大抵文章一道,其妙处不可以教人,可以教人者,惟法而已。"(第5页)"若乃句有句、读、顿三者之别,章有起、承、转、落之不同,积句成章,积章成篇。"(第5页)

文章可以分成不同的类别:"曰写景之文,曰记事之文,感于外物而有作也;曰抒情之文,曰推理之文,情动乎中而不能自已者也。"(第4页)

作文有技巧。"细玩古人文字,要在开与合,而以起、承、转、落诸笔为之机揿,其道虽百世不能易也。不过文字用顺笔便平,用逆笔便奇,故作者落笔,定不肯平拖顺延。须知兔起鹘落,其来无端,其去无迹。"写作中,起笔最重要。"有横空而来,猝不易觅端绪者;有擒题劲捷,如快刀劈下,绝无透闪处者;有用巨笔重压,势若泰山当头者。"(第16页)钱基博列举了《庄子》《韩非子》《荀子》等书中的实例,加

---

① 见《集部论稿初编》,华中师范大学出版社2012年版。此小节(一)—(五)部分标注页码均出自此书。

以说明。

作文要有主题。"阅古人文字，必先审其主旨所在，譬如万山磅礴，必有主峰，龙衮九章，但挈一领。"（第41页）

作文重在创意。"古人文字之妙，贵意而不贵辞，必先有一番理致郁勃胸中而不自已，然后能条贯以出之，沛然而莫之御，是则法其后起焉者也。"（第37页）

（二）《文最》①

《文最》的首篇讨论中学讲授中国文学史问题，根据北洋政府教育部《中学校课程标准令》，第三学年要讲授文法，第四学年讲中国文学史。根据这一要求，钱基博提出：教材编制应采穷源竟委主义；每编选一代文字，必先提纲挈领，仿诸史文苑传序例，叙明当代文学几何去何人以迄文章转变，与若人有何关系，以便讲读时得预为概要作提示；学校的各科教师，联络沟通，俾学子得观其会通；每选一家文字，必以能表示本来面目；选文贵在含咀英华，舍短用长，以示一体文字之楷式。钱基博说："盖成事成文曰章。章者，条也，程也。文之综事布意有条不紊者，谓之文章。"（第56页）

在《述旨》中，钱基博论述了编纂的宗旨："文最者，将以极文章之流变，析风尚之代殊。最其大凡而观其会通，穷究升降得失之所在也。"（第56页）这段话把书名解读得很清楚，强调要把最极致的文章用于教学之中。钱基博引用梁人刘勰《文心雕龙》中的观点，文章皆本之于《六经》。钱基博说："汉朝人莫不能为文，独卓然为一代宗匠，可以轹古启今者，率亦不过数人。"司马相如受《诗》的影响，刘向受《礼》的影响，扬雄受《易》的影响，"夫不探渊源之有自，则无以得其宗主，识所依归；不穷变流之所极，则不能炉锤由己，熔铸成我。失依归者厥蔽无法，无炉锤者，厥蔽无变，二者交疵，其咎维均"（第57页）。

---

① 《文最》，约作于1917年，有无锡图书馆藏油印本，见于钱基博《集部论稿初编》，华中师范大学出版社2012年版。

在《原文》中，钱基博分析文学的产生，认为有歌谣而后有声诗，有声诗而后有韵文，有韵文而后有其他诸体文。人穷则返本，数极则复始，因此，有必要自唐虞歌谣了解文章之原始。

在《桃夏》中，钱基博说："桃之为言起也。曰桃夏者，言夏书之浑浑超乎象外，不可以文字求也。"对于夏代的文献，钱基博说："仲尼删书，断自唐虞；然则书之不始于唐虞可知也。惟至唐虞，益臻明备，二典三谟，备载一人一事终始，是为纪传体、纪事本末体之滥觞。禹作《禹贡》，是为地理志之滥觞，即六经之一也。"（第61页）《禹贡》峻整，《山海经》宏诞。《禹贡》限于域中，《山海经》极于荒外，不是后人能够作伪的。

在《诗经·商颂·长发》的文末，钱基博对颂体与神气作了一番议论，他说："颂者，美盛德之形容，以其成功告于神明者也。昔人论文章最要气盛，然无神以主之，则气无所附，荡乎不知其所归。神气者，文之最精处也。音节者，文之稍粗处也。字句者，文之最粗处也。惟神气不可见，于音节见之。音节高则神气必高，音节下则神气必下，故音节为神气之迹。"（第70页）文章中有神气，可意会，难以言传。

在《诗经·小雅·常棣》的文末，钱基博对叶韵的源头作了探讨，认为均可从《诗经》中找到发端。"古诗叶韵之法，大约有三：首句、次句叶韵，隔第三句而于第四句叶韵者，此篇之三章、五章是也；凡汉以下诗及唐人律诗、绝诗之首句用韵者源于此。一起即隔句叶韵者，《康衢》《击壤》之歌是也；凡汉以下诗及唐人律诗之首句不用韵者源于此。自首至末句句叶韵者，《明良喜起》之歌及《商颂·长发》之一章、二章、三章、四章、五章是也；凡汉以下诗若魏文帝《燕歌行》之类源于此。"（第84页）学习写诗的人，不妨读读《诗经》，使诗符合古之叶韵。

在《吴子使札来聘》的文末，钱基博对虚词的产生与用途作了介绍，说："凡文章字句但以实字砌成者，其决断婉转虚神未易传出，于是有也、矣、乎、哉诸字以之顿煞，而神情毕露矣。若是者俗语谓之虚字，盖以佐实字之所不逮，以达字句中应有之虚神也。惟上古文字初开，实字多，虚字少，典、谟、训、诰，何等简奥；然文法自是未备。至春秋之世，虚字详备，作者神态毕现，即如此篇连用也、矣、乎、哉诸虚字，描写赞美口吻，情韵并美，摇曳多姿。"（第94页）

在《道德经》文末，钱基博对老子作了评价，说："盖老子文义，元妙高洁。其与孔子异者，皆矫世之辞；而其所同者，皆合于《易》……识微之士，谓惟老子之学，可以靖人心，延国脉，有以哉！"（第97页）钱又说："老子之术，须自家占稳方做，专气致柔，能如婴儿……让尔在高处，他只要在卑下处，全不与尔争，然自己地步却站得极稳。"（第98页）

在《孙子·计篇》中，钱基博称《孙子兵法》"其词约而缛，易而深，畅而可用"（第105页）。书中对蒋方震的《孙子新译》评价很高。钱基博说："全篇'计'字之义，以一'未'字为点睛之笔。计者，计算于庙堂之上，而必在未战之先，所谓事之成败在未着手以先，质言之，则平时之准备有素是也。"（第116页）

钱基博对战国时期的文章很欣赏，认为各有特色。他说："文章之盛，莫盛于战国……研夫《檀弓》记礼，理懿而文雅；公、榖诂经，辞辨而义精；蒙叟属篇，气健而采奇；孟轲所述，旨豁而才爽；子秉汩汩，号称博辨；鬼谷眇眇，每环奥义。苏、张则谈说之雄，屈、宋实词赋之祖；《吕览》开杂家先路，荀卿亦吾儒别子；韩非博喻而言赡，李斯深文而格峭；斯则得伯氏之华采，而文章之林囿也。"（第120～121页）其中说到了战国时一些擅长写作的人物，如公，指公羊子，有《公羊》传世。榖，指榖梁子，有《榖梁》传世。钱基博认为："《公羊》辨而裁，《榖梁》清而婉；其文字不同处，正当于笔墨蹊径之外求之。"（第123页）子秉，是公孙龙字。檀弓，晋人，曾子的弟子，其传世的《檀弓》一文，浓入淡出，蓄意、布疑、流韵，对宋代苏东坡有很大的影响。

在《孟子·有为神农之言者许行》一文之末，钱基博指出该文的结构虚实相兼，"凡铺张处，皆实境也。其运旋处，则虚境也。大约虚实相间，叙事夹议论体，须于实处看其气色，于虚处看其筋络。其气色之荣华，筋络之遒劲，两擅其深，尤须于一虚一实相间处看其局势之变化"（第128页）。

地理形胜可以熏陶文章气势。钱基博主张多观察地舆之学，训练文字功夫。他在《张仪说楚怀王》一文中说："战国策士，本近于矜才使气，然非天下形势，烂熟胸中，聚米画沙，了如指掌，必不能立谈取卿相而睥睨侯王也。唐之杜牧之，宋之苏眉山父子，陈龙川，明之唐顺之，以及清之顾景范、魏默深，皆祖战国策士之文也。其文疏纵有奇气。博少时文颇稚弱，既而纠缠算数，笔益枯窘，及观览舆图，好指陈形势要害，敩为战国人之文，始觉纵横轶荡，峥嵘生色焉。故不略习地舆者，吾可决其文字必无生气也。"（第134页）。

(三)《国文研究法》

民国初年，由于科举已经中断，新学还没完全建立，加上社会动荡，学生的写作能力有所下降。江苏省立第三师范学校顾述之校长深感忧虑，他说从师范学校毕业的二百多名学生中，"能文者仅十之一二，能文而善于启童蒙者，百之一二而已"（第151页）。于是他在1918年暑假办了三个星期的短训班，请钱基博、薛公侠、沈颖若三位先生讲写作课，受训学生通过聆听"三周讲习，获益逾于五年"。顾校长认为这个短训班效果好，就把三位老师的讲稿编成《戊午暑期国文讲义汇刊》，由中华书局1918年11月出版。傅宏星从《汇刊》中节录出钱基博撰写的《国文研究法》，载于《集部论稿初编》。

《国文研究法》全书有32000字，是关于文章学的讲稿。全书有三章，每章都是以梁刘勰《文心雕龙》的经典句子作为开篇，然后引发写作之事。

第一章引《文心雕龙》开宗明义语："文之为德也大矣，与天地并生者何哉？……故形立则章成矣，声发则文生矣。"钱基博把写作当作美学，列为美术之一。他说："盖天下之美术，莫不始于自然，中于思化，终于成美；而文亦美术之一也。推所由起，必依二性：一曰所纳，一曰所生。如人呼吸，自然相须，不得而离。"（第153页）如何行文，钱基博提出五点：一为契象；二为模效；三为选择；四为思化；五为创作。章为先有事象，然后观察与选取素材，最后构思。谈到思化，钱基博说："众技毕陈，优者有甚优，劣者有甚劣，或优劣时糅，可以节取。于是斟酌损益之虑生，遗貌求神，超然独悟。旧之契象，且从迁失。是为思化。"（第154页）美文需要感兴，"若感兴一至，悱然有动，则出之洸洋而不可遏"。

第一章的第三节专门讲述审美。引《文心雕龙》论文之美，曰秀曰隐。"隐也者，文外之重旨者也；秀也者，篇中之独拔者也。"（第155页）其中说道：文之美，有阳刚之美，有阴柔之美。钱基博综合历来各家论美的观点，提出从六个方面衡量文章之美：其一，文以娱志为主；其二，文以众喻为主；其三，文贵表示新颖；其四，文贵情至；其五，文贵能熔裁历史科学之事实；其六，文贵能发扬不朽之盛美。钱基博阐述说：至娱之感，常出于至美。文以娱人，尤必能喻人人。新颖之道，莫大于因时。文之极至，岂徒称于一世，虽百世千世，仰之炯然。

第二章论述国文与外文。钱基博针对欧化风气，批评了轻视国文的态度，提出国文与外国文不同，不能照搬外文治国文。钱基博指出国文有诸多便利，汉字使用范围广泛，历史悠久，结构有特色。钱基博说："我国文字属于象形者，不过千百之一二；其大多数，则为形声之字，以两偏旁相合而成：一旁标音之所从，一旁示义之所属。其制作之方法，实兼有象形文字与标音文字之长……平居私念，以为理想上最完善之文字，不可不用我国形声之方法：一旁标音，宜有简单之规则；一旁表义，宜有明晰之部类。"（第161页）钱基博认为，"'自然'二字，实为我国文章之神髓焉"。文章有法，"特所谓法，可以意会，不可以言传；而用法者贵能得法外意耳"（第168页）。

第三章叙述国文研究法，钱基博说："学为文者，要以宣情达意，能抒所见，而著之篇章为归。"（第 168 页）治古人文，有读有看，读与看不同。读有多术：读书宜识字，读宜明句读而符识之，读宜审篇法而符识之，读宜体会古人神理以因声求气，读宜熟，熟必以背诵为度。读书与做人不是两件事，读书要切己体察。看书须以我看，首尾通贯，虚心静虑。看书须作数过尽之，须札记。钱基博认为，治国文无非要积理与养气，"积理富，则言有物；养气盛，则辞毕达。读，养气之事，而看则积理之事也"。钱基博又说：读书开卷，不得以记诵为第一义，"必以义理为先，开卷便求全体大用所在，至于义理融透浃洽，自然能记"（第 183 页）。

钱基博主张动手撰写论文，勤读多作，缺一不可。作文必自论议入手，学会命意布局，反复修改。"百工治器，必几经传换而后成器。吾侪作文，亦必几经润删而后能脱稿。""每脱稿一文，必先从事删，篇中不使有冗章，章中不使有冗句，句中不使有冗字，直至删无可删而必须改者，则姑置之。"（第 193 页）钱基博说改文之法有四种：移花接木；改头易面；脱胎换骨；化板转活。所谓移花接木，就是"上下段本不相干，稍为贯串，便成一气"。所谓改头易面，就是"倒置前后，改易字句，便另成一种格调"。所谓脱胎换骨，就是"原本说寒，将要紧处改换，翻成说热"。所谓化板转活，就是把很活的字取代呆板的字。（第 194 页）

在教学中要注意讲授的艺术，不仅老师讲，学生也要讲。钱基博说："善讲说以喻于人人，不如启发人之自喻。"（第 195 页）先让学生"各自理会"，再让学生"各道其所理"。作为讲授者，要注意六个方面：其一，讲之顺序不可不随文而异；其二，讲宜留心句里；其三，讲须注意字之体用；其四，助字不可拘泥讲；其五，讲集合词须分别可用不可用；其六，儿童还讲最需注意其语法。如字之体用，"体者字之本义，而用则其引申假借义也。用一字也，用于此文与用于彼文，用于前文与用于后文，其神气全然不同"（第 196 页）。

（四）《古文辞类纂解题及其读法》

在《集部论稿初编》载有《古文辞类纂解题及其读法》，这是钱基博为古书解题之一种。桐城姚鼐的《古文辞类纂》是一部关于文章研究的经典，在清末有很大影响。钱基博认为此书"分类必溯其原而不为杜撰；选辞务择其雅而不为钩棘；荟斯文于简编，诏来者以途辙"，可以窥见文章之流变，而觇当世得失之林。

谈到《古文辞类纂》，不能不知道有哪些版本。钱基博先是介绍了常见的三种版本，即嘉庆年间的康刻本、道光年间的吴刻本、光绪年间的李刻本。钱基博又特别介绍了晚清以来徐州徐树铮的刻本，集众家之长，折衷己意，最为精审。

古人编写此类书籍，对总集有不同的分类。梁代《昭明文选》分"赋""诗"等三十七类。姚鼐认为《昭明文选》分得太细，"分体碎杂，立名可笑"，于是不采纳《昭明文选》的分类，而是自创十三类，有"论辩""序跋"等。

钱基博专门探讨了《古文辞类纂》成书的前因所果，从明代洪武年间说起，"洪武而还，运当开国，其文章多昌明博大之音。永、宣以后，安享太平，多台阁雍容之作……嘉靖之际，历城李攀龙、太仓王世贞踵起……桐城派三字，始于题自姚氏；姚氏以前，罔有也！……乾嘉诸老，姚氏最老寿，从容论说，深造而自有得。其文为世所称诵者，词旨渊雅，复绝尘表"。其后，有梅曾亮、管同、方东树、姚莹四大弟子继承，"姚氏之薪火，于是为烈"。接着有曾国藩、邵懿辰等"相与附丽。于是桐城古文之学大张"。"武昌张裕钊、桐城吴汝纶、遵义黎庶昌、无锡薛福成，亦如姚氏之四大弟子。""桐城之再盛，要以其县人马其昶为后劲！"（第 205～209 页）

如何读《古文辞类纂》？钱基博主张会通。具体而言，钱基博提出了几点方法：第一，分体分类读。姚氏把文章分为十三体，每体各有一定格律。同时，要注意文学的内容不外三事：记事、说理、表情。"大抵记事欲其实，不欲其夸；说理欲其显，不欲其奥；抒情欲其真，不欲其饰。记事宜于赋，说理贵用比，表情妙托兴。"（第 211 页）钱基博又说："一体文学有一体之赋、比、兴；固不限于记事宜于赋，说理贵用比，抒情妙托兴矣！"（第 212 页）第二，分代分人读。文章一代有一代之风尚，一人有一人之面目。在桐城派推崇的学者中，"桐城派之所自衍者，厥惟四家，曰司马迁、韩愈、欧阳修、归有光。盖司马迁之文所以卓绝千古，自成一家者，徒以叙事之中有唱叹而已。……昔贤论江西诗派'一祖三宗'：祖者杜甫；三宗者，黄庭坚、陈师道、陈与义也。倘以桐城派为衡，曰韩愈、欧阳修、归有光，庶几桐城之'三宗'也。所谓'一祖'者，惟司马迁足当其人耳！"（第 213～214 页）第三，分学读。钱基博认为"文章学术，本是两事：文章贵美，学术崇真。文章之美在情韵；而学术之真在智识"。学术可以分为道家文学、儒家文学、墨家文学等涉于诸子九流，此外还有谈论小学、经学、史学的。

在《古文辞类纂解题及其读法》末，钱基博谈论了自己对《古文辞类纂》的基本看法，说："余蚤承家学，服诵《萧选》，导以韩、柳，自以为壮彩烈词，风骨无惭于古；而揆之桐城义法，则或少乖！然性情之所偏至，不为意也！独于姚氏此纂，虽病其规模少隘，然窃以为有典有则，总集之类此者鲜！钻研不厌；而不欲轻附时贤，作应声之骂。"（第 219～220 页）正因为钱基博对集部的《萧选》有很深的钻研，因此，他转到研究《古文辞类纂》，就不乏独识卓见，写出有价值的读书提要。

谈到《古文辞类纂解题及其读法》，上海龙虎书店的编辑介绍此书时说："钱君本以古文著名，于姚氏《古文辞类纂》，有深切之研究，此书系作者抒所心得，条分缕析，于大学讲筵。实地教学，再三写定，实足辟斯文之阃奥，示后学以途径。"

钱基博指出姚鼐等人在学术上的得失利病，先说姚鼐以明桐城派的授受渊源为始，随后比较了姚氏与曾国藩学术之异：姚氏的《古文辞类纂》"痛其径太狭，既不如《曾钞》之博涉经子，而择言偏洁，又不如《李钞》之足有才藻，规模未宏，自是所短"，"然窃以为有典有则，总集之类此者鲜"①。

说到《古文辞类纂》，建议读者读一读钱基博的《桐城文派论》，在这本著作中，对桐城派的源流、义法、品藻、禁忌、题材、风格、文弊以及与汉学、与宋学、与阳湖学派的关系，都分别作了论述。桐城派之所以衰歇，有人认为是儒学已不足维系人心，有人说是清代没产生天才作家，有人说是末流墨守成规，有人说是白话文兴起。钱基博说："西洋文化输入，中国文化衰退，此诚桐城派古文消灭之故矣。"② 钱基博又进一步分析说：废科举立学校，专攻文章者渐寡；旧器物废置，新器物繁增；旧学术衰歇，新学术流行；翻译大盛，新闻杂志流行，这些都导致了桐城学派的衰歇。

（五）《骈文通义》

《骈文通义》是钱基博于民国二十二年（1933）在上海光华大学时撰写的。

钱基博年轻时对骈文是下过功夫的，他说："自少小耽诵《萧选》；而三十岁以后，于李兆洛《骈体文钞》，王先谦《骈文类纂》，彭元瑞《宋四六选》，曾燠《骈体正宗》，屠寄《常州骈体文录》五家言，循绎数过；而泛滥及于严可均《全上古三代汉魏南北朝文》、《全唐文》。靡所不毕究；因以窥见源流正变所在，而李之《骈钞》，恢张汉魏以植散行之骨；王之《类纂》，极论才气以闳骈文之规；尤能观骈散之会通，而足树楷模于斯文者也！"（第223～224页）由这段话，我们从中大致可以知道学习骈文的门径了。李兆洛的《骈体文钞》与王先谦的《骈文类纂》各有特点，是必须读的书籍。

钱基博认为，文之用偶，出于天然。春秋之时，言词恶质。文言是文饰之词。古人最初不用虚字，罕用语助之词。"至诸子之书，有文有语：荀子《成相篇》，墨子《经上下篇》，皆属于文者也；《庄》《列》

---

① 马厚文：《从钱子泉先生受业记》，《华中师范大学学报·纪念钱基博先生诞辰百周年专辑》（1987年增刊）。

② 钱基博：《后东塾读书杂志》，华中师范大学出版社2014年版，第304页。

《孔》《孟》《商》《韩》，皆属于语者也。"西汉更加讲究文饰，"赋、颂、箴、铭，源出于文者也；论、辩、书、疏，源出于语者也"。"魏晋六朝，崇尚排偶，而文与笔分。偶文韵语者谓之文，无韵单行者谓之笔。"（第226页）文与笔的区别，重点在韵。无韵为笔，有韵为文。昭明辑《文选》，大抵是偶词韵语之文。

钱基博系统回顾了骈散流行的历史，认为文章关乎运会："周秦诸子之书，骈散互用，间多协韵"；"东汉清刚而简质，犹为盛世之元音；建安藻绘而雄俊，则是偏霸之逸响"；"永明以前，本无四声之说"。钱基博自称喜欢读毛奇龄的文章，称毛奇龄的"《平滇颂序》独出以驱迈！我用我法，真有来如云兴聚如车屯之势；余尤喜诵之！"（第229～230页）

钱基博认为，精彩的骈文，当以气骨为主，潜气内转，上抗下坠。学习写作骈文，可以模仿。他说"自古名篇，不嫌依放"，举江淹的《诣建平王上书》"依放"邹阳的《狱中上书自明》、梁简文帝的《与刘孝仪令》"依放"魏文帝的《与朝歌令吴质书》为例。钱基博推崇南宋汪藻的《浮溪集》，其中的《建炎德音》等文章，"明白洞达，曲当情事……措辞得体，足以感动人心"。

（六）《文范四种》

谈到文章写作，不能不说钱基博的《文范四种》，此书收录了《酬世文范》《语体文范》《模范文选》《国师文范》。所谓文范，就是文章范式，是学习写作的样文。

此书对于国学写作极有帮助，这是因为，国学写作是钱基博的擅长。在长期的教学实践中，钱基博注意到历代有些文献堪称经典，可以作为学习的范文。他根据不同年龄层次，介绍了一些书籍与文章，并加以点评，对读者非常实用。这些范文，是中华民族有文字以来最精要的文章，相当于"古文观止"，很值得阅读与学习。

在《文范四种》的《序》中，钱基博论述酬世的文章，可以分为庆贺、通启、尽赙、祝祭四类，前三类是用于"民人"的，后一类是用于鬼神的。写好酬世文，莫过于掌握"典、显、浅"三个字诀。"盖典者，言皆有物之谓。显者，词达理举之谓。浅者，尽人能解之谓。"（第3页）①

《酬世文范》卷一收录了十多位学人的文章，也有钱基博撰写的《民国二年无锡国庆辞》《本校成立第十一周纪念日颂辞》《新无锡报五周年纪念词》《无锡日报千日纪念词》《陶翁六十寿言》《韩止叟先生六十寿序》《吴兴沈节母高太君七十寿序》《欧战最后胜利招待协约国诸外宾茶会贺词》等文章。

虽是应酬之文，其中不乏独到见解，如《本校成立第十一周纪念日颂辞》一文是为丽则女校师生所写，考证了"女士"一词，提出"士"之所以从十从一，是因为"十"表明"四方中央"，"一"表明"一物不知为儒者耻"。（第13页）在《陶翁六十寿言》，钱基博考证陶氏即钱陶，擅长计数之学，陶家以计然之术起家，"倘得如太翁者，究明计然之策，为之持筹而治国计焉。吾知国富则兵强可操左券也"（第44~45页）。在《韩止叟先生六十寿序》，称赞泰县（今江苏泰州）人韩止叟在为官期间，扶危定倾，不懈以奋，兴修水利，仁以挚氓，义以制事，率下清而不刻，和而不徇。在《吴兴沈节母高太君七十寿序》，称赞沈节母高太君教子有方，守寡抚养儿子莲舫成才。莲舫做了许多慈善事业，如"好行其德，捐白金千，用助振焉"。莲舫做了善事，总是说"非我之能也，母教之也"（第51页）。这些评价虽属应酬之文，但充满了正能量，对社会有积极影响力。

《酬世文范》卷二收录了董仲舒的《止雨祝》、虞集的《祭伍子胥文》等，还有钱基博写的《江苏省立第三师范学校诔孙仲襄先生》《诔汤济武先生》《祭孔子文》等。在《祭孔子文》，钱基博谈到对孔子的敬佩在于五个方面："大道之行，天下为公。选贤与能，为亿兆宗……是谓大同。四时之序，成功者去。物穷乃变……是谓进化。内夏外夷……

---

① 此小节正文括号所标页码均出自钱基博《文范四种》，华中师范大学出版社2012年版。

是谓攘夷。夫子订《易》……是谓抑尊。周诰殷盘……是谓明道。"（第59页）

在《语体文范》中，钱基博说语体文也是文章的一种，选一些文章作范式，让人晓得如何做语体文。但是，语体文也有缺点，须得改良。倘用经济学"最小劳费、最大效果"的原则，语体文显得啰唆，倒不如文言。当时，中国开始流行白话语体文，而钱基博认为语体文前无师承，不宜放弃文言文。钱基博把编好的《语体文范》寄给无锡名人裘廷梁①。裘廷梁与钱基博之间展开了语体文与文言文的讨论。裘廷梁力倡语体文，认为这是适合大众的事情，而钱基博认为国文教师仍然要教文言文，文言文自有其妙用。他俩的讨论引起了社会的关注，推进了语言的改革。②

在《国师文范》中，钱基博要求学生能够阅读古书，用浅近之文言，自由发表意思。"非于文言读作有相当之训练，何能自读古书，以深切了解本国文化耶！""作文训练，定'简''整''快'三字。'简'者，词意明净，语无枝叶。'整'者，书法整齐，意不苟偷。'快'者，下笔快当，时不延长。"（第391、392页）

《国师文范》收录了钱基博撰写的《日本论》。面对日本的侵略，钱基博认为我们应当"审机以待时，蓄锐以徐奋"。日本侵略者"欲用其所长以制我于一时，而我闭门而拒之，使之失其所求……我之抗日也，当图之以百忍。鸷鸟之击，必戢其翼，而有为者亦若是"（第401页）。

《国师文范》还收录了钱基博撰写的《国立师范学院成立记》。其中论述了师范的意义："惟师有学，用诞启民瞑。亦惟师克范，用式四方。"对蓝田师范的筹建，钱基博赞扬了吴俊升等五人"皆国之良也"。对于学校的环境及人才培养，钱基博亦有论说："其山曰光明山，距蓝

---

① 裘廷梁（1857—1943），光绪举人，一生倡导白话文，编辑有《白话丛书》，创办《无锡白话报》，在《苏报》上发表著名论文《论白话为维新之本》。

② 刘桂秋：《无锡时期的钱基博与钱锺书》，上海社会科学院出版社2004年版，第95~100页。

田西一里许。重冈复岭，因山作屋。四面松竹，间以红树，惊红骇绿，仰亦寰宇之丽。而又有清流激湍，映带左右。于是乎藏焉修焉，息焉游焉，韬涵大和，无世俗纷华之好。而抟心壹志，得天下之英才而大淑之。用作新兆姓，树之坊表，其亦庶乎其可也。"钱基博特别强调自强精神，说："独念我不自亡，谁则亡我！人不自强，何能强国。国者，人之积也。"（第445页）

今日学习国学的人，案头应存放一本《文范四种》，不仅可以读钱基博的文章，还可以读其他先贤的美文，受益一定很大的。

钱基博编写过《模范文选》，收录54篇范文，各种体裁的文章都有，让学生学习。

钱基博在《国学必读》中主张学生写作文，对年幼的学生则采取"笔述"，仿《论语》记言之体，简明的记述。还可以讲《世说新语》的故事，让学生学习判断。

钱基博还撰有《文心雕龙校读记》。

钱基博撰《桐城文派论》。他讲授"桐城文派"课，对桐城派的起源、发展、作家、流弊、衰竭，均有很精当的见解。

钱基博在《五十年之文章做到老学到老》[①]一文中，专门介绍了他从十岁开始学习写作，能在一炷香的功夫写一篇作文；同一题目，能从不同角度写几篇作文；用功须在平时，终于能写著述之文与应酬之文。如果今人都按照钱基博的写作方法历练一番，定可以写出好文章。

第五节 小说中的"中国功夫"

国学包括了武术文化。武术者，中华之国粹也。武术不仅是单一的技击之术，而是集民俗、伦理、哲学于一体的大众文化。

钱基博的武术见识，集中体现在他撰写的《技击余闻补》。1914

---

① 详见钱基博《国文教学丛编》，华中师范大学出版社2013年版，第176～178页。

年，钱基博27岁。他在王蕴章主编的《小说月报》发表《技击余闻补》系列短篇武侠小说，后来结集成书。① 钱基博在《序》中说："今春杜门多暇，友人有以林侯官《技击余闻》相贻者，叙事简劲，有似承祚三国，以予睹侯官文字，此为佳矣。爰撰次所闻，补其阙略，私自谓佳者决不让侯官出人头地也。"文中的林侯官即林纾（1852—1924），字琴南，号畏庐，近代著名文学家。福州莲宅人。他能诗善画，擅长叙事抒情。他不懂外文，依靠别人口译，用文言文翻译欧美各国小说180余部。他翻译的名著《茶花女遗事》出版后，轰动全国，在中国翻译史上贡献显著。钱基博对林纾写的《技击余闻》评价很高，"叙事简劲""承祚三国"，认为是佳作，于是想模仿林纾，超越林纾，把自己的所见所闻也写出来，展示自己的写作水平。

《技击余闻补》26篇，是在讲故事之中谈中华武术，从琐事中阐明道理。如：《某公子》讲江南某公子夫妇不以兵刃胜群盗的故事，以虚击实。《白太官》通过比武联姻写出惺惺相惜的武林情结，通过智斗僧人写出武不足恃。《戴俊》写戴俊拜从猿猴对搏学得高超武艺的老僧为师，学成后杀师的故事，把人情之诡诈揭示得淋漓尽致。《梁兴甫》写梁兴甫因惩罚昼掠人物的守门军而名满天下，后与慕名而至的勒菩萨因争名而相斗致死的故事，表达了对无益之争的感慨。《李渔》实与武侠无关，用李渔巧妙地威胁有武才的诸公子为他盗窃库银的故事，表明机智的重要。

华中师大的莫晟博士认为，从源流而言，《技击余闻补》是近现代武侠小说的先声。梁羽生的《江湖三女侠》中关于甘凤池的性格塑造及外形塑造均可以从《技击余闻补》中《甘凤池》一篇找到原型。而《白太官》一篇中关于白太官的描写则成为独孤红《丹心谱》的写作蓝本。莫晟博士还从比较的眼光进行了分析，认为《石勇》是一篇与《聊斋志异》中《大力将军》相同的故事。不同的是石勇是在中日甲午战争中与

---

① 1916年，恽铁樵将《技击余闻补》与其他学人的作品合编成《武侠丛谈》一书。上海书店1989年3月据此影印出版。

日军作战而得以建功。《僧念亮》中大盗出身的念亮和尚受乡民之邀，抵御骚扰村庄的太平军黄和锦部，以勇力慑服人，写明习武之人退出江湖之难。①

如何读《技击余闻补》？我有以下四点建议。

第一，读文化。《技击余闻补》由若干个故事组成，每个故事都非常引人入胜，但我们的大脑绝不能停留在故事层面。须知，每篇的字里行间都有可以反复玩味的文化内涵。

钱基博讲武术故事，涉及社会各阶层、各方面，从漕运士卒、庙宇僧人、护货镖师，讲到市井无赖。如《邹姓》说到无锡一带的社会："当日河运未废，岁漕东南粟给京师，舳舻什佰衔接，无不出其地者，谓之南漕。漕卒凤多魁硕怙气力者，横甚。"《马永贞》谈到上海码头的背景："当是时，上海互市匪久，然商货阗集，而马路四通，冠盖如云，载驰载驾，颇需马，故贩马者丛萃于其地，其人大率魁桀有气力者。"

古代统治者压制武术文化，害怕百姓习武，担心有武功高强的人存在。钱基博在《范龙友》讲无锡武师范龙友因为有武功，而被官府忌惮，诬为谋反之祸。钱基博评论说："清初，抚有诸夏，自知外夷僭盗，不为人心所归往，惴惴惧天下不靖。其诛锄武勇，实与摧戮文士等，范龙友特其一焉耳。然文字之狱，至今为诟，而朱家郭解之诛，无人道焉者。则以文人通声气，类多标榜相护惜，而武力士椎鲁不解此也。及玄晔之世，允禩胤禛，夺嫡相猜，争罗天下勇士自佐，异人剑客，履错宫廷。胤禛卒赖其力，干有天位，自以得之非正，心甚人知其阴，始也翦锄非类，继则猜戮同体，高张网罗，靡所不诛，而天下武力之士殆歼焉。"《范龙友》不仅写范龙友的武功，而且揭示了清初"诛锄武勇，实与摧戮文士等"的社会状况，揭示了武术文化流传困难的原因。

武术不仅是"术"，还有"精神"在焉。《莫懋》说明代在无锡有莫懋其人，他有四个方面令人叫绝。一是"仪表瑰伟，生而猿臂，勇力绝

---

① 以上参考了莫晟《治心之学与技击——读钱基博的〈技击余闻补〉》，王玉德主编《钱基博学术研究》，华中师范大学出版社2008年版。

人。里少年数十戏持矛呼噪围之，一跃而出，倏若飞隼。如是者三，终勿能围也"。二是不畏阉宦。"尝有阉人载舟过锡，骄横异甚，索重贿，系驿丞舟柱，笞以鞭。懋见之，勃然怒，一跃登其舟，提阉掷之水。复跃而上，仆从不能近。阉为夺气，莫之何也。"三是能武亦能文。"及壮，折节读书，工书及画，善擘窠大字，画法郭熙高克恭。既成，仿张旭狂草，题诗其上，遇知己，即赠之。非其人，虽重贿不能得片纸。"四是崇尚一种精神。"晚作一松石图，中为长松千尺，一巨石，虎卧松下。笔势怪伟，最自赏爱，虽所亲昵，勿与。令王仲仪貌己像其上，跌坐于石，上荫古松。盖隐以松石自喻其坚贞也。"根据这个故事，钱基博大发感叹，感叹莫懋竟然敢斗从朝廷派下来的权阉。钱基博说："阉宦之祸，至有明而极。吾读张溥《五人墓碑记》，未尝不为之掩卷三叹也。夫阉不过刑余之小人耳，当其口衔天宪，使于四方，遂不惮嚣然自大，虽有强项者，莫之敢撄，何也？以投鼠则器有所忌也。而懋发愤一击，其激昂大义，亦岂出五人者下哉。而世之人，廑乃以画士称之，匪所志矣。"

人们赞扬武术家，不仅仅是某技艺，更重要的是人文精神。在《莫懋》中，钱基博说无锡城乡之间有武术高人，"明亡，天下有十八武师者，什九胜国遗老也。无锡居四人焉，南杨北朱，其尤著者也。人亦或优言曰：南羊北猪云"。所谓"朱"，即朱少圃，事迹不详。然而，"杨"却颇有故事。杨即杨维宁。杨维宁是一名武师，虽然身藏绝技，但不愿生事。"知世事不可为，筑室湖滨之管社山。山在无锡之西南，故人字之曰南杨。"他"率妻子偕隐，读书吟诗，布袍革履，与渔樵为伍。客至，非意所欲见，辄拒勿纳。意所可，则延款之。性刚直，膂力绝人，而杜口不言武事。辄喜挥毫作韵语，出言蕴藉，了不似人间武师也"。然而，如果乡亲们有为难之事，杨维宁却一马当先，勇于担当，乐于相助。一天，外来盗贼敲诈本地商铺，为首的"大刀子技勇冠群盗"，"乘马率众携械蜂拥至取赀，势汹汹"。杨维宁"不得已，持刀只身出应之"，约定与盗贼单挑，"呼曰：'若诚勇者，速约若众勿得前。若单骑与吾斗，若用刀吾亦用刀，胜者取赍。须一人，助者非丈夫也。'大刀子许之，挥众独前，与维宁战，运刀若飞，维宁百计伺其懈，不得间。久之，无胜负。战益酣，维宁倏飞身上屋，陡再瞥下如鹗，下刃拟其顶，大叫曰：好大刀子！大刀子骤觅维宁不得，忽闻大声发于顶上，心惊不觉刀稍迟。维宁疾下刀劈之，中其颅，堕马死矣"。群盗惊骇散去。在钱基博的笔下，这个杨维宁平时安分守己，甚至喜欢写诗作文，关键时刻能挺身而出，明辨是非，有勇有谋，临危不惧，体现了一种武术精神。此外，《三山和尚》以昃以幻威慑群盗、勇战清军、诛杀谢汀、捕击旗丁四件事塑造了一个见义勇为的武林豪杰形象。

第二，读武术。通过此书了解武术流变与常识。

《甘凤池》记载"在康熙间，天下言武术者，无不知有甘凤池矣"，这个甘凤池的身体健硕，武功令人称奇。"其人有欲试其技者，令祖臂横肱小门口石道中，驱牛车数十轮，绝肱上过，无纤痕，不论创也。观者骇服。饮之酒醉，与人较艺，倒植长颈酒瓮于地，一足立，用两指持一竹竿，令众数十曳之，屹然不动，忽骤松其手，曳者咸倒地。偶出行，见两牛斗田畔，角交不解，牧人欲制之而无术。凤池徐以手压牛背，两牛皆陷入地数尺，展转不得动，怒目视。徐提出之，若鸡雏然。其勇力绝人有如此。凤池体不逾中人，然手能破坚，握铅锡如搏沙，辄化为水。宜其手所抵击。无不立碎者。"文中讲述了硬气功、轻功，用力如神。由于甘凤池名声很大，山东等地的武师前来与他比武或学技，人们把他称为勇士。"凤池工为导引之术，或立卧，鼾息如雷，十数人推挽，莫能移尺寸。而性特和易，虽妇孺皆与狎，见者不知为贲育也。年八十余卒，葬凤台门，表曰：勇士甘凤池之墓。"这个人的事迹，完全可以拍摄成电视剧。

《莫懋》叙述了武术中外家与内家的流变："少林以拳勇名天下，然至于搏人，人亦得以乘之。有所谓内家者，以静制动，犯者应手即仆。故则少林为外家，盖起于宋之张三峰。三峰为武当丹士，徽宗召之，道梗不得进。夜梦元帝授之拳法，厥明以单丁杀贼百余。三峰之术，百年以后，流传于陕西，王宗为最著。温州陈州同从王宗受之，以此教其乡人，由是流传于温州，嘉靖间张松溪为最著。松溪之徒三四人，而四明叶继美近泉为之魁，由是流传于四明。四明得近泉之传者，为吴昆山、周云泉、单思南、陈贞石、孙继槎，皆各有授受。云泉传卢绍岐，今世所传南杨北朱者，皆绍岐弟子，则两人者，亦内家也。"武术的修炼讲究内修与外修，外家重外力修炼，以气为辅，内家以气为主，外力以气引导，重内气的修炼。一般认为，内家功夫就是指"内练一口气"，即表面松柔沉静、重视内气运用的武术。外家功夫则是"外练筋骨皮"，发力刚猛迅捷。内家功夫通常就是指太极、形意、八卦这三家武术，而这三家之外的武术都属于外家功夫。

《清江女子》讲了点穴气功。说的是一群调皮的富家少年，相约戏耍一过路的陌生女郎。这女郎的玉足如锥，诸少年都想触摸，其中一少年刚一碰到女郎足，就定住了，"体若寒噤，扬手不得下"。"张两口直视，口涎流颐，左臂侧垂，而独伸右臂，反其掌下向，若有所取携状，骈其足，植门外如僵。虽五六壮夫喧哗推挽莫能动。"众少年惊慌不已，揣测是女郎施了神功，只得一起跪求女郎解救。看到这群少年颇有悔改的诚意，女郎"翩然出户外，轻挟少年右臂。少年忽出气作嘘声，活矣。后少年视己右掌，见掌心黑点大如黍，则所触女郎屟履泥痕也"。这女郎施展的神功，现在称为点穴。据说，武术师只要用特异功夫点击对方的身体穴位，对方就将不能动弹。点穴功非常神秘，但在一定的范围内，确实是可以置对方成僵化状。点穴事，《秦大秦二》叙秦氏兄弟二人，无意中与灵隐寺住持僧结怨，一年后住持僧以四十九人围攻秦大，被秦大以点穴法制住。

《秃者》讲了铁头功。"一秃者手承双铁锤，大若钵。自敲其头，左右环下起落如风雨，每下则隆然作响，头不为碎。其颅顶当锤下处，愈光亮若磨镜矣。观者或疑其锤非铁，索视质重，莫任举其一者。"

《窦荣光》讲了剑术。清道咸间，无锡有大侠窦荣光，他游历到泰山脚下，住一黑店。半夜闯入一侠客，"惟见庭中光缕缕闪阖，似电剽忽，不可端倪，盖剑光也"。"见光而不见人，以身为剑光所护掩也。"

《闽僧》讲了棍术，并含有哲学道理。其文："有少年客后来，居僧下。自以工拳勇，矜负其技绝高，心不平僧出己上，凌若无物，僧亦不与较。一日，方会食，少年踊跃操棍舞几筵间以自诩其技，进退便捷，而僧睹微笑，若甚不足于意者。少年怒，盛气直前，诘曰：'师其不足予技乎。'僧曰：'然。汝气矜隆已甚，不亟治，终不足与语乎技矣。'少年哗辩曰：'吾与子言技，不与和尚参禅法，何气治不治之有。'僧乃进晓之曰：'若虽欲侈言技乎，然汝棍圆而不方，滑漶而无有觚棱，亦未足以语于技也。'少年则疾叱之曰：'棍岂有不圆而觚棱者？若何而方？若何而有觚棱？子其有以昧我来！毋徒空言为！'且语且舞棍前，向僧下，径劈其首。僧方持箸食，骤出不意，亟竖一箸迎之。棍忽黏箸，若被吸者然。箸左，则棍随之左，欲右不得右；箸右，棍亦随之右，欲左不得左。少年虽肆力格之，而胶不得开。久之，箸忽上指，棍乃腾耸入空中，少年徒手辟易数十步。僧遥谓曰：'来，吾与汝。是之谓方，是之谓有觚棱。汝用圆而不能觚，此棍之所以脱手而上腾也。'少年惭谢，愿受教。僧与之曰：'汝习惯用圆已久，苟微数十年抛荒故技，尽忘汝素所挟持者不为，不足以进于斯矣。夫棍体圆而用之于方，面漶而出之以觚，非易易也。吾二十年养气，运臂力者又十年，三十年而仅有此。虽一技之精，亦岂可以虚憍之心幸致之哉。'"

《蒋志善》讲了枪术。"无锡江阴巷陶某，精研武术，号称究内家。善用枪，尤能自成家法，世有陶家枪之目。武官莅是土者，无小大，必先礼谒其庐，无敢慢。"然而，人上有人，天外有天，有个蒋志善的枪技更加高明，"起持枪舞，闪闪成白光，大若径四五丈车轮"，令陶某不得不折服。

《莫懋》讲了铁鞭。武师杨维宁有两杆铁制的巨鞭，"倪得移陈残鞭于地方博物院中，可以厉邑人士之武风焉"。倡导武术，有利于鼓舞精神，宣扬尚武风气。

《胡迩光》讲了筷子功。"无锡胡迩光，邑秀才，精武艺。善用铜箸,时号无敌,异人授也。其铜箸有大有小。大者长二尺,粗一指许,临大敌用之。小者长尺余,细不盈指,平时应急用之,半藏于袖,半出指端。"一次,胡迩光遇到一恶僧挑衅,胡迩光没有带铜箸,"适见案间餐具未收,有饭箸二,搁甄上,取藏于袖以待之。僧启门持刀入,叫骂曰:尔犹忆某年事乎?挺刀直砍,迩光以饭箸抵之,少顷,中僧手腕,刀落堕地。僧反跪顿地乞命,迩光曰:从此释怨可乎?僧叩首听命。明晨厚款而别"。

第三,读见识。读《技击余闻补》,要多读钱基博发表的一些议论。

虽然《技击余闻补》讲武术故事,其中亦不乏思想见识。一个个故事之中,展现的是社会存在的文化现象或问题。例如:

不要轻视凡夫俗子,民间有武术高人。钱基博经常留心身边的所见所闻,他在《堠山农夫》讲述了一个非常有意思的故事。他说:"此光绪十一年事。吾又闻无锡新安乡有农者,生与烂橙子同时,其为人伟躯干。一日,道行,内急,登野厕。厕故彷河,农蹲踞昂其臀向河,而手执短烟管衔口徐徐吸,状甚倨肆。适有船中流过,船载镖者,居鹢首,闲眺,见而恶之。袖弹弓,注丸,拟农臀。农适挥管向后掷烟烬,骤与丸遇,丸铮然落地。镖者骇绝,以为非常人也,泊舟投岸拱谢。农从容持裤起,笑谓曰:'君何作剧,微予,必为踣矣。'镖者随请诣其家,赠金而去。后过其地,必赠金,且相戒侪辈,毋撄农怒也。"一个普通的农夫,蹲在茅坑拉屎,眼见得有人将弹丸射来,就用烟枪拂去,真神功也。这个农夫在不动声色之中,大秀了一场绝妙的武功。《技击余闻补》接地气。作品中的主人翁都是平民百姓,诸如农夫、僧人、厨师、渔父、妇人,他们各有所长,受到钱基博欣赏。特别是巾帼不让须眉,女性武师的故事很感人。如《庖人》一篇讲述一惯盗为母女二人以武术制住而改恶从善的故事。

不要争强好胜,否则自找麻烦。钱基博多次讲到,如果一个人的武功好了,名声大了,就有可能引来争斗。《朱永贞》说:"闻永贞之世,上海有比利时人称曰黄髯翁者,亦欧西力人也。尝访永贞城隍庙,与角力。见庙殿前有铁炉一，制绝巨，号称千斤，乃擎绕殿走二匝。而永贞能余一焉。黄髯翁亦为悚然，信大力矣哉。"《梁兴甫》记载："时广西有僧名勒菩萨者，生平拳术无与敌，慕兴甫名，游食至吴，访兴甫，搏于北寺。寺有施食台，高寻丈，阔倍之。二人登台对搏。久之，兴甫一拳中僧右目，睛突出于面，僧以手抉去之，自分必死。益奋力角，足蹴兴甫堕台，伤其胸。兴甫归，内伤二日死，僧亦三日死。"在《邹姓》，钱基博引用了市井之语，说武术虽然可以强身健体，但用于争夺胜负则未必有效。武功太好，往往引来争端。"技击，搏技也，能是不足以自卫，徒贾祸；其技弥能，见嫉于人弥众，人必争与我角。角之不丧躯，必人为我戕，是两人者，必丧其一，匪仁术也。"

武术练习是一个长期的过程，不要性急。《王子仁》讲述江阴周庄一个叫王子仁的青年，在同村武举人家读书，武举人家的路中间悬有一沙袋，出入者必以手推之，久而久之，就无意中把手劲练大了。一天，王子仁在回家的路上与一樵夫发生了争执，用手轻轻一拂，竟然把樵夫的肋骨打断了。此事闹到官府了，王子仁说是无意伤人，根本就不知道自己的手劲有如此之力。众人就到武举人家实地检试，"呼先子仁进，官随之。登厅事，适道砂囊下过。子仁无意起右手推之，囊应手去数丈。官见，命易用左手推。才微动不及尺。官曰：止，得之矣。此若习用右手推囊，日久遂不自知其力滋长；而左手不用，故力弱不任推也。惟樵不慎损人衣，又不逊欲殴，而若手推之以自卫，情非出于相杀，是若罪有可原，而樵咎由自取也，吾姑宽若勿论抵。子仁感激出涕称青天，叩首无算。"这个故事说明，功夫是需要时日的。坚持练习，无意中就可以练到一定的水平。冰冻三尺，非一日之寒。精湛的武功不是一个早晨就能练好的。

不要把武功传给不该传的人，否则违背了武道。钱基博在《嘉定老人》一文中，讲到有武功的人一定要爱国。他夸耀一位有功夫的老人，在甲午战后，有日本人想用重金学习中国功夫，被老人拒绝。中国武功，可以传播，但绝不能传给图谋不轨的敌人。《嘉定老人》实际上是讲了一个类似于猫子教老虎的故事,把日本人比喻为学生,学生从老师那里学到了本领,反过来伤害老师。篇末借用老人的口吻说:"甲午战后,有日本人尝欲师予,以重金为贽。予则告之曰:汝吾敌也,吾国将士死于辽阳之役者不知几何,吾今授子以武术,子或尽吾伎以授子国人,而反刃于我国,子之计则得矣,而吾何以对国人哉?吾不忍也!其人固言火器愈烈,使击无裨于今日之战斗。予应之曰:无裨战斗,子又奚学焉?夫子,吾友也,吾傥谩子金,授子伎而不尽其术,则是吾不信于朋友也,吾亦不为也。然子必强吾勿欲,吾只有谩子而已,异日幸勿以见谩相督过也。其人懻然而退。呜呼!若老人者,可以风矣!"钱基博对这位老人的精神非常欣赏,提出"若老人者,可以风矣!"这位老人,我们可以理解为中华老人、古老的文明符号。

第四,读写作。钱基博在写每一篇时,都是逐字逐句地反复斟酌,拣字炼句。其文字简扼,句式严谨,风格古朴,构思奇特,引人入胜。其文风类似于汉晋古风,与《搜神记》的风格颇相似。钱基博一生写了许多文字,而写小说甚少,《技击余闻补》是民国小说史上的精品。如《闽僧》《邹姓》写得很有故事情节,读来如临其境,一气读完。

钱基博是个有心人,把平时听到的故事记在心中,然后一一写了出来。如窦荣光剑术的故事,钱基博说:"惟博年十二三,即闻诸老先辈道荣光事甚详,心志之勿忘。"钱基博讲的多是无锡的故事,是民间的文化遗产,如前引《邹姓》《窦荣光》《闽僧》等。少数故事是钱基博亲身体验的,如嘉定老人以贩瓷为生,钱基博在一个小店遇见他,"嘉定老人,不知其名,似丁姓。予遇之浔阳客馆,与对室居。见其手烟管,口衔吸,倚几坐室门闲眺。视所及,目有光奕奕,如两竿竹随目以运。心愕异,走其室,拱谒。皤然一老人,须发雪白矣。老人起延坐,辞色颇谦。予恬之曰:翁视炯炯,必有异能。翁哂不应亦不谢。馆人故识老人,从旁儳语之曰:客负绝伎,今又闲无事,肯怀不一试博此爷笑乎?老人则掀髯大噱,伸手取几上铜圆数十枚,齐缘若贯索,而指撮其两端曰:东壁柱有大小木星二,连若葫芦,视吾掷中之何如?语毕,铜圆应声脱手飞而不散落,铿然中柱上,齐嵌入。整圆若小铜柱,木星深蔽不得见,数之得三十九枚。予大惊伏,曰:吾故知翁异人也!"今人也应当学习钱基博,平时把听到的故事记录下来,整理成文,以飨读者。

谈到《技击余闻补》,最后有必要说说由此书引起的一段公案。坊间传闻,民国初期,恽铁樵主编《小说月报》,发表了著名的文学家、翻译家林纾的小说和笔记《技击余闻》。年轻的钱基博读了其中的文章后,写作的兴趣突发,把自己平时听到的一些技击故事也写出来,投到《小说月报》。钱基博的这些文章后来辑录成《技击余闻补》。显然是作为《技击余闻》的补充。据说,由于有些读者认为钱基博的笔墨劲峭苍古,在林纾之上。林纾因此气愤不已,写信给商务印书馆的编辑部说"以后愿让贤路,不再贡拙"。商务印书馆也因利益的考虑而对钱基博的文章和书"束之高阁"一段时间。事后多年,钱基博回忆起这件事时说道:"平情而论,胸中既未尝有不平之气,更何必加以寻斧,效恶声之必反!故博前日于畏庐不肯降心以相从;而在时移事异之今日,亦不敢为长者张目,作寻声之骂,呵禁不祥。"① 我认为,这件事有令人生疑之处。林纾与钱基博的作品各有特色,难比高下。钱基博年轻,文章写得漂亮,初出茅庐,殊为可喜。林纾当时的名气很大,不至于担心钱基博压了自己,更不至于怄气。迄今为止,还没有发现林纾说过伤害钱基博的话。倒是钱基博,是不是当时多心了些。因此,笔者不太相信坊间贬低林纾的传闻。

---

① 曹毓英选编:《钱基博学术论著选》,华中师范大学出版社1997年版,第5页。

第八章　钱基博研究的其他学问

　　国学可以划分为经史子集四部，但四部之间的划分有交叉，联系十分紧密。国学的有些内容不太容易归于某类。钱基博的国学研究，远非四部可以统括，因此，专门列一章，介评钱基博与四部相关的国学。由此亦可知，钱基博的确不是某一专门之家，而是博通的一位大儒。能够称得上国学大师的人，必定是学识渊博的人物。此章介绍钱基博在文字学、版本目录学、区域地理学、方志学、佛学、博物学等方面的成就。

第一节　文字学

　　治学当从识字起。汉代许慎《说文·叙》云："文字者，经义之本，王政之始。"每个字都有演变史，有文化内涵，有学问在其中。文字学包括字形、音韵、训诂三部分，古代称为小学。有些文献学家把小学置入经学之中。

　　钱基博出生于江苏，江苏的传统国学一向重视文字学。清代有马建中、段玉裁、王念孙、王引之等名家，现当代有朱德熙、赵元任、吕叔湘等名家。如高邮人王念孙（1744—1832），运用古声以求古义、从假借字以求本字的方法，从事训诂。他认为训诂之旨，本于声音，字之声同声近者，经传往往假借，学者以声求义，破其假借之字而读以本字，则涣然冰释。

　　在这样的学术背景之下，钱基博非常重视学术功底的基石——文字学，他撰有《近五十年许慎说文学流变考论》等著述，并对《尔雅》有专深的研究。

　　谈到文字学，钱基博在《吴江沈颖若先生文字源流后序》一文中说："读书必先识字，而教儿童识方字，自来无善法。何者？以蒙师不识文字学者多也。须知独体为文，合体曰字；字者，文之所合而成也。文之不识，奚能识字。《说文解字》九千余字，究其语根，不过五百余文而已……鄙意教儿童识方字，当以初文为主，而参以习见之合体字。"钱基博主张，教儿童识字，当以初文为主，而参以习见之合体字，如认"日""月"两文，就接着教"明"字。又讲日在木上为杲，日在木下为杳，日在木中为东。触类旁通，举一反三，若授之有序，使儿童心知其意，就容易记忆了。教象形字，要绘与字形相近之图。"为儿童讲书，最忌囫囵，忌笼统；宜咬得清，嚼得碎，逐字逐句，分析解释，使知其意义。"①

在这篇文章中，钱基博率先采用了中英比较的方法，谈论了文字的差异。民国年间，把英文与中文进行比较研究的学者之中，钱基博是一位不可忽略的重要学者。钱基博说人类文字的发明有同一性，他列举了几个方面实例：其一，"考埃及、墨西哥之古文，而知世界文字，同出于一源。埃及国语：一曰图解；二曰符号；三曰音声模拟。较之吾国六书，图解即象形；符号即指事；音声模拟即谐声。墨西哥古语，由图解易为符号，由符号易为音声，虽不合许君之六书次第；而揆之班氏所言六书次第，亦颇相符。故文字之形声虽殊，而制作之大例则一。"其二，"文字之初，先有义有声而后谐声以制文字，不论中西一也。盖气清而上浮者谓之天；天音何自生？生自颠。气浊而下凝者谓之地；地音何自生？生自低。推此类也，读上字高字如张口仰望；读下字低字如闭唇下视；读吃字如吞咽；读呕字如呕吐；盖未造字之先，已发其音义矣。英文亦然。"其三，"独体为文，合体为字。文不足于用，而孳乳成字以济其穷；此不论中西一也。"由此可知，钱基博留心各国文字的特点，有意从世界视野探究汉字。

钱基博说各国文字也有差异，"盖既为地球上之人类，同此五官四

---

① 钱基博：《某社存古小学教学意见书》，《国学必读》，华中师范大学出版社2012年版，第399、401页。

肢；喜怒形于色，哀乐动乎中，音之不能尽而笔诸书；文字之声虽异，所以为传达言语之具者实同。特以各国所处之地位不同，洋海环之，山岭障之，斯言文不能统一耳。虽然，中西文字之异，人之所知也。中西文字之异而有其不异者存，则人之所不甚知也"①。

这篇文章是从文字学方法，把中英文字进行比较的重要文章，极有开创性。

在钱基博著述的《国学文选类纂》之中列有小学之部，其中收录有多篇关于文字学的文章。钱基博认为，读古书，必先识古字。识古字之形，晓古语之声，方能解古书之义。字类定于形，字义生于声。知古字之形声，才可辨今字形声之正误。因此，形声是识字之本。许慎的《说文解字》是最早的一部详尽解析字的形声的宝典，小学首列《许慎说文解字叙》，正是为了说明小学以许慎的《说文解字》为鼻祖。钱基博辑录朱筠《重刻许氏说文解字叙》、江声《六书说》，用来解析许慎《说文解字》的条例；章炳麟《小学略说》阐明小学的内涵；章炳麟《理惑论》和姚华《说文古籀补补序》力穷小学的流变；杨荫杭《埃及文与华文同源说》则是扩展研读小学的路径。

钱基博对《说文解字》有深入的研究，对晚清研究"许学"的作者进行了分类。他在《甲集叙录》说：言小学者兼文字之形声义三者而言，许慎《说文解字》则形书也。清儒据出土之金文，籀《说文》之字体，而阐许学者乃辟一新途焉。章炳麟是"宗许"的学者，罗振玉、王国维是"订许"的学者。章炳麟之治小学，实以音韵为骨干，通其殊变。丁福保的《说文解字诂林》五百余卷，依许书次第，逐字编注，"吾乡人之劬于许学者，莫之或先也"②。章炳麟、罗振玉、王国维、丁福保都是研究《说文》的大家，学术理路上各有特点，钱基博对他们的成就作了简明扼要的概括。

---

① 钱基博编著：《国学必读》，华中师范大学出版社 2012 年版，第 492 页。
② 钱基博编：《国学文选类纂》，华中师范大学出版社 2013 年版，第 125 页。

对《说文解字》的《叙》，钱基博作过一番考证。谈到形声字①，钱基博引用了王筠的《说文释例》，并提出了商榷，说："王氏既谓'义寄于声，为造字之本'；是固明明知声义相连，声中有义，义在声中；乃谓'形声字毫不取义者，为形声最纯之例'，斯盖忽视许君'以事为名，取譬相成'之说而未之思耳……文字之起，依于声音。若事不相通，义不相成，古文又安得取譬同一之声以为名乎？此声义不可相离之理也。"② 钱基博坚持认为：声义相通是中国文字的最基本特征。声符与字义往往有联系。宋人王圣美提出"右文说"，如戋，小也，水之小者曰浅，金之小者曰钱，餐而小者曰残，贝之小者曰贱。（见《梦溪笔谈》）曾，《说文》益也。增，"加也"。尧有高大意，如饶、翘。

谈到转注字③，钱基博说转注之说有三：一是部首之说；二是互训之说；三是声类之说。钱基博认为"类声之说，最为新义"。章炳麟主张"建类一首"，作为语基，其后虽双声叠韵，辗转递变，总不离此语基。钱基博认为章氏的见解"视戴、段之说为博通矣"，但"不如部首之说于许君《叙》为有据也"。他把章太炎与许慎、戴震、段玉裁进行比较，使读者更加清楚地对章太炎的文字学贡献加以认知。

钱基博对许慎《说文解字》颇多信服。他论述了《说文》所收古文的依据。其所依据者：一曰壁中书；二曰《春秋左氏传》；三曰郡国山川鼎彝。针对王国维在《说文所谓古文说》一文中对许慎的批评，钱基博颇不以为然，与王逐条商榷。王国维说"汉代鼎彝所出无多"，许慎没有依重鼎彝。钱基博说《说文》中已明示"郡国往往于山川得鼎彝"，怎么能说"无多"呢？王国维质疑许慎的"前代之古文"，钱基博说"王氏断章取义，不知通贯上下文读而有云耳"。王国维说："《说文》中

---

① 形声字，许慎："以事为名，取譬相成，江河是也。"由表示事物意义的形符与表示事物语音的声符两部分合成，成为新的意义。

② 钱基博编：《国学文选类纂》，华中师范大学出版社2013年版，第128页。

③ 转注，许慎："转注者，建类一首，同意相受，考老是也。"转注字之间在意义上互相关联，彼此授首，如老属考部，考属老部。

古文皆不似今之古钟鼎……许君未能足征。"钱基博说:"方此之时,宁有石拓耶!况鼎彝铜器,输致匪难,抚写益易。许君曾以诏书校书东观,或藏彝器,如所称'齐桓公器''美阳鼎'者以资临抚,亦意中事?……余不能以数千年后今日所见之不似,而遂武断许君《叙》……之出虚造也。"① 王国维是民国初年的学术巨擘,在学术的各个领域都有惊人的贡献,而钱基博与王国维一一商榷,如果没有一定的学术功底,钱基博是不敢这样做的。事实上,钱基博对王国维的几点质疑,是站得住脚的。

钱基博推崇清人江声的《六书说》,但对江声的一些观点也提出了商榷。他说:"按象形者,形写象似,以形定字者也。指事者,形示意识,以字定形者也。惟指事形示意识,江氏乃以与会意滋淆。不知会意之意,乃比类而合之谊,意之孳衍者也。指事之意,乃察识而见之意,意之独生者也。譬之国,则会意联邦国,而指事单一国也。譬之家,则会意子孙,而指事其祖父也……此其为'比类合谊'之会意,而不得为'察识意见'之指事也明矣。江氏以为指事,非是。"针对江声对"不""至"的解释,钱基博指出:"象形之书,就其所象之形而言:有象物之形者,日、月、山、水等是也。然亦有象物所事之形者:如'不',鸟飞上翔不下来也;从一,一犹天也……许君皆正名之曰象形,其他可以类推。而江氏谓之指事,得无以为指物之所有事而非其形乎?不知象形如图画然,人物可图画,而图画不限于人物之形,凡鸟之飞,兽之走,人之动静语默,皆可图画也。今谓字之象物形者为象形,而象其事者非象形,则是谓绘人物者为图画,而绘人物之动者非图画也,有是理乎?"② 江声是文字学大家,钱基博敢于对江声提出质疑,说明钱基博在尊重先贤的前提下,在学术领域富有批评精神,挑战权威。

关于中国文字与世界其他国家文字的关系,钱基博在评杨荫杭的

---

① 钱基博编:《国学文选类纂》,华中师范大学出版社 2013 年版,第 141 页。
② 同上书,第 149 页。

《埃及文与华文同源说》指出："文字之初，先有义有声，而后谐声以制文字，不论中西一也……英文有字根，乃有辗转引申之字……独体为文，合体为字。文不足于用，而孳乳成字以济其穷。此不论中西一也……英字之孳乳，其法有二：一曰会合……一曰转成……西文谐声，而中文象形。西文横行，而中文纵行故也……中国六书，象形、指事二者。为西国拼切之字所无，间见于记号……然非文字。惟会意、转注、假借三者，为用正与中文同，而假借之为用尤宏……西文复音，中文单音，西文常用之名，例为一字，而中文或以数字为一名，故其相似难见。"[①] 显然，钱基博注重文字比较，以中英文之间作了初步的探讨。把中国文字与外国文字进行比较，这是有益的尝试。比较文字，不仅可以深刻认识文字的特点，还可以发现文化的差异，钱基博很热心做中外文字比较，无疑是很有意义的。不过，钱基博的文字比较观点是否能被文字学界所认同，需要博通中外文字的专家评定。

钱基博在《经学通志》的《尚书志》一章中，主张"以甲骨文证补《尚书》"，要为治《尚书》者"辟一新途径"。这个观点在当时有超前性。因为，民国年间并不是所有的学者都相信甲骨文。章太炎在《国故论衡·理惑篇》曾说："近有掊得龟甲者，文如鸟虫，又与彝器小异，其人盖欺世豫贾之徒，国土可鸎，何有文字，而 二贤儒信以为实，斯亦通人之蔽。"甲骨文字的认读确实有难度，解释历史有猜测性，但是，如果没有甲骨文，商代的历史就难以梳理清晰，传世的古文献也难以卒读，因此，钱基博在民国年间就充分肯定甲骨文的学术功能，是有超前见识的。

民国年间流行白话文，而文言文逐渐消失。钱基博对这种情况采取了谨慎的态度。在《现代中国文学史》中，钱基博将现代文学家分为并列的古文学和新文学两类，白话文包括在新文学中；在对"文""文学"定义时，回避了文言与白话问题；在《绪论》中，从"史"的"纪实传

---

① 钱基博编：《国学文选类纂》，华中师范大学出版社2013年版，第158~160页。

信"的角度，对胡适的对文言"成见太深"提出了批评，说："胡适《五十年来之中国文学》不为文学史。何也？盖褒弹古今，好为议论，大致主于扬白话而贬文言；成见太深而记载欠翔实也。夫记实者，史之所为贵；而成见者，史之所大忌也。于戏！是则偏之为害，而史之所以不传信也。"① 钱基博对胡适的批评，实是对文言的捍卫。如果在宣传白话文的过程中，全盘否定了文言文，那或许是中国文学的悲哀。事实上，在民国年间，对待白话文与文言文，有两种截然不同的观点，一种观点是尽快用白话文取代文言文，一种是眷念文言文，认为文言文还大有存在的价值。钱基博属于后者，充满了对传统文化的固守之情。

钱基博经常从文字解读文化，他在《何谓国学：华中大学湖南同学会演词》解读了几个汉字，如"仁""我""勿"字。他说："六经所明，不外人道。'仁'之为言人也。……'仁'字从人从二，以见我之一人外，尚有人在；古人造字自有深意。天下之大，岂自便身图之所能一意孤行；而必恃乎全人类之讲信修睦以相与有成；然而知此者鲜！争民施夺，天下大乱，无不起于为我！所以古文'我'字从戈从勿；勿者，古人州里所建旗以为揭帜，象其柄有三旒；揭帜自我而他人勿恤，尔诈我虞，戎心兴焉；此我之所以从戈，而孔子必以毋我为大戒也。"② 钱基博从"二"的角度解释"仁"字，说除"我"之外，还有人在，不能一意孤行。说到"我"，钱基博引用了《论语·子罕》"子绝四——毋意，毋必，毋固，毋我"一句中的"毋我"，巧妙地把文字与经典联系在了一起，采用了旁征博引的方法。

钱基博对章太炎的"小学"成就有评述。他在《文史小言》专门探讨了章太炎"文字谲怪"问题，说章氏论文最崇魏晋，"若就文章论文章，则六朝文章，上承两京，下开三唐，风会递变，确应历此阶级，乃

---

① 钱基博：《现代中国文学史》，华中师范大学出版社2011年版，第4页。
② 钱基博编：《国学文选类纂》，华中师范大学出版社2013年版，第103页。

得渐入平正之途"①。章太炎推崇古文字之学，深得钱基博赞赏。

总体而言，钱基博重视文字学，认定这是国学的基础。他认为，古文字之中有文化内涵，形声义之中自有规律，清代以来文字学家各有成就，中国文字与外国的文字有可比较性，通过比较可以更好地理解汉字。

第二节 版本目录学

钱基博重视版本学与目录学。从 1927 年在无锡国专任教之时，钱基博先后讲授了目录学、版本学、要籍解题、东塾读书记等几门与版本目录相关的课，在光华大学又讲过古籍鸟瞰和目录学等课，在蓝田国师开设过版本学、要籍目录课，这些教学经历，使得钱基博对版本目录学特别熟悉，并开展了深入的研究。他在编《国学文选类纂》时把国学分为六部，在传统的经史子集的基础上分化出小学和校雠目录学。他还写出了一系列论著，成果丰硕。

一、版本学

版本学研究图书版本发生、发展的历史，异同、优劣、刻印、装订等。它是历史文献学的一部分，也是国学的重要组成部分。治国学者，不能不明版本学。钱基博经常提到的书有《读书敏求记》《遂初堂书目》《四库全书提要》《书林清话》等。他著有《文心雕龙校读记》《钟嵘诗品校读记》《孙子章句训义》等。其代表作是《版本通义》。

《版本通义》是我国现代第一部版本学专著。② 该书写于 1930 年，共分为四个部分——原始第一：记述了上古至五代版本；历史第二：记

---

① 钱基博：《后东塾读书杂志》，华中师范大学出版社 2014 年版，第 159 页。
② 《版本通义》最早在 1931 年由商务印书馆出版，北京古籍出版社于 1957 年出版，后台北商务印书馆 1985 年亦有出版，又有上海古籍出版社 2007 年再次出版。

述了宋元明清时期版本的沿革；读本第三：记述了四部要籍善本；余记第四：专记治版本的心得。钱基博在该书中提出了"版本之学"的说法，并且开创性地从理论和实践两方面对版本学进行了专门系统的阐述。今人严佐之认为，版本之学存在两个流派：一为图书馆界的版本学，重在版本鉴定；一为学术界的版本学，重在版本源流。叶德辉的《书林清话》和钱基博的《版本通义》就分别是这两大版本学流派的开山之作、奠基之作。①

钱基博对版本学的贡献在于采用"辨章学术，考镜源流"的方法，对图书的历史、版本的历史、经史子集四部版本的历史进行了梳理，在实践中注意选择最佳版本开展研究，并对一些重要概念作了精湛的论述。他在《版本通义》的绪论说：

> 余读官私藏书之录，而籀其所以论版本者，观于会通，发凡起例，得篇如右。缮写定，因为其序论曰：于戏，版本之学，所从来旧矣！盖远起自西汉，大用在雠校。刘向《别录》："雠校，一人读书，校其上下，得谬误，为校。一人持本，一人读书，若怨家相对，故曰雠也。"（见《文选·魏都赋》"雠校篆籀"李善注引《风俗通》）及其雠校中秘，有所谓中书，有所谓外书，有所谓太常书，有所谓太史书，有所谓臣向书，臣某书，广搜众本，雠正一书，然则雠校所资，必资众本。于时，书有写本而无版本也。至宋岳珂刊《九经三传》，称以家塾所藏唐石刻本，晋天福铜版本，京师大字旧本，绍兴初监本，监中见行本，蜀大字旧本，蜀学重刊大字本，中字本，又中字有句读附音本，潭州旧本，抚州旧本，建大字本，俞韶卿家本，又中字凡四本，婺州旧本，并兴国于氏、建余仁仲，凡二十本。又以越中旧本注疏，建本有音释注疏，蜀注疏，合二十三本，专属本经名士反复参订。而于是事雠校者言版本。方

---

① 参见严佐之等在钱基博著《版本通义》的导言，上海古籍出版社2007年版。

是时，吾锡尤袤延之著录所藏，为《遂初堂书目》，特开一书兼载数本之例，而于是治目录者言版本。既以附庸，蔚为在国，寖昌寖炽，逮于清代，版本之学，乃以名家，而吾苏为独盛！①

这段话，把版本的源头从西汉的校雠说起，又谈到了有关版本的一些术语，最后说到吴地的版本学。江浙地区在历史上出现了黄丕烈、顾广圻、陆心源、叶昌炽、缪荃孙等版本学家，钱基博就是在这些学者的基础上谈论版本的。

钱基博对版本的概念作过考述，说：宋时版、本是不同的概念，写本为本，雕版为版。汉时简册亦为写本，而雕版则从五代始。研究版本学，其大用在校雠。校雠分为活校与死校，以数本互校为活校，以宋本为蓝本为死校。钱基博把版与本分开论述，有利于人们认识版本学的流变。

图书的产生，有其规律性。钱基博在陈三立《读列子》一文的末尾考证说："古人之著书有三：其一，春秋以前之著书，为昭代典章……其二，周秦之际之著书，为专门家学……其三，秦汉以后之著书，为私人著作。语矜已出，辞戒剿说，于是专门家学之义不明，而绳以一概。"谈到一些书的成书时间与作者时，钱基博接着说："大抵晚周诸子书，皆《论语》之比，不必其人所自著，而出其人既死弟子之所记，门人之所辑。譬如《论语》记孔子死，称鲁哀公，而出于孔子之手，则无理矣！然以为出于曾子、有子之门人，庸何伤乎？"② 学术界经常为一些书籍的成书时间发生争论，钱基博提出的这个看法，可以作为参考。一些重要的经典，多是门人弟子最终完成的。

在宏观研究版本学的基础上，钱基博对具体的历史文献作了版本

---

① 钱基博：《版本通义》，华中师范大学出版社2013年版，第113~114页。
② 钱基博编：《国学文选类纂》，华中师范大学出版社2013年版，第238~239页。

方面的研究。如，钱基博在 1935 年著《文心雕龙校读记》①，其内容分两个部分，一是"校勘"（对各个版本不同之处的比较、罗列）。钱基博摭采众本，择善者而从之。一是对《文心雕龙》内容的阐述。钱基博试图贯通《文心雕龙》与唐宋八大家（尤其是韩愈）间的关系，如理气说开八家之先声、通变说与古文创作的关系等。②《文心雕龙》是中国古代研究写作最重要的经典之一，钱基博一向重视写作，因而对《文心雕龙》着力尤其多。

版本学离不开校勘。校勘学是综合运用文字音韵、训诂、目录、版本及古代历史知识校正古书错误的学问。校勘，亦称校雠。古人云："雠校者，一人持本，一人读析，若怨家相对，故曰雠也。"清人王鸣盛在《十七史商榷·序》说："欲读书必先精校书，校之未精而遽读，恐读亦多误也。"钱基博每读一本古籍，就随时校勘。通过校勘，发现问题，然后加以考证，得出独立的见解。

在对钟嵘《诗品》进行校勘的过程中，钱基博注重他校和理校，用了何文焕《历代诗话》本、乾隆辛亥金溪王氏谟重刊《汉魏丛书》本及张海鹏《学津诗源》本进行校勘。

在《孙子章句训义》中，钱基博采明谈十山嘉靖刊本、清孙星衍平津馆校刊本、正统道藏本、湖北崇文官书局百字本，"参验四本，择善而从，句分节解，写为章句"③。

二、目录学

钱基博重视治学的门径——目录学。钱基博对《汉书·艺文志》

---

① 黄侃著《文心雕龙札记》，范文澜著《文心雕龙注》，钱基博著《文心雕龙校读记》，这三本著作可以在比较的视野中阅读。钱基博试图把《文心雕龙》与唐宋八大家（尤其是韩愈）贯通研究。

② 钱基博：《文心雕龙校读记》，《集部论稿初编》，华中师范大学出版社 2012 年版，第 245~280 页。

③ 钱基博：《孙子章句训义》，华中师范大学出版社 2011 年版，第 1 页。

《四库全书总目》下了很大功夫,撰有《选印四库全书平议》,主张了解《四库全书》应从《四库简明目录》入门。他还撰有《后东塾读书记》,1933年改名《古籍举要》出版。

钱基博的《版本通义》,不仅是版本学著作,也是民国年间很有影响的目录学著作。他在《版本通义·叙目》说:"余读官私藏书之录,而籀其所以论版本者,观于会通,发凡起例,得篇如右。"谈到读书,他主张"提要钩玄"。他认为,读书治学应当提要钩玄。他引用韩愈在《进学解》中的话"纪事者必提其要,纂言者必钩其玄",这是孔孟授受的心法。他说:汉唐以来,学无师法。有纪事而不知提要者:《晋书》比于稗官家言;《宋史》冗芜尤甚。有纂言欲钩玄而摘比字句,无当宏旨者,如魏徵之《群书治要》、马总之《意林》是也。钱基博注意到前人在治学中的短处,所以有了深入研究版本学的愿望。

钱基博主张多写一些目录解题方面的书,他认为目录解题之书"皆于古今流变,洞中奥会,读一书通千百书,如振裘之得领,如挈网之有纲"①。事实上,今天的学者如果多读一些钱基博写的解题书,对于阅读古籍是极有帮助的。

近代以来,有哪些书能"提要钩玄"而值得阅读呢?钱基博专门撰写了《近代提要钩玄之作者》②一文,提出有十三家可供阅读,分别是皮锡瑞《经学历史》,此书说明经学的变迁及趋势;陈澧《东塾读书记》,此书融通汉宋,开示了治学方法;梁启超《中国历史研究法》,指出了治史途径;赵翼《廿二史札记》,彰显了属词比事之能事;陈钟凡《诸子通谊》,根极于礼,穷究流变;姚永朴《文学研究法》,剖析文章写作;刘熙载《艺概》,分别议论了艺术的六个方面,益人神智;章学诚《文史通义》、张尔田《史微》、章炳麟《国故论衡》是史学通论的大著;还有叶德辉《书林清话》、叶昌炽《语石》、康有为《续艺舟双楫》

---

① 钱基博:《近代提要钩玄之作者》,曹毓英选编:《钱基博学术论著选》,华中师范大学出版社1997年版,第156~157页。

② 此文原载于《中国语文学研究》,中华书局1935年版。

涉及版本等知识。

钱基博在《文史通义解题及其读法》说:"仆纂兹编,爰析四目:一曰论世,述章氏之生世也。二曰叙传,知章氏之为人也。三曰解题,正名以核实也。四曰读法,发凡而起例也。至读法之章,重分四节;曰校本,明刊本之不同。曰拆篇,辨众篇之异趣。曰原学,明作者之有本。曰异议,竟群言之流别,将以究义蕴,诏读例,词不必自我出,学庶以明一家。"① 钱基博写过许多书的解题,已经形成了相对固定的一套方法,即介评学人生平、书籍的版本源流、阅读的方法。

钱基博的版本研究与其藏书有密切关系。钱氏藏书按四部分类法,多出了"类书"一类,专门收集专科、普通、地方、族姓、说部等成类图书。类书兼收四部,非经非史,非子非集,四部之内,乃无类可归之书。

钱基博注意培养目录学人才,早在无锡国学专修学校任教时,他发现王绍曾同学喜欢目录学,就鼓励他研究目录学。王绍曾撰写了5万字的毕业论文《目录学分类论》,受到好评。其后,王绍曾在山东大学文史哲研究院担任教授,培养目录学硕士生,他还亲自主编了《清史稿艺文志拾遗》。

关于钱基博的目录学成就,傅宏星教授有过归纳。钱基博编写了《三师群书治要叙目》《群书治要之教材举例》《近代提要钩玄之作者》;出版书目有《无锡县立图书馆刊刻〈锡山先哲丛书〉计划书》《选印四库全书平议》;解题类著述二十部左右,有专论性质的《读孔颖达五经正义题记》等,也有通论性质的《古籍举要》。"门类之全,学理之精深,文字之典雅,鲜与伦比。其丰富的学术实践反映了他深邃的目录学思想。"②

---

① 钱基博:《文史通义解题及其读法》,《后东塾读书杂志》,华中师范大学出版社 2014 年版,第 196 页。
② 钱基博:《版本通义》,华中师范大学出版社 2013 年版,第 319~322 页。

第三节 地理与区域学

古人伏案之时,左史右图,即在翻检史书时,不断地读地图,以加强空间感受。治国学者,不可不掌握地理知识与区域知识。

一、地理学

钱基博最早的成名作,缘于历史地理,曾受到梁启超的影响。

晚清西方地理环境决定论传入中国后,很快就弥漫了整个地理学界,并浸入哲学、社会学、史学以及政治学等各个领域。在清末发表的比较有影响的文章中,明显带有地理环境决定色彩的文章就达 20 多篇。① 1902 年,梁启超在《新民丛报》第 6、8、9 号上连载《中国地理大势论》一文,指出:"中国者,天然一统之国也,人种一统、言语一统、文学一统、教义一统、风俗一统,而其根原莫不由于地势。""盖彼则山岭交错,纵横华离,于其间多开溪谷,为多数之小平原,其势自适于分立自治,此则莽莽三大河,万里磅礴,无边无涯,其形势适足与之相反也。"1902 年,梁氏在《新民丛报》还发表《地理与文明之关系》一文,其中讲道:"德儒黑革②曰'水性使人通,山性使人塞;水势使人合,山势使人离。'"

钱基博读了梁启超的文章之后,激发了写作的冲动。带着对梁启超批评的口气,写了洋洋洒洒的 4 万余言的文章——《中国舆地大势论》。文章投给了梁启超主编的《新民丛报》,竟然被选中刊登了出来。

钱基博在《中国舆地大势论》③一文中,开篇以"美哉中国之山河,美哉中国之山河"示人以强烈的民族自信。全文分为九个部分:首

---

① 郭双林:《西潮激荡下的晚清地理学》,北京大学出版社 2000 年版。
② 黑革,即黑格尔。
③ 此文现收于钱基博《潜庐经世文编》,华中师范大学出版社 2016 年版。本小节引文后括号页码均出自此书。

《例言》；第一节《绪论》；第二节《山脉河流之位置》；第三节《江淮河济之分合》；第四节《长江大河二流域国都之比较》；第五节《长江大河二流域土宜之肥瘠》；第六节《长江大河二流域学派之异同》；第七节《长江大河二流域民族之气禀》；第八节《结论》，说明此文的主旨。

针对梁启超的观点，钱基博提出了不同的意见，他指出："我中国之地理，天然非一统之地理也，惟我中国之地理，天然非一统之地理而生差别相，遂致我中国政治上、生计上、学界上、民俗上，莫不生出种种之差别相而不克趋于一统之势。"（第4页）

《中国舆地大势论》表现出强烈的经世思想。钱基博谈到兴修铁路，说："盖铁路者，实统一政治界之不二法门也。可以使地理之遥远者而使之接近，可以使地理之险阻者而使之荡平……虽然吾一言铁路而不觉无限之感情起于胸中者，何也？地理之有铁路犹人身之有脑筋也。人身只有脑筋而后有知觉有运动。地理有铁路而后交通便统治易，得之则存，失之则亡。"（第40页）当时中国铁路被外国人掌控，钱基博痛心疾首，指出："外人越俎代谋握我交通之机关而制我之死命，此有志之士所痛哭流涕而长叹息也。"他大声疾呼"苟不能收复已失之铁路而返诸我支那者，非支那之国民也"（第41页）。也许正是这份拳拳爱国之心感动了梁启超，使梁启超果断地刊发了钱基博的文章。

应当承认，《中国舆地大势论》一文中的某些观点有些偏颇，如他说："将来新中国成立，而行参政代议士之制，惟长江流域民族，得享有参预政治之权利，大河流域民族，则不得有参预政治之权利。何也？泰西政治家言，不能多担任国家纳税之义务者，决不得有参预政治之权利……今大河流域民族，且不能自谋生路而多待哺于长江流域，安能多担任国家纳税之义务。既不能担任国家纳税之义务，安能享参预政治之权利。而长江流域民族则不尔，即以现在而言，江浙漕白，为二十一省冠，而近日摊派洋债，又负天下之最多数。"（第27页）这个观点，一定程度反映了东南地区工商实业家的参政主政愿望，但过于简单化，犯了幼稚病。钱基博到中老年之后对年轻时的这种思想有了一些悔意，他在50岁写的《自传》反思说:"因为我看到西北地方文化,自唐以后,停滞衰落,讲到东南文化,受之西北,当还以灌溉西北,不免说得过火。"①

钱基博在《中国舆地大势论》一文采用比较研究的方法,对比了黄河流域和长江流域采用了区域比较的方法,谈及气候、土壤、社会生产力、民族民俗以及政治地理的异同。

此外,钱基博还撰写了《读史方舆纪要·跋》,充分肯定了《读史方舆纪要》的学术价值,肯定了顾祖禹的治学方法与精神。在这篇文献中,钱基博作了三点考证:其一,顾祖禹虽然自称常熟人,其实是无锡人;其二,针对有人说顾祖禹抄袭刘献廷,钱基博否定其说;其三,辨别顾祖禹与刘献廷的学术方法异同。钱基博说:"祖禹与献廷同治地理,而献廷之地理,得之周游;祖禹之地理,资于读书。献廷身遍历九州,览其山川形势,访遗佚,交其豪杰,观其土俗,相其阴阳,博采轶事,以益广其闻见,而质证其所学,成《广阳杂记》一书。顾祖禹则足迹不出江南,而自序著书之所以……则以不出户而知天下为奇。"② 在这之前,人们评价顾祖禹,说顾周游天下才写出了《读史方舆纪要》。通过钱基博的考证,才明确了新的认识:顾祖禹是在博览群书的基础上完成的巨著,并非实地考察所得,这也是一条成功的治学路子。

钱基博赞赏顾炎武,穷年累月,稽里道,问关津,核异同,出游时载书以行,把所见所闻写进书中。他主张走出书斋,到社会上考察。学生以学为生,即使是旅游,也应当是修学旅游。

为了指导学生假期中的考察,钱基博撰写了《江苏省立第三师范学校癸亥春季修学旅行指导书》,介绍学生将要考察的杭州、南京、苏州,作为同学们实习考察的指导书。他建议学生利用寒暑假到地方上作调

---

① 钱基博:《自我检讨书(1952)》,《天涯》2003年第1期。
② 钱基博:《序跋合编》,华中师范大学出版社2014年版,第400页。

查，为撰写地方志提供资料。①

钱基博还撰有《金陵、苏州、杭州三地之比较》一文，从比较的角度谈论这三个城市，以加深同学们对考察的兴趣。钱基博说："论历史之久长，苏州为最，金陵次之，杭州为短。论势力之统驭，金陵为雄，杭州次之，苏州为弱。而论山水之绮丽，则又以杭州为胜，苏州次之，金陵似雄伟而不足于秀。斯其大较然也。"②

二、方志学

方志是以行政单位为范围分门别类的综合记录，其中记载了人民社会生活、生产及天文、地理、自然等信息。早在周代，诸侯各国就有地方史志，如《郑志》《晋乘》《楚杌》。东汉流行的《越绝书》，反映了越地的历史，乃地方志雏形。到了宋元，地方志进入了成熟阶段，有《咸淳临安志》。明代产生了许多方志，如《武功志》《朝邑志》。到了清代，方志进入全盛阶段，各地有修志局，章学诚修的《永清县志》颇有盛名。

吴地一直有重视方志的传统。成就较高、最具代表性的要数南宋范成大所著《吴郡志》。该志记有沿革、城郭、风俗、学校、古迹等39门，内容丰富，《四库全书》目录称它为"征引浩博，而叙事简赅，为地志之善本"。据说，无锡钱基博家族收集过几千部方志，后来都赠给了江苏泰伯文献馆，不知是否有其事。

钱基博有修志的实践，有志书成果，对修志很有研究。他曾主持编纂无锡方志，对修方志有深思熟虑，发表了《无锡风俗志》。他还撰有《堠山钱氏丹桂堂家谱》。

民国六年（1917），北洋政府内务部会同教育部通谘各地纂修地方志书。第二年五月，无锡县署拟重修《无锡县志》。无锡县启动修县志

---

① 钱基博：《师范学校修地方志议》，《精忠柏石室教育文选》，华中师范大学出版社2014年版，第11页。

② 钱基博：《方志汇编》，华中师范大学出版社2013年版，第306页。

工作，有人推荐乡贤裘廷梁主持，而裘廷梁自谦，举荐吴稚晖与钱基博。吴稚晖推辞不就，于是重任就落在了钱基博身上。当时钱基博虽仅是江苏省立第三师范学校的一个普通老师，但在学术上已得到社会广泛的认同。

钱基博承诺了修志工作，就全身心投入到这项工作中。他认真阅读了清初章学诚等人有关修志的著作，掌握了古代修志的理论与方法，并冷静地思考如何开展新时期的修志。不久，他提出了一套前所未有的最节约的修志方式，即不成立机构，不要专项开支，不领月薪，全凭修志的字数取酬。这样一种方式，大大减轻了政府的负担，受到时人的好评。裘廷梁介绍说："子泉故寒士，年又甚少，以为宕延岁月，坐领厚禄可耻也，糜地方财力尤可惜，因定按字酌受薄薪之法，举同志严尧钦、徐薇生二君自辅，不设局不支俸，期二年成书。"（第13页）①

如何修志？钱基博草拟出了《无锡县新志目说明书（附征访事项）》，主张"今新志拟与秦志（指秦湘业等所修之《无锡金匮县志》）别出并行，详略互见。秦志之所已详细而情势无大更革者，则新志最举要略或竟不详……其有秦志所无，而于今日为当务之急者，新志则因时制宜，别为创制"②。根据这一原则，新志目分成修志沿革、地理、水利、风俗、食货、赋税、地方自治、善举、教育、宗教、选举、警备、历代兵事、人物、艺文、金石、物产、说苑等18门。体例写法定好之后，钱基博就开始了紧张的编纂工作。

钱基博提出了一些建议：

修志要厉行节约。钱基博说："修县志无须设局也。凡事期于有成，而机关不必求备。修县志系征文献之事，书生斗室穷居，何尝不斐然著述？"（第3页）在钱基博看来，如果成立了机关，就得开支电灯、茶水

---

① 钱基博：《方志汇编》，华中师范大学出版社2013年版。此小节引文后括号内的页码均出自此书。

② 钱基博：《师范集·无锡县新志目说明书（附征访事项）》，转引自刘桂秋《无锡时期的钱基博与钱锺书》，上海社会科学院出版社2004年版，第88页。

等费用，而总纂还得分散精力管理这些琐事。

设立相关的资料室。他主张在无锡图书馆设修志参考图籍室，把本地有关的著述、史志收集起来，要编目录。在各个下属单位设征访员，由县长发函延聘，请他们帮助搜集资料，酌情发给征访费。

修志者一定要熟悉志书的沿革。钱基博对无锡旧志进行了全面的研究，他说：早在宋代就有无锡志，书佚已久；元代王仁辅编有四卷，有抄本，朱氏藏存；明代修过三次无锡志；清代的康熙、乾隆、雍正、嘉庆、光绪年间都曾修志；康熙年间的方志，最为善本。

修志要不断调整体例。钱基博说："夫邑志之重修，无不因袭前志为之，而其间体例之有因有革。子目之有增有并，要非好为更张，而出于因时制宜之不得不然。"（第9页）由于时代变了，社会变了，所以方志不能墨守成规，在沿袭的基础上调整目录，这样才能更加真实地反映历史。

修志要动员民间提供材料。钱基博撰写了《无锡县新志征访事项》，提出要征访有关风俗、食货、手工、商贸、善举、物产等资料，如"关于人物事项，乡贤徐寿、徐建寅、薛福成、福保、秦湘业、华衡芳、世芳、李金镛、流寓江标、赵元益、张祖翼、列女邓瑜、孙湘贞、邓佩兰诸人事迹，不论家传、行述、墓碑、佚闻均可"（第16页）。方志中有人物传，选人物的标准要慎重。钱基博说：县志之冗滥陋略者，无过人物。"取人不可不严，叙事不可不详，而标目则不可不浑括。"（第12页）

修志要注意碑刻材料。钱基博说："凡县中金石碑碣，一切注明年份、行款及所在地，如有关地方掌故者，甄录全文，间亦稍附考证。"（第13页）以往的修志者，往往只注意纸质文献，忽略金石文字，殊不知碑刻上的有些文字是纸质上所没有的，可以提供有用的信息。

修志要把社会的新信息写进去。钱基博主张在无锡新志中加进基督教传教的情况，他说："欧势东渐，天主教士挟其雷霆万钧之国力以先来播教于无锡，非不盛极一时，然卒以是招邑人疾视；迨耶稣教以柔

道行之，施药讲道，士夫乐与周旋，势力浸淫驾天主而上。"（第 10 页）

对于自然环境，钱基博说："地理山水不过百年，似乎未极沧桑，旧志可以袭用。然而，就博所见，数十年来，河道之湮没者不少，街坊之改形者尤多，旧志即欲因仍而诋谬不可因仍，纵不能据旧志山水以全县履勘，至少须得最近实测全县市乡地图，据以检对旧志，遇有异形，随地履勘以为改正，而后可以信今传后。"（第 42 页）

钱基博主张动员学校的师资参与到修志之中。作为一名师范教师，钱基博撰写了《师范学校修地方志议》[①]，他在文章中说："夫学校者，一国文化之所自出，而史则发扬文化之记录也……我师范学校教员、学生责无旁贷，不可不力引为己任也。"（第 19 页）通过修志，培养学生为地方服务之习惯。乡土史地为地方小学不可缺之教科，通过修志可以搜集材料。

钱基博倡导善行。他搜集无锡余善人的事迹，说余善人存理灭欲，倡行婴善会，捐田养育女婴，还组织爱护女婴的文艺演出，推行男女平等风尚，在民间很有威信。对于这种人，钱基博主张收入县志，列到《稽逸门》。（第 109 页）

钱基博等人撰写的《无锡风俗志》约六万字，分"吉凶习惯""岁时景物""方言""里谚"和"歌谣"五部分，反映了无锡的社会风俗民情，其中不少歌谣谚语至今一些老辈人都耳熟能详。其中有些观点值得注意，针对"乡民岁时赛会之为晋绅士大夫诟厉旧矣"，钱基博认为城市与农村的文化有所不同，对农村的赛会不应当禁止。"夫农村为国富之策源地，此欧美经济学者之公言。使操之过急蹙，俾其人憔悴郁结，意不得发舒。"（第 152 页）

对于传统民俗，钱基博主张以从俗从宜不害风俗为主，宜力持俭约。执政者要观风察俗，方志中要搜集民众喜闻乐见的歌赋，如"生个儿子胜如我，要钱做什么。生个儿子不如我，要钱做什么"。"善善善，

[①] 此文于 1918 年 11 月发表在《无锡教育年刊》。

要你善,若是不善,京中那有大官员。恶恶恶,要你恶,若是不恶,那有犯人坐牢狱。""鸦片本是外国生,一到中原绝了我命根。阎王未出拘魂票,先粘头边引魂灯。"(第199~200页)

钱基博建议把完成的方志初稿公布出来征求意见。他说:"纂修每类脱稿,于地方报先行公布……招人更正以昭详慎。"(第5页)因为方志是要传承久远的文献,任何人编写方志都难免有疏漏。通过登报征求意见,引起乡贤达士对修志的关注,并发现其中的问题,以求稿子完善。

钱基博在担任《无锡县志》总纂期间,呕心沥血,从组织机构、编写体例、材料搜集都耗费了大量心血。他亲自撰写了《无锡光复志》《吴江县兵志》《无锡风俗志》《无锡户口志》《无锡历代兵事志》《无锡警备志》《无锡赋役志》《无锡人物志》等。据钱基博说,在友人的帮助下,钱基博"草成《风俗志》《兵事志》《军警志》《财政志》《艺文志》"(第30页)。

无锡在1918年启动的修志工作,由于各方面原因,没有最终完成。然而,钱基博对修志的建议,值得今人重视,并尽可能采纳。

在整个民国时期,时局动荡,内忧外患频仍,无锡地区没产生一部新的完整的方志,因此钱基博写成的这些成稿就有了十分珍贵的史料价值。[①]

到了1947年,无锡县参议会准备再次启动修志,徐渊若县长写信给钱基博,请他出来当总纂,钱基博因为与华中大学有合约在身,不可能全力从事方志修纂,于是写信推掉了此事。但是,钱基博仍然提出了修志的建议,说旧撰志稿可供采择,分陈所见藉备参酌;人物宜附典章,门类应有增改;艺文体例宜改,略如经籍志例。钱基博主张,先在

[①] 参见刘桂秋《无锡时期的钱基博与钱锺书》,上海社会科学院出版社2004年版,第88~90页;刘琼《钱基博社会公益事业述论》,王玉德主编《钱基博学术研究》,华中师范大学出版社2008年版。

无锡成立一个研讨会，读章学诚的《文史通义》，以籀体例。统一思想，各抒所见，"讨论不厌精详，下笔自知矜慎"（第 31 页）。钱基博主张加强方志编修人才的培养，特别是大学应当承担这个任务，"博从前尝有志于大学国文系中，开设方志学程，发凡起例，悉心讨论，以增植方志人才，供各地修志之用，而未成事实"（第 31 页）。

在 1947 年 7 月 20 日的《人报》上，有《钱子潜函徐县长研讨修志体例》一文，可以对钱基博当时的状况有所了解。当时，无锡县发函请钱基博回无锡主持修志，而钱基博已经没有年轻时的劲头了，自称"忧患余生，重以多病，亟欲得一便地自养。此间亦知博之老迈无能，每周授课七小时之外，不责以职务，同仁亦如鬼神之敬而远之。杜门自逸，暑假早放，亦懒行动"。说到修志，钱基博说自己"年老才退，情势异昔，当年同志，化为异物，后起英秀，又惭寡闻，败军之将，何敢言勇"（第 29 页）。看来，年龄不饶人，随着身体虚弱，人到老年就丧失了牛犊之勇了。尽管如此，钱基博囿于桑梓之情，还是担任了无锡县志总纂之一（共有三人），并承担了"经济"与"赋税"两目的编写任务。关于"经济"如何写，钱基博主张："上篇仿太史公《平准书》例，叙百年以来农工商经济之动态，以明其演变，观其会通；下篇仿太史公《货殖列传》例，以描写其人物，发其成败得失之故。两篇相经纬，旧例新裁。"（第 43 页）

关于钱基博的方志学成就，郑娉在编完钱基博的《方志汇编》之后，写了一篇《校订后记》，这是一篇对钱基博方志学成就很有见地的文章。其中说道：钱基博修志，有理论，也有实践。早在民国二年（1913）至民国七年（1918）之间，钱基博就曾著兵事志。钱基博认为志为史体，把方志编成史地结合的地方百科全书。钱基博把方志的作用扩大为资政与教化。对于方志的结构，钱基博主张以序言统摄全篇，每类之下有小序，每门之下有目，目下属篇。方志要加上按语，对文中内容加以说明。（第 317～320 页）

第四节 佛学

一、佛学情结

钱基博是一名儒生，但一直有佛教情结。1917年，钱基博31岁，他在江苏省立第三师范学校（后改名为无锡高等师范学校）任教，写了一篇《北宋邵居士血写藏经赞》[①]，写作的缘由是有感于宋代邵居士的孝心。文章主要讲述邵居士刺左手中指，以血和朱写《阿弥陀经》《大悲经》《普门品经》三种，置入白石匣中，埋在吴江县东华严塔底，用祝父母往生净土。后世的人们发现了这些血写的佛经，钱基博看到后很感慨，称邵居士的做法是"仁人孝子之用心……以视善继，其心弥苦而情尤敦挚矣！不佞顷展玩焉，为之忾慕无已"。他更称赞称邵居士："松江之滨浮图盝，造宋崇宁千祀足。历劫崩坏委畚捐，峥嵘光气无戚促。发之得经蕴玉椟，诸天金人同护覆。细入捡拾污泥簏，不知摄持资景福。乃有费仲雊电目，望气搜秘春波曲。血书澄鲜殷尺幅，写者邵姓其名育。愿祝双亲生干竺，剌指挥洒血沥沥。血华哗飞流芬馥，点滴粒化香积玉。众圣欢笑鬼母哭，祥光瑗碟星汉烛。费仲永宝属题录，基博氏钱产锡谷。"

（一）《技击余闻补》中的僧人

1921年，钱基博撰写《技击余闻补》，其中有佛教相关的故事，多是一些武僧的事迹。其中有能吃能喝的僧人，有武功高强的僧人，有大忠大义的僧人。

《窦荣光》记载僧人有智有勇，还有助人之心。文章讲述无锡拳师窦荣光，清道咸间在泰山下的奇遇。当时在旅馆住有一僧人，能吃10斤肉、20斤面，能窥测到旅馆暗藏的杀机。当半夜有刺客威胁时，"僧

[①] 此文原刊于《新无锡》1917年5月16日。

推倒室后垣出走，荣光亟随僧出，而垣外复围石墉，旁山甚高。僧履险骑危，疾跃踰墉出矣"。"僧揉登道旁大树，荣光随上"，"僧探怀出一铁钵，遥逆光来所掷击，光倏定"。僧人后劝自负的窦荣光说："不量敌强弱，徒自大。勿归，必丧其躯。"

《甘凤池》记载康熙年间的武士甘凤池与僧人比功夫。"僧骤出凤池不虞，脱铁冠掷空中盖凤池顶下，意凤池必挥拳上格，则乘虚揉进下探其肾，法必殪。不意迪侯突自旁上跃，伸一臂植拇指顶冠，呼曰：弟子在此，师无虞！冠下，戴其指上。僧大惊，不觉手失，凤池狙击中其胸，洞矣。"又记载苏州西园卖茶的僧人，自恃有力，戏弄游客。"把重五百斤许铁壶一，自炉取下，腹可容水五斗，煮正沸，持向索饮者，曰：若欲饮乎？速以盏承，必连啜不得休！辍之，注腹中，肠腑沸溃，虽壮夫，无不创蹶者。甘凤池前往，亟持盏承饮，连倾数十盏无创容。僧大骇走，仓卒释壶。"

《闽僧》记载一名福建来的僧人酒量极大，无锡名士冯夔为他准备了三甒酒，只见这僧人"俯首张两臂抱甒以口就饮，如蛟龙垂首下饮江河中，喉间汩汩有声。不移晷，罄矣。察其容，了无酡色。方从容拔足起所纳空罂中，以手拂拭之，水汁沾濡淋漓，而酒气氤氲绕足指间，视之，酒盈罂矣"。冯夔问他怎么有如此大的酒量，僧人回答说"善治气耳"，"乃知其酒虽注腹中，而能运气下达，驱酒涌足心出也"。

《僧念亮》记载僧人念亮，俗姓杨，四川人，本为大盗，削发变貌为僧，住在无锡嵩山寺。太平天国时期，黄和锦攻克无锡，派兵到达塍山、嵩山一带，当地居民邀请念亮一同抵抗。"念亮持铁鞭奋身独出，适一骁将握大旗驰马挥众来迎敌，念亮迈步窜入所乘马腹下贴卧。马惊骇跃，倒撞其人下马。挥鞭疾击，碎其首而褰其旗，和锦兵夺气，众噪而前，大败之。"这个故事是钱基博听家里的老仆人讲的。

《三山和尚》记载明清之际的一名和尚，他本是贵州铜仁人，姓吴，名以幻，在无锡的一个将军家里住着。他"勇力绝人，豪侠尚义"，栖止无锡之三山，故人称三山和尚。当清军攻无锡时，和尚"入民居得切面刀及板扉各一。左手持扉作盾,捍刀矢;右手舞刀,大呼突阵助萤兵。横截清军马足,马仆截人,所向披靡"。当将军被害之后,和尚保护将军的家眷,杀掉图谋不轨的小人。钱基博评价说:"其忠义有足多者。岂非皎然不欺死生丈夫哉。语曰:一死一生,乃见交情。予以是贤和尚也。"

(二)"阿弥陀"与教育自觉

1923年11月16日,钱基博在《无锡新报·思潮月刊》发表《"阿弥陀佛"之教育观为潘生进一解》①一文,阐发了对佛教的认识,主张以佛理振兴教育。

当时,钱基博正在江苏省立第三师范学校任教,有些学生不安心学习,教师也不安心上课。钱基博在文章中借用了一位姓潘的学生的提问而作回答。这种写法是当时文人经常采用的手法。潘生说"阿弥陀佛之名号,人人能宣;而阿弥陀佛之义蕴,人人不晓。请用怎样去念阿弥陀佛一题作通俗演讲"。钱基博认为这是个好题目,不亚于"众生痴迷之棒喝,社会教育之晨钟也"!

钱基博注意到,社会上谈论"教育救国"的人,说的都是一些冠冕堂皇的话,不过是一些"门面语耳"!士不悦学,师无为教。谈教育自救之不暇,奚暇谈教育救国!钱基博希望:"学教育者,人人发阿弥陀佛之愿心,现阿弥陀佛之轮身始。"

钱基博认为"阿弥陀"是"无量"的意思。佛,就是佛陀的简称,以义翻之为觉。"自觉复能觉他,自他之觉行穷满,名为佛"。阿弥陀佛,能够"自觉觉他,觉行穷满无量"。

钱基博对大学生,特别是师范生寄托着很大的希望。他认为,凡夫俗子不可能"自觉觉他,觉行穷满无量",而师范生可以以之为努力目标。在校的师范生"今日之学,所以为自觉。异日之教,所以为觉他。

---

① 钱基博:《"阿弥陀佛"之教育观为潘生进一解》,原载《无锡新报·思潮月刊》1923年11月16日。现载于钱基博《子部论稿》,华中师范大学出版社2014年版,第5~8页。

未有不能觉他,而自觉之功修为能已尽者!然亦未见有今日之不能自觉而异日为能觉他者也!诸生而能自觉焉,觉他焉,驯致觉行穷满,如阿弥陀佛之光明无量,照十方国,无量无边阿僧祇劫焉。诸生,即阿弥陀佛矣!"钱基博把师范生比作阿弥陀佛,劝同学们"何可妄自菲薄矣!"

从佛学中找到振兴教育的资源,就要注意"阿弥陀"。钱基博考证说:"阿弥陀"三字,又佛之空、假、中三谛也。彼此圆融无别,谓之空谛。本来具真如,谓之假谛。事事无碍,谓之中道谛。这三谛应当发愿运用到教育中来。"世之谈教育者,意见横生,虚憍日甚!倘发阿弥陀之慧心,明空、假、中之三谛,无我执,无法执,因材而笃,无意无必,不违时尚,不逐末流,理事圆融,客气净尽矣!"

中国流行大乘佛教,"在大乘菩萨中,智慧第一,故有觉母之称"。钱基博又说,佛教有许多宗派,"其教理甚深微妙,非钝根浅学人所能卒解,故信奉者仅在士大夫"。在诸多的宗派中,净土宗能接地气,易于接受。"净土宗虽以观想持名兼修为上,然愚夫愚妇,专修持名,但须信愿切至,亦得往生。凡难解之教理,概置不论,故其势力广被。"

佛学落实到教育之中,须注意三个层次的自觉。钱基博认为,阿弥陀佛有三轮身,从事教育的人也应当有三轮身。这三轮身,孔子已经做出的榜样。孔子学而时习,不厌不倦,发愤忘食,乐以忘忧,不知老之将至,此孔子之证自性轮身。颜渊说"夫子循循然善诱人,博我以文,约我以礼",此孔子之现正法轮身。"由求斥非吾徒,鸣小子之鼓;原壤明其为贼,挥叩胫之杖",此孔子之现教令轮身也。从佛理到孔学,钱基博得出结论:是故觉他者必先自觉。

为了自觉,就要能够知止。"自古佛菩萨修大乘者,无不修止观念佛,即修止观也。因念佛时无有别想,即是止。了了分明,即是观。止即定因。定即止果,观即慧因,慧即观果,止即寂,观即照。"

知止就要修行,钱基博认为念佛与调气有融通性。同声同气,相感相应,念佛亦如是。其念法:一是念时随息出入。心注脐下丹田,使气深入,又须舒缓,毋令躁急。二是念时自听其声。无他视他念。自听其声。如庄子所谓"无练以耳而听以心,无听以心而听以气"者。三是观想持名兼修。所谓观想,观虚空中,自观身内,普观十方世界一切众生。一切众生,皆有佛性,与吾为一。

在这篇文章,钱基博从佛理解析入手,引申到教育,强调自觉,通过内省而实现思想升华。

(三) 1948 年的佛学情怀

1948 年,对于钱基博的学术人生来说,是一个重要的年份。他在这年把较多的精力放在了佛学研究上。他研究《金刚般若波罗蜜经》《般若波罗蜜多心经》,发表了《解题及其读法》。

钱基博这年 62 岁。人到老年,容易念佛或信佛,钱基博亦如此。他自称"来日苦短;然天不息我以死,尚其知所勉乎"。身体欠佳,年事已迈,钱基博想到了已经故去的祖父、父母。于是,以抄经、写经、研经的形式作为对先辈的怀念。

在武昌县华林寓舍,钱基博虔诚地抄写《金刚般若波罗蜜经》,并为之作解题。钱基博在《序》中说:"先考祖耆公以民国纪元十五年丙寅七月初四日逝世,得年七十八岁。实生前清道光二十九年己酉七月初八日,而今民国三十七年戊子在世,已足百岁。孤子基博永违颜色者,二十有二年。追怀无极,发心端写《金刚般若波罗蜜经》,仰祈佛力永护我考,常乐我净,勿堕世劫。"(《金刚般若波罗蜜经章句信解》)[1]先考祖耆公即祖父钱福炯,是钱基博非常敬重的老人,对钱基博的学术人生影响很大。

钱基博又想到了父亲。记得父亲在临终前抄写佛经,修了善功,以至于"及殁,顶门温软作开阖,历一昼夜不止"。当年的无锡知县杨千里称赞这是"魂升自顶而不为小人之下达,非积世功德不能得此善果也"。于是,钱基博决定模仿父亲。在 1948 年用九天时间写毕《金刚般若波罗蜜经》。

---

[1] 钱基博:《子部论稿》,华中师范大学出版社 2014 年版,第 369 页。

钱基博又想到了母亲，为亡母抄写了《般若波罗蜜多心经》。他在《般若波罗蜜多心经章句信解》说："先妣孙宜人以前清宣统二年庚戌十一月十三日逝世，得年五十有九，迄今民国三十七年戊子已三十八年；而儿亦老病侵寻，慈颜永隔。伏念童年依膝，每见吾母，逢岁时令节祖先忌辰，鱼菽设供，必虔诵《般若波罗蜜多心经》，用朱笔点瓜子锭焚化以为追荐。庄写一通而为之章句，以奉吾母。"①

除了想到家族的先辈，钱基博想得最多的还是国家与人民。1948年，国共两党的军队还在打仗，人民希望和平。钱基博作偈云：

> 基博承借先考妣之宠灵以写《金刚经》《心经》，为之章句，冠以解题；佛头著秽，其深恐怖！而……见之，以为便于受持读诵，为人解说，未可自秘；而集资刊布，遂以重写相付。重辱与慈老和尚赐之签，南通费慧茂居士序于端，以及同县唐慕汾居士为之校……何况诸君为善男子善女人之受持读诵，广为人说发心；如来悉知悉见以成就不可量，不可称，无有边功德；岂复寻常可思议哉！固不徒先考妣之宠灵，实式凭之而已！先考今年百岁纪念，基博兄弟修名不立，无以显亲；既承邑人君子为刊遗文以成《传叟文录》；而又重刻二经以宏胜举；中心感激，不知所云！敬谨焚香长跪善为出资及读诵受持展转流通者回向偈曰："……所有刀兵劫，及与饥馑等，悉皆尽灭除，人各习礼让。一切出资者，展转流通者，现眷咸安乐，先亡获超升。"②

钱基博之所以抄写与研读《金刚经》与《心经》这两部最重要的佛学经典，是因为当时有居士鼓励他，说他抄写的佛经将更有影响力。有位高震叔寄示《惺白居士禀慈老和尚》一书，说居士笃信好学，不轻下说。请钱基博顺缘作解，"以便持诵，亦以见如来之道之大，道固并行

---

① 钱基博：《子部论稿》，华中师范大学出版社2014年版，第378页。
② 同上书，第379～380页。

而不相背也"。

在完成《金刚般若波罗蜜经》《般若波罗蜜多心经》的《解题及其读法》之后，钱基博写了一篇《跋》。他写道：之所以为《金刚经》《心经》作章句，是因为有秦君叔培、高君震叔、李君柏森、唐君慕汾、杨君融春、赵君章吉、许君复如等人的支持。钱基博真诚地希望"若有善男子，善女人，能于此经受持读诵；即为如来以佛智慧悉知是人，悉见是人，皆得成就无量无边功德"！

二、《佛经讲义》等论著中的见解

1922年至1924年，钱基博在《无锡新报·思潮月刊》发表《佛经讲义》[①]。此讲义是为学生讲课用的。他在其中的《观世音经》说：今为诸同学解此，先解题目，次解经文。讲义有五篇，即《观世音经》《金刚般若波罗蜜经》《般若波罗蜜多心经》及《准提陀罗尼经》《大悲陀罗尼经》。之所以要讲这五篇，是因为"五经者人人之所持诵也"。

（一）《佛学概论》

在《佛学概论》，钱基博引用梁启超的观点，赞同六朝隋唐之间，"儒家以外有放万丈光焰于历史上者，佛学是也！"（第189页）然后，钱基博从两个方面展开了议论。

一是佛学常识。钱基博解释说："佛者，觉也；将觉悟群生也。"（第189页）钱基博赞同精神不死的观念。他说："人身虽有生死之异；至于精神，则恒不灭。此身之前，则经无量身矣。身死，精灵不灭，随复受形；生时所行善恶，皆有报应；故所贵行善修道，以炼精神，以至为佛也。"（第189页）

钱基博认为，佛学在于引导人思考。"静言思之，何以忽而有我？

[①] 此讲义现收入钱基博《子部论稿》，华中师范大学出版社2014年版，本小节括号内标注页码均出自此书。

未生以前，我在何处？既死以后，我往何所？茫茫昧昧。于是有智慧者出。"佛教的大愿就是："修菩萨道，自度度他；福慧圆满，得成佛果。"（第189页）

钱基博叙述了佛之宇宙观，以为天地之外，四维上下，更有天地，亦无终极；然皆有成有败。一成一败，谓之一劫。自此天地以前，则有无量劫矣。每劫必有诸佛得道，出世教化，其数不同。今此劫中当有千佛。自初至于释迦，已化佛矣。其次当有弥勒出世；必经三会，演说法藏，开度众生。（第189页）

钱基博介绍了大乘、小乘之说。他提出："初释迦说法，以人之性识根业各差。故有大乘、小乘之说。""乘者，运载之义。求佛果为大乘。求阿罗汉果、辟支佛果为小乘。""佛果者，谓开一切种智，为尽未来际众生化益之悟。阿罗汉果，与辟支佛果，虽浅深有别，然皆为灰身灭智，归于空寂。"（第190页）

二是叙述了佛学传入中国的过程。对于佛教传入中国的起点时间，针对有人认为"西汉时从匈奴得金人，实为我国知有佛之嚆矢"，钱基博没有考证。但是，他认同佛教至迟在东汉传入中国，"其见于正史，信而有证者；则东汉明帝永平十年，郎中蔡愔、博士弟子秦景等奉诏使天竺，写浮屠遗范，与沙门摄摩腾竺法兰白马负经而归，于是佛之教义始东渐"（第190页）。

接着，钱基博按时间顺序，介绍了佛教在中国的传播：

迨三国之世，沙门支谶、支亮、支谦自月支来译经。

魏嘉平二年，昙摩诃罗始以戒律来。

及晋代魏，有佛图澄者，来自西域，专事译经。

东晋以还，名僧辈出，若道安，若惠远，若释道潜，若法显，其尤著也。道安与习凿齿等游，专阐扬佛教于士大夫之间。惠远开庐山，日夜说法；佛教讲坛，实始于此，为净土宗之滥觞焉。法显横雪山以入天竺求经，著《佛国记》；事在安帝隆安二年。

北方有鸠摩罗什。以姚秦宏始三年始入长安，日夜从事翻译……门徒三千……道生、道融、僧肇、僧叡最突出。罗什之功在于传大乘教。罗什首传三论宗宗义，译《法华经》，开天台宗之先路；又译《成实论》，实为成实宗入中国之始。

自兹以往，佛驮跋陀罗译《华严》，是为华严宗之开祖。昙无谶译《涅槃》，是谓涅槃宗之开祖。达摩始倡禅宗。真谛三藏始倡摄论宗及俱舍宗，智者大师始倡天台宗。南山律师始倡律宗。慈恩三藏始倡法相宗。善无畏三藏始倡真言宗。（第190～191页）

钱基博感叹地说："佛灭度后，印度即无大乘。嗣后大法东来；无上妙谛，皆吾国古德之所发明宣扬也……释尊生于印度，而印度千余年来无乘教，佛教乃盛于中国！岂不异哉！岂不异哉！"（第191页）

（二）解读《观世音经》

在《佛经讲义》，钱基博解读了《观世音经》。《观世音经》传入中土，有一段神奇故事。故事说的是当年伊波勤菩萨游化葱岭，来至河西。河西王沮渠蒙逊身患疾病，以告菩萨。菩萨说："观世音于此土有缘。"就诵念《观世音经》，河西王沮渠蒙逊的病就好了。以这个故事为开篇，钱基博介绍了《观世音经》。

《观世音经》本为《妙法莲华经》中第二十五品之文，题为"观世音菩萨普门品"。"观世音"，亦名"观自在"，合名"观世音自在"。（第192页）

"观"以"观穿"为义；亦以"观达"为能。"观穿者，即是观穿见思恒沙无明之惑，故名观穿也。观达者，达空谛、假谛、中谛三谛之理也。"

钱基博讲完题义，接着讲述了经文。他把经文分为三章：一正文，二重偈，三结益。正文分二节：一明观世音之名号功德；二明观世音之应化方便。其中说到观世音得名的因缘，在于实时观其音声，皆得解脱。

（三）解读《金刚般若波罗蜜经》

在《佛经讲义》，钱基博解读了《金刚般若波罗蜜经》。《金刚般若波罗蜜经》，简称为《金刚经》。钱基博说：佛在孤独园讲述了此经，"金刚般若波罗蜜"的含义在于"勇猛精进，明心见性而证涅槃也"。金刚有二义：一是坚义；二是利义。非坚不能卫道，非利不能断惑。般若，音钵惹。波罗蜜，梵语，译言究竟，到彼岸；以名菩萨之大行者。盖菩萨之大行，能究竟一切自化化他之事，故名事究竟；乘此大行，能由生死之此岸，到涅槃之彼岸，故名到彼岸。（第199页）

钱基博认为："《金刚经》文句，如珠走盘，转转皆圆；随就何面观之，无不光明洞达。其句义重叠处，正是其圆融处也。"他把《金刚经》分成若干段落，"就其辞意相生，一气呵成者，归并为十七段"（第200页）。

《金刚经》的内容丰富，钱基博分别作了阐发。钱基博认为《金刚经》讲得最多的是"不住于相"。他指出："阿耨多罗三藐三菩提，全经凡二十九见。菩萨应离一切相，发阿耨多罗三藐三菩提心；不应住色生心；不应住声、香、味、触、法生心；应无所住而生其心；应生无所住心；此最是全经紧要语句，而于此章发其端。"（第200～201页）

谈到《金刚经》中的"非相非法"，钱基博说："不应取法相而以为有，亦不应取非法相而以为无。此谓有无俱遣，语默双忘。若取法相，即有法执。若取非法，即有空执。有执则烦恼炽然。无执则信心清净。"（第202页）

谈到"无住生心"，钱基博说："无住生心之心，即所谓清净心也。盖住而生者，心则依境。无住而生者，心不依境。譬如一镜当空，罔所不照，何等清净！若先着一物，则空明遮蔽，焉能照物！是故有所住而生其心，此是污染心。无所住而生其心，方是清净心。无所住，是从实超空生其心，是从空生觉。此心字，是正智，是真心。但住着于境，则隐而不现。心若不住，般若了然。"（第204页）

谈到"如法受持"，钱基博指出，此"是一部金经点眼处也"。"盖本心净明，真慧随缘不变，能摧断一切烦恼，而不为一切所摧。是为金刚般若。""关键全在二谛，亦即三观。二谛者，俗谛、真谛也；合中道谛，统称三谛。三观者，空、假、中也。""此经之中，每于一句而有三叠，此即三观。""佛说般若波罗蜜，说诸微尘，说世界，说三十二相，是中道观也。即非般若波罗蜜，非微尘，非世界，即是非相，是即空观也。是名般若波罗蜜，是名微尘，是名世界，是名三十二相，是假名观也。此三观者，即三即一，妙义融会。全经大旨，皆不出是。"（第205～206页）

谈到"离相寂灭"，钱基博说："学佛者发菩提心，当使此心湛然，随处解脱，空诸所有，斯为离一切相，斯谓寂灭。"（第207页）

谈到"非心是心"，钱基博论述了"他心通"。这是一个很神秘的感知，"所谓他心通者，谓彼既起心念，则此可而知也。闻有人把棋子手中，令他心通者观之，则知其为棋子。以己知为棋子故也。然己则不知其数之多寡，使彼言之，则亦不知其数。以己不知其数故也"（第210～211页）。宇宙间有万物，物物之间有感应，科学还没有完全解开其谜。

谈到"无说无得"，这个观点颇为费解。钱基博说：佛在世时，从未说过一字，"若人言如来有所说法，即为谤佛。""真性无法可说，若以为佛本说法，即为志在于法耳。佛本悟，本来无法，更无所用法矣。"（第212页）

钱基博还论述了"福德不得"，"福德不得者，不希望得福德也"；论述了"离色离相"，"色者颜色，相者形体，离者不著"；论述了"不受不贪"，"一尘不染，何贪何受！"论述了"一合相理"；"如来所说一合相，即非一合相，乃强名为一合相而已……计世界为一，计微尘为多，不一即多，不多即一"。（第211～216页）

最后，钱基博论述了"不取于相"，认为见与相不同，见犹未成相，有见而后有相，见在相前一层，相者法所现也，见者心所取也。钱基博说："'不取于相，如如不动'八字乃全经之归宿，般若之宗旨，十七章反覆翻剥，只完个不取于相而已。由浅入深，层层剔发，只求到'如如不动'而已。若心取相，若取法相，若取非法相，即有所住。心无所住，方是真如。如者万物一如，不起分别，犹如一月当空，千波现影。影有现灭，月实自如。"（第217页）

钱基博还撰写了《金刚般若波罗蜜经解题及其读法》，其中也反映了他对佛学的见识。《金刚经》是佛教中流行最广、影响极大的经典。

钱基博释书名："'金刚'喻其坚强，'般若'以言智慧。而'波罗蜜'之为言度彼岸。'金刚般若波罗蜜'云者，谓以大勇猛，运大智慧，度众生以自度也。"

钱基博认为："《金刚般若波罗蜜经》，甚深妙义，灭度众生，而实无众生得灭度者。"他指出："度众生以自度，不过自心解放，以解放众生，无我，无人，无众生，无寿者。"

他不赞成古人对《金刚经》的分段法，认为"昔梁昭明太子分经为三十二分，支离破碎，虽便受持，无补信解"。钱基博提出分成六个部分，并对自己提出的分段很有信心，说："篇章攸分，而义谛皆融；不如昭明支分节解之义谛欠融；义谛欠融，则信解不易；信解不易，则受持不力！"

对此书的"义谛"，钱基博解读：寻佛所说，以无为法；而灭度众生，不出两言，曰"非相非非相"，"非法非非法"；而秉要执本，一言以蔽，曰"无所住而生其心"而已。"所谓法者，一切贤圣，皆以'无'为'法'也。"

钱基博结合现实社会，抨击了一些违背佛理的现象："党同伐异，亦复纷纭；此一是非，彼一是非，始而口说腾哗，继而干戈日寻。"

(四) 解读《般若波罗蜜多心经》

1926年，钱基博撰《读鸠摩罗什般若波罗蜜多心经题记》，此篇不长，但钱基博引用了《六祖坛经》《法华义疏》《大乘义》等文献佐证。此文载于《潜庐集》。这篇题记从义理与翻译这两方面作了叙述。

此篇从义理角度论述了般若即智慧，重点叙述了观自在。"观自在者，般若智也。"钱基博说："何谓自在？（甲）离于一切差别对待之相，绝对平等，无所依住；（乙）本来如是，不是由无而有；（丙）有真实自体性，而非因缘和合，相续假现之相。具上三义，始得名为自在。"（第12页）

观自在的角度，可以有不同的角度。"从外身以推人生世界，乃至尽虚空界、无量无数众生世界，更反观之内心之一切感觉、思想、意志、情识，无一是自在者，故此一切皆依他而起，自无而有。"（第12页）角度可以有所不同，但根本的要诀在于"无"。钱基博说："观妙有非有，而不住于有；观真空不空，而不住于空。无苦集灭道，无智亦无得，以无所得，故能观之。"因为以"无"为基点，所以"智自体回转自如，所向无碍，故名为观自在"。

文章论述了翻译方面的事情。对于《般若波罗蜜多心经》，钱基博认为"开译此经，首推鸠摩罗什"。前秦在长安逍遥园设译场，"使僧叡、僧肇、法钦等八百沙门谘受襄译，国立译场自兹始也"。"什娴汉言，音译流便……义皆圆通，众心惬伏。""什所译经，什九现存。襄译诸贤，皆成硕学，僧肇尤为其最。罗什之撰译，僧肇常执笔定诸辞义。""大乘确立，什功最高。"

佛教解经，自有体例，有规则。钱基博说："道安言诸经，皆分三分：一、序分，二、正宗分，三、流通分，此为后世言科判者之所据依。译家之有科判，犹儒者之有章句，而《般若大明咒经》首叙'观自在菩萨'行深般若波罗蜜多，为序分，次以告舍利子所说为正宗分，最后说咒为流通分。"

讲到翻译佛经，难以句句对应。钱基博介绍了唐玄奘法师论五种不翻："一、秘密故，如陀罗尼；二、含多义故，如薄伽梵具六义；三、此无故，如阎浮树，中夏实无此木；四、顺古故，如阿耨菩提，非不可翻，而摩腾以来常存梵音；五、生善故，如般若尊重，智慧轻浅，故亦不翻也。"

钱基博还撰写了《般若波罗蜜多心经章句信解》。对《般若波罗蜜多心经》，钱基博解释了书名，说：谓之"般若波罗蜜多心经"者，以经说"般若波罗蜜多"之"心"也。运大智慧以无有，无相，无障碍，而脱离世间一切系缚，谓之"般若波罗蜜多"。"般若波罗蜜多心"者，智慧之"心"，无有，无相，无障碍，无世间一切系缚之"心"。

钱基博对"涅槃"作了一番解读，说：此岸是世间，彼岸为"涅槃"。"槃"者系缚，而"涅"言离；离系缚，故名为"涅槃"。复次"槃"者障碍，而"涅"言无；无障碍，故名为"涅槃"。复次"槃"者名相；无相，故名为"涅槃"。复次"槃"者言有；无有，故名为"涅槃"。

钱基博写毕《金刚经心经章句信解》之后，秦执中、许复如诸居士商议印行，民国三十七年（1948）戊子十二月请费慧茂写序。费慧茂在《序》中对钱基博有很高的评价，他写道："余奉教于子泉先生，忽忽逾三十年矣！先生学诣深醇，新旧融贯，日事著述，每一文出，辄为国人所传诵。而其峻行高节，不入仕宦；勤苦俭约，表率儒林。方之古人，于严光、王通，洵无愧色。"（第366页）其中说到钱基博在花甲之年，曾发愿读《大藏经》，"读完全藏，一一为提要之文，以介绍于天下"。钱基博是否写过佛教经典的其他解题，或者写后丢失了，不得而知。文中提及的严光、王通：严光，东汉著名隐士，积极帮助刘秀起兵，复兴汉室。刘秀即位后多次延聘他，但他隐姓埋名。北宋政治家范仲淹撰写《严先生祠堂记》，称赞严光"云山苍苍，江水泱泱。先生之风，山高水长"。王通，隋代的一位私人教育家。文中说到钱基博写出的文章非常受欢迎，"每一文出，辄为国人所传诵"。

第五节　博物学[①]

钱基博一生致力于国学的研究，到了晚年，对博物学有特别浓厚的兴趣，全身心整理文物与研究文物。具体说来，钱基博做的主要工作：

[①] 本节参考了华中师范大学历史文献所李金凤的硕士论文《钱基博的博物学研究》。

一是筹建华中师院的博物馆；二是撰写了相关的论著；三是开展了文物教学课。

一、钱基博对博物学的研究

(一) 钱基博的文物收藏

钱基博一直重视对文物的认识和研究，早在1929年就说："史料不可断断于故纸堆中求之，尤贵董理实物。盖物之董理，而后故纸之钻研为实事求是，而不同凿空之谈。此语须诸生牢记之也。吾校博物馆之历史陈列品亦不少。然诸生钦其实，莫名其器。吾尝劝诸生实地为有系统之研求，加以考证，诸生畏难不肯为。"[①] 他后来辗转工作于无锡、上海、北京、湖南、湖北等地，一直留意文物。他的收藏种类不限类别，包括陶器、瓷器、青铜器、玉器、字画、古文献、碑帖等等，数量有上千件之多。

钱基博为什么要收藏文物呢？可以从两个方面解释。一方面，钱基博研究国学，文物学是国学的重要组成部分。钱基博早在年轻时就认识到文物之中有国学，重视文物与文献的保护。辛亥革命时期，他建议在革命的过程中，一定要保存有价值的碑刻文献，不要毁坏了文物。据《锡金军政分府总理处日记》记载："（民国元年）初五日、十七日（阴历）：钱子泉、钱恂两君来云，毁坏庙宇，并须保存各处碑文古迹。"[②] 碑文古迹上面有文字信息，这是传承历史难得的资料，不得破坏。钱基博认为，研究文物与查证文献应当紧密结合。他说："文物者，历史之遗蜕，而六经皆史，所以文物研究，史必读《通鉴辑览》，经必读《尚书》《诗经》《周礼》《仪礼》《礼记》《春秋左氏传》《尔雅》《说文》，且一定要精读、熟读，读经必细读注疏，好学深思，心知其意，而后读其

[①] 此语见之于《光华期刊》1929年第4期。现引自钱基博《后东塾读书杂志》，华中师范大学出版社2014年版，第258页。

[②] 转引自傅宏星编撰《钱基博年谱》，华中师范大学出版社2007年版，第25页。

他研究文物之书，乃能有所悟，而触类旁通。"离开了历史文献而侈谈文物，就有可能茫然而不知去向。

另一方面，钱基博注意到文物严重流失，认识到知识分子应当保护文化遗产。从晚清到民国，社会处于动荡之中，国家或私人的文物大量流失。钱基博注意到一种现象："现在国内地主大姓，都已破产，所有收藏大量流出，然而无人知其为宝。字画碑帖、古版秘笈，秤作废纸回炉；钟鼎彝器，秤作废铜回炉；乃至瑞玉宋瓷，视同瓦砾；自己文物，自己摧毁！""吾人如一家破落户子弟，不知祖宗之收藏，历史之遗产积累不易，一心只想变钱使用；又无当家者作主，渐渐消磨，非当尽卖绝不止！"① 面对国家的无能与富家破产，外国人趁机掠夺我国文物，使我们祖宗的宝贵财富流失到国外。钱基博写道："外国人之于中国文物，不但政府公然侵掠，而且有私人组织，外国经营中国古玩公司不少"，"外国人对于我历史遗产之文物，巧取豪夺，无所不用其极"。② 在特殊的历史阶段，我国的知识分子不应当无动于衷，应当承担起搜集文物的时代重任。钱基博是这样想的，也是这样做的。

钱基博的父亲钱福炯很喜欢收藏，钱基博的书斋名"精忠柏石室"就是源于父亲的一块化石收藏。

（二）筹办博物馆与捐献文物

钱基博收藏文物，并不是为了传给子女，而是为了贡献给国家。他把省吃俭用的钱，用于购买文物，到了晚年担心文物再次流散，就无偿地全部捐献了出来。

1952年1月3日，学校领导王自申拜访钱基博，说学校决定成立博物馆。钱基博很激动，说："这许多古物是民族的遗产，历史的物证，我本不过代社会保管。如果校中办历史博物馆，我必捐赠出一部分以表示赞成。"钱基博起草了一份历史博物馆筹办意见书，并附有捐件清单，

---

① 钱基博：《文物研究·卷头语》（1953年油印本），第2页。
② 同上书，第1页。

开列 110 件。钱基博认为，送历史博物馆最好配成历史系列，方能通用。他便托儿子派人回家乡无锡带一些出来，陆续调整增添到 211 件，并写成赠品说明书送呈建校委员会。

王自申（1898—1954），湖南省湘潭县人，教育家。1951 年来武汉工作，任中原大学教育学院院长，1952 年任华中高等师范学校建校委员会副主任，1953 年任华中师范学院党委书记。王自申是华中师范学院的重要奠基人，为华师建校工作竭尽全力，积劳成疾，1954 年病逝于华中师范学院。他在任期间十分重视历史博物馆的筹建工作，积极地筹措资金、申请房屋和场地，邀请文物专家和历史系教授们为博物馆的成立献计献策。

1953 年 4 月 6 日①，华中师范学院历史博物馆正式成立，钱基博任博物馆筹备委员会主席，筹委会其他成员有彭祖年、陈辉、雷济东、张正民、杨熙时、王凌云、朱明廷、徐云熙等人。杨东莼（1900—1979），湖南醴陵人，史学家和教育家。1954 年任华中师范学院院长。他积极推动了历史博物馆的建设，曾多次主持召开馆务会议。笔者查到 1954 年的《历史博物馆馆务会议记录》，出席会议的有钱基博、朱明廷、彭祖年、雷济东等人。第一次会议召开是在 9 月 14 日钱基博宿舍，主要商量本馆制度与展陈计划。第二次于是 9 月 22 日上午，讨论了四件事：一是学校分配的房屋因防汛被占用，还没有完全到位；二是要求学校再添房屋；三是文物的展出问题；四是有些文物需要验收。第三次是 10 月 17 日，商量有外宾前来参观事，还有图书不宜外借事。第四次是 11 月 4 日，这次会议规模扩大，王觉之、杨东莼、张舜徽、王凌云、陈辉、徐云熙、杨熙时也都参加了会议，钱基博报告了博物馆的筹备、文物的清理，说武汉市的文物专家前来指导，提出有些文物的时代"或有出入"。钱基博说："为了加强认识，拟作我馆文物研究报告，配合历史说明文物。自这个工作开始以来，每一时代文物分别作出说明，已经写到魏晋南北朝，但是还只复两篇分送杨院长和历史系，请提出意见，预

---

① 此日期是查阅博物馆档案资料所得。

定在明年暑假前分代全部完成。"这段话说明，从 1954 年到 1955 年上半年，钱基博全力撰写博物馆文物介绍，并用复写纸抄送给领导与专家。

钱基博向当时的华中高等师范学校捐赠文物共 211 件，分为十大类，其中包括玉器 26 件，青铜器 80 件，历代货币 52 件，古瓷 25 件，书法绘画 28 件等。① 这些文物的价值难以估计，以书画为例，元代以前的有 3 件，其中有宋马远墨笔山水长卷。马远为南宋"院体画"代表，擅长用以偏概全的方法突出全景一隅，留下大量空白给人以遐想，有"马一角"之称；此画纯用水墨，两边重峦叠嶂，中间天水空处有两渔舟一来一往，云雾缥缈，呈粘天无际之势，尽显马远意境清远、水墨苍劲的风格，且马远传世之作中长卷极少，使得此画更为珍贵。可以说，在华中师范大学的建校历史上，钱基博是捐赠文物最多的人，文物的价值无法估计。如果在华师校园里，为钱基博竖一尊铜像，作为对钱基博的回报，实不为过。

中华人民共和国成立后，钱基博还曾将自己收藏的碑帖字画一千余种赠吴雨苍任职的苏南文物管理委员会。20 世纪 50 年代初，钱基博曾回到江苏，由吴雨苍陪同，游览了拙政园、虎丘等经过文管会修缮的名胜古迹，钱基博曾语重心长地对吴雨苍说："文物工作的主要目的是可帮助自己提高读书学艺、充实我国历史见证，达到广泛教育人民群众、培养爱国主义与文化修养，绝不是玩古董。"②

钱基博是一位无产者。他一生"未买一亩田，银行储蓄从未开过户，工厂、商店没有任何股金，不愿积了钱供一家享用奢侈"③。但他

---

① 这些数字依据了钱基博在 1952 年 12 月写成的《华中高等师范学校历史博物馆赠品说明书》，这份说明书誊抄了几份，分别保存。钱基博的学生彭祖年对这份《说明书》最了解。

② 吴雨苍：《文采传希白，雄风劲射潮——纪念钱子泉老师》，《无锡文史资料》1990 年第 22 辑。

③ 钱基博：《自我检讨书》，转引自傅宏星编撰《钱基博年谱》，华中师范大学出版社 2007 年版，第 279 页。

却买了文物，也没有把文物传给儿女们，而是全部捐给了国家。这种精神，是中国文化最了不起的精神！据笔者所知，我国有许多文物收藏家，他们把一生的积蓄都投入到文物收藏之中，把零散的文物收藏起来，办了一座座私人博物馆，最终却都捐给了国家。这些收藏家是了不起的人，是无私的人，是对中国文化保存有重要贡献的人，值得我们尊重。

(三) 研究文物的学术成果

钱基博于1952年著《华中师范学院历史博物馆陈列品研究报告》（即《文物研究》，以下简称《报告》）。《报告》一直以油印稿形式保存于华中师范大学历史博物馆，共7册，近800页，40余万字。《报告》以历史时间为序，共分为殷商、西周春秋战国、秦汉、魏晋南北朝、隋唐、宋元、明清七个时期，每一时期单独成册。《报告》先讲述时代背景，而后分门别类讲述各朝文物，对文物的源流、比较、鉴别、欣赏有专门的论述。如：

> 殷商：（甲）历史之背景；（乙）铜器之新兴；（丙）陶器与铜器；（丁）铜器之纹饰；（戊）甲骨文字；（己）铜器铭文。
>
> 西周春秋战国：（甲）历史剧烈演变之八百年；（乙）铜器之继承及演变；（丙）玉器之演化石器以成瑞玉一系；（丁）陶器之推陈出新；（戊）始作俑；（己）本馆之所有。
>
> 秦汉：（甲）历史之背景；（乙）治化统一之历史遗物；（丙）特有之铜器与玉器；（丁）玉雕之展开以成汉代之石器文化；（戊）铜器之旁延以成漆器制作与丝织缯彩；（己）陶器之普遍使用以与铜器代兴而演进为瓷器；（庚）本馆之所有。
>
> 魏晋南北朝：（甲）历史之背景；（乙）陶器文化之瓷；（丙）石器文化之碑；（丁）铜器文化之货币、印玺及镜；（戊）寺塔之建筑；（己）佛像之雕塑；（庚）图画之转变；（辛）琉璃之自造；（壬）本馆之所有。

隋唐：（甲）历史之背景；（乙）陶器文化之瓷；（丙）石器文化之碑，附陵墓雕刻；（丁）铜器之转变；（戊）瑞玉之别出；（己）寺塔之建筑；（庚）佛像之雕塑；（辛）写经与刻经；（壬）图画之继往开来以树典型；（癸）本馆之所有。

宋元：（甲）历史之背景；（乙）铜器文化之总结；（丙）玉器文化之总结；（丁）瓷器工业之展开；（戊）漆器工业之展开；（己）珐琅输入之中国工艺化；（庚）图画艺术之展开；（辛）文具工业之展开以及总结；（壬）雕塑之退化中转变；（癸）建筑之转变中因袭，本馆之所有。

明清：（甲）历史之背景；（乙）图画以吴派之出于元四家者为正统而奇杰间出；（丙）书画盛而石刻之新艺术新文物石印以起；（丁）书画之工具"纸""笔""墨""砚"；（戊）瓷器工业承宋元以闳中肆外。

华中师大硕士生李金凤利用钱基博留下来的这些论著，特别是《华中师范学院历史博物馆陈列品研究报告》，全面研究了钱基博关于文物的理论与实践。论文分析了钱基博从事文物研究的原因；介绍了钱基博筹建博物馆的过程；从铜器、玉器、瓷器、绘画四个方面探讨了钱基博对文物的考证；分析了钱基博文物研究的特点和钱基博文物研究的意义。她认为钱基博不仅是国学大师，而且是文物学专家。钱基博从国学视野出发，把文物与文献相结合；从教学需要出发，把课堂与器物结合；从时代出发，把当代社会与古代文化结合。钱基博无疑是当代文物学领域里程碑式的学者。

二、博物学的思想与创见

(一) 对文物的释义

文物，我国先秦文献《左传·桓公二年》已经有这两个字。其文："夫德，俭而有度，登降有数，文物以纪之，声明以发之；以临照百官，百官于是乎戒惧而不敢易纪律。"《后汉书·匈奴传》中有"制衣裳,备文物"的记载。这些"文物"主要指"礼乐、典章制度的礼器和祭器"。①

文物,应指有文化价值之物。钱基博曾经从国学的角度给文物下过定义,他说:"做文物研究,必先知何谓'文物'。'文物'不同于物。《易·系辞传》:'物相杂故曰文。''文'者,物之相互。曰物,可以认识尽;曰'文物',则不能以认识尽。所以文物研究,当注意于物物之相互,而观其生灭错综,以应用唯物史观辨证。然非博物不足以见物之相互,文物者,物之相互,而以表见文化之历史发展者也。"②

(二) 由文物而文化

钱基博将中国文化轮廓概括为石器文化、陶器文化、铜器文化、玉器文化、造像文化、绘画文化、瓷器文化,并提出"时代有其相互,文化往往错综","文化有成长而无没落","后一文化,无不胚胎于前一文化以孕育成长"等观点。

钱基博将自己对传统文化的感情渗透到了文物研究之中。他曾说:"一国之文物,乃先民之遗产,历史之物证;所以代表一国之文化,中国文化之充实,亦可证之于文物;有三四千年以上之文物,现代世界各国,所见有几!民族开化之早,器物制作之精,雕绘满眼,都出手工;而图案之配当,技巧之美妙,先民之劳动创造,有现代机器国家之所不能及!"③

文物研究离不开科技知识,好在钱基博在年轻时就钻研过物理、化学知识,到了年老时研究文物,能够经常运用相关的科技知识,并主动

---

① 李晓东:《中国文物学概论》,河北人民出版社1990年版,第1页。
② 钱基博:《文物研究·卷头语》(1953年油印本),第2页。在笔者校对本书清样时,华中师范大学出版社2016年出版《文物通论》一书,此书是根据钱基博生前撰写的《文物研究》(油印本)校订。本节二、三、四小节原文引自钱基博《文物通论》,华中师范大学出版社2016年版。已在括号标明了页码,供读者查阅。油印本原有《卷头语》,未收入《文物通论》,故另外注明。
③ 钱基博:《文物研究·卷头语》(1953年油印本),第1页。

查阅相关知识。钱基博研究青铜器，他引用中央史语所三次化验小屯出土的铜器成分数据和英国皇家科学工业学院教授哈罗氏对小屯出土的刀、镞、戈及礼器四种化验报告结果，认为青铜器成分中的铜、锡配比已有科学性。他指出，含锡的青铜器，一般都含有微量的铅，其原因有三："第一，可以减少气孔，使铸物健全。第二，当铸造时，可使熔汁软流，铸物绮丽。第三，加铅而成之合金，黏性减少；一切凿、錾及镞，易于加工。至于纯铜，则加铅以使熔融度减低，而铜易软。铜加锡，则硬度渐增而坚利，色白。缺锡，则色红而铜软，软则成器易坏；所以明器之不用锡而含铅者，不得不更加铁及砒素；盖加铅以减低铜之熔融点；而又用铁及砒素，代锡以稍增铜之硬度，使其器成不易坏。"（第14页）

钱基博注意到先民的抽象思维。他在解读古代器物时说："观于商铜器之纹饰，而以推见我先民之文化，乃以造形美术之抽象表现为中心；不外依据视觉之本能，以创造超现实之抽象；如几何学图形之圆与方，以表示天地观念之抽象化；云雷纹之回旋与幻变，以表示云雷观念之抽象化；弦纹之界划以分部位，以表示秩序观念之抽象化；而动物形之饕餮、夔龙凤纹，则为恐怕观念之抽象化；饕餮以示庄严；龙凤以示活动；饕餮居中不动，而龙凤蟠屈游翔其左右，则又为以静制动，居中御外之哲学观念抽象化；超现实而不离现实，不过以发挥视觉之创造力而已。由一瞬之视觉而为思想之进展，以孕育超乎象外之抽象性，此则殷铜器纹饰之背景也。"（第18~19页）

（三）由器物而知先民的生活态度

关于先民的生活态度，钱基博说："殷铜器之纹饰，一见而知北中国先民之人生，齐庄中正，优美高雅之趣味少，而止严肃穆之意多；好整而不出以暇，出以怪怪奇奇，非人间之所经见；而其意义，则偏实际，重伦理；看似怪怪奇奇，其实在吾人今日不可思议，而在先民当日，不过表示日常所接触。"（第18页）

(四)钱基博的器物文明史研究

钱基博试图开创一门器物文明史。他根据断代,分门别类研究历史文物。

物与物之间有关联,文明进化之间也有传承。以器物上的纹饰为例,钱基博认为"商铜器之纹饰,演化自陶器"(第 18 页),器物上常见的"几何纹之弦纹、雷纹,动物形之饕餮、夔龙、夔凤诸纹及蝉纹,无不推本陶器,而成定型化"(第 16 页)。

钱基博认为:"殷商时代,石器、骨角器已成尾声。玉器新兴而未成典型。独铜器之盛以与石器代兴,而以仪型千古。"(第 12 页)

钱基博对于每一时期的文物,尽量归纳出时代特点。他评价周代铜器纹饰说:春秋制器轻灵多奇构,纹绘刻镂更浅细,纹样繁多,不主故常,以写生变图案,由静止而活动,有鸟兽之飞走,有车马之驰逐,有裸体露乳之人物以及狩猎、采桑、神怪等雕绘,意匠渐广,不惟镂刻人物,而及人物之所事。所刻神怪,有羽人、飞兽及鸟首人身之物,成了汉镜、汉画石的范本。①

钱基博把考古资料与历史文献结合,认定夏商时期大量采用车马作为交通工具。他引《尚书正义·甘誓第二》中记载的启与有扈大战于甘之野的誓语"左不攻于左……右不攻于右……御非其马之正,汝不恭命",认为战争中用车作战远在商前。(第 12 页)钱基博根据 1936 年小屯的考古发掘中发现的战车中的三套武器,认为"车中三人之有左,有右及御,编配一仍夏制"。他概括车前的四堆马首骨而判断《诗·小雅·采薇》中所歌颂的"四牡业业""四牡骙骙"不开始于周而是开始于商。他根据《诗·商颂·烈祖》之称"八鸾鸧鸧",以及玄鸟之咏"龙旗十乘",断定"商人战争既不以徒;王公贵人,不可徒行,平时出入,亦必以车"。(第 12~13 页)

钱基博评秦汉文物:"非商周文化之余波泂泭,而商周文化之洄澜

---

① 引自崔曙廷教授 1957 年的听课笔记。

汹涌也。"(第126页)

钱基博指出秦汉玉器的特点是"以造物生动见匠心；如带钩，如书镇、砚滴以及印玺之钮，如鸠杖头，玉雕者与铜铸者形模仿佛，而加妍美，此外如殉葬之琀蝉、玉豚、十二禽以及翁仲之属，亦复一事一物，穷态极妍，而尤难在刀法之简老浑化，不烦绳削而自合"(第103页)。

钱基博对宋元瓷器的看法："宋瓷之钧、哥、官、汝诸器，凝重古雅，而质之腴润、釉之晶莹，历千载而常新；至于北方之定，南方之景德镇，则尤精丽妍巧，臻于极轨。"(第296页)

钱基博对明清瓷器的看法："明清瓷器，不惟承宋元制作之盛，而且备古今艺术之美，推陈出新，取精多，用物宏。由单彩之清润，而成多彩之富丽，一也。由机械之图案，而进绘画之美备，二也。由仿古之积累，而兼西洋之新裁，三也。由纪年之款识，而为审美之字画，四也。其器以景德镇烧造为主，以御窑所在也，而瓷器之中心一变。宋瓷之中心，北在河南汴京，南有浙江之杭州；至是而转移江西。"(第461页)"宋瓷不过单彩青、白、黑三色，种种窑变以起绚彩。至于明清，则一器不一色，而色地加绘以成多彩，有釉里彩，有釉外彩。彩亦不限于青、白及黑，而增红、黄、绿、紫诸色以错综配合。"(第461页)钱基博认为明宣德年间的青花瓷画最为著名，但瓷画内容复杂多样则始于永乐，其主要原因归于郑和下西洋。

三、研究文物的方法

(一) 历史纵向考察的方法

以石器为例。钱基博认为，石器演进分两系：一玉器系，以象征人类的道德意识；一铜器系，以适应人类的现实生活。玉礼器中的圭、璧、璋、璜，则自石器文化之石斧、石刀演化以出。铜器为陶器的演进，铜器文化之鼎鬲尊爵，以及其他一切形制纹饰，无不因袭石器时代之陶器，铜器一切纹饰，也多推本陶器，而且提出"世间一切纹饰无不演化自陶器"之说；商周铜器纹绘，渊源于新石器时代之陶器，由陶而铜，由铜而玉，而锦，而复陶，以迄于瓷。钱基博将各种文物体系都有机地统一起来，从而做到了"物物相互，知类通达"。

用历史演进的观点看思想的变化。钱基博认为魏晋南北朝图画发生了转变，由汉画像石上之历史传说及贵族生活"渐变而为神仙、佛菩萨，由现实之人物，转而为想象之人物……及其落笔有作，则化板重以轻灵，而以传神变形似"（第174页）。

钱基博对顾恺之《洛神赋图》和《女史箴图》的流传情况、馆藏地、尺幅大小、历代藏款及鉴赏家等方面作了探讨。南齐谢赫"以人物画之机杼别出，名重一时"，然而，钱基博认为，谢赫对绘画史的最大贡献是其画论《古画品录》。此书在画史上的最大价值是提出了绘画六法：一是气韵生动；二是骨法用笔；三是应物象形；四是随类傅彩；五是经营位置；六是传模移写。这成为后世作画、品画的金科玉律而备受推崇。钱基博解释"气韵生动"为六法之第一的原因"盖以绘画者，必于写实以外，而反映作者之人格以表现神韵气力"（第176页）。

李思训擅画山水，山水树石，湍濑潺湲，云霞缥缈，精整周至。其作画的风格与吴道子迥异。钱基博举例说，他二人同受命蜀道画嘉陵山水，李思训"累月方毕"而吴道子"一日即成"。画山水，有速成，亦有慢成，类似于禅宗的顿悟与渐悟。

钱基博对隋唐绘画研究，注重将各类画派联系为一体。他指出："唐承汉人之风，而资画以为法戒，往往喜画圣贤列女之人物；如吴道子《杏坛小影》及维《伏生授经图》，是也；其实滥觞于武梁祠壁画。佛教画，则脱胎于六朝石窟造像壁画。惟山水，创始于吴道子；而大成于李思训、王维之各树一帜，南北分宗，遂开千古未有之蹊径。"（第230页）

对于宋元时期的绘画，钱基博也有论述，他说："宋画承唐、五代而益精丽以创院体；元人嫌为匠作而更粗朴以成明清士大夫画；峥嵘极而归于平淡，亦事势迁流之所必然；而缣素流传，犹可备睹。"（第326页）他认为："大抵宋元人物画，以李龙眠为大宗；而梁楷、牧溪为别调;衣冠无不随时,而美人只是唐型。其中张择端《清明上河图》、李唐《灸艾图》、苏汉臣《货郎图》、刘松年《新年接喜图》、牟益《捣衣图》以及王振鹏《乾坤一担图》,皆以俗人俗事,家常琐细入画,而反映当时之社会现实,似乎脱尽畦径,为隋唐五代之所罕有,然汉壁画之所习见也。"(第306页)北宋山水画家虽同源,但蹊径不尽同。他认为:"李成、范宽、高克明、郭熙,属荆、关之转手;而巨然及米芾、米友仁父子,则董源之嫡裔。"(第307页)

钱基博的学生、著名画家钱松岩对钱基博的画迹、画论研究之功赞叹不已,曾言:"吾师子泉先生,于古人之画迹、画论尝尝有得,对吾之影响甚重。"[1]

黄公望、吴镇、倪瓒、王蒙,为元末四大家。钱基博解释了这些画家的思想。"文人之理想主义,避世绝俗,厌人事之尘扰以游心大自然之清净,而发摅所谓胸中之丘壑;及其形于缣素,则排浓浊之色彩,而用清真之水墨,乃至浅绛以妙造自然,畦径尽化;乃为艺术,而艺术以萧然尘外;盖身处异民族之压迫下,理乱不知,得失不问,逃避现实以自陶醉于艺术;其始心头苦闷,笔下萧散,久而久之,遂融我于大自然,而忘其所以矣。"(第314页)

"壁画极盛于唐而渐衰于宋",钱基博对这种现象进行了研究。他分析了五个方面原因:一是,当时的绘画大家大多高自标置,认为画壁是匠作而不屑于作画;二是,当时收藏风气流行,绢轴可以袭传子孙,而壁画只绚烂一时,所以大手笔多不上壁,而挥毫于缣素之上;三是,许多画家都以画壁为一时游戏,所以壁画的庄严肃穆之古意尽失,质量远不如隋唐;四是,唐宋壁画在内容、风格上的差异,唐朝庄严繁富之人物画风,自五代而至宋,山水竹石占有壁上显著位置,佛寺、道观所注重表现的天人相者,已经不适而无所用处,庙堂宫廷,也成为墨戏,对人生鉴戒无补;五是,壁画一旦画成则一成不变,习见生厌,而绢轴也可以障壁,且随时移易,耳目转新。(第329页)

---

[1] 钱松岩:《顽石楼画语》,江苏文艺出版社2007年版,第12页。

钱基博还研究过铜器艺术，把西周铜器纹饰与商器纹饰相比，得出的结论是西周的先民思想更自由，"渐脱去恐怕传统之束缚，而以表示自由简便之人生……忧深思远，象征人生之实难，而不系于传统之动物恐怖矣"（第56页）。

关于铭文的时代演变，钱基博认为，商铜器的铭文多不成辞，只有一二文以至两三文，依类象形；而西周铜器铭文，则辞繁不杀，时代愈降而为辞愈繁。商周铜器的铭文，多施于隐蔽处；到春秋时期，则在铜器的显著位置了，"因而铭文及其字体，遂如纹饰之为装饰成分而有美术意味"。西周时期，铭文"辞繁不杀以渐顺理成章，字体渐舒散而出以随意"（第58页）；春秋时期，辞多用韵，也多刻意求工多加点饰，有鸟虫篆体出现，开后世铭文体与鸟虫篆先河。

关于铜镜在秦汉时期的演变，钱基博认为，汉前期，镜背内外区的分别还不是很明显，背纹多呈放射状分配四区，但到了汉后期，内外区的区别已经很明显了。"镜承周之制而演化，由薄而厚；由平面而凸面；由素背而有纹，有纹则浑然一背，进而分区已有钮区、内区、铭带、外区及边缘五部。"（第97页）但纹饰依然因袭汉前期的风格，这是此时期铜镜的一般特征。此时期有新兴之阶段式神兽镜，即神像上下分层配列，成阶段式。钱基博认为："阶段式颇象征道教之天宫分层，起后汉之末，而盛行于三国以迄六朝，制作精丽。"（第99页）关于镜钮在此时期的变化，钱基博认为，秦镜钮如带而小，汉则多半球圆形，亦有作兽形和蛙形的，已大异于春秋战国时期之三弦钮。"魏晋南北朝镜型虽多，而神兽镜稍晚出，掩被南北，精益求精，矩文镜、兽带镜、兽形镜，多仍汉镜，而兽形稍变，手法亦逊汉之锐利精致。"（第164页）

钱基博认为，唐镜不似汉镜限于圆，而圆、方形皆有，圆者有荷花、葵花、菱花诸型，而菱花有六棱、八棱、十二棱之别。唐镜面多平，不如汉镜带凸；纹饰方面：唐镜镜背满雕绘，一变汉镜图案拘板，而由人物、鸟兽及花草之活动写生渐至全面人物、全面鸟兽、全面花草。铭文方面：唐镜铭文以楷易篆，铭词不同于汉镜似通非通之吉利语，而为四言、五言之抒情诗。铭带方面：唐镜铭带以简明轻快且浑然一体，为全面人物、全面鸟兽、全面花草，不似汉镜重规叠带，汉镜的典重肃穆，至唐一扫而空。"宋镜不过唐镜之余波。宋以铸钱之铜不给，而镜铜益轻以薄，此乃宋镜之特征。"（第 270 页）两宋镜最大区别在于纹饰，南宋镜镜背素地无纹饰，仅钮右刻长方楷书双行印章以标明铸镜者牌号姓名，北宋镜则是满雕花纹。元镜不分内外区一体浑成，与唐宋镜无别，花纹有云龙纹及菊花、荷花纹等。梵文镜，为元镜独创形制。

（二）文物与文献结合的方法

钱基博研究器物时，总是尽可能用《说文》来确定每件文物的读音和名称，而且对文物的样式进行说明，有时附带现代人对他们的称呼，这有助于读者对这些文物的理解。

古代史教学中，钱基博读石璋如《殷墟最近之重要发现》一文，其中涉殷人之事版筑，石璋如认为是重要发现之一。钱基博却认为石璋如有夸大之嫌。钱基博利用《诗经·大雅》屡次出现的关于版筑的相关记载，指出"古公不安于'陶复陶穴'之居，以事'百堵皆兴'之版筑"，从而认为"文献足征，早在殷前；正不待地下之发掘，而后知殷人之事版筑也"。

钱基博考证玉器，说：《说文》以玉为石之美者；玉之为器，不过石器时代之演变……石以荦确象征初民之健斗；玉以温润象征人类之道德。《诗》不云乎："言念君子，温其如玉。"玉乃石之美者，由石演进而用玉，此自象征人类之意识，渐次演进，而欲以道德代斗争。他将人类物质文明的进化与社会意识的发展联系起来，是符合唯物史观的。

谈到玉钩，钱基博结合馆藏实物说：带钩自春秋至战国以迄秦汉，形制极多；其钩多作各种鸟兽之透雕，姿态各具，无一相同。《淮南子·说林训》所称"庙堂之坐，视钩各异"，是也。其钩有铜有玉。此玉钩，琢一龙捩首成钩头，而鼓其满雕之腹。背一突起，以固于带之一端；而又一端，则拘以钩也；长 9.2 厘米，白玉。

钱基博考证了宋代玉器文献《古玉图谱》。该书共一百卷，分九部，分别为国宝部、压胜部、舆服部、文房部、熏燎部、饮食部、彝器部、音乐部、陈设部。有些人认为这是一部伪书，如《四库全书总目提要》指出"此必后人假托也"。钱基博对此书进行分析，为其正名。他说："余就谱中所列诸玉。证之经史，不为无据；考其形制，可信为古；以及历代相传有藏款之玉与宋本朝玉，皆有来历，有文献；决非杜撰。"（第278页）钱基博指出："《古玉图谱》一书，撰述尽出于假托姓名，而《图谱》著录诸玉，非无来历，且有遗物可征信，如禹王古篆圭之类；其为历代玉器文化之总结，正可与历代铜器文化之总结《宣和博古图》参观，未容以撰述人之假托，而并书之内容，一笔抹杀。"（第283页）

元代金石学研究最具代表性的当属朱德润的《古玉图》，此书是现存年代最早的一部专录玉器的著作，钱基博对其做过详细而严谨的分析，给予了很高的评价。

（三）独到的考证与见识

玉豚在古代被称为握。钱基博根据自己的鉴赏经验否定了吴大澂《古玉图考》中对两块玉琥的记载。吴大澂在《古玉图考》中著录两枚玉琥，作柱状而长，而引《周礼》"山国用虎节"以穿凿为说。钱基博认为书中所著录的当为玉豚，而非玉琥。

钱基博有时也做鉴定工作。他曾说："鄞县陈式圭，余学生也，有一大璧，藏以紫檀椟，椟盖镌阮元题记及同时诸人诗词，携以视余，启椟，羊脂温润，美玉也；径逾尺，而绕好璿稻两枝；意为柴周遗玉也。大抵瑞玉遗品，合三礼郑玄注者，必汉以前物；其有达异；而检崇义《三礼图》有合者，则柴周之制也。"[①]

（四）比较的方法

有比较，才有鉴别。钱基博认为"北朝之钱，精好胜南"（第158页），"钱之有纹饰以雕绘满眼，始于南梁武帝之太平百钱，而致饰尽美

[①] 查阅华中师范大学历史博物馆档案资料所得。此材料又见之于钱基博《文物通论》，华中师范大学出版社2016年版，第66页，文字有所不同。

于北周武帝之五行大布"（第159页）。

钱基博认为："宋钱圆郭方孔，制仍汉唐，而钱文则篆、隶、真、行、草，无不具备；至熙宁、元祐，有作苏东坡体者，殊为精妙！"（第266页）神宗朝钱币，字兼篆、隶、真、行、草，其式至多，大小五六等不一。同种年号的钱币字体竟不相同，这是宋币的一大特色。

宋太祖时的钱币有"太平兴宝"，背穿上有"丁"字，钱基博怀疑是太平七年丁卯铸。后来经学者考证"丁"是国姓而非时间。①

元代钱币，钱基博举出当时华中师院历史博物馆的"至正之宝"详加介绍，指出此钱币为诸家谱录所未见，是罕见之大品。

与其他学者一样，钱基博对文物的研究也有历史局限性。例如，钱基博认为铜镜起源于春秋战国时期，持"春秋战国"说。他在《报告》中有"周人始以铜为镜"（第48页）之语，并将铜镜列入"商代未有之新制"（第46页）的行列当中。然而，随着考古发掘的不断开展，"春秋战国说"则明显陈旧和落后了。1975年甘肃广河齐家坪墓葬发现一面素镜；1976年青海贵南孕马台齐家文化墓葬出土一面七角星纹镜；中国历史博物馆藏有一面重圈多角星纹镜，这三面铜镜，属齐家文化时期，相当于夏代，处于铜石并用时代的末期，距今四千多年。另外，1934年12月23日，河南安阳侯家庄西北冈1005号殷墓出土了一面铜镜；1976年安阳小屯妇好墓出土四面铜镜。这五面铜镜使得商代已有铜镜成为定论。② 由此可知，研究历史，结论要留有余地。

四、文物要用于教学

钱基博把私藏的文物捐给华中师范学院，用于历史教学。他为此专门写了一篇《华中高等师范学校历史博物馆赠品说明书》，其中有"卷头语"，论述了文物要用于教学。他说：

---

① 张树国：《辽国货币研究》，《铁岭高等师范专科学校学报》1998年第6期。
② 参考中国大百科全书编辑委员会编《中国大百科全书·考古学卷·铜镜》，中国大百科全书出版社1988年版，第515~542页。

家无长物，不过旧物故纸以供标本研究，凡赠品二百一十一件，分十类，每类就所认识，而按时代以成系列，系以说明；一知半解，不足以言博物，更何足以表现中国历史之悠久；不过出其所藏，公诸同仁同学，聊竭区区以发动社会之文物教学而已！卑之无甚高论也！

文物教学之第一步，在认识。

据历史以认识文物，据文物以认识历史。

认识须能知类通达，而转认识以成知识；因一物之认识以推见同类；因此一类之认识以推见相互之他类；因所见而推所未见；观其会通，则有待于辩证。

文物教学，须视之为考古学之演进，而不限于考古学。考古学，不过就一古物而考其来历，明其制作。至于文物教学，尤当注意于物物之相互，而观其生灭错综以应用唯物史观辩证；乃为好学深思，心知其意也！

……德国米海里司教授，以1908年出版《美术考古学发见之一世纪》一书，注重历史之发展；吾人不能不从客观之分析入手，实事求是，缜密考证；然而吾人不可以忘全体；一编之中，三致意焉。[①]

钱基博之所以反复强调文物要用于教学，是因为他"独念历史遗物，非历史家结合历史，不能说明所以，以展开唯物史观辩证也"。文物又是一定的社会发展阶段和社会环境的产物，因此，认识文物，最根本的是认识产生这一文物的社会，也就是特定的社会历史。

钱基博认为，考古学有补于历史，而不能以尽历史，考古学是研究过去人类的物质遗物之学。历史学则重在整理过去人类的文献记录，而参证考古学以阐明网罗佚坠。所以考古学者，可以补史之阙文。而"文

[①] 钱基博：《序跋合编》，华中师范大学出版社2014年版，第302页。

物教学，须视之为考古学之演进；而不限于考古学"。在钱基博看来，考古学不过就一古物而考其来历，明其制作，至于文物教学，尤当注意于物物之相互，而观其生灭错综以应用唯物史观辨证，非好学深思、心不能知其意！文物教学一定要注意应用历史唯物史观和辩证法来阐明物之相互，做到因所见而及所不见。

对于"文物教学法"，钱基博认为"文物教学之第一步，在认识"，要做到"据历史以认识文物，因文物以认识社会"。何为"认识"？"认识须能知类通达，而转认识以成知识；因一物之认识以推见同类，因此一类之认识以推见相互之他类；因所见而推所未见；观其会通，则必有待于辨证。"

钱基博在1956年10月到1957年6月近一年的授课过程中，至少有四次去博物馆的记载。① 他依据博物馆的陈列，有条理地向学生讲述石器、陶器、铜器、玉器的种类、形制、纹饰、用途、分布状况、演变过程和文化意义，并且结合实物讲述各种文物之间的相互关系真正做到了"会通"。

钱基博希望考古学家："勿以地下之搜求，而忘大地之灼见；勿以地下之所无，而疑诗书之所有；长图大念，实事求是以结合足征之文献，而后可以导扬民族文化之深远，以不诬古人者见历史之真也。"② 钱基博主张通过文物而发掘正能量。他说："吾人治史，在陈古以鉴今；批判接受，决非终于消极之批判，而尤须于批判之余，阐发接受之积极性。"（第9页）

1955年，湖北省博物馆主持天门新石器时代遗址发掘，彭祖年带回一些资料。钱基博据之撰写了《湖北天门出土新石器时代遗物研究报告》，其中结合《禹贡》等文献分别谈论了石器与陶器。通过农业遗存，

---

① 此总结来源于崔曙廷教授的听课笔记，记录的四次时间分别是1956年10月23日、12月17日，华中师范学院历史博物馆；1957年2月8日、4月25日，武汉东湖风景区省博物馆。

② 载崔曙廷教授1956年的听课笔记。

钱基博谈到了神农在湖北的功劳，说楚人自有一种劳农学派，神农起于楚，"自神农起于烈山，画尧舜汤文开武，以历春秋战国之世，余二十余年，神农在湖北之政治势力早堕，而神农在湖北之文化遗教未亡也"。

自从钱基博开启教学与文物结合的实践，华中师范大学历史文化学院坚持了这个传统，中国古代史、中国古代文化史、考古学通论等课程经常以历史博物馆为重要的教学活动场所。通过实物把知识具体化，使学生把书本上抽象、分散的知识，整合起来，帮助学生立体地审视历史，全面地掌握历史知识。学生在参观博物馆的过程中，通过自己的观察，发现问题，从而学到许多书本上没有的知识，培养了学习能力，增强了问题意识。

以上，就钱基博在文字学、版本目录学、区域地理学、方志学、佛学、博物学等方面的成就作了简要介绍，这些方面都还可以继续深入研究，期待将来能有年轻人撰写相关的博士学位论文。

第九章　钱基博的最后二十年

在钱基博的一生中，生活时间最长的地方有三个：一是他的老家无锡。东南大学的刘桂秋教授已有专著《无锡时期的钱基博与钱锺书》①，对钱基博的生活与研究讲得很详细，本书不复述。二是抗战时期在湖南。湖南师范大学的孔春辉老师已经有一些学术成果。三是抗战胜利之后在武汉。当前对钱基博在武汉这段时间的研究较为薄弱。从湖南到武汉，这是钱基博人生最后的二十年。本章对钱基博的这二十年作简要介绍。

第一节　钱基博在湖南的日子

从 1938 年直至战后教育复员，钱基博在湖南师范大学的前身——国立师范学院工作了八年时间。② 这是钱基博在艰难岁月中从事大学教育的八年，也是他坚持抗战的八年，亦是他人生精神最闪烁的八年。

一、坚守高校　击蒙御寇

（一）积极参与学院的建设

1938 年 7 月，廖世承、潘公展、朱经农、汪德耀、吴俊升等人受

---

① 刘桂秋：《无锡时期的钱基博与钱锺书》，上海社会科学院出版社 2004 年版。该书对钱基博的先世源流、父辈舅家、从学经历、入参陶幕、仟教、故乡情怀等作了叙述与研究。

② 国立师范学院于 1938 年创立，是我国第一所独立设置的师院，1984 年正式更名为湖南师范大学。这节资料主要参考了孔春辉《国立师范学院办学述略》（网文）所述，又参见孔春辉《钱基博在国立师范学院》，王玉德主编《钱基博学术研究》，华中师范大学出版社 2008 年版。此外，孔春辉主编的《师范弦歌：从蓝田到岳麓》（湖南师范大学出版社 2008 年版）亦有不少相关信息。

教育部的委托，到湘西筹备国立师范学院。廖世承是嘉定人，是钱基博在光华大学的同事；吴俊升时任教育部高等教育司司长。办学最重要的是师资，廖世承首先想到了钱基博。钱基博时任国立浙江大学的教授，暑期正从浙大迁驻的江西泰和县回上海探亲。廖世承赶到上海，邀钱基博到湘西，共襄办学大事，并请其出任国文系主任。

时值抗战最困难的时期，钱基博认为抗日要取得胜利，非得从教育入手，培养一代新人作为复兴民族的生力军。钱基博在《国立师范学院成立记》中写道："尚其明耻教战，罔攸馁于厥衷！惟师有学，用诞启民瞆，亦惟师克范，用式四方。""诚窃取以为此一役也，非造人，何以善后！胜，则惟造人可以奠复兴之基；败，则惟造人乃能图报吴之举。而造人之大任，微师范学院谁与归。"因此，钱基博欣然接受了廖世承等人的邀请，赴湘西山区办学。

11月初，钱基博和几位同仁一起从温州出发，经浙赣，11日到达湖南安化县（今涟源）蓝田镇国师新址。蓝田镇地处湖南西部山区，小盆地，树木荫蔽，环境优美。蓝田，取"安定文化"和"青出于蓝"之意。蓝田镇通铁路、公路、水路，镇西一里许有光明山，占地百亩，房屋二百间，是为李园。李园主人李卓然是个爱国人士，热爱教育事业，同意出租房屋办学。于是，直属于中央教育部的国立师院就把校址选在了蓝田李园。①

早在奔赴湘西之前，钱基博就为国立师范学院做了两件事：一是代廖世承邀请到周哲朏教授国文，汪梧封和高子毂教授英文，光华大学毕业生吴忠匡作为助教；二是拟定了国师国文系学程意见书，在10月19日寄达国师。在蓝田国师国文系从事过教学的学者，先后有钱基博、钟泰、周哲朏、马宗霍、阮真、谭戒甫、骆鸿凯、张振庸、宗子威、张汝舟、彭昺、刘通叔、吴世昌、席鲁思、钱堃新、张舜徽、张文昌、王凌

---

① 全面抗战初期，国师建于蓝田镇；由于日军的侵略，国师又辗转迁移到湘西溆浦；抗战胜利后，国师又迁往湘中南岳；中华人民共和国成立后一度并入湖南大学（1953年分出成立湖南师范学院）。

云、刘异、徐仁甫、蒋礼鸿等。史地系任教的教师先后有谢澄平、王以中、皮名举、李剑农、姚公书、陶绍渊、厉鼎动、邓启东、吴澄华、梁园东、萧印唐、涂适吾、梁希杰、余文豪、雷敢、刘熊祥、魏应麒、唐长孺、盛和翔、刘熊祥等。这其中好多先生都是学界名流。

蓝田国师于1938年12月1日正式开学。1939年1月14日，补办了隆重的开学典礼。在典礼上，最突出的主题就是抗战。教职员工敬献的"击蒙御寇"匾额高悬于礼堂中央，额上铭文云："御侮必先立教，此其义易实明之。在《蒙》之上九曰：'击蒙不利为寇，利御寇。'盖蒙击，则教立；教立，则德育而行果。虽有寇侮，将折首获丑，不患不御也。本院创立屯难之中，实肩荷蒙亨之责。同人等惩前毖后，蒿目腐心，爰取'击蒙御寇'四字，镌而为额，悬之丁堂，既用当吴王中庭之呼，亦以征楚人三户之报云尔。"①

这段铭文是钱基博撰写的，没有标点符号，译成白话大抵是抵御外侮，就一定要先设立教育，此义《易经》实已阐明。在《蒙》卦的上九爻辞说："击蒙，不利为寇，利御寇。"童蒙愚蒙者受到寇击触动则教育得以确立，教育得以建立则德育实行而行动能收到效果。这样即使有寇侮，我们也能将敌斩首，俘获大量夷兵，不必担心不能御敌。本院创立于屯难之中，实际上肩负着教蒙求通的责任。同人等惩前毖后，蒿目忧世，痛心疾首，于是取"击蒙御寇"四字，刻为匾额，悬挂在正堂之上，既当作像吴王夫差那样在庭中警呼，起不忘报仇雪耻的作用，同时也以此象征"三户亡秦"、日寇必灭的雄心壮志。这块匾额的文字，不仅国学功底深厚，运用了《周易》古典，而且意思深刻，在抗战中一直激励着学校全体师生为抗战而学习，时刻准备为祖国而献身。学生们读到这段文字，无不深感民族存亡的时代责任，个个受到激励，发奋学习，以图国强。

钱基博还撰写了蓝田国师的校歌。钱基博写出了歌词，由音乐教师张子瑜谱曲。词曰："孰兴我少艾，五千年之文明，焕彩霏芳蔼，国何

---

① 《国师季刊》1939年第1期。

曾老大，勤以精业，博爱之谓仁，明德亲民，旧邦命维新，国何害老大，抚万里之山河，沧海以为带，万国莫我奈，好作新兆民，好作新兆民，一代师表重自珍，莫辜负群伦。"① 这首校歌引经据典，视野开阔，主题鲜明，有强烈的时代感。歌词从五千年文明的视野，反观"老大"之中国，倡导《大学》中"明德""亲民""维新""作新民"的精神，提出要追求"万国莫我奈"的强国目标。抗战期间，蓝田国师的师生们天天唱着这首歌，在炮火纷飞中学习，成为高等教育中的坚强阵地。

1938年，钱基博在蓝田国师国文系任教，针对抗战实际需要，调整教学方案，开设新的课程，主讲了《孙子》研究。他一边阅读古籍，一边讲战争进程，一边研究抗战策略。钱基博和蓝田的教师们一起，培养了一批以天下为己任的学生，他们熟悉兵家之学，有志报国，后来在各自的工作中做出了不同的贡献。

（二）积极培养抗战人才

钱基博主要是在国文系任教。国文系从1938年到1946年，每年招收的学生不等。根据《国立师范学院旬刊》统计，分别为20、29、44、48、63、70、42、51、75人。另有史地系、公民训育系，亦与文科教学相关。

钱基博提倡为抗战而学，在非常时期，就得有非常之志。在国立师范学院，每周一上午都要举行总理纪念周会，用以激励师生志趣。钱基博在第2次和第29次纪念周会上分别发表讲演，第2次周会上讲《为人师何以处国难》，强调教师在国难当头的抗战中，应当做好教师工作。第29次纪念周会上讲演《切己体察》，强调每个人都要认识自己所处的时代背景和历史使命，为民族的复兴而刻苦学习。

钱基博提倡学习地方优秀文化。蓝田国师在湖南办学，不少学生来自于当地，钱基博就搜集湖南先贤的资料，作为教育资源，用以激发学生的爱国爱乡精神。他曾为学生作了一场《我记忆中所认识之湖南学

---

① 钱基博：《国立师范学院院歌》，《国师季刊》1939年第1期。

者》报告,从屈原、周敦颐讲到李东阳、王夫之,从曾国藩、罗泽南讲到郭嵩焘、谭嗣同,他认为湖南学者的优良传统在于有"独立自由之思想,坚强不磨之志节,湛深古学,而能自辟蹊径,不为古学所囿,以开一代之风气"[①]。湖南的人文精神,一直很有特色,执着而有韧性,大批有志的湖南人在近代以来有卓越的表现。钱基博利用乡土历史资源,开展学术教育,受到学生们的普遍欢迎,收到了很好的效果。

钱基博对教学非常认真。尽管是战争时期,钱基博批改学生的作业,从来都是不惜时间,一丝不苟。他写的批语,往往很长,很具体,就像面对面谈话一样,娓娓道来,不厌其烦,让学生知道问题何在,学生受益良多。钱基博的这种教学态度,多年如一日,成为职业的习惯。

钱基博与学生同甘共苦。他兼任学生导师,按照学院当时"师生共同生活"的原则,老师要加入学生的生活。进餐采用合食制,每桌8人,其席次以抽签为定,每月一更换。每日三餐,一粥二饭。开餐前,学生排队入食堂坐定,待院长率教职员工入座,军事教官发令,师生一起用餐。师生之间非常亲密,同甘共苦,然而,老师们却做出了较大的牺牲。著作等身的钱基博一直患有舌麻痼疾,原来只习惯于江浙的清淡口味,到了湖南却要吃辣椒菜肴,但他却坚持与学生同桌吃饭,从不搞特殊化,并以苦为乐。钱基博言传身教,为学生做出了榜样。

钱基博倡导活跃的校园文化。国文系成立了国文学会,开展读书、讲演、诗文、书画等活动。教师们轮流发表学术讲演。钟泰(号钟山)曾讲演《周子之学》,周哲胐曾讲演《论衡三增》,而钱基博讲演《张子之学》。张子即宋代理学家张载,一生勤奋,撰有《西铭》等著作,还说过"为天地立心,为生民立命,为往圣继绝学,为万世开太平"等名言,钱基博演讲张载的思想与学术,意在勉励学生学有榜样。除了国文学会,国文系的卮言社办有刊物《卮言》,设学林、谈荟、文苑、遗著等栏目,发表师生的研究成果。

钱基博爱护学生。他向来不赞成学生罢课,认为学生以学为主,不

---

① 钱基博:《我记忆中所认识之湖南学者》,《国师季刊》1939年第1期。

要耽误学业。1941年春，国立师范学院的学生闹学潮，学生不上课，而钱基博照常按时端坐讲台上，表明希望学生上课的立场。学潮平息后，学院开会清查学生的罢课等极端行为，拟开除一批学生。钱基博认为要爱护学生，不宜将学生推出校门。说到激昂之时，钱基博以自己的去留为学生争取学籍，使一批学生得以继续学习。

钱基博担任过一段时间的国文系主任，并兼任学校若干个委员会的委员。1940年，教育部组织全国专科以上学校学生学业竞试，国立师范学院成立了学业竞试委员会，钱基博为主任委员。国师学生在全国的竞试中取得了优异的成绩，由教育部传令嘉奖。同时受到嘉奖的学校有国立中央大学、私立岭南大学、国立武汉大学、国立浙江大学、国立中山大学、四川省立重庆大学、国立厦门大学、私立东吴大学、国立西南联合大学、国立师范学院、国立四川大学、私立复旦大学等12校。[①]在战争年代，蓝田国师之所以能得到教育部的奖励，与钱基博这样一大批优秀教师的努力是分不开的。1943年，教育部奖励长期在第一线任教的教师，钱基博、陈定谟、郭一岑、金兆均、高觉敷、钟泰、姚公书、张振庸、马宗霍、唐学咏等10位老师均因连续任教10年以上而获奖。

（三）积极从事学术研究

钱基博在国立师范学院时，身体不是太好，而治学条件非常艰苦。尽管如此，他还是坚持学术研究。据湖南师大孔春辉老师的搜集，钱基博当时撰写的文章有《我记忆中所认识之湖南学者》（《国师季刊》第1期）、《为人师何以处国难》（《国师季刊》第1期）、《修正"师范学院国文系必修选修科目表草案"意见》（《国师季刊》第2期）、《周易为忧患之学》（《国师季刊》第2期）、《日本论》（《国师季刊》第2期）、《孙子章句训义序》（《国师季刊》第3期）、《张子之学》（《国师季刊》第4期）、《克老山维兹兵法精义》（与顾谷宜合译，《国师季刊》第5期）、《王宝崙先生六十寿言》（《国师季刊》第5期）、《萧德义士墓志铭》

[①] 《部令嘉奖学业竞试优良院校》，《教育通讯》1941年第4卷第32、33期合刊。

(《国师季刊》第5期)、《后东塾读书记之又》(《国师季刊》第6期)、《后东塾读书记之又(续)》(《国师季刊》第7、8期合刊)、《陈拾遗先生八十寿序》(《国师季刊》第7、8期合刊)、《依据湘学先辈之治学方法以说明本院之一年级国文教学》(《国师季刊》第9期)、《历史上焚书坑儒之理论与其实现》(《国师季刊》第11、12期合刊)、《切己体察》(《国立师范学院旬刊》第3期)、《二十九年元旦致词》(《国立师范学院旬刊》第4期)、《最前一课之本院》(《国立师范学院旬刊》第122期)、《德国兵家之批判及中国抗战之前途——〈增订新战史例孙子章句训义〉卷头语》(《国力月刊》第2卷第3期)。

钱基博在这时撰写的著作《中国文学史》,1939年作为国师教材在蓝田印行。《近百年湖南学风》,1940年由蓝田袖珍书店印行,1945年又由求知书店出版。《增订新战史例孙子章句训义》,1939年5月收入精忠柏石室丛书出版。

当时,学院的交通不畅,资料贫乏。在这样的条件下,钱基博不断推出有分量的论著,如果不是有博学之功底,坚强之毅力,断然难以在学术上取得如此成就。

二、发表文章　宣传抗战

国学的最大功能是有助于人的觉悟,而民族精神是振兴国家的根本力量。钱基博倡导"国性之自觉";"如物理学之摄力,挢挠一国之人,而不致有分崩离析之事也!如化学之化合力,熔冶国人,使自为一体,而示异于其他也!然后退之足以自固壁垒,一乃心,齐乃力,外御其侮;而进焉则发挥光大之,以被于全人类而为邦家之光!"[1] 如果"国性之不自觉,神明不属,譬之则行尸走肉耳"[2]!事关国难,民族生

---

[1] 钱基博:《〈国学文选类纂〉总叙》,曹毓英选编:《钱基博学术论著选》,华中师范大学出版社1997年版,第11页。

[2] 同上书,第20页。

死存亡在此时，钱基博想得最多的就是唤醒百姓，激发民心，鼓舞士气。他从古代兵书中寻找中国必胜、日本必败的依据，寻找应对之策，从军事上予以建议。他赞同"以空间换时间，以小胜积大胜"战略思想；认为中国必须抗战，不战则亡，忘战必危。

钱基博积极撰写抗战文章，在《国命旬刊》（1938年5—7月）发表《德国兵家克老山维兹兵法精义》，在蓝田国立师范学院办的《国力月刊》发表了《从纵横捭阖说起》《从旧战国之纵横以检讨新战国》《新战国与旧战国国际战争之外交运用》《尚书中之政治思想》《从蒋百里先生文选谈起》《德国兵家之批判及中国抗战之前途——增订新战史例孙子章句训义卷头语》，在《国师季刊》上发表了《为人师何以处国难》《周易为忧患之学》《日本论》《孙子章句训义序》，在重庆刊行的《复苏月刊》发表了《不为奴即受训》《此次大战中之中苏英法美德日义八国战略类型》《非武器之游击》等文章。

这里介绍两篇当时较有影响的文章。

(一)《国命旬刊·发刊辞》

为了提供抗战信息，鼓舞抗战士气，浙江大学学者于抗战时期创办的一份刊物《国命旬刊》①，由钱基博主持。钱基博在1937年10月10日《国命旬刊》发表了《发刊辞》，主要内容如下。

钱基博陈述了办刊的缘由："迩者东人不道，荡摇我边疆，屠杀我无辜，肆其封豕长蛇，以来犯我京畿。凡我邦人，捾心蹙额，虽欲勿战，乌可以已！是用鹰扬之师，决命争首，死伤积野，犹复徒首奋呼，争为先登。同人服务教育，各有伦司，虽曰同仇，匪遑离局；然而义愤空法，喉舌廑存，是用抒其肝胆，播为文字，旬出一纸，署曰国命；将以导宣民意，张皇士气，而发刊有日，属为之辞。"国命危在旦夕，于

---

① 1937年7月，全面抗日战争爆发，上海与杭州告危。浙江大学一众师生在竺可桢校长率领下西迁。《国命旬刊》正是创刊于此时。

是办刊物直抒肝胆文字，这就是钱基博热心办刊物的原因。

钱基博明确表示了坚决抗战的态度："夫文，止戈为武，维我先民，禁攻寝兵，亲仁善邻，自古已然。然而战阵无勇，比如不孝……人不来犯，我亦不犯人，尔毋我虞，我毋尔侵。然而狡焉启疆，何国蔑有。如有侵畔，寸土勿让，操戈以守，有死无退……抗战者，国民自卫之天职。"在钱基博看来，抗战不是军人的事，每个国民都有责任。面对顽敌，有死无退。

钱基博从历史教训指出，侵略者绝没有好下场。"独不鉴之古乎？有以侵略亡人之国，而率不免亡国灭种以自夷者，中国历史之嬴秦、匈奴、契丹、女真；欧洲古代之斯巴达、罗马；滔滔者天下皆是也！近观普法战争以前之法，欧洲大战中之德，何莫非以其民族之好战尚武，而备受全世界人之膺惩！"钱基博从历史中找事例，告诉人们，侵略者一定会受到惩罚，正义必胜。

钱基博指出，前车之覆，后车之鉴，忘战必危。"观于我国，远则徐偃王以仁义亡，近则南宋以讲学削，又其明效大验也。我今日之中华民国，而不欲偃王之徐，南渡之宋，则惟有出之以抗战。而抗战者，匪执政之威胁我，势临我，而出于我疆我理之情有不容已……执干戈以卫社稷，童子之所攘臂以起，而谓觥觥烈丈夫有不能乎？使之虽病，任之虽重，而君子欲不为之谋也，士欲弗为死也，于义既有不可，于情尤甚不安！我疆我理，尺地寸壤，何莫匪我高曾祖考，上溯以既无极，暴霜露，斩荆棘之所仅得有！国必自伐，而后人伐；我不自削，人谁削我！我爱和平，而宁容人之蹂躏我和平！我不侵略，而宁容人之侵略我土地！操戈以守，义不旋踵。"这些话掷地铿锵有声，表现出知识分子抗战的铁血决心。面对日本的侵略，任何一个读过此文的人，怎么可能无动于衷！

(二)《吾人何以自处》

钱基博在亲自主持的《国命旬刊》第 2 期发表了《吾人何以自处》[①] 一文，在这篇文章中，钱基博说：国难当头，人人有责，师生义不容辞。他指出日军"荡摇我边疆，刳我腹心，割剥我氓黎"。面对外侮，"如我邦人，凡有血气，虑无不恫心疾首，覆亡是惧，亦且戮力同仇，有死无二。不知吾人身任师保之责，而号为人师者，当此日强寇凭陵，尽人敌忾，将别出于四万万人之外，而自有其身份与价值耶？抑亦同其戮力同仇，而有不能以自外于四万万人之范畴者耶？君子道在反躬，义必有处，思之重思之，安可不思所以自处！"这段话，说出了一名有血性的教师的抗战态度。日军割剥我氓黎，教师怎能自安，如不全身心投入抗日，心何能安？

钱基博认为，面对日军侵略，知识分子可以根据自己的实际情况选择不同的两条道路。一是坚守学术阵地，如曾子之于武城。"国家神圣，而学术尤神圣"，"是以国家危急存亡之秋，可牺牲人民生命财产，而不可牺牲人民德慧术知"，而"师者，德慧术知之所自出，而学术借以系于不敝"。有些学人适宜于从事文化精神活动，不宜上战场。保存德慧术知，也是挽救民族的重要工作。二是直接上战场，如孟胜之于阳城。有能力拿刀持枪的爱国者，应当亲赴抗日第一线，积极发挥作用。

钱基博以史明事。他谈道：1807 年，法国拿破仑的大军长驱柏林，德国哲学家黑格尔与菲斯的同在大学任教，黑格尔逃往远县，菲斯的留在围城。有人问黑格尔为何逃。黑格尔回答说我还有著作未完成，我的著作对于德国存亡至关重要："吾安可以国民托命之身，轻冒锋镝！"有人问菲斯的为什么要留下？菲斯的回答说这是我们士人以身作则、现身说法的机会："此实现吾学说以牗导吾国民之良机会也，吾安肯舍旃！"钱基博说：我中华民族当下面临的危机，比起 1807 年的德国，"创极痛

[①] 《吾人何以自处》（又名《为人师者何以处国难》），刊于《国命旬刊》1937 年第 2 期；又刊于《国师季刊》1939 年第 1 期。现载于钱基博《精忠柏石室教育文选》，华中师范大学出版社 2014 年版，第 160～163 页。

深，尤为过之","然我中国自信历史之悠久，十倍于当日之德；文化之深厚，十倍于当日之德；而踵之以数万万里之广土，数千百兆之人民，并无不十倍于当日之德。德且未为法颠，日则何能亡我！"

钱基博结合他个人的实际情况，说自己身体虽然欠佳，但精神不能不振。他说："若仆老矣，学无所成，又被服儒者，不能执干戈以卫社稷，差幸诵说《诗》《书》，粗有知晓，诚窃以为中华之精神不死，而后民族之复兴可期。"在钱基博看来，身体欠佳的人，精神却不能松垮，精神不死，民族才能强立。

钱基博对于那些精神软弱的知识分子很失望，指出："学者以放旷为尚而黜礼法，谈者以虚薄为辩而贱名检，行身者以放浊为通而狭节信，进仕者以苟得为贵而耻居正，当官者以望空为高而贱勤恪。"钱基博注意到，有些人平日侈谈之学问经济，文章道德，一旦大难当前，未有片语只句可以镇得心定，振得气壮，"大师失其所以为表，后生失其所以为学"。一些知识分子以宋元明清灭亡为借口，认为中国灭亡是大势所趋，因而只求自保，还影响到人民的士气。士夫"读书明理，岂有卖国以为间；徒以罢于奔命，厌战情深，谈吐之间，张皇敌势，而不知不觉，播散谣传"。"民不见德，惟乱是闻，不仁不智，无礼无义，目击心伤，亦复不知几许；而后叹中华民族之精神，萎绝亦已久矣。四维不张而苟且之政多，纵无外患，亦何能国！"钱基博意气风发，直言软弱的民性，批评丧失精神之人，唤醒所有的国人都振奋起来，一起投入到抗战之中去。

钱基博没有把自己关在书斋中，而是每天关注战争的进程，积极想办法，出主意，时刻为抗战贡献着力量。他放下手头的国学著作写作，与浙江大学顾谷宜教授合作翻译出版了《德国兵家克劳山维兹兵法精义》一书（"克劳山维兹"现译作"克劳塞维茨"）。[①] 此书编译德国克

---

① 顾谷宜（1904—1967），江苏无锡人。1925年毕业于上海交通大学电机科，是上海爱国学生运动中的领袖人物。三四十年代任教于浙江大学史地系，开设西洋上古史、西洋近世史、罗马史等课程。曾担任训导长一职，撰有《浙江之人口问题》。与此同时，钱基博在浙江大学中文系任教授，因此有机缘与顾谷宜合作翻译德国的军事经典。

劳塞维茨军事思想的精粹，旁征博引中国古代兵家典籍，发其大义，明其蕴奥，成为钱基博论述兵法的代表作之一。其内容包括《论战之性质》《论战之原理》《论战略》等。此书由江西出版合作社在1942年11月出版，现有上海古籍出版社2012年版。钱基博还著有《欧洲兵学演变史论》《斟今论》等兵学著作，都是为了抗日而写的著作。

据杨绛回忆，抗战时，钱基博为国民党人办的刊物写文章，谈《孙子兵法》，指出蒋介石不懂兵法而毛泽东懂孙子兵法，所以蒋介石敌不过毛泽东。夫子写好了文章，让吴忠匡挂号付邮。吴忠匡觉得"老夫子"的文章会闯祸，急忙找钱锺书商量。锺书先生不敢诤谏，于是和吴忠匡把文章臧否人物的都删掉，仅留下兵法部分。文章照登了，基博先生还以为是编辑的举动。①

三、研究《孙子》 谋划军事

钱基博自幼喜习兵法，研讨古今中外军事著作，有习武图强的志趣。他自谓："余少年喜论兵，五经四子书毕，能烂诵孙武书十三篇，而贯串诸史，出以己所独见"；"于山川形势险要，古今用兵战守攻取成败得失之迹，皆有折衷。"② 他早年投笔从戎，供职军府，官至文职少校。③ 后来，他反省自己，突然发觉自己不适合在军营中谋生，最喜欢的还是教书与治学，于是放弃官衔与高薪，回到老家无锡，从小学教员干起，又做了中学教员，又到大学教书，孜孜不倦地从事教育。

日本的侵略，打断了钱基博的学术人生之路，他不得不应时而变，开始全力研究军事。1939年，他应国民党南岳抗日干部训练教育长李

---

① 杨绛：《我们仨》，生活·读书·新知三联书店2003年版，第121、102页。
② 钱基博：《麟洲丛稿序》，《华中师范大学学报·纪念钱基博先生诞辰百周年专辑》(1987年增刊)，第100页。
③ 1912年，钱基博专门研究了军事参谋学，对军队编制、谍报信息、军事地理、战略战术，都撰写了心得，在《民立报》发表。详见钱基博《潜庐经世文编》，华中师范大学出版社2016年版，第43～51页。

默庵将军之请，赴南岳讲《孙子兵法》，撰成《孙子章句训义》。①《孙子章句训义》分上、下两册，正文前有卷头语、自序和发凡等，增订本附《孙子今说》一文。他在《卷头语》说："古书新证，必有发前人之所未发者。仆怀此意久而未有以发也。徒以抗日军兴，家山唱破，违难奔走……遂发箧中所写章句，为之诵说。"（第2页）他还说："屠龙之技，与我何有！伏枥之骥，不能无嘶！此中耿耿，读者监诸！"（第8页）作为一位半百老人，钱基博拖着疲倦虚弱的身体，大声喊出了"伏枥之骥，不能无嘶"，真是令人动容！

读《孙子章句训义》，至少有两方面的意义。

（一）军事学的意义

钱基博撰写的《孙子章句训义》有很专深的学术功底，对《孙子兵法》进行了考训。所谓"章句"，是指对诸本所长"择善而从"，"训义"则是对《孙子》流传的注释中前后重复、相互矛盾的句子进行"削其繁剩，笔其精粹"。诚如钱基博在《序》中说："训者，顺也；义者，宜也。顺文为说，义取其宜，融裁众注，不为墨守。"（第2页）

《孙子兵法》是古代的军事经典，历代注家约有二百余家。钱基博以清代孙星衍校《孙子十家注》为底本，以明代正统道藏本、明谈恺嘉靖刻本、崇文官书局《百子全书》本对勘。钱基博在序中说："《孙子》世传十家注，阳湖孙星衍平津馆校刊，颇称审核，然亦以臆改为病。余取正统道藏本及吾邑明谈十山嘉靖刊本参校，往往有原本不讹，而孙氏据《御览》《通典》诸书所引，校改以致讹者。谈刻异同尤多，有谈刻所有而孙氏无之者。湖北崇文书局百子本，无注，世不谓佳，然有一二处剧胜者。于是，参验四本，择善而从，名分节解，写为章句，以藏箧中。"（第1页）

---

① 钱基博：《孙子章句训义》，1939年商务印书馆出版。1947年《增订新战史例孙子章句训义》由商务印书馆出版。特别要说明的是，除特别标明的注释之外，本小节引文后括号内的页码，是依据华中师范大学出版社2011年版、傅宏星整理之《孙子章句训义》。

孙星衍所校之《孙子十家注》，注家包括三国魏曹操，南朝梁孟氏，唐李筌、杜佑、杜牧、陈皞、贾林、何延锡，宋梅尧臣、王晢、张预。（由于杜佑注文抄自其所著《通典》，且多与曹注同，并杂有其他人的古注，严格意义不能称为一家。故有十家之说。书后附宋郑友贤的《十家注孙子遗说》，也是注释《孙子兵法》的一个成果。）诸家作题解时繁简程度不一，其中曹操对十三篇都做了简明扼要之解，李筌、杜牧、王晢、张预虽也作题解但并不全解，其中李筌不解《九变》《行军》《火攻》，杜牧仅解《计》《谋攻》《形》《虚实》，王晢不解《用间》。钱基博对这十家注有褒有贬。他说魏武帝本"语多引而未发"。他还说："孙武十三篇，为列国交兵说法，而注释诸家，生秦汉以后，习于内战，多不得其解。"（第64页）

钱基博对《孙子兵法》中的各个篇目作了具体的说明："《孙子》十三篇，《形篇》《势篇》《虚实篇》皆言因敌制胜，而《计篇》以挈其纲；盖昔之善战者，先为不可胜以待敌之可胜，此为军争所有事也。《行军》《地形》《九地》三篇，皆言因地而制宜，而《九变篇》以发其凡……《作战篇》言伐兵之贵胜不贵久；而《军争篇》言伐兵之为利毋为危。"（第205页）钱基博的这段评述是有针对性的，意在说明日军尽管可得一时之胜，终将必败。

钱基博分别介绍了各个注家的题解，如：

《计篇》题解："曹操曰'计者，选将量敌，度地料卒，远近险易，计于庙堂也。'杜牧曰'计，算也。'"

《作战篇》题解："李筌曰'先定计，然后修战具，是以战次计之篇也。'张预曰'计算已定，然后完车马，利器械，运粮草，约费用以作战备，故次计。'陈启天曰'作，有与起造作之意。作战，谓发动侵略战争也；与现代所谓作战有别。'"

《形篇》题解："王晢曰'形者，定形也；谓两敌强弱有定形也。善用兵者，能变化其形，因敌以制胜。'张预曰'两军攻守之形也。隐于中，则人不可得而知；见于外，则敌乘隙而至。形因攻守而显，故次谋攻。'"

《九变篇》题解："王晳曰'晳谓九者，数之极；用兵之法，当极其变耳。或曰九地之变也。'张预曰'变者，不拘常法，临事适变，从宜而行之之谓也。凡与人争利，必知九地之变；故次军争。'"

《地形篇》题解："王晳曰'地利，当周知险隘支挂之形也。'张预曰'凡军有所行，先五十里内山川形势，使军士伺其伏兵；将乃自行视地之势，因而图之，知其险易。故行师越境，审地形而立胜，故次行军。'"

《用间篇》题解："曹操曰'战者，必用间谍以知敌之情实也。'李筌曰'孙子论兵，始于计而终于间者，盖不在以攻为主。'"

在《形篇》"数生称，称生胜"条中，钱基博引用法国军事家拿破仑的话说："人欲为将，必知数学；而我之所以战必胜，由于我之数学概念。"钱基博接着解释说："所谓数学概念者，殆即度生量，量生数，数生称，称生胜之意乎！"（第133页）

钱基博在书中大量采用德国军事家克劳塞维茨说过的话，如"欲学兵法，只有读史"（第1页）。之所以要引用克劳塞维茨的观点，是因为克劳塞维茨倡导采用距离最近的实例，这样最有说服力。克劳塞维茨说："籀史例以阐兵法，宜用最近之例。盖古代之事，往往书缺有间；而时代逾近，则记载愈完备；此非言古代之例，一无可取也；如战略荦荦数大端，古例何尝不精要；惟战术及战略之详细布置，则以近例为尤宜；何者？以其近己而时变相类。"（第2页）

（二）经世致用的意义

钱基博说："书生而不能执兵以战，可也；书生而为庸人自扰以不能策战，吾恨之，吾尤耻之！"（第97页）《孙子章句训义》是一部有强烈现实意义的经世致用的兵学著作。书中运用了近代军事学理论和二次大战中的战例对孙子军事原则予以发挥，适合当时的政治家、军事家、国学家等一切关心抗战的中国人阅读。[①]

[①] 本文参考了沈丽娅《钱基博与〈孙子章句训义〉》，王玉德主编《钱基博学术研究》，华中师范大学出版社2008年版。

第一，提振时人的抗战精神。

当时，有人认为中华民族的西南大地缺乏"王气"，抗战的中心转移到西南之后，难以取得抗战的胜利。为了鼓舞人们的抗战斗志，钱基博在《卷头语》论述了西南之气日益旺盛，中国从西南方位坚守的抗战一定可以取胜。他列举了广西发生的太平天国起义、湖南曾国藩的湘军不屈战斗、武昌的辛亥革命、蔡锷在云南的首义，说明近代以来的中国西南已经成为酝酿胜利的基地，"抗日军兴，而国都播迁西南，以奠民族复兴之基；文化随之深入，西南必在开发。地运何常，人事可恃！"钱基博又指出："今日之大患，不在日人兵势之强，而在吾人之历史因袭观念太强，气不自振，志以先沮也！"（第7页）。

第二，提供历史案例参考。

《孙子章句训义》大量援引列举了甲午战争、日俄战争、第一次世界大战、第二次世界大战等例子。《九地》篇引用了第一次世界大战的战例，即1914年俄国以陆军80万人、大炮1700尊入侵东普鲁士，而对方以少胜多败退俄军。

钱基博充分肯定了孙子军事思想的前瞻性，认为孙子有许多观点比西方的军事观点要早。兵贵胜不贵久，所以不可不速战速决。而务食于敌，所以必在敌国境内。此为作战之两大原则，而德国兵家奉为金科玉律者也；不意孙子著书于数千年以前，已先发其义于此！

第三，提倡持久战的观点。

通过研究中日两国的国情，钱基博认为：其用战也，胜久则钝兵挫锐，攻城则力屈，久暴师则国用不足。我国抗战虽旷日持久，若能"强而避之，以待敌之可胜"，而不轻吾力以犯其锋，以伺敌之瑕而承其敝，必能获得最后胜利。钱基博赞同蒋介石的以空间换时间的战略，赞扬国民政府以积弱之势，抗暴兴之日，再接再厉，而气不挠，以退为进，既有以善败于方今，必有以保胜于他日！以空间换时间，而予敌以不决；以弱势耗强敌，而持我以坚忍；决心抗战，可失地而不可媾和，一破中国数千年之历史，而不为因循！

钱基博指出："夫侵略者，贵于速战速决以宜歼灭战；而被侵者，则宜稳扎稳要以用消耗战。日本、德国，不能速决，已无胜算；而中国、苏联，苟能持久，即已不败。盖为歼灭战者，张脉偾兴而力先耗竭；而用消耗战者，故事蓄缩而力留剩余；彼竭我盈，而胜负可知也。然惟大国之如中国、苏联者，可以用消耗战，而持久于不弊而小国则不能！盖欲消耗敌亦必自消耗；小国寡民，敌未耗而我先消。惟广土众民，凭借既厚，强而避之，则退有余地；再接再厉，则兵有余众；待敌势已衰，而我国之未尽，然后以我之益，乘彼之竭，此所以胜也！"

钱基博主张运动战，利用地形取胜。夫平原，无障碍，无掩护；然离平原以言地形，则不能无障碍与掩护……是故平原以外之地形有三：其一为山地。其二为耕耘不得施，而为森林与沼泽之地。其三则耕耕之地，是也……山地，森林地以及耕耘盛之地，凡运动障碍之地，骑兵之不能用，已无待言！而在森林繁茂之地，则炮兵亦不能用；盖无有效使用之展望，与可以运搬之道路也！然在山地以及耕耘盛之地，则炮火之掩护物多有，而炮兵之不利不甚大！抑敌人亦以掩护多而袭击易，往往出步兵以猝袭我炮兵阵地；则以火炮之运搬笨重，而炮兵惊扰，往往委而去之以为敌有！特山地，则以敌人之运动障碍而接近不易，可以增加炮兵之效力焉！然凡困难险阻之地形，他种兵之运动障碍者，惟步兵有决定之卓越耳！他在《地形》中说："'通形'，谓运动战之无障碍者也。其他'挂形'，'支形'，'隘形'，'险形'，皆运动战之有障碍者也。至于'远形'则运动之无障碍，而处战地以待敌，蕲致人而致于人也。六地之外，有突形者，可以攻，难于守。"（第235页）

第四，提升抗战信心。

通观全书，钱基博得出结论：日本必败。理由有四点。

其一："日本之胜不贵久，不免于力屈货殚之患。"日本欲速战速胜灭亡中国，但"日人知其士之将怠，时之将不利，国之将困，不甘为揭氏所谓'迷军'，而欲快心于一役"。钱基博认为日本虽在战争前期占优势，但是随着战争的深入，必将兵力分散，供给跟不上，而自败。（第3页）

其二：我军之强而知避，可以收竭我盈之效。日军此时侵略气焰太甚，如果正面应对，损失将惨重，不若以承日人之弊而制其全胜，有以善图其后尔，以我之"久"待日之"胜"。钱基博认为，我国抗战旷日持久，若能"强而避之"，"以待敌之可胜"，而不轻吾力以犯其锋，以伺敌之暇而承其敝，必能获得最后的胜利。

其三：日本之威加于敌，必以成众叛亲离之祸。钱基博引用孙子语："霸王之兵伐大国，则其众不得聚；威加于敌，则其交不得合；是故不争天下之权，信己之私，威加于敌，故其城可拔，国可堕。"钱基博认为日本当前形势均犯孙子之忌。

其四：多行不义必自毙。日本对华战争的非正义性决定了它的失败。日本是强弩之末，其力几何！土崩之期，当不在远。

兵学是国学的一部分，也是经世之学之一种。民国时期的兵学成果主要有蒋方震的《孙子浅说》、萧天石《孙子战争理论之体系》、杨杰《孙武子》及郭化若的《白话释解孙子兵法》。钱基博的《孙子章句训义》独树一帜，且有强烈的现实意义，值得充分肯定。据笔者所知，当下的一些军事院校将钱基博的《孙子章句训义》作为必读书目，说明此书的价值越来越受到人们的认同，其影响力亦越来越大了！

四、神州能有振　何爱不訾躯

面对民族危亡，钱基博总是非常直率地表达个人见解。1944年，长沙、湘潭、湘乡、邵阳相继失守，日军长驱直入，蓝田师范学院由安化西迁溆浦。钱基博为当地的《湖南日报》连续撰写讨论战局的文字，他建议：倘在安化置一师兵，配合外围兵势以控制湘中，如曾涤生之驻祁门，只须按兵不动，则邵阳之敌，北进西上，皆受牵制，而地形阻绝，又一时无法取安化，扼亢拊背，看似呆着，其实活势。

由于日军逼近，当时驻在湘西的国民党第四方面军司令官王耀武①将军知道钱基博是国学大师，有意要保护他，驰书钱基博，劝他后撤，

---

① 王耀武是抗战名将，1945年主持湘西会战雪峰山战役，取得重大胜利。

并要求韩仲景军长派人送钱基博到洪江,来信说:"抗战军兴以来,先生播迁四方,逐逐无归,而悲天悯人之怀,于焉益笃,授徒著书,不求闻达,严词正义,以儆朝野。是以明智之士,咸仰风规。范文正秀才时以天下为己任,方之先生,何多让焉。往者曾文正有云,无饷不足深忧,无兵不足过虑,独人心不振,诚堪痛哭。今日之势,已复尔尔。幸先生揭举大义,在正气于两间,视屈子之赋《离骚》,贾生之徒有涕泪,卒无补于楚汉之锢乱,又未可同日而语也。惟是临危不去,至欲以身殉道,尚矣,仁人智士之用心也。愚窃有说焉,伏生腹笥入山,非有爱于身也,为存古圣人之道,不得不求免于祸难也。"接到信函后,钱基博仍然坚决不肯离开危险地区。由王耀武将军的信函,我们可知,当时的军界人士对钱基博很尊重,评价很高,把他比作屈原、贾谊。

据钱基博早年的学生吴忠匡在《吾师钱基博先生传略》[①] 一文中的回忆:全面抗战初期,龙沐勋到钱基博的上海寓庐,钱基博赠诗云"神州能有振,何爱不瞽躯"之句。这表明钱基博欲以身殉国,绝非逞一时的意气。钱基博曾给学生写信说:"我自念赴院未必能为学院有所尽力,不如留此以慰各方父老之意,非寇退危解,不赴院召,亦使人知学府中人尚有人站得起也。""我留此岂能真有造于一方,不过借此练胆练智以自验所学,无负余生而已矣。"其后,湘西雪峰山之役,我军大捷,寇退危解。钱基博又写信说:"此番坚持不动,亦欲动心忍性,自家作一试验,不意侥幸以免于难,从前读书有会,经此一番体验,乃更进一层认识。"吴忠匡认为,这是钱基博生命史上最见肝胆、锐志献身,爱国意识强烈焕发的重要一页。

其实,钱基博与驻守湖南的军队一直有密切的联系,主要是为军官讲《孙子兵法》,讲抗战形势与对策。他曾应邀为七十三军讲兵学。钱基博于1947年回忆:"七十三军彭位仁军长、韩仲景副军长,亦以所部来驻,收拾散亡,励戎讲武,因拾余赴军演讲,余据孙子以说明当前大战之战略类型……韩副军长及徐亚雄参谋长颇许余精博,自前线抽调

---

① 此文刊于《中国文化》1991年第4期。

来听者五百人。尤以余援古证今，现实指点，不徒空谈，足以发人深省。"① 钱基博给五百多位军人讲军事，谈古论今，实事求是，收到良好的效果，并受到军人的敬佩。

第二节 钱基博在武汉的日子

1946年钱基博来到武汉，在私立华中大学工作。战争结束了，钱基博心情舒畅，自称有憧憬，想好好教授国文，多培养人才，多出学术成果。

一、钱基博选择华中大学的原因

钱基博之所以选择到华中大学工作，可能有三点原因。

一是原来所在学校要迁到衡阳。抗战胜利后，国立师范学院和其他在抗战中迁移的学校一样面临复员，教育部最终决定国师迁往南岳。师生们都觉得南岳偏僻。钱基博认为，南岳虽为天下名山，但"车马罕至，江河不达，四方之志，旷不得通"②，不是一个理想的办学地点。于是，他没有跟随国师从溆浦迁南岳，而于1946年9月转往华中大学执教。中华人民共和国成立后，国立师范学院一度并入湖南大学，后分出发展成为今日之湖南师范大学。

二是华中大学有一定的吸引力。华中大学是一所由美国圣公会、雅礼协会、复初会和英国循道会、伦敦会等多个团体办理的教会大学，属于美国"中国基督教大学联合董事会"的13个成员之一，校址在武昌昙华林。前身是美国传教士于1871年10月2日设立的文华学校及在此基础之上建立的文华大学，具有悠久的办学历史和良好的校风。校长韦卓民先生不仅学贯中西，而且办学有方。他利用教会大学的特殊地位和

---

① 钱基博：《当前大战之孙子说明书》，华中师范大学档案馆藏，案卷号：238，第207页。

② 《创刊献辞》，《师声》1947年第1期。

条件，多方筹募经费，加强师资建设，先后吸引了蔡尚思、游国恩、阴法鲁、包鹭宾、傅悬勋、王玉哲等学者任教。可以说，华中大学是当时华中地区最有影响的高等学府之一。钱基博来到华中师院，受到了很大的尊重。他被安排居住在武昌城内昙华林（现湖北美术学院校园内）的一栋小洋楼里，故居现名朴园。这座青砖清水墙的两层楼，系折衷主义风格的美国花园别墅建筑，是私立华中大学1936年在武昌城墙拆除后的地基上，扩建的新公寓之一。

三是武汉是个大城市，办学条件好，有利于学术研究。当时，钱基博的身体欠佳，他的二儿子钱锺纬在汉口纱厂工作，经济条件较好。钱基博希望有更多的时间与子女一起，可以得到一些照顾，享受一些亲情。

钱基博在武汉的这段日子，有一件事值得一提。1949年4月初，武汉解放前夕，一些工厂的经理和高级职员，多有外逃。时钱锺纬任汉口申新四厂副厂长，钱基博乃过江嘱其坚守岗位，保护工厂。他亲自拟定一白话韵文布告，云："本厂民族工业，不同资本官僚！民族工业能保，经济乃有新路。工业就是生命，大家认识清楚。如有煽动毁坏，罪同坑杀工友。大家努力生产，切勿自毁前途！鄙人追随工友，誓守岗位勿走！务望工友齐心，岗位共此牢守。"① 此布告，入情入理，清楚明白，对于安定工厂人心，保护民族工业，无疑具有重要的作用。

二、钱基博在华中师院的奉献

钱基博在私立华中大学及其后来合并的华中师院工作，度过了人生的最后十年。1947年，钱基博修订的《增订新战史例孙子章句训义》由商务印书馆出版。1951年，《毛泽东选集》第1卷出版，钱基博怀着激奋的心情，在十天之内便读完全书，在扉页上写下了《〈毛泽东选集〉第1卷籀绎》，有"善败不亡""主义一定，方略万变"等评论。后来，曹毓英将它发表在学报《纪念钱基博先生诞辰百周年专辑》上。这些说

---

① 刘桂秋：《无锡时期的钱基博与钱锺书》，上海社会科学院出版社2004年版，第235页。

明，钱基博还是试图紧跟时代，主动接受思想改造，愿意做一名共产党认同的知识分子。据外孙石定果回忆，武汉解放之后，市长专程到昙华林钱基博家中，看望钱老。东湖风景区的"行吟阁"与"听涛轩"是钱基博取的名。①

钱基博在华中师范学院的主要贡献有三个方面。

（一）积极从事教学

华中师范大学档案馆有一些关于钱基博的档案资料，如教学的史料。《华中通讯》（1947年9月20日出版）第2卷第1期有《钱基博教授本年授课计划——开"史记""四子书""韩文杜诗"三课》。

钱基博开设这三课，是基于以前开课"无通盘计划""支离破碎"的状况而提出的。由于钱基博是1946年9月应聘于私立武昌华中大学文学院，执教中国文学系，根据《私立武昌华中大学1946—1947学年文学院开课计划》②，钱基博经过一年的教学实践，发现先前开设的课程多有不适，因而在1947—1948学年提出另开"史记""四子书""韩文杜诗"三课的计划。

钱基博在华中大学提出了"教育自救"的口号，1948年11月1日华中大学成立24周年，他发表《答诸生论今日之大学》，其文载同年12月25日出刊的华大校刊《华中通讯》（复刊后第3卷第4期）。全文如下：

> 余来华中，见诸生，必问以感想如何？余应曰：诸生可以安心学，余可以安心教，即此便是难得，其他则更何求，方今学潮湘洞，天下汹汹，京沪一带，以迄北平，所谓全国文化灿烂之区，然国立大学既成政治斗争之市场，此一是非，彼一是非，相为敌仇，士不安于弦诵，大师亦只有依席讲而已。至于私立大学，则以取费不廉，非措大所能问津，而为暴发子弟开一幸门以造资格，以造孽钱之来路易，而可予取求也。师不专心于所教，饥来驱我以多兼

---

① 傅宏星编撰：《钱基博年谱》，华中师范大学出版社2007年版，第186页。
② 《华中大学》卷163，华中师范大学档案馆藏。

课，生不专心于所学，日以骛外而外旷课，来学既以不诚，善教自无从谈，滔滔者天下皆是！几见如华中大学之教授无不专任，学生不许旷课，上课必点名，缺席必扣分，一年之开学放学有定日，一日之上课下课有定时，诸生愿安承教，余亦不敢不力，而取费亦斟酌中人之家力所能及，此在事理本属寻常，而在今日则成凤毛！固由韦校长之主持有方，诸院长之洞心匡济！而要之校风之安定，亦非一朝一夕之所能养成！然而校风安定之继续良难，则以社会动荡波及甚易！所以良善校风之养成不易，须良善校风之维持尤难！凡我共学，苟一思天下汹汹之今日无一大学可以安定读书，唯华中大学可以安定读书；则必一心一德以维持校风之安定，而力保其终；则必群策群力以不许一人之破坏，而相观于善；吾人不能谋一国之安定以求生活之保障，吾人且从事一校之安定以维学术之不坠？凡我共学，苟一思政治之上轨，学术之进步，无不于安定之中求之，而不能出之于混乱；则必不许混乱之波及我华中，而力保其安定。凡我共学，苟一思国于大地，必有与立；百年之大计在树人，而树人必先自树；倘社会动荡而吾亦与为动荡，无心问学，以自暴自弃；长此以往，天下之读书种子将绝，聪明亦以渐灭，人道或几乎息，以返于洪荒草昧，张脉偾兴，人将相食，此则吾之所大惧！而不唯吾之所大惧，吾发如此种种，吾生亦复几何；然吾大惧读书种子之绝，及吾生而身亲见之，吾亦唯有馨香祷祝校风安定之继续，以维斯文于一脉。①

钱基博希望华中大学的师生们力保安定，"以维学术于不坠"，体现出旧中国知识分子的使命感和责任感。中华人民共和国成立后，直接受到钱基博授课的有崔曙庭、邹贤俊等青年老师，他们有回忆文章发表。

钱基博在华中大学有"教育自救"的思想。1950年，朝鲜战争爆发，中美关系恶化，来自于美国教会大学的经费资助难以为继，中央政

---

① 钱基博：《精忠柏石室教育文选》，华中师范大学出版社2014年版，第257～258页。

府也指示中国教会大学要马上割断与西方教会及其管理机构的经济联系。钱基博生病在家,他给韦卓民校长写了一封信,表明了自己的政治立场,说:"吾们既提起反美控诉,当然不稀罕美国人的钱不来,而校中发不出薪水,吾决不以生活之无着落而在校中聘约未满之前,停一日,缺一小时课!"此信函保存于华中师范大学档案馆韦卓民个人档案,周洪宇在《钱基博的使命感和责任心》(《武汉文史资料》2003年第8期)中有介绍。

(二) 开展学术研究

1946年,钱基博在学校讲《国语之古史今读》(此文后来刊登于当年的《武汉日报》),他提出:"中国之封建,与欧洲中古之封建,情实不同……中国春秋之封建,已为国家之成型,体国经野,有典有则。"他借用先秦时期《国语》一书,谈论了国家的政治之组织、政治之理论。他主张从中国历史上的国情出发,"观之上古,验之当世,参以人事,而审权势之宜"①。

从1948年开始,钱基博为《武汉日报》"文学副刊"写了多篇有关湖北诗文的文章,后来结集为《江汉炳灵诗文谈》。

钱基博在武汉的十年,由于身体等方面原因,写作的速度放慢,发表的论著少了些。他每天坚持诵读古书,有时修改原来的旧作,如《韩愈志》等。不过,这时他的研究方向发生了很大的转变,那就是研究文物。其实,他从年轻时就关注文物,一直没有腾出精力研究文物。时至老年,他得完成他的夙愿,对文物作一番研究。他按文物的类别研究古代的器物,辨章学术,考镜源流,撰写了《华中师院历史博物馆陈列品研究报告》。这份报告绝不是简单的资料罗列,而是研究性的学术成果。

(三) 捐献书籍与文物

钱基博把晚年献给了华中师院,把一生的积蓄也献给了学校。

一是捐献文物。钱基博热爱文物,热爱中国文化。他在晚年写的

---

① 详见钱基博:《潜庐经世文编》,华中师范大学出版社2016年版,第192页。

《自我检讨书》说:"(每)一件古器,(都)可以充实我们的文化。"① 他平时省吃俭用,搜集文物。在华中师院,他无偿地把自己一辈子精心搜集的211件文物捐献给学校,其中有玉器、古钱币、名人字画等。与此同时,他亲自参与筹建了价值连城的学校博物馆。博物馆现在保存着钱基博当年给杨东莼院长的报告、开会的记录、馆藏文物的说明,还有钱基博捐献的文物,还有他撰写的《华中师院历史博物馆陈列品研究报告》(油印本)。

二是捐献图书。钱基博爱书如命,乐于买书藏书。他生活淡然,清贫自守,集中精力从事学术研究。时至晚年,钱基博无偿地把一辈子精心搜集的图书全部捐献给了华中师院。这些书,有的原来藏在钱基博故居老屋的书房"后东塾"。中华人民共和国成立初,由钱基博的女婿石声淮经办此事,从无锡运到武汉,大约有5万册。

据石声淮回忆,钱基博在蓝田时,就经常谈到北宋的李常在庐山僧寺读书,离寺时将几千卷书赠给僧寺供人借读的故事,他认为李常做得很好,书闲搁着也会成为废物,也是浪费,还不如让它们发挥作用。

三、钱基博的思想改造

20世纪50年代初是高等教育整顿时期,高校打乱、合并、调整,以适应新形势的需要。1951年8月,钱基博所在的教会大学——私立华中大学与中原教学教育学院合并,改制为公立华中大学;1952年10月公立华中大学又与湖北教育学院、中华大学等院校合并,改制为公立华中高等师范学校;1953年10月改名为华中师范学院。② 钱基博不太赞成这种做法,心中不快,显得有些消沉。

20世纪50年代初,每个知识分子都需要检讨自己的人生,要把自己的内心世界暴露出来供人们批判。钱基博也不得不写了一份《自我检

---

① 这份资料现存华中师大档案馆"钱基博档案"之中。
② 参考汪文汉主编《华中师范大学校史》,华中师范大学出版社1993年版。

讨书》(以下简称《检讨书》)。在《检讨书》中,他认为自我检讨还是有必要的:"思想改造,当得自动,不能被动;不过人类通病,自尿不觉臭,旁观者清;所以发动群众,帮助自己改造;最好不要掩藏自己的思想,欺骗群众,得到通过;宁可通不过,将我心里症结所在,赤裸裸地给群众看;通过,固好;不通过,正好鞭策我自己的反省!"① 不过,在检讨中,他发现自己的人生还是有值得肯定的。

《检讨书》分为四部分:第一,思想多方面接受,但从不放弃一个中国人的立场;第二,虽然社会意识很浓厚,但革命性缺乏;第三,本身不能劳动,劳动人民的果实,亦不敢糟蹋;第四,不愿自己腐化以腐化社会,尤其不愿接受社会腐化以腐蚀我民族本能。② 钱基博说:"我不放弃我中国人的立场";"我有我深根固底的民族文化素养";"我不愿自我腐化以腐化社会,尤其不愿接受社会之腐化以腐蚀我民族本能。"钱基博解剖自己,说:"我的社会意识很浓厚,而革命性缺乏。"

在《检讨书》中,钱基博肯定了自己"不放弃一个中国人的立场",这也是他做人的底线。他意识到作为知识分子,不可能亲自种粮食、织衣裳,只能从事脑力劳动。因此,他非常爱惜"劳动人民的果实",不敢糟蹋。钱基博提出了个人的价值观、做人的境界,包括三个层次:一是"不愿自己腐化",而一定要洁身自好;二是不能以腐化的自身去"腐化社会",这是人民要唾弃的;三是"不愿接受社会腐化以腐蚀我民族本能"。民族是一个族群的共同体,作为民族的一分子,一定要精心维系民族肌体,不能让这个肌体受到任何伤害,否则就是民族的千古罪人。

钱基博对 20 世纪 40 年代末的某些社会风气是不太认同的,他在《检讨书》中谈到之所以离开湖南的国立师院而没有回到无锡老家任教,之所以到华中大学任教,原因之一就是因无力纠正家乡"人惟利是图,

---

① 钱基博:《自我检讨书》,转引自傅宏星编撰《钱基博年谱》,华中师范大学出版社 2007 年版,第 263 页;《精忠柏石室教育文选》,华中师范大学出版社 2014 年版亦收录。

② 参见傅宏星编撰《钱基博年谱》,华中师范大学出版社 2007 年版,第 263~285 页。

只顾自己；忍心害理，教育同人心一齐破产"①的风气，但又不能同流合污，所以就避之来到和自己没有深厚关系的华中大学，以便使自己紧张的神经和衰弱的身体休息一下。

1957年，钱基博任湖北省政协委员，本着爱国、爱党、爱民族的良好愿望，"白头忧国输忠悃，青简明经指要津"，他给湖北省委领导写了一封信（后来被称为"万言书"）②。信的开头说："任重同志：昨读报载中共湖北省委订出整风方案，心中振奋！博年逾七十，老病杜门，而人民政府不以放废，责我以培养青年教师，嘘枯回春，亦得以余生自效于衰暮。揆之私衷，欣幸逾量，更何不平之鸣！惟自毛主席滂仁广义，涣汗大号，始勖知识分子以百家争鸣，继揭正确处理人民内部矛盾以整风，语重而心长，薄海寰听，无不鼓舞。"

四、钱基博去世

钱基博的身体一向不太好。早在民国十八年（1929）七月，42岁的钱基博在复李审言先生的信中写道："博近患痼疾，伏枕时多，不能握管，致迟裁答，死罪死罪。今晨重翻大集一过，心目开朗，命儿子写怀，不尽缕缕，即颂道绥。后学钱基博顿首。"同年九月在复贺天健的信中写道："博十年读书，未能养气，近方养疴杜门。"

1957年，钱基博的老伴病重，甚至丧失记忆，钱基博痛苦不堪。这年，钱锺书、钱锺英先后来武汉探望二老，使临终的钱基博得到一些心理关怀。钱锺书、钱锺英他们离开武汉之后，钱基博迁到汉口钱锺纬家养病治疗。给钱基博看病的是钱锺纬所在的武汉国棉四厂的一位龚姓厂医，也是无锡人。夏天过后，钱基博的病情急转直下，不能进食，仅从茶壶中吸食些许藕粉维持生命。钱基博病重，一日不如一日。女婿石声淮教授在有关材料中写道：先生"至8月中旬已不能吃东西，后搬

---

① 钱基博：《自我检讨书》，引自傅宏星编撰《钱基博年谱》，华中师范大学出版社2007年版，第284页；《精忠柏石室教育文选》，华中师范大学出版社2014年版亦收录。
② 这封信现存于华中师大档案馆"钱基博档案"之中。

到汉口申新纱厂去，请纱厂医生龚文秀诊治，有了些好转，本学期初反右运动时，回武昌一次，准备参加运动，但我学院校医拒绝为钱先生打针，只好仍送钱先生回汉口，经过一往返，病加重了。后来经市立第一医院、协和医院和纱厂龚医生会诊，断定是胃瘤（协和医院说是癌），不治之症。现在不但虚弱已极，而且神志也不大清楚了，足肿，渐次肿到腿部，本星期一已肿到了腰部。看情形，非常严重，没有痊愈的希望"（见之于钱基博档案）。是年11月底，先生溘然长逝。遗体送回无锡，安葬于祖坟中。第二年，钱基博的夫人去世。

第十章 对钱基博国学的研究与评价

我们现在所说的"国学"概念，是在晚清出现的，而成为社会的热点是在民国初年。从发生学的角度来看，国学是一定时代的产物，是近代社会转型时期的学术与文化。从时间上讲，国学产生于西学东渐、文化转型的历史时期。西方学者称中国学术为汉学，日本人称中国学术为"支那学"，韩国人称中国学术为中国学。

本章把钱基博放在特定的历史时期，放在国学视野，对其进行评论。

第一节 名副其实的国学大师

一、各界对钱基博的评价

钱基博治学，很在意社会的影响，并追求长久的学术价值。他在《现代中国文学史·四版增订识语》说：《现代中国文学史》出版之后，柳诒徵、王利器等学者"莫不致书通殷勤"。民国以来的有识之士，不乏对钱基博的评价。

学界最先欣赏钱基博的人应当是梁启超，他率先发表了钱基博16岁的处女作《中国舆地大势论》，使钱基博对国学充满信心，并获得了社会的初步认识。

政界最先欣赏钱基博的是陶大均。陶大均（1858—1910），近代中国第一代日语翻译。字杏南，清会稽陶堰（今浙江绍兴）人。早年留学日本，毕业后，供职于中国驻日使领馆多年，受业于遵义黎庶昌。1910年，陶大均任江西提法使（相当于法院院长和检察长的综合）。一次，陶大均的僚属在议论钱基博的文章，褒贬不一，陶大均拿来一看，"骇为龚定庵复生"，又得"曾文正公所谓阳刚之美"，马上亲自修书一封，请钱基博前来江西辅佐他。

那年，钱基博才23岁，在无锡读书，从未出过远门，没有想到发表的文章竟然有了社会上达官贵人的欣赏。陶大均的邀请，完全是钱基博没有想到的。因为，钱家从来不愿以文章沽名钓誉。钱基博在《自述》中说："父祖耆公以家世儒者，约敕子弟，只以朴学敦行为家范，不许接宾客，通声气。又以科举废而学校兴，百度草创，未有纲纪，徒长嚣薄，无裨学问。而诫基博杜门读书，毋许入学校，毋得以文字标高揭己，沽声名也。"钱基博来到了江西南昌，成为陶大均的高等顾问。陶大均给钱基博月薪白银一百两，让他在身边谈谈学问与世界大势。钱基博在提法使衙门，把月薪悉数寄送无锡赡养父母，自己身边不留一文，"衣冠敝旧，不改于初"，每天读书作文不懈。同僚责他何必自苦乃尔？他朗然回答道："余年少，又自知嗜欲过人；稍一纵欲，惧回头不得；今手中不留一文钱，欲束身自救以不入于惛淫耳！"钱基博保持着书生意气，自奉甚俭，不近女色，完全是一副读书人的模样。

民国年间有些大人物对钱基博有所褒奖。如清末状元、近代实业家、政治家、教育家、南通人张謇评价钱基博说："大江以北，未见其伦。"钱基博在1935年写的《自传》说："南通张謇以文章经济，为江南北士流所归重，及读基博文而叹曰：'大江以北，未见其伦！'吴江费树蔚曰：'岂惟江北，即江南宁复有第二手！'"[①] 张謇的这段评价，在钱基博的学术中很重要，也很有影响。但是，张謇说此话，是在什么时间，什么地点，有什么旁证人，笔者很想作一考证，但无从下手，依据只能是钱基博的文字中。

湘乡人曾广钧（1866—1929），清末称名臣宿老，对钱基博也颇有赞誉。他说："熔史铸子，裁以昌黎，从前推孙渊如有此萌芽，钱竹汀

---

① 钱基博：《自传》，《华中师范大学学报·纪念钱基博先生诞辰百周年专辑》（1987年增刊）。

第十章　对钱基博国学的研究与评价　417

略创轮椎。吾子运以豪气，扛以健笔，四十岁后，篇题日富，必能开一宗派。"曾广钧是曾国藩的长孙，擅长诗文，他称钱基博能"开一宗派"，说明看到了钱基博学术基础的厚重与创新力。

福建侯官（今福建福州）人陈衍，经史大家，在 80 岁高龄时，给钱基博写信，说："四部之学，以能文为要归；而文章独以昌明博大为上。题事繁多，而措之裕如者，画家之层峦叠嶂也。后贤可畏，独吾子尔！"陈衍在《石遗室诗话续编》中评价钱基博"学贯四部，著述等身。肆力千古文辞，于昌黎、习之，尤咭其藉而得其髓"①。据此可知，民国年间的钱基博受到国学遗老们普遍看重，寄托众望。

国学大师钱穆与钱基博有宗族关系，钱穆对钱基博的国学也有评价。钱穆说："子泉提倡古文辞"，是"负盛名"的大师。钱穆在晚年小回忆说："时子泉已在上海圣约翰及光华大学任教，因任三师四年班课，欲待其班毕业，故仍留在学校兼课。每周返，课毕，余常至其室长谈。时其子锺书方在小学肄业，下学，亦常来室，随父归家。子泉时出其课卷相示，其时锺书已聪慧异于常人矣。"② 钱穆说经常到钱基博的书室长谈，说明两人在学术上有深交，钱穆对钱基博是敬佩与谦逊的。

现代著名藏书家卢弼（1876—1967）在 1951 年至 1954 年期间，曾给钱基博回复过四封信。信中对钱基博的学问评价很高，说"读大著《中国近代义学史》，评论人物如老吏断狱，公直无私。喜其载人轶事，可资谈助。旋阅旋咏，聊以自娱"③。这段话可谓说到了点子上。钱基博的论著通常是站得很高，纵横审视，直抒己见，字字珠玑。

---

① 转引自孔庆茂《丹桂堂前——钱锺书家族文化史》，长江文艺出版社 2000 年版，第 61 页。
② 钱穆：《八十忆双亲　师友杂忆》，生活·读书·新知三联书店 1998 年版，第 114～115 页。
③ 卢弼，字慎之，号慎园，湖北沔阳（属仙桃市）人。早岁肄业湖北经心、两湖书院。详见谢泳《卢弼书札七通：致钱基博、钱锺书》，《东方早报》2012 年 12 月 2 日。

二、出类拔萃的水准

从晚清到民国年间，中华大地涌现出许多国学大师，如梁启超、康有为、俞樾、王国维、章太炎、孙诒让、杨守敬、王先谦、刘师培、严复、廖平、黄侃、鲁迅、钱玄同、吴梅、罗振玉、蔡元培、沈兼士、沈曾植、辜鸿铭、傅斯年、余嘉锡、柳诒徵、吕思勉、胡适、汤用彤、陈梦家、马一浮、熊十力、张君劢、蒙文通、陈寅恪、范文澜、陈垣、郭沫若、唐君毅、顾颉刚、吴宓、赵元任、梁漱溟、冯友兰、牟宗三、钱基博、钱锺书、钱穆、金岳霖、董作宾、洪业、李济、方东美、季羡林、王力、高亨、夏承焘、张舜徽、杨树达、王利器、姜亮夫、张岱年、任继愈、饶宗颐等。

对以上提到的人，是不是个个都可以称为国学大师，学术界有争议。然而，对于钱基博却是没有异议的，他确实是当之无愧的国学大师。国学大师不是普通的从事国学的学者，作为大师，至少应当有三条标准，缺一不可：一是有深厚的国学功底；二是博大精深的国学成果；三是有较大的学术影响。钱基博符合这三个条件，并且出类拔萃。

第一，钱基博有深厚的国学功底。传统的国学包括文字学、音韵、训诂、版本、目录、校勘、辑佚等古典文献学的内容，这些是国学的底子或基础。旧式国学的"童子功"必须掌握这些知识，具备这方面的能力。钱基博确实在这些领域有宽厚扎实的功底，他的每一篇文章都显示出很强的专业学术基础，他旁征博引，纵横驰骋，气势非同一般。

第二，钱基博有显著而丰硕的国学成果。国学以古代的学科分类，可以分为义理学、考据学、词章学。义理学侧重于思想。考据学侧重于校勘。词章学侧重于文学。钱基博在义理学、考据学、词章学都有著述，对中国的哲学思想、文献整理、文学流变，都有独到的见树。著名史学家章开沅先生评价钱基博说："正如他的名字一样，其学术魅力在于淹博,在于会通以至形成通识。"①

第三,钱基博有很大的学术影响。早在民国年间,钱基博编写的书籍就很流行,如《国学必读》,中华书局1924年出版。这部书主要是为中等学校学习国学提供基本读物。全书分上下两册,上册为《文学通论》,下册为《国故概论》。此书选文兼及各个朝代的主要名人,内容精审,代表了中华国学的精华,是学习国学者必须阅读的书籍。此书很适合广大国学爱好者学习,是民国年间流传甚广的国学普及读物之一。钱基博对自己的学术成就很有自信,他在《现代中国文学史》说:"吾知百年以后,世移势变,是非经久而论定,意气阅世而平心,事过境迁,痛定思痛,必有沉吟反复于吾书,而致戒于天下神器之不可为,国于大地之必有与立者。"② 事实正如此,21世纪以来钱基博的著作一再翻印,研究钱基博的学术论文日益增多,人们对他的评价越来越高。

第二节 钱基博国学的当代价值

钱基博以毕生精力从事于国学,安身立命于国学,熔铸生命于国学,对国学进行了全面而深入的研究,为后世提供了丰硕而极有价值的国学成果,是当之无愧的国学大师。同时,钱基博本人也成为国学的一道风景线,成为值得研究的对象。当代研究国学的学者,不可能绕过钱基博而研究国学。只有借鉴前贤的国学研究成果,才可能不重复劳动,少走弯路,把国学研究推向新的高度。

一、重振人文精神的价值

钱基博的国学思想,特别重视张扬人文精神。他主张思想解放,人

---

① 章开沅:《诂经谭史,言传身教——纪念钱基博先生诞辰一百周年》,《华中师范大学学报·纪念钱基博先生诞辰百周年专辑》(1987年增刊)。

② 钱基博:《现代中国文学史》,华中师范大学出版社2011年版,第441页。

性解放。这方面，国学大师梁启超曾经写过《新民说》《变法通议》等书，主张开办学校，改变科举选官制度，重点是开民智、绅智、官智。钱基博与梁启超一样，主张以国学改变国民素质。钱基博研究《周易》，说："人不自强，何能强国！国者，人之积也。"① 在钱基博看来，国学是做人的学问，是人们立世的根本。只有振奋人文精神，民族复兴才有希望。他在光华大学给毕业生演讲时说："诸位，须知我光华的成立，就是教会教学的反叛，而表现一种国性之自觉。要以现代人的心理去了解中华民族的精神，想在中华古代文化中找出精神的新泉，而产生一种现代化的中华民国教育，以图整个民族的团结和统一。如果没有这种意义的认识，就不配做一个光华学生。"② 这段话对于今天仍然是有意义的。

国学的重要功能在于提升人文精神，钱基博在《后东塾读书记》说："呜呼！孟子不云乎：'国必自伐而后人伐。'我不自有其祖国，何怪人之蔑视？我不自爱其文化，何望人之崇敬？……孔曰成仁，孟曰取义，此则我中华民族之精神，圣经贤传之所留贻，而世世诏我子孙以立国于不敝者也。"③ 如果我们中国人鄙视本国的文化，那其他国家的人还会尊重中国吗？我们在世界上有自己的地位吗？坚守孔孟的仁义精神，我们就能立于世界强国之林。国学就是要提升人的精神，有了精神，民族才不堕落，文化才能复兴。

二、开展国学教育的价值

关于国学的教学，国内总的趋势是升温。国内有些幼儿园就开始传授所谓的"幼儿国学"。一些小学生已经能够背诵《弟子规》《朱子治家

---

① 钱基博：《国立师范学院成立记》，原载《国师季刊》第 1 期，转自《华中师范大学学报·纪念钱基博先生诞辰百周年专辑》（1987 年增刊）。

② 钱基博：《怎样做一个光华学生，送毕业同学》，原载《光华大学半月刊》，转自《华中师范大学学报·纪念钱基博先生诞辰百周年专辑》（1987 年增刊）。

③ 钱基博：《后东塾读书杂志》，华中师范大学出版社 2014 年版，第 306 页。

格言》《大学》《论语》《孟子》《中庸》。许多大学开设了国学课程,甚至开办国学专业。还有许多研究生愿意学习国学,终身致力于国学研究。北京大学举办了中国国学大讲堂董事长高级研修班,颁发证书。国学的回归已经成为教育领域的潮流。

国学教学的内容有哪些,学术界还没有达成共识,国家也没有统一规定。有的学者认为就是读经典,如《大学》《中庸》《论语》《孟子》《道德经》《庄子》《孙子兵法》《易经》《六祖坛经》《心经》《金刚经》,就是进行了国学教育。

如何学习国学,学界的观点也不统一。有的学者认为应当学习国学的基本常识,如版本、目录、训诂、音韵等。有的学者反对大量背诵古文,认为越背越蠢。有的主张把国学设立为高等学校的一级学科,有的主张作为业余爱好。网上查得上海一高校一直贯彻"大中文"的教学理念,打破人为的学科局限,以四部国学经典《论语》《庄子》《史记》《文选》为载体,打通文、史、哲,综合多种学科,使各专书的讲读分则独当一面,合则形成体系,既不像普及性课程那样的浮泛轻浅,又不像选修课那样因各自为政而成为"散兵游勇",使学生对传统文化具有较深入而又具有通识的了解。同时,要及时引入前沿成果,以新思想阐释旧经典,发掘传统文化作为现代文化资源的意义。还要利用现代化教学手段,以多媒体与网络为平台扩大教学资源的共享范围,使课程的专业性与大众化能够得到很好地结合。

其实,钱基博早在民国年间就已经在国学教育方面作了长期的探索。对于国学的读本、学习方法、学习旨趣都有实践,有研究。正如本书在前面若干章节所论述的,钱基博给我们提供了很好的思路,值得我们领会与借鉴。

三、构建新学术的价值

国学是人类最优秀的文化,中国的复兴、世界的大同都需要弘扬传统文化,因而需要国学。许多学者满怀期望,梁漱溟在《东西文化及其哲学》中说世界未来文化就是中国文化的复兴。我们丝毫不怀疑东方文化，特别是中国文化的崛起。因为它几千年来就一直有顽强的生命力，一旦它调整过来，必将焕发旺盛的生机。

百余年来出现的国学不是守旧的国学，而是更新的国学、新时期的国学、时代期待的国学。新国学有救国、救世、救学、救人的意思，有与外来学问争一高下的意思，甚至有吞并兼容外来学问的意思。国学热的出现，标志着中国几千年来的学术面临着全面的转型，一个崭新的学术时代正在到来，这些正是中国梦的一部分。

国学之所以来到世间，其责任应在于回应旧学的衰败与倡导新学。国学热的目标是构建中华民族自己的崭新学术体系。钱基博明白，我国古已有之的学术与文化虽然有博大精深的一面，但也有偏颇或薄弱的一面。中国学术与文化不可侮，但它也确实需要丰富与完善。新国学试图对传统国学经典加以新诠释。在新国学的旗帜下，人们旧学新讲，如《孝经》新讲、《论语》新讲。通过文化的更新，深挖国学内涵，从而使国学在新的社会条件下发挥更大的作用。

钱基博不是复古主义者，他倡导的是新国学。新国学是对传统国学的新认识与新构建。新国学的本质是对中国传统学术及相关文化的推陈出新，是文化的自觉。传统国学只有浴火重生，成为新国学，才可能适应历史的要求。在1905年之后的"后科举时代"，中华民族出现了一大批像钱基博这样的国学大家，他们毕生奋斗的就是构建新国学。他们不是顽固不化的守旧者，而是新国学的守望者。

第三节　有关钱基博的研究综述

钱基博年轻时，赶上了清末民初的这一拨国学热，成了中坚人物之一。他提出了一系列关于重建国学的主张，不论是读经，还是国学教育，他都是竭尽全力地呼喊。

中华人民共和国建立之后，中国进入到经济建设时期，政治运动时期，钱基博孜孜不倦追求的国学已经不热了，其学问也被人渐忘了。钱基博也许没有想到，在 20 世纪末，他梦寐以求的国学又热闹起来。中国从 1978 年开始进入到改革开放时期，也是重振传统文化时期。20 世纪 80 年代，中国大地逐渐出现了继清末民初之后的新一波国学热。

在这一波国学热之中，华中师大特别重视钱基博的研究。1987 年，在华中师大章开沅校长倡议下，《华中师范大学学报》推出了《纪念钱基博先生诞辰百周年专辑》。这本集子分为三部分：一部分是钱基博先生的论著辑录；第二部分是纪念论文，收录了张舜徽、马厚文、王绍曾、吴忠匡、郭希晋、周振甫、陈其昌、徐运钧、袁勋、石声淮等先生的文章；第三部分是诗词，有李国平、何泽翰、许岱云、杨家兴、刘方元、邓志瑗、刘操南等先生的诗作。章开沅先生在《专辑》的首篇说："钱老使我最为倾慕的是他的恢宏学术气象……学术境界有高低之分，专而狭则易流于饾饤琐碎之学，唯有博通古今才能成一家之言。然而，浩博又必须有坚实的根基，钱老终生勤学不辍，或精读札记，或反复记诵，积蓄既久，遂能成其宏大。"马厚文等人的文章主要是介绍了钱基博的教学方法与教育思想，谈论了受业的体会。

1993 年，中华书局出版了钱基博《中国文学史》三册。

李洪岩在 20 世纪末就搜集钱基博的资料，撰有《钱基博先生作品目录》，载入 1995 年 5 月出版的《钱锺书的文学世界》。李洪岩，又名李红岩，中国社会科学院近代史研究所研究员，《钱锺书研究丛书》主编。他从 20 世纪 90 年代初期就开始发表研究钱锺书的论文，也兼及研究钱基博。他发表过《林纾倾轧钱基博》（《今晚报》，1993 年 10 月 28 日第 6 版）等相关文章。他还撰有《智者的心路历程——钱锺书的生平与学术》。此书由河北教育出版社 1995 年出版，信息量大，文笔优美，字里行间流露出对钱锺书的无比敬佩。

1996 年，刘梦溪主编、傅道彬编校的《中国现代学术经典·钱基博卷》，由河北教育出版社出版。

1997 年 12 月，华中师范大学出版社出版、曹毓英选编的《钱基博学术论著选》，附《钱基博先生著作目录》，增添了钱基博在武汉发表的作品。

如果说 20 世纪末是中国学坛重新认识钱基博的时期，那么可以说，

21世纪初是中国学坛认真研究钱基博的时期。

2002年，无锡市人民政府在钱基博故居建有"钱锺书纪念馆"，附带展陈了钱基博的资料。钱基博故居在东安区新街巷30号，是1923年建的，现在修缮一新。笔者曾专门前往参观，见到了钱基博的侄孙女钱静汝（钱锺汉的女儿），她给笔者介绍了钱氏家族的一些情况。笔者表示，这个纪念馆对钱基博介绍太少，将来应当建成为"钱基博钱锺书纪念馆"才符合学术真实情况。

2003年，教育史专家周洪宇教授依据钱基博的两篇未刊文章《答诸生论今日之大学》《给韦卓民的信》，撰《钱基博的使命感和责任心》一文。文中，周洪宇提出：钱基博不是一个老学究，而是一位关心时事，充满使命感和责任心的近代知识分子。周洪宇的文章发表于《武汉文史资料》2003年第8期。

2004年，刘桂秋著《无锡时期的钱基博与钱锺书》，由上海社会科学院出版社出版，其中引据增加了钱基博发表在无锡报刊中的文章。在此之前，刘桂秋撰有《关于钱基博、钱锺书父子生平的一组史料之考论》《徐彦宽与钱基博、钱锺书父子》《钱基博在丽则女校的作文教学》等文章，他是最早研究钱基博的学者之一。

2005年，华中师大学报编辑曹毓英向学校出版社建议编撰《钱基博集》，拟编五辑，在"十一五"期间完成。

与此同时，学者傅宏星已经在全国各地广泛搜集钱基博资料，积累了丰富的文献。2007年，傅宏星推出《钱基博年谱》，附有《钱子泉先生著作编年》。这年3月，在华中师大召开了钱基博学术讨论会。出席会议的有钱基博的孙子钱佼汝教授、江南大学文学院的刘桂秋教授与伍大福教授、湖南师范大学的孔春辉老师、湖北师范学院的胡鹏林老师等四十余人。章开沅先生在讨论会上发表了演讲，在会后鼓励傅宏星等年轻人开展对钱基博的研究。会议吸引了许多年轻人，呈现出钱学后继有人的状态。

2008年，王玉德主编《钱基博学术研究》，由华中师范大学出版社出版。学术研讨会的召开与论文集的出版，吸引了一批年轻的博士生、硕士生研究钱基博。如肖海燕研究钱基博的庄子思想，田君研究钱基博的治学，史振卿研究钱基博的目录解题，汤红兵研究钱基博的国学分类，涂耀威研究钱基博的古籍整理，李文涛研究钱基博的经学，姚峰研究钱基博的教育，刘国旭研究钱基博的地理学，笪浩波研究钱基博的气节，许刚研究钱基博的精神。一个研究钱基博的青年群体逐渐形成。有些研究生开始以钱基博作为学位论文的研究对象。如彭桂芳撰写了《钱基博的国学教育研究》，李金凤撰写了《钱基博的博物学》。这样一批学位论文把钱基博研究推向了新的高度。

从2011年开始，华中师范大学出版社陆续推出了《钱基博集》。其出版说明谈道："（钱基博）在史学、经学、子学等方面亦造诣宏深，不仅著作数量多，而且门类齐全，几乎无人能及。而钱先生生前，虽未能对自己的所有著作进行汇编出版，但从目前仅存的八册线装本《潜庐集》钞稿中，仍可以看出他对于出版文集是有所考虑和规划的。据说，20世纪50年代初，江苏古籍出版社就拟议出版《钱基博全集》，可惜由于历史的原因未能实现。1961年，先生之弟钱基厚亦曾为之编订《潜庐家藏遗文集》，可惜现在下落不明。"《钱基博集》能够玉成其事，多亏了主编傅宏星。他从年轻时就酷好国学，对钱锺书的热爱延伸到钱基博的研究。他长期到各地搜集钱基博资料，是国内掌握钱基博资料比较全面的学者。如果没有傅宏星这样一位全身心投入到这项工作的学者，这部全集是难以问世的。《钱基博集》的出版，为学者进一步开展研究，提供了帮助，亦为当代国学一大盛事。

《钱基博集》的每一册都有编者的校订后记，皆自成学术论文。如：湖南科技学院国学研究所的郑娉在《方志汇编》的《校订后记》对钱基博的方志学理论与实践作了全面归纳。她论述了钱基博丰富的方志编撰实践，总结其对旧志的补遗、兵事志、风俗志、赋役志、人物志、旅行指导书所做出的具体工作，更指出正因为钱基博有丰富的方志实践，才使得他在方志理论方面有卓越建树。

武汉理工大学的龚琼芳在《序跋合编》的《校订后记》说："《序跋

合编》收录了钱基博撰写的各类序跋共六卷,一百六十六篇,他的创作态度严肃而诚恳,介绍与评论都基于对作者及作品的了解,不空发一言。"钱基博的序跋反映了四方面内容:第一,爱国之心;第二,乡土之情;第三,亲友之爱;第四,学问之博。①

傅宏星教授在为《钱基博集》的《版本通义 古籍举要》作校订之后,在《后记》中将梁启超与钱基博的目录学著作进行比较,得出的看法是:"梁启超仅有的两部解题著作重点在解题、辨伪和读法,较少涉足版本,有的内容过于简略,有的内容又过于偏执,难免深浅不一,比例失调,恰如任公自嘲的那样'匆匆忙忙,现蒸现卖,哪里能有满意之作'。与梁启超《要籍解题》相比,钱基博的经典要籍书系,不仅数量众多,涉及面广,某些要籍解题甚至单独成书,篇幅不小,而且内容从一部典籍的时代背景、解题、作者、版本一直谈到读法、校勘、训义,纲举目张,举重若轻,真可谓深入无浅语。"② 傅宏星的看法应是研究所得,是公允的。

我们相信,对钱基博的研究还仅仅是开始,日后还将不断有新的学术成果涌现,钱基博的著作将为中华民族的国学繁荣做出新的贡献。

---

① 钱基博:《序跋合编》,华中师范大学出版社2014年版,第411~414页。
② 钱基博:《版本通义 古籍举要》,华中师范大学出版社2013年版,第316页。

附　　录

一、钱基博的主要学术论著

1. 主要著作

《孟子约纂》，无锡辅仁中学，1919年刊行。

《论语约纂》，无锡辅仁中学，1919年刊行。

《春秋约纂》，江苏省立第三师范学校，1919年3月出版。

《礼记约纂》，铅印本，1919年出版。

《技击余闻补》，又名《武侠丛谈》，商务印书馆1921年出版。

《国学必读》，中华书局1924年版。此书还有多个版本：华中师范大学出版社2012年版；上海古籍出版社2012年版；北京联合出版公司2014年版，收入《民国大师文库》。

《读庄子天下篇疏记》，收入《万有文库》，商务印书馆1930年出版。

《版本通义》，商务印书馆1931年出版，北京古籍出版社1957年再版。

《周易解题及其读法》，商务印书馆1933年出版。

《古籍举要》，原名《后东塾读书记》，世界书局1933年出版。

《文史通义解题及其读法》，中山书局1933年出版。

《四书解题及其读法》，商务印书馆1933年出版。

《古文辞类纂解题及其读法》，上海中山书局1933年出版。

《明代文学》，商务印书馆1933年出版。

《现代中国文学史》，又称《现代中国文学史长编》，初稿成于1922年，原由无锡国学专门学校于1932年12月集资排印，世界书局1933

年9月正式出版，后多次再版，1974年收入台北文海出版社出版《近代中国史料丛刊·续刊》中。1986年5月岳麓书社据1936年增订版改版印行。

《骈文通义》，上海大华书局1934年出版。

《老子道德经解题及其读法》，1927年著，上海大华书局1934年出版。

《文心雕龙校读记》，原由无锡国学专门学校于1931年排印，1935年无锡民生印书馆印行。

《韩愈志》，商务印书馆1935年出版，1958年重印。

《经学通志》，中华书局1936年出版。

《中国文学史》，1939年作为湖南蓝田国立师范学院教材在蓝田陆续印行，1993年由中华书局出版。

《孙子章句训义》，商务印书馆1939年出版。

《近百年湖南学风》，1940年由湖南蓝田袖珍书店和湖南安化桥头河求知书店印行。

《堠山钱氏丹桂堂家谱》，作于1948年6、7月间，1948年刊行。

《金刚经心经章句信解》，铅印线装本，1948年12月出版。

《精忠柏石室藏印》，精忠柏石室石印本，1951年12月出版。

《文物研究》，华中大学讲义，作于1951年，油印本。

2. 主要文章

《中国舆地大势论》，《新民丛报》1905年第64～67号。

《说文》，《国粹学报》1905年第12期。

《论学校作文之文题》，《教育杂志》1915年第7卷第3期。

《国文教授私议》，《教育杂志》1915年第7卷第4期。

《孔学直诠谈》，《无锡新报·思潮月刊》1923年1月16日刊。

《治学篇》，《清华周刊》1925年第24卷第4期。

《国学历代变异的问题》，《南通报·文艺附刊》1925年第1～7号。

《近五十年许慎说文学流别考论》，《清华周刊》1925年第24卷第

11 期。

《读太史公谈论六家要指考论》,《清华周刊》1926 年第 25 卷第 10 期。

《读庄子天下篇疏记叙目》,《清华周刊》1926 年第 25 卷第 11 期。

《读孔颖达五经正义题记》,《清华周刊》1926 年 15 周年纪念增刊。

《汉儒显真理惑论》,《清华学报》1926 年第 3 卷第 1 期。

《韩文读语》,《光华大学半月刊》1932 年第 1 卷第 1～4 期。

《选印四库全书评议》,《光华大学半月刊》1933 年第 2 卷第 1、2、4 期。

《骈文漫话》,《光华大学半月刊》1933 年第 2 卷第 5 期。

《读礼运卷头解题记》,《光华大学半月刊》1935 年第 4 卷第 2 期。

《史记之分析与综合》,《光华大学半月刊》1935 年第 4 卷第 3 期。

《周秦诸子聚讼记疏证》,《光华大学半月刊》1935 年第 4 卷第 5、6 期。

《十年来之国学商兑》,《光华大学半月刊》1935 年第 3 卷第 9、10 期。

《班超之精神生活》,《光华大学半月刊》1936 年第 5 卷第 1 期。

以上参考了《华中师范大学学报·纪念钱基博先生诞辰百周年专辑》(1987 年增刊);刘梦溪主编:《中国现代学术经典·钱基博卷》,河北教育出版社 1996 年版;曹毓英选编:《钱基博学术论著选》,华中师范大学出版社 1997 年版;傅宏星编:《钱基博学术论著一览表》。特作说明。

二、主要参考资料

1. 书籍

(1) 基本资料

刘梦溪主编:《中国现代学术经典·钱基博卷》,河北教育出版社 1996 年版。

曹毓英选编：《钱基博学术论著选》，华中师范大学出版社1997年版。

傅道彬点校：《近百年湖南学风（含〈经学通志〉）》，中国人民大学出版社2004年版。

傅宏星编撰：《钱基博年谱》，华中师范大学出版社2007年版。

严佐之等编：《版本通义》，上海古籍出版社2007年版。

傅宏星编：《大家国学：钱基博卷》，天津人民出版社2008年版。

黄曙辉编校：《经学通志》，广西师范大学出版社2009年版。

黄曙辉编校：《古籍举要》，广西师范大学出版社2009年版。

王玉德选编：《钱基博儒学论集》，四川大学出版社2010年版。

《钱基博集》第一辑

《孙子章句训义》，华中师范大学出版社2011年版。（其中还有一组论文。）

《中国文学史》（上、下），华中师范大学出版社2011年版。

《现代中国文学史》，华中师范大学出版社2011年版。

《经学论稿》，华中师范大学出版社2011年版。

《钱基博集》第二辑

《国学必读》，华中师范大学出版社2012年版。

《文范四种》，华中师范大学出版社2012年版。（其中有《酬世文范》《语体文范》《模范文范》《国师文范》。）

《集部论稿初编》，华中师范大学出版社2012年版。（其中有《中国文法说例》《文最》《国文研究法》《古文辞类纂解题及其读法》《骈文通义》《文心雕龙校读记》。）

《韩愈志　韩愈文读》，华中师范大学出版社2012年版。

《江苏学风　近百年湖南学风》，华中师范大学出版社2012年版。

《钱基博集》第三辑

《方志汇编》，华中师范大学出版社2013年版。（其中有一组论文及信函，还有《无锡光复志》等志书。）

《版本通义　古籍举要》，华中师范大学出版社2013年版。（其中还有一组论文和《读书稽古法》。)

《国学文选类纂》，华中师范大学出版社 2013 年版。

《国文教学丛编》，华中师范大学出版社 2013 年版。

《钱基博集》第四辑

《精忠柏石室教育文选》，华中师范大学出版社 2014 年版。

《碑传合编》，华中师范大学出版社 2014 年版。

《序跋合编》，华中师范大学出版社 2014 年版。

《子部论稿》，华中师范大学出版社 2014 年版。

《后东塾读书杂志》，华中师范大学出版社 2014 年版。

《钱基博集》第五辑

《谱牒汇编》，华中师范大学出版社 2016 年版。

《潜庐经世文编》，华中师范大学出版社 2016 年版。

《潜庐诗文存稿》，华中师范大学出版社 2016 年版。

《文物通论》，华中师范大学出版社 2016 年版。

《文物散论》，华中师范大学出版社 2016 年版。

(2) 著述

《华中师范大学学报·纪念钱基博先生诞辰百周年专辑》（1987 年增刊）。

何晖、方天星编：《一寸千思：忆钱锺书先生》，辽海出版社 1999 年版。

杨绛：《我们仨》，生活·读书·新知三联书店 2003 年版。

刘桂秋：《无锡时期的钱基博与钱锺书》，上海社会科学院出版社 2004 年版。

汤晏：《一代才子钱锺书》，上海人民出版社 2005 年版。

王玉德主编：《钱基博学术研究》，华中师范大学出版社 2008 年版。

陶福贤主编：《枝繁叶茂——钱王后裔名人录》，浙江大学出版社 2008 年版。

谢泳主编：《钱锺书和他的时代》，上海辞书出版社 2009 年版。

孔庆茂：《钱锺书与杨绛》，凤凰出版社 2011 年版。

2. 文章

章开沅：《诂经谭史，言传身教——纪念钱基博诞辰一百周年学报专刊序言》，收入章开沅著《辛亥前后史事论丛续编》（华中师范大学出版社 1996 年版）。

陈其昌：《钱基博传略》，《无锡文史资料》1984 年第 9 辑。

吴忠匡：《吾师钱基博先生传略》，《中国文化》1991 年第 4 期。

顾一群：《国学大师钱基博》，《无锡文史资料》2000 年第 44 辑。

刘桂秋：《徐彦宽与钱基博、钱锺书父子》，《无锡教育学院学报》2002 年第 2 期。

刘桂秋：《关于钱基博、钱锺书父子生平的一组史料之考论》，《江南大学学报》2002 年第 4 期。

周洪宇：《钱基博的使命感和责任心》，《武汉文史资料》2003 年第 8 期。

涂耀威：《钱基博文献学成就三论》，《华中师范大学研究生学报》2006 年第 1 期。

姜晓云：《钱基博和他的〈现代中国文学史〉——对现代文学史一种写作途径的探讨》，博士学位论文，南京师范大学，2007 年。

孔春辉：《开诚宏道　立教育人——钱基博先生在国师的学与行》，《湖南师范大学社会科学学报》2008 年第 1 期。

涂耀威：《钱基博经典要籍解题著述发微》，《华中师范大学研究生报》2008 年第 2 期。

王玉德：《不要忘了钱基博》，《光明日报》2008 年 7 月 21 日。

彭桂芳：《钱基博的教育思想与实践研究》，博士学位论文，华中师范大学，2011 年。

谢泳：《卢弼书札七通：致钱基博、钱锺书》，《东方早报》2012 年 12 月 2 日。

崔曙庭：《亲炙国学大师钱基博、张舜徽感怀》，《华中师大报》

2014年4月10日。

王玉德、陈磊：《弥合"执古"与"骛外"：钱基博先生的学术宗尚》，《学习与实践》2014年第1期。

王玉德：《钱基博笔下的王夫之——读〈近百年湖南学风〉》，《船山学刊》2015年第5期。

后　　记

　　2014年，湖北省国学研究会在会长韩忠学先生倡议下，决定启动"湖北省国学大师评传丛书"的研究工作，其中有一本《钱基博评传》需要约请作者。作为丛书的策划人之一，我首先想到《钱基博评传》这本书稿应当由傅宏星教授承担。原因是他的文笔好，所著《吴宓传》很有可读性，更重要的原因是他年届不惑，精力充沛。特别难得的是他长期孜孜不倦地研究钱基博，到处搜集散落的资料，掌握了许多人所未知的材料，对钱基博有更为全面而深刻的认识。然而，通过与宏星接触，得知他正在全力撰写博士学位论文，研究苏州商会方面的问题，难以在规定的时间内承担新的任务。

　　于是，我决定自己来写《钱基博评传》。我之所以放下手上的其他事情，全力写这个题目，是因为我一直很敬佩钱基博这位老前辈、老校友。钱基博在华中师范大学工作长达十年之久，我虽然没有见过他，但神往之。我在华中师大读本科时，受益于吴量恺等教授；读硕士时受益于张舜徽、李国祥等教授；读博士时受益于章开沅等教授；近些年研究国学受益于"神往之师"钱基博教授。没有这些令人尊敬的前辈学者，就没有我的今天。写《钱基博评传》，是为了回报老师们的教育之恩。

　　其实，我对钱基博的研究始于十年前。那年，根据章开沅老校长的建议，学校要举办钱基博学术讨论会，以纪念钱基博先生诞辰120周年。2006年10月底，我坐火车到无锡，在钱基博故居参观，想到整整60年前，钱基博于1946年到武汉，我殊多感慨。当我徘徊在钱基博的"后东塾"时，自言自语地说：华师人来了，钱老先生请您安息吧，您的学问一定会光大的！2007年3月20日（即钱基博的农历生日二月初二），在华中师大隆重举办了钱基博学术讨论会，来了国内许多学者参会，还有钱先生的后人。接着，学校出版了《钱基博学术研究》一书。其后，我带着硕士生李金凤撰写了《钱基博博物馆学研究》，博士生彭桂芳撰写了《钱基博的教育思想与实践研究》，还有一批年轻的学者都开始研究钱基博。

当下研究钱基博，最得其时。一是因为国内又出现了国学热，二是因为华中师范大学出版社从 2011 年以来，连续出版了五辑《钱基博集》，共 23 册，每册之中有若干本专著，还有许多论文。有了如此丰富的资料，研究就方便多了。这多亏了傅宏星教授为编《钱基博集》做出的杰出贡献！傅宏星曾经撰文说："钱先生生前，出版学术专著二十九部，编撰各类教材十一部，杂著十四部，以及稿本、油印本等未公开发行的著作十部，约计六十三部。而他的大量学术论文、碑传杂记则散见于中华人民共和国成立前出版的地方报纸、学术刊物、乡贤著述和谱牒家乘中，无人问津，渐致湮没。其中，尚未结集者，更是不计其数。据我粗略估算，著述总数应当在一千五百万字上下。"其实，钱基博的著述可能不止这个数字，如果能找到钱基博的笔记、他翻译的书籍，可能字数要突破两千万。钱基博先后写有上千本读书笔记，两次丢失，第一次是在抗日战争中辗转迁徙而遗失，后一次毁于"文革"。如果这些笔记能够找到一些，或许我们的研究会更加丰满。

研究国学，有的学者感叹难为无米之炊。研究钱基博，情况完全相反，可叹的是材料多得难以驾驭。我最初锁定的目标是，全面介绍钱基博的国学成就，等我读罢《钱基博集》前三辑，就已经写了 30 万字，而这套丛书规定每本不超过 25 万字，我只好匆匆打住，不敢再多写。在我看来，对钱基博的国学研究，可以组织系列丛书，可以产生多篇博士论文。这不是一两本书所能做完的研究。

显然，学术界对钱基博的研究才刚刚起步。钱基博的国学成就还是一处封存的大山，尚未充分开发的学术宝库。对钱基博的研究，可以选取的题目有许多，如钱基博的经学、文学、哲学、学术史、文献学、儒学、道学、博物学、教育学，还有钱基博的生活、思想、情操，都可以写成专门的论文。特别值得研究的是钱基博对国学的贡献，及其在国学中的地位。还有，钱基博在无锡的情况，刘桂秋先生对其作了开创性的研究，而对钱基博在蓝田、武汉的情况还缺乏深入研究，这些都有待学者们的继续努力。本人在撰稿过程中，深感有些史实不太清楚，有些内容尚需斟酌，敬请读者批评指正。湖北人民出版社的编辑们认真审读稿件，提出了宝贵的修改意见，特表谢意。

新文化运动的旗手胡适曾经在《国学季刊》发刊宣言中说："我们深信国学的将来，定能远胜国学的过去。"在此，我也深信，在今后的若干年中，对钱基博的研究一定会逐渐升温，钱基博的学术成就将会不断被重新认识。钱基博——20世纪的国学大师的丰碑将高高耸立在中国学术之林！

王玉德

2017 年夏于华中师范大学

2024 年夏定稿于石河子大学